中国新闻业年度观察报告

（2019）

Annual Report of Chinese Journalism

（2019）

张志安　徐桂权⊙主编

人民日报出版社
北　京

图书在版编目（CIP）数据

中国新闻业年度观察报告． 2019 / 张志安， 徐桂权主编
． -- 北京 ： 人民日报出版社， 2019.10
ISBN 978-7-5115-6202-9

Ⅰ．①中… Ⅱ．①张… ②徐… Ⅲ．①新闻事业一调
查报告一中国一 2019 Ⅳ．①G219.2

中国版本图书馆 CIP 数据核字（2019）第 207516 号

书　　名：中国新闻业年度观察报告（2019）
ZHONGGUO XINWENYE NIANDUGUANCHA BAOGAO（2019）
主　　编：张志安　徐桂权

出 版 人：董　伟
责任编辑：张炜煜　贾若莹
装帧设计：阮全勇

出版发行：人民日报出版社
社　　址：北京金台西路 2 号
邮政编码：100733
发行热线：（010）65369527 65369512 65369509 65369510
邮购热线：（010）65369530
编辑热线：（010）65369509 65369514
网　　址：www.peopledailypress.com
经　　销：新华书店
印　　刷：人民日报印刷厂

开　　本：710×1000mm　1/16
字　　数：370 千字
印　　张：25.25
版　　次：2019 年 10 月第 1 版
印　　次：2019 年 10 月第 1 次印刷

书　　号：ISBN 978-7-5115-6202-9
定　　价：56.00 元

前 言

《中国新闻业年度观察报告》是由中山大学传播与设计学院、中山大学全媒体研究院主办的新闻传播学学术出版物，自2014年起由人民日报出版社出版。本报告遵循“独立、原创、可信”的理念，旨在观察中国传媒业一年一度的最新变化、事件、话题和趋势，关注重大问题，把握变化逻辑，进行理论阐释。《中国新闻业年度观察报告2019》包括人物专访、年度专题、年度观察、年度调查、研究述评五个部分。

第一辑的人物专访邀请了牛津大学路透新闻研究所所长拉斯马斯·尼尔森博士就技术、新闻、市场、国家、公共利益以及未来媒体发展的数字化和全球化趋势等一系列问题分享了观点。尼尔森认为，新闻专业的永恒价值在于追求真相和报道真相，以及与其所在的社会和历史进程紧密相关。世界在变化，如果新闻业想继续与之相关、获得可持续的发展，也必须改变。在数字化和全球化的媒介环境中，不同的国家、不同的媒体组织和不同的记者都要找到自己的路线；这种路线并没有标准的模式，需要全世界记者之间展开对话，并努力向彼此学习。

第二辑的年度专题是“数字新闻业的文化生态”。陈楚洁的《意义、新闻权威与文化结构：新闻业研究的文化—社会路径》追溯了“文化转向”在新闻业研究中迟到的出席与入场的理论脉络，阐述了新闻业研究的文化—社会路径。文章认为，当下新闻业面临诸多不确定性与动荡，除了商业模式的调整，还需要在专业文化上对新闻业的核心概念进行再阐释，这也使得意义导向的新闻业研究凸显其理论价值与现实意义。张志安及其合作者的两篇文章分别讨论了“融合环境下的党媒情感传播模式”以及各类媒体行动者关于“算法正当性”的话语建构话题，都是当下中国语境中数字新闻业涌现的重要的新议题，并且都体现了文化要素（符号、意义、认同等）与政治、经济和技术诸力量之间的复杂关联。尹连根和王海燕的《失守的边界》一文采用了“记者诠释社群”的概念，分析了新媒体的勃兴所带来的平台边界、职业边界和报道边界的失守，从而带来记者诠释社群话语的相应变化。文章指出，在新闻边界失守成为既定现实的今天，新闻业固然不可能再维持原有的边界，但也不可能旦夕之间就变得没有边界。而且，新闻边界失守现象会在不同门类新闻、不同地区、不同性质、不同新闻文化的媒体之间存在差异。

第三辑是中国新闻业的年度观察。这组文章延续了往年的写作思路，既包括中国新闻业总体格局的“媒体平台化与平台媒体化”趋势分析，及2018年的重大传媒事件回顾，也包括传媒伦理、数据新闻、新闻摄影、新闻评论、性别新闻报道、新媒体经营状况等具体领域的回顾和分析，着力把握这些领域的最新特点与变化趋势。

第四辑收入了多篇媒体的调查报告。林功成等合作的《主流媒体的短视频传播特征分析：以抖音为例》对国内主流媒体在抖音平台上所开设的账号进行了评估，认为主流媒体抖音号在短视频内容上应加强新闻报道，强化新闻属性；应平衡“有趣+有用”的关系，既考虑短视频、视觉化内容的吸引力和通俗性，又强调媒体抖音内容针对本地和全国用户的贴近性、服务性和实用性。其他调查报告还包括《2018香港媒体数字化发展报告》《2018香港市民媒体使用情况调查报告》和《2018澳门公众新媒体使用调查报告》，体现了我们对港澳地区新闻业与媒体发展趋势的关注。

第五辑是中外新闻业的研究述评。张志安和章震的《重审语境与重新出发：新闻生产社会学的“本土化”脉络和反思》对过去十余年来新闻生产社会学的本土研究进行梳理和评述。研究发现，相关研究关注转型期中国媒体新闻生产与权力、市场和技术等因素的复杂关系，也关注不同类型媒体个案新闻生产的特定行动逻辑，但与“地方性知识”的建构还有所差距。方可成和贾宸琰分析了2018年国际主流新闻学刊中的新闻业研究趋势，发现越来越多的学者结合算法、机器学习等新语境探讨假新闻、媒体偏向性、新闻可信度等经典问题，并更多地从批判的角度出发，探讨了新技术对新闻行业、社会生活和政治权力的影响。白红义对2018年发表在CSSCI来源期刊上的新闻研究论文进行了回顾，从研究的议题、概念和理论三个维度展示了研究的基本状况。徐桂权和谭芳则对本刊编辑部发起的“2018年中国新闻业研究十佳论文”评选活动的获奖论文的新观点进行了述评。

作为《中国新闻业年度观察报告》的第六部，我们相信本书对中国新闻业的实践者与研究者都有重要的参考价值。我们也期望，通过我们持续的努力，《中国新闻业年度观察报告》能够凝聚国内新闻研究学者的智慧，观察新闻业、研究新闻业、推动新闻业，使之成为中国传媒研究的新标杆。

目 录

第三辑 年度观察

第四辑 年度调查

第五辑　研究述评

第一辑

人物专访

科技、新闻与数字媒体的全球化

——牛津大学路透新闻研究所所长尼尔森教授访谈

访谈/编辑：张志安　王海燕

录音整理/翻译：范吉琛

拉斯马斯·尼尔森博士（Dr. Rasmus Nielsen）是牛津大学路透新闻研究所所长、牛津大学政治传播学教授。他本科和硕士毕业于丹麦哥本哈根大学，博士毕业于美国哥伦比亚大学，曾任SSCI Q1区期刊《国际新闻与政治》（International Journal of Press/Politics）主编，在新闻研究、美国政治、社会运动、国际比较研究方面成果丰富。近年来，他的研究兴趣主要在新闻业转型、政治传播及数字化媒体技术在两者中的作用。他所领导的牛津大学路透研究所从2012年起每年出版《数字新闻报告》（Digital News Report），调研范围涵盖全球30多个国家的媒体及管理者、从业者和普通公众，是到目前为止国际上唯一的以连续性和大规模跨国比较形式进行的数字媒体发展调查，为国际学界和业界掌握数字化技术与媒体发展前沿趋势的重要参考。

2018年11月，尼尔森博士在访问中山大学传播与设计学院期间，就技术、新闻、市场、国家、公共利益，以及未来媒体发展的数字化和全球化趋势等一系列问题接受了张志安教授和王海燕副教授的专访。

一、商业模式

张志安（以下简称张）： 新闻业正发生巨变，传统媒体面临着来自互联网的诸多挑战，原有的商业模式不再有效，必须通过各种不同的方法以求获得经济支撑，有的用付费阅读，有的依靠大机构赞助，有的靠社会捐助，等等。您认为是否可能存在一个世界各国媒体都适用的普遍性商业模式？

尼尔森（以下简称尼）： 未来的新闻业可能会有许多不同的商业模式，每种模式的重要性会因国而异。在并不久远的过去，新闻业的商业模式屈指可数，在未来，各种类型的商业模式会越来越多。而对每个国家而言，问题在于哪种商业模式会取得成功哪种不会取得成功。目前来看，商业模式主要有五种：首先是以读者为中心获得收入，比如付费墙、会员制，可能辅之以广告、电子商务、商业活动等，但总体而言是围绕读者产生收入。其次是以广告为中心的商业模式，通过向广告商售卖受众的注意力以获得收入。再次，一些组织可能会放弃从新闻本身获得利润，而是通过提供与新闻相关的服务来盈利，例如作为市场顾问、市场分析师、公关公司和设计公司等，新闻只是他们展现做这些事的能力的平台。复次，我们可能会看到一些非营利性的新闻组织，其收入来源于个人捐助、基金会或大型的慈善事业。最后，我们也会看到政府或者公共财政资助的模式。

当然，这些模式会因国而异，并非在所有的环境中都获同等欢迎。例如，在印度，新闻的价格非常低廉，一份报纸仅需5卢比（约人民币0.5

元）；同时，要让大多数印度人养成为数字新闻付费的习惯也要经历漫长的时间，所以，完全基于读者收入的商业模式在这样的国家将会非常艰难。再如，基于广告的商业模式在某些国家和情境中可能仍然奏效，但随着竞争的激化，在一些小国和经济不富裕的国家它将愈加艰难，比如在东欧的一些环波罗的海国家或者保加利亚、罗马尼亚这样的中低收入国家。政府补贴同样是一个棘手的问题。政府提供补贴的意愿是因国而异的，同时，记者接受政府补贴的意愿也各不相同。比如在欧洲，一个有趣的现象是，一些国家的记者希望政府提供补贴，越多越好，而另一些国家的记者则希望政府减少对新闻的补贴，因为他们认为，补贴本质上是政府干预新闻业的一种方式。

王海燕（以下简称王）：这是一个很有意思的现象，具体是哪些国家的记者和媒体希望政府少补贴，哪些国家希望政府多补贴？

尼：比如，法国和意大利的记者对目前他们国家的政府补贴模式提出了批评。他们认为，补贴惠及的只是少数亲近政治权威的媒体机构，而不是所有的媒体，并不是促进新闻业创新，而是创造不公平，让强者更强。但在另外一些国家，这种模式看上去运行良好，并促进了新闻业的不断革新。比如，在北欧，过去政府通过支持纸媒的发行提供补贴，现在他们开始资助专业新闻的生产，这种模式得到社会的广泛支持，政府、记者、民众都认同。可见，政府补贴的模式在一些情况下是行之有效的。当然，具体的做法非常重要。

张：虽然每个国家、每家媒体的情况各不一样，发展出来的商业模式不尽相同，但综观国际上一些发展得比较好的媒体，其运营上有无共通之处？

尼：在一些具有可持续发展性的媒体中，我们的确可以发现一些共同点。不管是做哪一类新闻的媒体，也不管它是数字化时代到来之前就存在的传统组织还是原生的数字化组织，第一，它必须与众不同，在竞争激烈的环境中，如果你不能提供与其他竞争者具有明显区分度的产品，你就将在内容和经营上都面临困难。第二，要精简高效，必须比过去的大新闻机构身材更瘦、成本更精，这样才能更加高效地赢得广告商和读者的注意力。第三，收入多元，因为如果过分单一的话，特别是如果只依赖于广告，就容易在环境变化中受到打击。第四，受众意识，要对受众更加敏感，过去那种认为受众会主动寻求新闻的思维模式在注意力竞争越发激烈的今天已不再适用，新闻机构必须主动寻求受众，而不是期望受众过来找你，当然，这并不意味着新闻组织要竭尽所能开发一个平台并使其产品出现在每一台移动设备中，或是穷尽所有的传播途径，而是要从能够触及的受众开始，深入地去理解他们想要看什么样的新闻，以什么样的方式，而你如何能够使他们在众多选择中始终追随你。第五，适应力，在并不久远的过去，新闻是一个非常稳定的、结构化的行业，尽管内容每日不同，但报道、生产和传播的流程总是相同的，如果你对变化不敏感，缺少适应新环境的能力，那么你在过去的模式上越熟练，就意味着你在新的环境中越难改变。

王：这说得很好，您能举一些在过去非常出色，如今却难以适应变化、面临诸多困难的案例吗？

尼：现在许多媒体都面临这样的挑战。为了适应时代背景、受众、技术和市场，新闻业实际上一直在改变。如果不随着时代的改变而变化，媒体曾经所擅长的工作，其重要性和相关性就会越来越低。如果不能适应，就不能生存。无论是传统媒体还是数字媒体，都必须具备非常灵活、具有高度适应性的组织结构，因为只有不断求变，才能最终取得成功。

二、媒体公共功能的挑战

张：您认为这种商业模式的变化会如何影响媒体的社会角色？尤其是，现在无论是在中国还是在西方国家，传统媒体正在从政府那里获得越来越多的资金。您认为这对媒体的公共角色和功能会否构成挑战？

尼：我认为从根本上讲，所有的媒体和记者都面临着平衡各方力量的问题。他们有自己的职业抱负、价值观以及想做的事情，在大多数国家，这些可能都与“public”（公众或公共）这个词有关。但事实上，每一个媒体面对的切实受众通常只是公众的一部分而不可能是全部，只是公众的一个子集，不是整体的、广泛意义的公众，而公众的利益（public's interest）与“公共利益”（public interest）并不总是相同的，所以，有时受众想要媒体做的事情也许并不符合公共利益。同时，媒体又不得不考虑为其提供经济支撑的机构或个体的影响。我认为，媒体在未来会扮演何种社会角色与这三者关系的变动有关。这既包括记者如何看待他们的使命、愿景和价值观；也包括受众，特别是那些投入切实注意力和付费的受众，希望从媒体得到什么；还包括广告商、公司、政府等资助新闻业的行动者希望媒体做什么。新闻业有一句经典的话，叫“跟随金钱”（follow the money），记者们虽然有自己的价值观和职业抱负，但归根结底他们是为那些支付账单的人工作的，如果这些人的利益与其他人的利益产生冲突，你就得解决对付它，在所有现存的商业模式中，都可以看到这一点。

在我最熟悉的西方国家，我们现在看到一种极化的现象：一方面，一些媒体非常注重他们的广告客户需要什么样的新闻，并据此展开工作，多数情况下目标在于生产点击量，而非履行记者的职责。另一方面，也有一些媒体致力于为其付费的读者服务，这通常意味着他们会精耕内容、提供高质量的新闻。当然，在这之外还有政府和其他资助者的问题，他们的存在对媒体自治和独立新闻业产生的影响不能忽视，如果钱都是从政府而来的话，媒体即使再宣称自己是为公共利益服务，实际上最终都只是政府的喉舌，而如果公众知道这一点的话，会对媒体提供的内容持更加批判的态度，甚至会掉头而走，转向其他替代性信源。

张：旧的商业模式的崩溃和总体经济形势的变化，改变了新闻业中不同行动者之间的权力格局，政治力量、经济力量、新闻专业力量之间的对比发生变化，您如何看待当前媒体发展对既有权力平衡的影响？

尼： 在西方国家，的确有很多媒体的影响力在下降。我认为其中一个原因是公共对话的空间越来越分散、碎片化、去中心化，越来越多的不同的声音参与其中，这给了许多政客机会，可以比以往更方便地与公众进行直接沟通（比如通过社交媒体），一些商业机构同样也可以通过这种方式树立起良好的媒体形象，绕过了传统的守门人，这使得新闻媒体整体的重要性在降低。但即便如此，仍有一些新闻媒体扮演着重要的角色，甚至比过去更为重要。例如，30年前，《纽约时报》仅拥有很小的一个读者群，仅能影响一小部分美国精英的讨论，作为曼哈顿岛上的一份报纸，它过半的读者来自曼哈顿，因此它对发生在美国其他地方的讨论几乎不能施加任何直接影响，即使对岛外的纽约市也影响甚微。但在今天，《纽约时报》被美国全国性的精英所阅读，可以在全国范围内对更多的讨论施加更为直接的影响。这也许并非因为每个人都会购买并阅读《纽约时报》，而是因为《纽约时报》关注的事件，在网络上往往会被各种传播渠道接力转发，最终成为公众讨论的一部分。同时，这些讨论不仅发生在美国各地，也越发国际化，引起全世界的注意。因此，尽管某些历史上在当地社会非常强大的报纸已不再具有影响力，《纽约时报》却的确在某些方面变得更为重要和强大。

但另一方面不得不说，一些顶层政治家们的影响力也变得越来越大。在美国，近期两任总统奥巴马和特朗普都在互联网上，尤其是社交媒体上树立了非常活跃的形象，他们显然有能力绕过新闻媒体去设置公众议程，去直接接触自己的核心选民，具有极大的影响力。但实际上，大多数政客并不是奥巴马或者特朗普，在美国，大多数政客在社交媒体上几乎没有粉丝，因而也就没有直接与选民或者公众沟通的渠道。在某种方面，他们面临着比20世纪90年代或更早期更为糟糕的局面，当时还有地方报纸、地方电视台或电台会极其关注当地的国会议员和参议员，现在这些地方媒体却衰落了，民众在社交媒体上只会关注特朗普或者奥巴马，而不会关注当地议员，这导致了大多数中低层政客的影响力的弱化。连地方媒体都对地方议员不感兴趣，更不必提国家性媒体了，国会议员中很少有人能在国家性媒体的报道中出现。同时我想补充的是，西方媒体中的政治新闻往往是政治家新闻（politicians' journalism），而非政治新闻（polity journalism），新闻的关注点通常是放在这些被选举的政治家们做什么、说什么和讨论什么。

王：是的，我的确看到美国媒体的政治新闻报道中个人化倾向越来越重。

尼：非常强的个人化倾向，对政治人物的关注越来越多，而对可能影响数百万人生活的日常政治讨论和决策关注越来越少，这些政策通常很难找到个人化的报道切点，因为它们的实行是复杂、缓慢且漫长的，但对大多数人来说，它们可能会产生巨大影响。再次使用美国的例子，大众媒体的政治报道所涵盖的内容基本上是这几个机构：国会、国防部、国务院和最高法院。但实际上，联邦政府所做的大多数事情与这些完全不同，例如环境保护、住房和城市发展，都是联邦政府的重要工作，但几乎没有记者报道这些内容。

王：因此，政治多元化有所减少。

尼：是的，虽然看上去众声喧哗，可以被听到的声音越来越多，多样性在增加，但在政策上，多元化可能在减少。

王：所以，这给中心性权力的出现提供了更大的机会。

尼：你说的这点很有趣。但在许多西方国家，出现了几乎相反的忧虑，他们担心中心的崩溃，特别是在政府弱势或政治分裂的国家中，人们担心会不再有公众讨论的中心议题了。当然，中心性权力是件好事还是坏事是另一个议题，这取决于政府或者政权的性质。我认为，从西欧和北美的一些国家来看，现在正处在一个政府非常弱势的时代，这种弱势有时会导致这个社会的民众难以了解正在发生什么、为什么会发生以及谁负责，记者搞不清楚、读者搞不清楚，将要投票的选民没法决定自己到底怎样投票。举一个具体的例子，例如欧元区在发生一场可能持续五年到十年的金融危机，相关信息都非常重要，但民众并不能完全理解这些信息的重要性，因为新闻报道中，满是形式性的内容，一群接一群穿着灰色西装的白人在装有玻璃幕墙的高端建筑物中进进出出，参加着各种会议，出来的时候对记者说，他们在会上为解决这一问题提出了很多具有建设性的建议，这样的报道对读者来说很无聊、空洞、没有实质内容。类似金融危机这样的事情其实关系到整个欧洲和其他金融体的命运，但对于现在的记者来说，能够以一种清晰的方式报道并帮助读者理解，是相当困难的。当然，这并不完全是因为记者没有努力去做到这一点，有时也是因为事情本身并不明朗。所以，我认为，在新闻理解世界和世界本身能否说得通之间，存在着一个有趣的尴尬境地。

三、地方新闻的挑战

张：在中国，我们看到有一些人，特别是一些年轻人，越来越倾向于从社交媒体获取新闻，而不是传统的主流媒体，他们看起来也并不关心主流媒体的存在。这种现象是否也在欧洲出现了？

尼：我们路透研究所并没有确切地研究过这个问题。但我记得几年前，皮尤中心在美国开展调查时，问过一个类似的问题，“如果你家当地的报纸明天倒闭，你是否会怀念它？”许多人说“不”，其中很多是年轻人，但不是所有的都是年轻人。这有点令人不安，如果人们真的是这么认为的，新闻业就必须正视这个现实。

新闻业经常给人们提供令人不安的事实，而现在，它自己也需要面对一些令人不安的事实。如果人们真的到了对新闻业漠不关心的程度，那就太糟糕了。这种现象可能在并未与媒体终生相伴的年轻人中更为明显，但实际上一些年长的人也这样认为。我们做过一个研究，问那些自称为传统媒体的忠实受众的人（比如宣称在上个月曾购买过专业新闻产品的人），结果发现，在英国，7%的人对新闻业的价值不屑一顾，这是一个非常庞大的群体，他们会说："你看，我自己的生活已经够复杂了，我不需要每天再有人告诉我，在过去的24小时内哪里发生了哪些不好的事情，灾难、地震、恐怖分子、股市下跌、贸易战、特朗普之类的，这对我有什么帮助？"我们当然要说，他们对于新闻价值的看法我们不能认同，但是对于当下的新闻从业者而言，当面对受众时，理解他们的这些想法要比忽略他们更有益。

张：如您所言，在美国，地方报纸正在快速地消失，但全国性媒体，如《纽约时报》则依旧具有强大的影响力，甚至在公共传播中发挥着更为重要的作用。中国也有类似的现象，例如《人民日报》、中央电视台、新华社这样的媒体依旧在成长，它们在微博、微信等社交平台上还拥有了数千万粉丝的关注，但一些地方性媒体却处境艰难，难以在社交平台上吸引年轻人的关注。您认为这是不是一种全球性的现象？

尼：我认为这绝对是一种全球性的趋势。我对未来新闻业的许多方面都很乐观，但你刚刚提到的有关地方媒体的问题，是我对于未来新闻业最为担忧的事情之一。发生在地方的新闻对人们来说非常重要，这些事情与人们的切身关系，往往超过了全国性或国际性问题。我认为，历史性地看，地方新闻是三种因素的产物，第一，从新闻的角度来看，地方发生的很多新闻很重要，有报道价值；第二，人们实际上是在各自不同的当地过着自己的日常生活，比如，对于广州人来讲，他们居住在中国，但他们的日常生活是在广州这个具体的地方发生的，因此，他们最终关心的是发生在广州这个地区的事情；第三，广告商的商品是要在地方销售的，很多产品是与地方锚定的，如特定的汽车、房屋等。恰是在第三种因素下，前两种因素才得以存在，因为正是由于地方媒体与广告商之间的联系，记者才能对当地社区进行报道。现在，前两种因素并未发生改变，而第三种因素已不复存在。这是因为在新的传播技术的冲击下，广告商开始转向全国性或国际性的媒体平台，再依据地理位置提供本地化定位的广告，而地方性媒体由于广播信号和印刷报纸分发的限制，日益丧失了来自于广告商的资金。

同时，坦率地讲，记者和受众对于事件重要性的评估并不总是一致的，地方性媒体对全国性媒体报道的事件越来越感兴趣，他们开始写同样的新闻而放弃捕捉当地社区的真实细节，尽管那并不是他们的受众主要关心的内容。例如，在伦敦这样一个大城市，郊区民众的生活和伦敦市中心的生活是截然不同的，但是当地报纸上刊登的新闻绝大部分都是关于伦敦市中心的内容，对于生活在郊区的人来说，他们会想："这些事情与我有什么关系呢？这不是我的生活，不是我常去的地方，也不是我经历过的事件。记者们从来不报道我们社区的学校，只会报道那些有名的公学，也从来不会报道我们镇上的马戏团，而只报道市中心一些有趣的地方，这个报纸跟我有什么关系呢？"因此，有时就会出现这样一个问题，即地方报纸提供的并不是你所想象的地方新闻，而是成了其他东西。

王：我想中国的情况也是一样，一些地方媒体热衷于追逐全国性热点，而并不是专注地方报道。但我还没有看到具体的实证研究，在你们进行的众多研究项目里面，有没有一些证据可以支撑这个假设，即地方媒体实际上并不具有地方性。

尼：路透研究所的调研没有具体涉及这一点，但是几年前我和几位同事在丹麦开展的一项社区研究有所发现，这个研究结合问卷调查、内容分析、焦点小组和社区访谈等研究方法，我个人认为是一个极好的案例，因为它很典型，在丹麦这样富足的国家中，媒体的经济问题不大，因为不管是私人出版商还是公共媒体都有政府补贴。我们在一个拥有八万人口的社区展开了研究，其中四万人居住在城里，四万人住在周围的小村庄里。在调研的那段时间，那里有一家影响力较大的地方日报，但这个影响力只是从住在城里的居民的角度来看的，从那些住在周边村庄的人的角度来看，这家媒体只写关于城镇的报道，而从未写过关于城外乡村的报道。

当我访谈这个报纸的编辑时，对这个问题他是这样说的："我们每天卖7000份报纸，其中4000份在城里，住在城里的有四万人，他们是从不关心周边那些乡村的，为了不惹恼他们，我最多只能给那些村庄新闻半个版面，同时给城里的新闻四个版面。"我完全理解编辑这样的决定，虽然有点赤裸裸，如果一般的篇幅登乡村新闻，意味着有四万人会觉得这不是我们的报纸，这是他们的报纸。我想这些数字已经可以说明问题的所在。在仅有几万人的社区中，人们对当地的媒体就已经会感到疏远，那么在居住了几千万人的珠江三角洲呢？我不知道他们会对同一个地区对其他人来说非常重要的事情感觉有多遥远？但即使在这样一个丹麦的小城镇中，这些问题已是如此明显。

张：在中国，最近出现了许多直接由地方政府运营的媒体，并发挥着重要的作用。它们多数是基于社交媒体平台，地方政府可以通过自己的渠道向当地民众发布信息，而不再依赖传统媒体。当地居民，特别是年轻人，可以更加便捷地获取有用的当地信息。

尼：是的，我们可以看到地方新闻在人们的生活中扮演着不同的角色。它们不仅是关于具有公众重要性事件的独立报道，而且大部分是关于发生在社区之中的平凡生活，如道路工程、火车将要停运、节日、村庄集市以及昨晚是否有人被捕等。现在，这类型信息更容易以其他方式获得，媒体并不能垄断这些信息，并将它们打包提供给读者。一些机构会积极地通过其他渠道推广信息。

我最近访问了一家在一个相当大的英国城市运营的地方报纸，他们的总编辑指出，他的编辑团队中许多记者被当地警察局雇用去通讯办公室工作，并专门投入到推特运营中，当地报纸的推特有16.7万的关注量，当地的警察局有16.6万的关注量。现在，警方经常会以非常幽默的方式推送发生在当地的事件的信息，许多民众会认为这些信息非常实用且有趣。但这位编辑也指出，如果发生了警察暴行、警局腐败、冤案等，警方就不会报道这些了，所以这种新闻模式会出现一个重要的缺失领域，这是由它的资金来源模式决定的。

四、平台媒体

张：中国目前有许多关于传统媒体和新型社交新闻媒体的讨论。一些人认为传统媒体的专业价值对于公众来说依然重要，因为他们提供了独立、客观和专业的新闻。另一些人认为这些价值已不再重要，我们需要重新定义新闻和新闻业。根据我的观察，年长的学者更支持前一种观点，而年轻的学者，则更多地认为我们应该重构新闻业，请问您的观点是怎样的？

尼：我认为这不应该是一个单项选择题。我认为有一些价值是永恒的，并且一如既往的重要，同时也有一些实践方式需要改变，因此，应当将二者结合起来，而不是对立。新闻业中的一些核心价值是长期存在的，并且会继续处于绝对的核心位置。例如，新闻的首要使命是接近真相，我认为这是新闻的一个永恒使命。同样地，新闻是为公共利益服务的，这也是一项永恒的使命。

除此之外，新闻业还有哪些使命？我认为其中的一些需要改变和演进，像你说的第二种观点一样，传统新闻业就是我写你读、我广播你收听、我发布你关注。在现在这个时代，媒体必须将自己应做的事情做到极致，如果做得不够好，或者没有与受众保持良好的联系，实际上就在降低自己的重要性。从这个角度来讲，新闻业必须更具对话性、参与性、实用性，更能与其服务的社区产生共鸣。媒体的技术使用、包含的社会价值以及传播的形式，都要能更好地促进参与和交流。

新闻要与社会形成一种相互回应的关系，不能总是期望社会对其抱以关注，而自己永远不关注世界。诚然，改变并不意味着抛弃传统，但在某些情境下，新闻业必须有所取舍，比如，如何平衡进行报道的时间和与受众对话的时间，等等，类似的一些决定对于记者和编辑来说，是很严肃的问题，他们必须在其中找到正确的平衡，这并不容易。而对于传统主义者，我只想说，世界正在改变，如果新闻业拒绝改变，那么在未来，属于它的一席之地在哪里？我们无法想象一个与新闻业无关的未来。

张：像推特、脸书，以及中国的微博、微信这样的互联网巨头，已成为年轻人越来越重要的获取新闻的渠道。许多人甚至认为，这些平台媒体就是主流媒体。您认为这些互联网巨头是否可以延续新闻业的核心价值？

尼：我对中国的情况不太了解，但我可以谈一下西方的情况。我认为思考这个问题最好是将其视为一个有许多不同参与者的生态系统，那么核心问题就是，这些参与者能否找到一个可持续的共存方式，共同促进意识形态的多样性。现在很显然的是，传统纸媒面临着巨大的挑战和真实的风险；平台媒体的主要价值观与传统新闻业虽有不同，但也并不是对立的，如果平台媒体像传统新闻媒体一样想问题，要一个一个地把关，根据具体情况做出个别的编辑决策，那对新闻业来说可能是一件坏事，因为这样的话它很快就要开始对内容的发布施加更多的限制。

因此，认为谷歌、脸书等需要编辑的想法令我感到可怕，这实质上是要求这些平台做出更多关于排除某些内容的决定。而我认为，这些平台最可贵的地方正是它让公众话语得到了更好的表达，正如“平台”（platform）这个词语本身所暗示的一样，“开放”（Open）是它最大的特点，可以承载各种不同的观点，让用户自己决定去关注谁、为什么要关注。平台媒体的核心价值应该是取得在以用户的方式为其提供服务，和使用户能够对他们消费的信息做出明智决策之间的平衡。因此，透明性就格外重要，这关系到公众能否明智地判断呈现在他们面前的新闻、叙事或数据到底是从何而来，有何目的，背后推手是谁，是否可信等。所以，平台媒体不关心信息内容本身的善、恶，从我的观点来看，平台媒体就是要实现声音多元，不是排除声音。

王：他们毕竟是商业，没有太多的道德压力，不是肩负公共服务责任的机构。

尼：是的，他们是商业机构，他们之所以会存在就是因为他们挣钱，因此，我并不认为他们做的事情背后是道德的驱动。但是另一方面，平台媒体发展的核心问题是如何平衡好短期利益和长期利益，如果要求长期发展，他们必须非常小心谨慎。在西方世界，现在大型平台媒体面临的主要威胁并不是竞争，他们已经是市场上的巨头了，威胁在于公众可能对他们丧失信心，或者政府决定对他们的干预和调节，所以他们必须考虑如何不失民心、如何与政府修好的问题，这也意味着必须考虑如何在社会公共生活中扮演恰当的角色。

张：在中国和世界上其他的许多国家中，人们越来越关注对平台媒体的管理，例如，所有权是否应该多元，政府是否应当投入，是对其施以一些控制还是放任其使用自由市场模式，等等。您认为，政府、社会和公众应当做些什么才能让平台媒体变得更好？

尼：我认为，如果我们认同这些平台媒体已成为民众日常表达的重要途径，民众认为他们需要平台媒体提供的产品和服务，那么，这些媒体以商业的、营利性的方式存在是合理的，如果管制的话，它们可能就不存在了。那么，有没有可能有一个监管框架让它们既能创造公共价值，又能保障商业利益呢？我的个人观点是，应当给予它们进行商业活动的自主权，让它们做它们的生意，让用户决定是否愿意使用，而对于管理者来说，要做的应是确保这些平台的开放性和普及性，让所有人都能公平地、无歧视地访问这些平台。

当然，有一系列监管性的问题值得思考，如何对该领域的商业竞争进行规范？如果它们在一个领域成了主导者是否可以跨领域并购？在何种情况下它们将不被允许收购其他竞争对手？此外，在什么条件下它们可以收集和保留什么样的数据？数据收集和使用的规则是怎样的？最后，如何运营这些平台？我想对新闻业而言，一个非常糟糕的状况是，这些平台被当作是新闻机构而受到监管，需要它们对其服务和产品承担法律责任，这样的话会导致它们对内容做出非常谨慎和保守的决定，例如，它们可能会因为担心自己陷入一场诽谤诉讼，从而绞尽脑汁地阻止某些内容在平台发布，以避免平台本身被起诉，那样的话，平台公司可能更愿意只与几家主要的大新闻机构达成私下协议，只发布它们的内容，而排除社会上其他的声音。我认为要是这样的话将会是非常糟糕的一件事，社会并不能从中受益，所以我认为监管要非常谨慎。

五、科技资本主义的全球化

张：当谈到新媒体发展的全球性趋势，十几年前的趋势是发达国家向发展中国家输出技术和模式，中国的许多互联网企业就是借鉴了西方公司的商业模式，例如微博借鉴推特，开心网、人人网借鉴脸书等。而现在，中国一些公司也开始发展自己的商业模式，例如微信的英文版Wechat、抖音的英文版Tiktok等，已经从中国输出到了世界。对这种变化您有什么评价？

尼：我认为这主要有两个原因。首先是技术，技术关乎地理界限；其次是政治，政治关乎国家界限。在全球化进程中，随着贸易管制的放松，政治障碍往往会减少，特别是在数字化领域，长期以来处于政策真空的状态，而技术又使得地理局限不再是问题，这意味着在互联网的发展过程，政治的边界和地理的边界都是消失的，立足于某个国家的公司成为一种全球性的力量不是一件不可想象的事情，享有庞大的国内市场和一种全球性的语言的公司可以更有效地做到这一点，比如，美国的公司可以从国内扩展很快地进入全球扩张，对于来自一个拥有3.2亿人口的高收入国家的公司，难度要比一个来自小国或穷国的公司小得多。英语作为世界上大部分地区的通用语言，美国公司也具有语言优势。

当然，也存在着一些特例，例如瑞典的音乐流公司声田（Spotify），但这种特例非常少，绝大多数能够进行全球扩张的公司还是来自美国，也有可能是来自像中国这样一个拥有14亿人口的中等收入国家。我认为，中国的平台公司进行全球竞争的优势之一是移动媒体发展非常快，它们率先看到了手机作为数字媒体发展的主要设备的机会，而不是不能移动的台式电脑等互联网设备。从这个意义上讲，美国的一些科技公司本质上还是传统媒体，因为它们成长于基于台式机、使用宽带接入互联网的媒体环境中，现在它们不得不重塑自我，适应移动设备。

但对于很多中国公司而言，移动技术从一开始就是核心。我认为，这些公司从移动出发，可以延伸到人们日常生活的诸多方面，会有更加积极和有力的表现。一个明显的例子是，移动支付系统在中国的兴起，我认为这种电子商务的运作方式比大多数西方国家都要发达得多，我们每个人面前的这个设备（手机）就好像我们整个生命的遥控器。而脸书、谷歌和亚马逊等公司对这一点的认识则有一些缓慢。从这个意义上来说，中国的科技公司具有一些先发优势。然而，我认为中国的科技公司最大的劣势是语言和文化障碍，世界上的大部分地区仍然是西式的文化取向，这意味着，尽管中国科技公司拥有先进的技术，但许多人的第一反应不会是使用它们的服务。当然，这一点也可能正在发生着改变。目前，美国的科技公司面临着全球性的批评，世界各国政府都在对它们施压，这可能使中国公司获得一些机会。

张：或许中国企业在走出去的时候要非常谨慎，它们不应该干预政治，而应该专注于输出技术，同时也需要适应不同国家的文化。

尼：从这点来看，中国公司和美国公司差别不大，不过美国公司可能更关注公众的看法而不是政府的看法。显然美国和中国的科技公司都有国际野心，但核心市场都还是在自己的国家。如果谷歌这样的公司只追求利益的最大化的话，那么它可能在中国市场活得很好，它可以不顾一切地把持住这个世界上第二大的新媒体市场，当然，谷歌明白，如果它们那样做，可能会在美国国内受到批评，损伤它们在国内受众和使用者中的信誉，那将是非常糟糕的事情，所以它们对此非常谨慎。同样，对中国公司来说，国内市场也是它们的核心业务，因此它们会对在国外做的任何可能会危及国内市场的事情持谨慎态度。

王：许多中国公司发展得非常快，并已经在国际上崭露头角。您认为在全球数字资本主义的舞台上，中国公司能否拥有一席之地？

尼：我认为我们正走向一个极化发展的时代，有的事物越来越集中，而有的事物则越来越分散，处在中间地带的，必须努力地寻找自己的落脚点。从这个意义上来说，我认为从长远来看，毫无疑问，中国在世界上的地位在各方面都变得越来越重要，也包括媒体。我相信，这种趋势将会持续下去，包括新闻与技术。我们路透研究所有来自世界各地的记者，从那些来自非洲的记者口中，我们可以清晰地了解到中国的新华社和中央电视台在非洲所发挥的作用。这种作用是前所未有的，毫无疑问，还会持续数年。

在某些方面，美国的影响由于自身原因已经有所削弱。但当然，美国的科技公司和富有的媒体公司仍然使其在世界上占据着核心地位，例如，我前面说过的《纽约时报》，它就比过去拥有更大的全球影响力。所以，我认为在重要的国家、公司和媒体越来越集中的浪潮下，一定有一些是来自中国的。我有时都在思考欧洲应如何融入这种浪潮。同时，我们也看到了去中心化的趋势，越来越多的社区和组织都可以发出自己的声音，无论多么细微和渺小，众声喧哗中有着惊人的难以置信的力量。

张：在全球化的趋势下，大公司垄断全世界的市场，尤其是以美国为首的西方科技公司可能覆盖到世界上的每一个角落，有人谈到了去西方化的必要，您对这种情况是否感到担忧？

尼：这不是一件令我担忧的事情。我认为，人们可以接触到来自世界大部分地区的多样化媒体，在很大程度上是一件好事。人们可以从接触美国媒体中获利，意味着他们应该只能访问美国媒体。增加可接触到的媒体的数量，是非常有价值的，因为许多国家同样拥有强大的国内媒体。因此，我并不认为这是一件坏事。

我想要说的是，人们很容易存在“担忧”的想法，因为我们围绕着很多有问题、可能令人担忧的事情在进行着讨论。我认为我们需要提醒自己，我们生活在一个多么美好的时代、拥有着许多令人振奋的事物，在没有政治障碍和其他人为限制的情况下，人们可以获得海量信息，以及很多在并不久远的过去完全无法获得的信息。

我很荣幸在青年时期成长在富裕且自由的丹麦，但当时我如果想读一份来自邻国德国的报纸，我必须乘坐一小时的火车到哥本哈根的中央火车站去，因为那里是唯一可以买到外国报纸的地方，更不要提远隔重洋来自美国的报纸了。在20世纪90年代卫星和有线电视到达以前，我也无法收看来自其他国家的电视，因为这在技术上是不可能的。对于像我这样的人来说，想要阅读《南华早报》或《环球时报》的想法，则更为荒谬，更不要说那些社会地位不如我，或是来自印度等贫困国家的人了。现在新媒体技术提供了很多可能性，我们实际上可以利用这些机会，尽管有时我们会看到诸如媒体的衰落、政府对人民说谎等事情，但人们可以自己努力绕开信息的限制，从全球媒体寻找其他的信息。

六、记者和学术界的未来

张：我想问另外一个问题，您认为维基百科是不是国际新闻业的行动者和参与者，还是您认为它不是新闻业的组成？

尼：我认为维基百科在人们生活的很多方面都具有非常重要的意义，包括某些形式的新闻。它是不是新闻是一个概念性的问题，但我对它能否提供新闻更感兴趣。我认为，答案是肯定的，当然，它并不会取代其他的新闻，它也没有提供一种新的新闻生产模式。但是对于发生在世界上一些地区的突发新闻而言，专业报道是有限的，维基媒体实际上成为一种非常重要的信息来源。

例如，数年前的斐济地震和波多黎各飓风，以及大型社区和志愿者的灾后工作等，维基百科的编辑将相关信息汇总和综合到了一个单独的储存库中，在非常混乱的情况下提供了一个可以进行信息核查的独立且中立的信息库，我认为这非常有价值。当然，我并不认为这可以取代任何类型的新闻，或者甚至可以在没有新闻的情况下完成，因为它们同样非常依赖于信息来源。但我依然认为它非常有价值，如果没有维基百科，我甚至不知道我的学生做作业时从哪里获得信息。

张：您判断新闻的标准不是依据其是否组织化的生产，而是基于其社会功能、价值观一类的标准？

尼：这就是我想要回避它是不是新闻的原因。我认为它提供了新鲜的信息，因为这些信息让现代世界的公民可以知晓看不到的世界发生的事情。我们过着自己的生活，有着自己的个人经历，很多信息可以帮助我们了解我们生活之外的事情。如果它及时、独立、准确、具有相关性，我就认为它是新闻，因为它可以帮助我们超越自己的经验。从这个意义上说，维基百科的确提供新闻。但是如果从新闻是一种专业行业的角度来讲，它是新闻吗？当然不是，因为它的主要内容依赖的是其他人提供的信息，经由编辑依据维基百科的标准编辑后呈现的。这不是真正的新闻业，但它提供了新闻。

王：您认为在当前致力于提供新闻的记者和媒体组织应该做哪些事情？

尼：这是一个关键的问题。首先，我认为不同的国家、不同的媒体组织和不同的记者都要找到自己的路线。正如我们之前谈到的，并没有一个标准的模式。其次，即使存在一种模式或一系列标准模式，我也不认为大家都可以复制它。这并不像一个菜谱，我只需拿出它，告诉别人你这样做，放200克这个，15克那个，然后放进烤箱两小时，实际并非如此。也就是说，我们可以思考一个有助于记者迈向未来的路径。在这个路径中，我们应意识到是有一些新闻专业的永恒价值的，即追求真相和报道真相，以及与其所在的社会和历史进程紧密相关。世界在变化，如果新闻业想继续与之相关、获得可持续的发展，也必须改变。在这个过程中，记者和媒体要不断地试验，看看我们出于自身使命需要一直在做的事情，或者由于长期惯习养成的一贯做法，在今天能否适应新的时代，是否需要更新，如何更新。在我们路透研究所，大家经常说一句话，“我们致力于探索新闻业的未来”，我认为，这在当下特别重要，记者们应该面对这样一个事实，即我们不能继续做昨天所做的事情，因为世界已经改变，按照昨天的方式已不能再产生相同的结果，我们需要思考未来，思考变革。

全世界各地的记者们可以相互学习，从别人好的实践中汲取经验。尽管并不存在唯一的最好的做法，但仍有一些行之有效、值得分享的经验，即使是试错经验也值得分享。比如，现在西方的记者和编辑在谈论新闻业的问题时，经常感到的困惑是，如何在当前这个高度政治极化、社会信任程度低、移动媒体优先的环境中做新闻。其实，这些问题也许对欧洲的记者来说是前所未有的，但对非洲、拉丁美洲和大部分的亚洲地区来说则不是，西方记者完全可以从长期工作在这样的环境中的记者中汲取经验，就像这些国家的记者经常向他们的西方同行学习一样。

所以在路透研究所，我们致力于促进全世界记者之间的对话，并努力向彼此学习。新闻业要变革，并非因为记者变了，而是其他人和条件变了。我认为学界对此应该有一些支持性的作用，应为解决问题提供最优质的独立调查。新闻业到底在发生什么？明天会怎样？记者应该了解什么？因为正是他们会将新闻业推向明天。更为重要的是，我们坚持认为记者应该成为其主导者，如果记者不能，其他人就会成为主导者，这是我们不想看到的。

张：除了路透研究所年度报告，您最近还开展了哪些研究？

尼：我和一位前同事目前在努力完成一本有关平台媒体在公共生活中角

色的书，我们考察了平台媒体的发展以及它们与传统媒体的关系，想要了解它们在未来社会中可能扮演的角色，以及现有机构参与其中的可能性，并试图勾勒出它们的运作模式。

张：您似乎比传统的新闻学者拥有更为广泛的兴趣。我们常说，新闻学者应当具有更多的社会学想象，而不仅聚焦于新闻常规、边界工作、传统媒体内的组织创新的传统议题，他们应该更多地考虑媒体与社会的关系，媒体与权力的关系，以及新闻业在公共传播中的功能等议题。您对此有何建议？

尼：学者们对于自己的研究方向可以有不同的决定，研究的专业化和清楚地定义研究问题是十分重要的，但我认为，如果某个领域仅仅聚焦在内部的一小部分问题上，那么就会丧失与所研究的对象、其他领域以及更广泛的社会的联系，这是十分危险的。所以，自始以来，我和我在路透研究所的同事一直倡导与外界学者和业界共同探讨的方法。新闻业对这个世界感兴趣，那么新闻学者也应该对这个世界感兴趣。

首先，对研究对象而言，我的兴趣与他们的兴趣一样吗？不是的，学者有学者的关怀；我们为他们工作吗？不是的，我们不是咨询顾问。但我们的兴趣是否和研究对象的兴趣存在相互促进的健康关系，则是重要的。其次，不要只关注其他新闻学者提出的问题，还要关注诸如社会学家、经济学家、计算机科学家在想什么问题。新闻业不是孤立存在的，所以试着将其定位为一个与其他所有生成人类知识的领域相联的分析对象。最后，试着将我们研究的问题与我们的时代相联，不仅要从其他新闻学者、我们的研究对象那里获得研究问题，还要从社会获得研究问题。如果有人在街上停下问你在做什么工作，你应该能给出一个有意义的答案，我们需要有意识地确保我们所做的事情，是与他人有相关性的，无论这些人是记者、学者还是广大的民众。

张：您能否评一下研究方法？有的人说我们需要接受一些诸如大数据、数据挖掘、网络人类学等新的方法，您认为这些方法重要吗？

尼：我认为绝对是的。我自己的研究方法是完全以问题为导向的，我会问出一个问题，然后思考如何解决这个问题，在时间和资源的限度内选择一个能获取最好答案的方法。事实上，几乎所有的研究都需求方法的多样化。我这样做的原因是我坚信较为成熟的社会科学、人文科学的方法对解决问题的价值，包括资料研究、访谈、焦点小组、内容分析、问卷调查等，我们从20世纪传承下来的这些方法依然是非常重要的。

但当下一些紧迫且重要的问题可能无法完全用这些方法解决，如果我们不采用一些新的方法，就不能完成我们的工作。我自己的经验是，放弃尝试一个人完成所有的事情，没有人可以做到，没有人可以冒着成为一个业余的通才的风险将所有事情做好，但努力找到能做不同事情的人，然后与他们合作。我在牛津大学和其他地方的经历使很多诸如计算机科学家、计算语言学家、人类学家感到有趣，并乐于与我工作，经常可以实现双赢。

张：最后，我了解到牛津大学并没有设立一个独立的新闻传播学院。这实际上涉及一个经典的议题，即新闻学研究是不是一个独立的学科，还是仅是其他学科的一个特定的研究领域？您如何看待这个问题。

尼：我认为如何设立新闻学研究的机构，每所大学都有其自身的考量，并且我认为设立新闻学院是十分重要的。尽管牛津大学没有一所新闻学院，但新闻是世界上非常重要的东西，这一点在牛津大学有广泛的共识。问题的关键是，我们如何确保人们接受良好的训练，然后从事这项重要的工作；我们如何确保那些没有经过新闻学院训练的人，也能理解这项重要的事业；我们如何确保所有的科学领域，都可以被运用到理解这件重要的事情上来。我不认为新闻是一个独立的学科或领域，世界上存在某种重要的东西叫作新闻，我们要将不同学科的人聚集到新闻学研究中来，包括媒体和传播学研究、政治学、社会学、计算机科学、经济学等，以不同的方式促进我们的目标。

（张志安，中山大学传播与设计学院院长、教授，中山大学全媒体研究院副院长；王海燕，中山大学传播与设计学院副教授；范吉琛，中山大学传播与设计学院硕士）

第二辑

中国新闻业年度观察报告 2019

年度专题：
数字新闻业的文化生态

意义、新闻权威与文化结构：新闻业研究的文化—社会路径①

陈楚洁

【本文提要】

本文追溯“文化转向”在新闻业研究中迟到的出席与入场的理论脉络，综合20世纪90年代以来新闻学者的文化路径研究和文化社会学者的新闻业研究，提出新闻业研究的文化—社会路径。本文认为，新闻业研究的文化转向之所以迟于黄金时代的新闻室民族志研究，与文化转向在人文社会科学，尤其是社会学的扩散的时间有关，也跟美国新闻传播学研究对文化研究的排斥有关；同时，新闻室民族志的经典研究对生产过程和组织结构的偏向无疑是对新闻业的文化结构及其自主性的否定。但主流新闻社会学研究并不能解释新闻生产的社会结构之外的文化建构以及在变革环境里新闻业的意义体系的再造。文化-社会路径的新闻业研究关注新闻业的意义体系、象征、集体记忆、共鸣、文化符码等，考察其维系新闻业的合法性、专业边界与文化权威。当下新闻业面临诸多不确定性与动荡，除了商业模式的调整，还需要在专业文化上对新闻业的核心概念进行再阐释，这也使得意义导向的新闻业研究凸显其理论价值与现实意义。

【关键词】

新闻业研究　意义之网　文化—社会路径　新闻权威　阐释社群　文化

---

① 本文系教育部人文社科研究青年基金项目“融合语境下的新闻社会学研究：一种文化路径”（项目批准号：18YJC860004）的阶段性成果，初稿曾发表于浙江大学传媒与国际文化学院举办的“重访黄金时代：媒介社会学经典再阐释”工作坊，作者感谢李艳红教授、李红涛副教授、白红义副研究员、周睿鸣研究员以及匿名评审人提出的建议，并对文责自负。

结构

一、在不确定性时代重塑新闻业的文化意义

当下新闻业所面对的诸多不确定性[①]，传统新闻业与非传统新闻媒体的此消彼长，似乎正在削弱传统新闻业和专业记者存续的根基。有媒体人发出这样的感慨："对今天的记者来说，'坏消息'层出不穷。但是对于新闻传播来说，我并不担忧记者这个职业会被彻底埋葬。事实上，每一次旧传播方式的'葬礼'，都会是传播业界一次重大进步的开端。"也有媒体人指出："当网络上充斥着各种一年即可速成大V的新媒体'营销成功学'，媒体人的专业价值和职业沉淀体现在哪里？"在新旧杂糅的不确定性时代里，新闻业与记者正面临重塑自身合法性与文化权威的挑战，而如何应对众多的不确定性，基本上围绕着退场、呼吁和忠诚等表现[②]。潘忠党指出，在当下的"新闻危机"话语中，"最直接侵害新闻业的很可能是新闻界（包括学界和业界）自己对其行业的犬儒式解构，因为它不是建构式的反思，而是新闻界的自暴自弃；它不是在新的历史情境下进一步阐述理念、规范和追求，而是消解新闻业在社会运作中应有和可能有的公信力；它不是阐述新闻业如何作为一个重要主体参与并引导社会协调对话，而是以无奈为由放弃这一社会责任"。[③]可以说，今天的媒体从业者，正面临着职业意义混沌的时期。当新闻专业主义被批判和嘲讽，当严肃新闻业抵不过信息搬运工和"10万+"的社交媒体鸡汤，记者和其他内容生产者参与新闻业的意义是什么？当新闻业的存在令人感到忧虑，新闻权威受到非新闻业的质疑和挑战，新闻业的文化体系又如何能够重新树立自己的合法性？媒体社会学研究中的组织分析与政治经济分析似乎并未告诉我们如何去应对这些文化意义上的困惑。

---

① Zelizer, B. Terms of Choice: Uncertainty, Journalism, and Crisis[J]. *Journal of Communication*,2015,65(5): 888-908.

② Davidson, R., & Meyers, O. "Should I Stay or Should I Go?" Exit, Voice and Loyalty among Journalists[J]. *Journalism Studies*, 2016,17(5): 590-607.

③ 潘忠党．在"后真相"喧嚣下新闻业的坚持 [J]. 新闻记者 ,2018（5）：4-16.

1989年，迈克尔·舒德森（Michael Schudson）曾将有关新闻社会学的研究概括为三种路径，即社会组织路径、政治经济学路径、文化路径或人类学路径①。如他所说，新闻社会学领域的主流和经典文献，主要出自新闻的社会组织研究路径；而文化路径的研究，在某种意义上甚至还不能称之为一个真正的流派。在舒德森的评述中，文化路径的分析受到人类学家马歇尔·萨林斯（Marshall Sahlins）的影响，提出记者、新闻机构及其互动关联方处于一个既定的象征体系内，而新闻正是他们在这一象征体系内互动的结果②。如果说社会—组织视角的研究将新闻的建构视为人际关系的产物，那么，文化视角的分析则聚焦新闻生产中"事实"与符号（symbols）的关系，强调文化传统和象征体系对新闻生产的约束，而不管经济组织的结构或职业常规的特征为何。舒德森还指出，记者在新闻工作中不仅是为了跟新闻线索和同行维持或修复关系，也是为了维护他们在受众眼中的文化形象③。

如果说舒德森的这一总结是专门针对新闻社会学研究的，那么詹姆斯·凯瑞（James Carey）早在1975年已提出"传播学的文化路径"（a cultural approach to communication）的主张④。当凯瑞提出这一主张时，新闻社会学研究的"黄金时代"正拉开序幕，但却并未在兴盛于20世纪70—20世纪80年代的媒介社会学的黄金时代中占有不可或缺的地位。可以说，文化路径的新闻社会学研究，在这个"黄金时代"中缺席了。迟至20世纪90年代初，以芭比·翟利泽（Barbie Zelizer）基于博士论文修改而成的著作《报道总统之躯：肯尼迪刺杀案，传媒与集体记忆的塑造》⑤的出版为标志，一种文化视

① Schudson, M..The Sociology of News Production[J]. *Media, Culture & Society*, 1989,11: 263-282.2005年时，舒德森又将政治经济学路径一分为二，即新闻生产的政治语境研究和新闻生产的经济组织路径，从而提出新闻社会学的四种研究路径之说，参见 Schudson, M.. Four Approaches to the Sociology of News[M]. In James Curran & Michael Gurevitch (Eds.),*Mass Media and Society* (4th edn.) London: Hodder Arnold, 2005: 172-197.

② Schudson, M.. *The Sociology of News Production. Media*[J].*Culture & Society*, 1989,11: 275。不过，在2005年的修改版中，舒德森删掉了对文化路径不足以称之为一个流派的判断。

③ Schudson, M.. Four Approaches to the Sociology of News[M]. In James Curran & Michael Gurevitch (Eds.), *Mass Media and Society* (4th edn.). London: Hodder Arnold, 2005:172-197.

④ Carey, J. *Communication as Culture: Essays on Media and Society*[M]. New York& London: Routledge, 2008.

⑤ Zelizer, B..*Covering the Body: The Kennedy Assassination, the Media, and the Shaping of Collective Memory*[M]. Chicago & London: The University of Chicago Press, 1992.

角的新闻社会学研究才得以系统性地出场。这从丹尼尔·伯克维茨（Daniel Berkowitz）在1997年主编了《新闻的社会意义》①，而后于2010年再主编《新闻的文化意义》②亦可见一斑。这背后的社会语境与知识脉络是什么？文化路径的新闻业研究，提出了什么样的问题意识的转向？有哪些学者代表了这一路径的研究方向？在一个新闻业急剧变化的时代，提倡文化路径的新闻业研究有什么意义？本文将从这些问题出发，探究新闻业研究的文化路径的形成与发展的过程及其表现，并联系新闻业的现状做进一步的讨论。

写作本文有两个方面的考虑：其一，在当下传媒业面临急剧不确定性的时代语境下，占据主流的理论和实践强调了新闻业在人工智能、大数据驱动下的"量化转向"（quantitative turn）③，或者强调商业模式重构、技术中心主义，认为技术将裹挟整个新闻业的发展前景。那么，这是否意味着只要重构新闻业商业模式，掌握先进传播技术，就能够解决新闻业面临的困境？除此之外，我们是否还要返璞归真，追寻新闻业、记者所存在的意义以及其如何重塑意义的非技术性的问题？其二，既有的新闻社会学研究的系谱，其主体为组织分析和政治经济学分析，相应地，文化社会学路径的分析是处于非主流。新近出版的两本反思新闻业经典研究的著作*Remaking the News*④和*Rethinking Journalism Again*⑤，在对媒介社会学经典研究的反思与批评的基础上，提出了新闻业研究的新问题与新视角，但他们都主要聚焦在技术、物质、经济因素，对文化的因素依然少有人问津。加深对文化社会学路径的新闻生产研究，应当能够丰富我们对处于流动状态下的新闻业的理解。

---

① Berkowitz, D. (Ed.). *Social Meanings of News: A Text-Reader*[J]. *Thousand Oaks: Sage*, 1997.

② Berkowitz, D. (Ed.). *Cultural Meanings of News: A Text-Reader* [J]. *Thousand Oaks*: Sage. 2010.

③ Coddington, M..Clarifying Journalism's Quantitative Turn: A Typology for Evaluating Data Journalism, Computational Journalism, and Computer-assisted Reporting[J]. *Digital Journalism*, 2015,3(3): 331-348.

④ Boczkowski, P.J. & Anderson, C. W. (Eds.). *Remaking the News: Essays on the Future of Journalism Scholarship in the Digital Age*[M]. Cambridge, MA.: The MIT Press, 2017.

⑤ Peters, C. & Broersma, M. (Eds.). *Rethinking Journalism Again: Societal Role and Public Relevance in a Digital Age*[J]. *Oxford: Routledge*, 2017.

二、“文化转向”在新闻社会学中的迟到与入场

（一）“文化转向”及其对社会学的影响

“文化转向”这一概念、现象首先来自西方史学中的新文化史研究。新文化史从符号学、象征人类学、文化研究等领域吸收了相关的理论预设、核心概念与方法路径，注重探究符号、仪式、文化的意义，寻求对存在（being）而不是成为（becoming）的理解，提供的不是因果关系，而是具体语境下人类行为的状态。新文化史研究“所注重的是生活于此时此地特殊环境之中的人群所特有的生活方式和态度，将研究聚焦于下层百姓的日常生活及其意义世界，用叙事史学的方式展开深描，将读者带入一个个不同的微观世界”[①]。为了区别以布克哈特（Jacob Burckhardt）、哈伊津哈（Johan Huizinga）等人为代表的文化史，1989年美国历史学家林·亨特（Lynn Hunt）作为主编将1987年聚集于加州大学伯克利分校召开的文化史会议上报告的论文合集成《新文化史》（*The New Cultural History*）一书出版，首次将这种史学流派统称为“新文化史”，“文化转向”也被正式命名[②]。

而影响史学研究以及更为广泛的社会科学的“文化转向”的重要思想家，不能不提及人类学家克利福德·吉尔茨[③]（Clifford Geertz）。受马克斯·韦伯（Max Weber）的影响，吉尔茨也认为人是悬挂于自己编织的“意义之网”（webs of significance）上的动物，而“意义之网”不断生产着人的行为风格，也就是说，人与其所处的文化相互形构。韦伯认为，与自然科学家不同的是，社会学家们研究的不是无生之物，而是要分析社会关系和社会活动（activity）。人类的活动产生社会关系，而这些活动还受到一种不见于自然现象的性质即意义（meaning）的影响，研究人类社会活动的意义，意味着要进入具体的社会脉络去阐释人们如何证明社会活动的必要性及正确性，以及人们诉诸何种价值、期望或理想作为行动的动机。总而言之，一种社会关

---

① [美]林·亨特编．新文化史[M]．姜进译，上海：华东师范大学出版社，2011:3。

② Hunt, L. (Ed.). *The New Cultural History*[M]. Berkeley & Los Angeles, CA.: University of California Press, 1989.

③ 中文亦有格尔茨、吉尔茨等不同翻译。

系或活动，是各种不同的意义之组合①。吉尔茨提出文化是内在于人的意义体系，人类学家所从事的民族志分析“不是一种探索规律的实验科学，而是一种探索意义的阐释性科学。”② 在《文化的阐释》一书中，吉尔茨这样定义文化：“文化是一种通过符号在历史上代代相传的意义模式，它将传承的观念内嵌于象征形式之中，通过文化的符号体系，人与人得以相互沟通、绵延传续，并发展出对人生的知识及对生命的态度”③。吉尔茨对文化的定义，对阐释路径的提倡以及他所代表的文化人类学的理论革新，对史学领域的“文化转向”具有极大的启发意义④。与吉尔茨同在普林斯顿大学任教的新文化史学家罗伯特·丹东（Robert Darnton）就指出，新文化史学者从“文化的”角度去研究历史，关注符号、象征体系、仪式等议题，是受到了吉尔茨所提倡的学术思想的影响⑤。在新文化史家看来，文化并不是一种被动的因素，文化既不是社会或经济的产物，也不是脱离社会诸因素而独立发展，文化与社会、经济、政治等因素之间的关系是互动的；个人是历史的主体而非客体，他们至少在日常生活或长时段里影响历史的发展⑥。

在新文化史之后，西方社会学研究也于20世纪80年代末开启了文化转向并于90年代形成潮流。社会学的文化转向除了受到“文化转向”的推动，还源于社会学者们对社会学鼻祖之一——埃米尔·涂尔干（Emile Durkheim）的晚期思想——关于意识、信仰体系、仪式、象征、团结等进行了再挖掘⑦。1972年，斯蒂芬·卢克（Steven Luke）发表了关于涂尔干的全景式传记——《埃米尔·涂尔干：他的生活与著作》（*Emile Durkheim: His Life and Work*）之后，涂尔干系的学者们对这位社会学大师的生平和思想的转变有了全局性

---

① 马克斯·韦伯著．学术与政治[M]. 钱永祥等译，桂林：广西师范大学出版社，2003：73-74.

② Geertz, C.. *The Interpretation of Cultures*[M]. New York: Basic Books, 2017[1973] ,5.

③ Geertz, C.. *The Interpretation of Cultures*[M]. New York: Basic Books, 2017[1973],95.

④ Clark, S.. Thick Description, Thin History: Did Historians always Understand Clifford Geertz? In Jefferey C. Alexander, Philip Smith & Matthew Norton (Eds.), *Interpreting Clifford Geertz: Cultural Investigation in the Social Sciences*[M]. New York: Palgrave Macmillan, 2011, 105-120.

⑤ Darnton, R.. Foreword: Anthropology, History, and Clifford Geertz. In Clifford Geertz, *The Interpretation of Cultures*[M]. New York: Basic Books, 2017,vii-ix.

⑥ 陈恒，耿相．新史学（第四辑）[M]. 郑州：大象出版社，2005：1.

⑦ Alexander, J.C. (Ed.) .*Durkheim Sociology: Cultural Studies*[M]. Cambridge, CA.: Cambridge University Press. 1988.

的新理解。1982年，杰弗里·亚历山大（Jeffrey Alexander）在《社会学的理论逻辑（第二卷）》中展示了涂尔干晚期作品中对宗教生活的新取态的转向（亦即文化转向），指出涂尔干对社会科学的理论遗产可以从根本上被重构；1988年，亚历山大编辑的《涂尔干社会学：文化研究》出版。总之，进入20世纪80年代，社会科学家们认识到涂尔干学术思想中的文化转向的潮流开始形成，到了90年代则加速汇聚，诸如意识、象征主义、再现、道德、团结等概念开始与关于话语、差异、结构和意义的讨论如影相随①。总而言之，社会科学的文化转向可以归为两大类别：文化作为对象（culture as object）和文化作为路径（culture as approach）。前者是将文化作为一种研究对象，是一种研究范围、内容的扩展，而后者则是一种研究视角的转换，从政治经济学、组织分析、结构分析转向话语、仪式、象征元素的分析，所关注的就是意义在社会生活中的角色②。在这里，我们更多的是关注后者。

（二）“传播学的文化路径”以及文化研究与新闻业研究的背离

如上所述，美国社会学领域真正开启“文化转向”的繁荣景象要到20世纪90年代，已然晚于新闻社会学研究的“黄金时代”，而象征人类学、符号学、语言学的发展也并未触及新闻社会学研究。尽管20世纪70—80年代的新闻社会学被概括为“新闻室民族志”③，研究者们并未真正将民族志中吉尔茨式的“深描”(thick description)理念以及附诸其中的文化意义渗入对新闻生产的研究。在英美两国经典的新闻社会学著作中，例如赫伯特·甘斯（Herbert Gans）的*Deciding What's News*（1978），盖耶·塔克曼（Gaye Tuchman）的*Making News*（1978），菲利普·施莱辛格（Philip Schlesinger）的*Putting Reality Together*（1978），文化路径的分析都难觅踪影。可以说，对社会结

---

① Smith, P. & Alexander, J.. Introduction: The New Durkheim. In Jeffrey C. Alexander & Philip Smith (Eds.), *The Cambridge Companion to Durkheim*[M]. Cambridge, MA: Cambridge University Press, 2005：10-13.

② Reed, I.. Culture as Object and Approach in Sociology. In Isaac Reed & Jeffrey Alexander (Eds.), *Meaning and Method: The Cultural Approach to Sociology*[M]. Boulder & London: Paradigm Publishers,2006：1-14.

③ Zelizer, B.. *Taking Journalism Seriously: News and the Academy*[M]. Thousand Oaks: Sage, 2004,64.

构、组织常规、资源分配、社会控制的聚焦遮蔽了新闻业的文化面向。而民族志只是媒介社会学者们获取新闻生产经验数据的一种方法，不是内嵌于研究中的理论思维。

不过，在1973年，詹姆斯·凯瑞（James Carey）的研究转向已确认了吉尔茨的阐释路径对他的深刻影响。随着《文化的阐释》在这一年的出版，凯瑞的研究项目产生了鲜明的文化转向。在翌年，凯瑞拟就了数篇学术随笔（essays）①，构成了"作为文化的传播"这一理念的核心，使"传播学的文化路径"这一主张呼之欲出，而这种文化路径无疑是将吉尔茨式的人类学范式移植到传播学研究中②。在20世纪60年代的美国知识界，对实证主义和行为主义社会科学主流的反抗主要受马克思主义思想和阐释主义的影响。左派学者走向了马克思主义的传播政治经济学，而政治上温和的学者则走向了由吉尔茨引领的阐释主义路径研究③。凯瑞借此提出传播学的文化路径主张，也是出于对主导美国传播学研究的实证主义范式的不满④。凯瑞认为，在主流的传播学研究中，文化主要是被当作一种环境或一种背景，而不是作为一种关键的、活生生的活动场所⑤。不过，不同于英国伯明翰学派基于阶级文化问题而将文化研究当作一种参与社会的政治工程（political project）⑥，凯瑞所提出的美国式的"文化路径"这一术语是出于命名上的方便，并且所借用的思

---

① 如 Carey, J. & Kreiling, A. L.. Popular Culture and Uses and Gratifications: Notes toward an Accommodation. In J. G. Blumler & E. Katz (Eds.), *The Uses of Mass Communications: Current Perspectives on Gratifications Research* [M]. Beverly Hill, CA: Sage,1974:225–248.; Carey, J. *The Problem of Journalism History*[J]. *Journalism History*,1974,1(1): 3-5; Carey, J. *Communication and Culture*[J]. *Communication Research*, 1975, 2(2): 173-191.

② Pooley, J. James W.. *Carey and Communication Research: Reputation at the University's Margins* [M]. New York: Perter Lang, 2016, 77.

③ Pooley, J. Daniel Czitrom, James W.. Carey, and the Chicago *School. Critical Studies in Media Communication*[J]. 2007,24(5): 469-472.

④ Carey, J. & Grossberg, L.. From New England to Illinois: The Invention of (American) Cultural Studies. In Jeremy Packer & Craig Robertson (Eds.), *Thinking with James Carey: Essays on Communications, Transportation, History*[M]. New York: Peter Lang, 2006:20-21.

⑤ Sterne, J.. James Carey and Resistance to Cultural Studies in North America[J]. *Cultural Studies*, 2009,23(2): 283-286.

⑥ Hall, S.. The Emergence of Cultural Studies and the Crisis of the Humanities[J]. *The Humanities* as *Social Technology*, 1990,53: 11-23; Hall, S.. *Cultural Studies 1983: A Theoretical History*[M]. Durham & London: Duke University Press, 2016,7; Hall, S. Cultural Studies and the Centre: Some problematics and Problems. In Stuart Hall, et al., (Eds.), *Culture, Media, Language: Working Papers in Cultural Studie*[M],. London& New York: Routledge, 1972: 2-35.

想资源是美国实用主义和芝加哥社会学派①。凯瑞本人不中意“文化科学”这一当时对应于自然科学的名词，所以就将诸多学科中区别于实证主义的研究都归入“文化路径”名下，如“乔伊·古斯菲尔德、杰·詹森、厄文·戈夫曼、托马斯·库恩，符号互动论和芝加哥社会学派，肯尼斯·伯克、勒斯莉·菲尔德以及文学批评中的一个小群体，还有马歇尔·麦克卢汉、哈罗德·因尼斯，再加上那些愿意与反对实证主义和实证科学而会聚成群的马克思主义学者”。② 凯瑞的主张对新闻业研究的重要影响在于他提醒应将新闻当作一种文化形式，也就是视为一种意义制造的实践，那么，新闻业的历史就不仅是制度或技术、经济安排的历史，而是更为丰富与多元③。尽管如此，传播学的文化路径研究仍然只是传播学主旋律中的一声异响，在他的学生和他所在的伊利诺伊大学之外，凯瑞的影响都是有限的④。

同时，发生于20世纪60年代至70年代的各种社会运动冲击着由白人中产阶级占据主导地位的美国新闻业的权威，然而，社会上的批评并没有改变新闻业的主流报道的结构与价值观，新闻业在社会结构中的位置和记者的社会角色也没有产生相应的改变⑤。一方面，这是新闻业的价值观的持久性所致；另一方面，新闻社会学研究也没有深入地从文化意义的重塑层面去理解新闻业面临的变迁。而更为根本性的原因是民族志所提倡的阐释路径关注的是人的行动的主观意义以及驱动行动的意义体系的自主性，这与组织研究关注结构对记者能动性的限制无疑是存在矛盾的。于是，对媒体组织结构限制性的聚焦也就忽略了支撑新闻业和记者职业行为的文化意义的关注。

1988年，凯瑞编辑出版了《媒体、神话与叙事：电视与新闻》（*Media,*

---

① Hay, J.. Undressing the Death Scene, and other Puzzling Communication about Culture that James Carey Bequeathed Me[J]. *Cultural Studies*, 2009,23(2): 187-214; Pooley, J. James W. *Carey and Communication Research: Reputation at the University's Margins*[M]. New York: Perter Lang. 2016.

② Carey, J. & Grossberg, L.. From New England to Illinois: The Invention of (American) Cultural Studies. In Jeremy Packer & Craig Robertson (Eds.), *Thinking with James Carey: Essays on Communications, Transportation, History*[M]. New York: Peter Lang,2006:11-28.

③ Carey, J.. Afterward: The Culture in Question. In Eve S. Munson & Catherine A. Warren (Eds.), *James Carey: A Critical Reader*[M]. Minneapolis & London: University of Minnesota Press,1997: 308-339.

④ 这一点获益于作者与李金铨教授的探讨。

⑤ Eason, D.. On Journalist Authority: The Janet Cooke Scandal[J]. *Critical Studiesin Mass Communication*,1986,3: 429-447.

Myths, and Narratives : Television and the Press）一书，提出“要严肃地对待文化”。该书作者囊括了伊莱休·卡茨（Elihu Katz）、迈克尔·舒德森、罗杰·希尔弗斯通（Roger Silverstone），还有文化人类学家伊丽莎白·伯德（Elizabeth Bird）等，他们从文化视角考察了电视的文化意义、媒体仪式、新闻业的文化边界、记者的新闻权威等议题①。尽管如此，文化路径的研究在媒体社会学中依然并不活跃。芭比·翟利泽（Barbie Zelizer）认为，新闻业的文化分析在美国新闻学与传播学中之所以难成大器，是由于很少有学者愿意自我认同为“文化研究学者”②，从而使得这一学派难以在美国主流新闻传播学界中发展壮大。另外，英美文化研究学者也从早期对新闻生产的关注逐渐转移到对通俗文化、另类文化、亚文化等关系霸权、身份认同、文化抵抗的文化现象的分析，新闻业仅仅成了文化研究的背景或论证的素材；同时，构成新闻业研究核心的事实、真相与现实等概念，在文化研究学者那里只是被当作社会主导阶级塑造文化霸权的意识形态工具，从而使文化研究的批判性与新闻业研究的核心格格不入③。对文化研究学者来说，将文化研究置于传播学和新闻学的学科体系之内只会压缩文化研究的多元化空间、跨学科性以及批判性，最终使文化研究过度妥协地用传播学的学科形象来重塑自身，导致文化研究淹没于传播学的模式之下，使其成为传播学研究的一种替代性范式而非一种严肃的挑战④。最终，发端于伯明翰学派的文化研究与新闻业研究愈走愈远。

（三）文化共鸣与集体记忆研究的介入

不过，在20世纪80年代末和90年代初，随着西方新社会运动（如环保运

① 见 Carey, J. (Ed.). *Media, Myths, and Narratives: Television and the Press*[M]. Newbury Park, CA.: Sage, 1988.

② Zelizer, B.. *Taking Journalism Seriously: News and the Academy*[M]. Thousand Oaks: Sage, 2004, 190.

③ Zelizer, B.. When Facts, Truth, and Reality are God-terms: On Journalism's Uneasy Place in Cultural Studies[J]. *Communication and Critical/Cultural Studies*,2004,1(1): 100–119.

④ Grossberg, L.. Can Cultural Studies Find True Happiness in Communication?[J]. *Journal of Communication*,.1993,43(4): 89-97.

动、反核抗争等）的频发，社会学者开始关注社会抗争中的文化因素[①]，也考察大众媒体与新社会运动的互动中的"框架共鸣"（frame resonance）等议题[②]。文化视角也开始被吸纳进入媒体社会学的分析之中。比如，舒德森在1989年发表的一篇论文中指出，文化要素在媒体生产、媒体与公众互动中产生影响，则媒体产品或广泛意义上的文化产品需要满足以下情形：可索引性（retrievability）、修辞力量（rhetorical force）、共鸣（resonance）、制度存续能力（institutional retention）和鼓励决心（resolution）[③]。舒德森指出的共鸣因素也在其他学者的研究中得到呼应。威廉姆·甘姆森（William Gamson）和安德烈·莫迪利亚尼（Andre Modigliani）对媒体话语的建构主义分析指出，媒体话语具有其自身的文化逻辑，而不是被动地反映公众舆论，同时，媒体通过提供一套阐释话语包或框架使公众能够挪用去建构其对公共事务的理解，公众不再是被动的，媒体也不是对公众情感毫无感知[④]。詹姆斯·艾特玛（James Ettema）的研究也指出，新闻对社会特别事件的报道所采取的框架，并非都依赖于组织常规的社会建构，而是往往诉诸于与读者间的文化共鸣（cultural resonance），既凸显事件的重要性，也使事件报道具有仪式和神话色彩，使读者接受记者的叙事是真实可靠且重要的[⑤]。而1998年，詹姆斯·艾特玛（James Ettema）和西奥多·格拉瑟（Theodore Glasser）对美国调查记者的研究就采纳了吉尔茨式的民族志"深描"方法，以移情的视角尽可能地从受访记者的角度来呈现他们从事调查报道的故事以及其中蕴含的意指结构（structures of signification）。他们关注的是作为一个群体的调查记者，而不是以新闻编辑室为中心的组织分析。通过深度访谈，他们集中考察

---

① Hank Johnston & Bert Klandermans (Eds.). *Social Movements and Culture*[M]. Minneapolis, MN: University of Minnesota Press, 1995:3-24；MN: University of Minnesota Press, 1995:3-24.

② Snow, D.A., & Benford, R.D.. Ideology, Frame Resonance, and Participant Mobilization[J]. *International Social Movement Research*,1988,1: 197-217.

③ Schudson, M.. How Culture Works: Perspectives from Media Studies on the Efficacy of Symbols[J]. *Theory and Society* ,1989,18: 153-180.

④ Gamson, W. A., & Modigliani, A.. Media Discourse and Public Opinion on Nuclear Power: A Constructionist Approach[J]. *American Journal of Sociology*,1989, 95: 1–37.

⑤ Ettema, J.. Crafting Cultural Resonance: Imaginative Power in Everyday Journalism[J]. *Journalism*,2005, 6(2): 131–152.

调查记者在客观性与道德卷入之间的悖论（paradox）及其化解之路，指出调查报道记者在揭露社会问题时所采用的各种叙事策略（如客观化、再现、核查、合理化）往往赋予了报道文本以道德意义，从而将调查报道看作一种道德话语的手艺（craft as moral discourse）①。这些阐释性研究，无疑都提供了不同于新闻社会学经典的视野和洞见。

文化视角进入媒介社会学的另一种方式，是研究媒体与集体记忆的互动。在这方面，芭比·翟利泽对肯尼迪刺杀案与美国新闻界所建构的集体记忆的分析②和舒德森对水门事件的集体记忆的研究③堪称代表。翟利泽并不仅仅看新闻生产的结构限制、组织常规、信源关系，而是考察新闻记者如何通过对历史事件的再阐释和集体记忆的塑造来建立其文化权威。新闻业的集体记忆为记者社群生产了关于他们所报道的历史事件的共享知识和信仰，而塑造集体记忆的方式也构成了建立新闻权威的一部分。关于新闻业的集体记忆研究往往都与新闻权威密切相关，不管是对典范型的新闻偶像的纪念还是对有影响力的媒体机构的纪念，都在通过新闻业的历史来重塑新闻业的当下形象，这在专业特征分析和组织分析中是难以顾及的层面。

三、文化路径的新闻业研究：从社会建构到文化意义

兴盛于20世纪70—80年代的新闻社会学经典，总体上聚焦的是新闻生产中的社会结构、组织常规与记者相对弱势的能动性。尽管新闻社会学经典关注了记者的价值观，但记者参与新闻工作的意义赋予维度则未被考察。进入20世纪90年代之后，从文化视角来考察新闻业，至少有来自新闻学研究和文化社会学研究两个领域的学者日渐形成丰富的文献。下文将分别就两个领域的代表性学者和关键概念进行梳理和总结，并形成一个整合的理论框架。

① Ettema, J. & Glasser, T.. *Custodians of Conscience: Investigative Journalism and Public Virtue* [M]. New York: Columbia University Press, 1998.

② Zelizer, B.. *Covering the Body: The Kennedy Assassination, the Media, and the Shaping of Collective Memory*[M]. Chicago: The University of Chicago Press,1992,10.

③ Schudson, M.. *Watergate in American Memory: How We Remember, Forget, and Reconstruct the Past*[M]. New York: Basic Books, 1992.

（一）新闻业的文化分析：阐释社群、新闻权威与文化建构

系统性地提出从文化视角分析新闻业的代表当推新闻学者芭比·翟利泽，其研究可以概括为记者的阐释社群与文化权威研究。翟利泽将新闻业的文化分析（cultural analysis）定义为“通过文化的棱镜来策略性地和明确地审视新闻业的连接基础（articulated foundations）和新闻实践，而在其他学科视野下，它们会被视为理所应当（而遭到忽视）”①。文化在这里具有两个层面的含义。其一，它指的是一种促使群体成员从合乎惯例的角度去理解事情，并以合乎共识的方式付诸行动的现象。其二，新闻本身被理解为文化现象，并与卷入新闻生产的个人和群体所认可的文化息息相关。它没有把关注点落在新闻组织上，而是落在记者身上，从他们的视角去考察作为阐释社群的一员的意义，以及记者如何再现身份认同等问题②。

翟利泽之所以使用文化分析这一名词，某种程度上是为了区别于文化研究（cultural studies）。可以看出，新闻业的文化分析并不与文化研究重叠，尽管二者有部分共享的议题和旨趣。翟利泽指出，透过文化视角去研究新闻业，源于多种学术理念的推动，包括文化社会学、哲学的建构主义、人类学和民俗学的符号转向、语言学中的民族志转向、文化史、美国实用主义、涂尔干理论中的象征团结、文化批评以及英美文化研究等③。她将文化路径的新闻业研究追溯到以罗伯特·帕克（Robert Park）为代表的芝加哥社会学思想，指出帕克于20世纪20年代至30年代开展的关于新闻的研究中，就提出了将记者视为一个集体知识生产者的群体成员的观点，而新闻也具有文

① Zelizer, B.. The Culture of Journalism. In James Curran & Michael Gurevitch (Eds.), *Mass Media and Society* [M]. London: Hodder Arnold,2005, 200.

② Zelizer, B.. *Taking Journalism Seriously: News and the Academy*[M]. Thousand Oaks: Sage,2004,176.

③ Zelizer, B.. *Taking Journalism Seriously: News and the Academy*[M]. Thousand Oaks: Sage,2004:178-179; Zelizer, B.. The Culture of Journalism. In James Curran & Michael Gurevitch (Eds.), *Mass Media and Society* (4th edn.) [M]. London: Hodder Arnold,2005; 198-214.

化同化、塑造认同的力量[①]。与翟利泽异曲同工的是，文化社会学者罗纳多•雅各布斯（Ronald Jacobs）也认为文化路径的媒体研究应当追寻芝加哥社会学尤其是帕克的理论传统，如关注新闻的文学形式与小说的文化结构之间的互动与互文性，以及新闻业与时代的文化需求的互相呼应。而繁荣于20世纪70年代的新闻室民族志研究，在雅各布斯看来，则对媒体与公众之间的互动不感兴趣，聚焦点放在了新闻工作者和试图影响新闻框架的推销者（promoter）上[②]，从而窄化了媒体社会学的研究范畴与发展的前景。

如果说凯瑞提倡“传播学的文化路径”是出于对实证主义主流范式的不满，那么翟利泽提出新闻业的文化分析则是在制度分析和组织分析主导下的新闻社会学之外寻求补充。她认为纠结于新闻业是否满足专业的要求以及是否符合民主监督者的规范认知，都窄化了新闻业在变动的实践中的丰富内涵，指出与其从效果来审视新闻业，不如从新闻如何运作的种种形式，例如表演、叙事、仪式、阐释社群等来切入[③]。翟利泽借鉴文学理论提出了“记者作为阐释社群”的概念，将记者社群与其他阐释社群对公共事件的发言权的竞争作为切入点，从记者社群所表达的共享话语和集体阐释去透析新闻业的文化意义[④]。简而言之，只有文化分析才能将新闻记者与非新闻记者、主流的新闻业与非主流的新闻业、传统与新兴实践、正当的与非正当的行动者之间的交互影响纳入同一个框架内，而不必顾此失彼。

新闻业的文化分析考察的是记者借以理解其专业的文化符号体系（cultural symbol system），哪些语境因素在影响新闻实践，以及不同的新闻形式的区分边界是如何被建构的。与那些试图建构新闻业具有普适、统一的文化的研究不同，翟利泽认为新闻业的文化分析通常不预设新闻业内部存

---

① Zelizer, B.. *Taking Journalism Seriously: News and the Academy*[M]. Thousand Oaks: Sage ,2004; Zelizer, B.. The Culture of Journalism. In James Curran & Michael Gurevitch (Eds.), *Mass Media and Society* (4th edn.) [M].London: Hodder Arnold, 2005: 198-214.

② Jacobs, R.. Culture, the Public Sphere, and Media Sociology: A Search for a Classical Founder in the Work of Robert Park[J]. *The American Sociologist*,2009,40(3): 149-166.

③ Zelizer, B.. *Taking Journalism Seriously: News and the Academy*[M]. Thousand Oaks: Sage.2004, 8.

④ Zelizer, B.. *Covering the Body: The Kennedy Assassination, the Media, and the Shaping of Collective Memory*[M]. Chicago: The University of Chicago Press ,1992; Zelizer, B. Journalists as Interpretive Communities[J]. *Critical Studies in Mass Communication*,1993,10(3): 219-237.

在统一性，而是存在差异、区别、矛盾乃至冲突，不同的文化工具也被记者用于解释哪些对于新闻业而言是重要的、正确的和受青睐的①。因此，新闻业的文化分析是取决于具体语境、时间和空间的，而非无差别和静态的。进而言之，文化分析保持着对变动中的新闻业的定义、边界、传统和实践的考察，以此审视新闻业如何在常规情境以及危机情境下被落到实处②。文化分析学者不再仅仅将新闻看作记者的职业行为编码或者记者与编辑的组织分工的产物，而是视其为“一种复杂的、多维度的意义格构”（lattice）③。新闻业研究所探索的也就是记者在维系其作为社会现实发言人的文化权威时所凭借的意义结构、符号与象征体系、意识形态、仪式和传统。首先，文化分析认为一种关于新闻业的文化赋予（cultural given）使记者与非记者能够会聚；其次，使新闻业独立于其他形式的文化产品的变量也可以当作连接差异的桥梁，从而“使新闻业构成一个离散的、常常自相矛盾的驱动力的整体”；最后，文化分析不仅将记者看作信息的传送者，也将其视为文化生产者，通过媒体产品的倾向来表达他们对好与坏、道德与非道德、正当与不正当的区分。④总之，文化分析聚焦于新闻业内外部的形象差异所存在的张力，同时采取一种动态并依据具体情境和历史环境而变化的视角来审视新闻传统、常规与实践。

翟利泽认为，当新闻业面临来自内部与外部的动荡影响之时，通过文化构念去思考新闻业便显得尤有价值。区别于组织和制度视角，文化视角考察的内容之一是制度性的新闻实践、常规和传统对记者个体以及群体之间具有什么意义，既通过记者自身的眼光来审视新闻业，追寻作为阐释社群之一部

---

① Zelizer, B.. *Taking Journalism Seriously: News and the Academy*[M]. Thousand Oaks: Sage, 2004.

② Zelizer, B.. The Culture of Journalism. In James Curran & Michael Gurevitch (Eds.), *Mass Media and Society* (4th edn.) [M]. London: Hodder Arnold,2005, 211.

③ Zelizer, B.. The Culture of Journalism. In James Curran & Michael Gurevitch (Eds.), *Mass Media and Society* (4th edn.) [M]. London: Hodder Arnold, 2005,212.

④ Zelizer, B.. *Taking Journalism Seriously: News and the Academy*. Thousand Oaks: Sage,2004.; Zelizer, B.. The Culture of Journalism. In James Curran & Michael Gurevitch (Eds.), *Mass Media and Society* (4th edn.) [M]. London: Hodder Arnold, 2005: 198-214.

分对记者的意义，也考察记者的自我呈现①。可以说，翟利泽的研究拓宽了新闻社会学的视野，她所提出的“记者作为阐释社群”、新闻（文化）权威等概念，无疑产生了持续的影响。

与翟利泽重点关注记者的阐释社群与文化权威相比，还有文化路径的学者提出新闻业研究应从关注过程到关注意义，从考察新闻的社会建构到新闻的文化建构，丹尼尔·伯克维茨堪称其中代表。事实上，伯克维茨等人前期关于新闻失范现象、新闻边界工作（boundary work）、集体记忆的研究②，与翟利泽等人的研究存在诸多交叉之处。伯克维茨指出，文化视角的新闻业研究重点要解决的是通过新闻的讲述去理解新闻职业文化以及生产新闻的社会。在这一视角下，记者被当作这样一群人：“他们在一个新闻编辑室、媒体机构及社会的文化之下生活与工作；他们将新闻机构所生产的文本视为一种体现了核心价值与意义的文化的产品。”③

伯克维茨认为，新闻业研究在过去的数十年来经历了三种视角，即从新闻（news）的选择的视角逐渐转向社会学组织（sociological organization）视角，再转向新闻业的文化维度（cultural perspective），简而言之，新闻业研究的焦点从“做新闻”的过程、限制和结构转移到“做新闻”作为一种职业对卷入其中的记者的意义④。伯克维茨和刘正稼认为，新闻室民族志研究的关键发现可以概括为“新闻的社会建构”（social construction of news），关注的是生产过程，而文化路径的新闻业研究则可以概括为“新闻的社会文化

---

① Zelizer, B.. The Culture of Journalism. In James Curran & Michael Gurevitch (Eds.), *Mass Media and Society* (4th edn.) [M]. London: Hodder Arnold, 2005: 200-201.

② 如 Berkowitz, D..Doing Double Duty: Paradigm Repair and the Princess DianaWhat-a-story[J]. *Journalism*, 2000,1(2): 125-143; Berkowitz, D. The Ironic Hero of Virginia Tech: Healing Trauma through Mythical Narrative and Collective Memory[J]. *Journalism*, 2010,11(6): 643-659; Berkowitz, D., & Gutsche, R. E.. Drawing Lines in the Journalistic Sand: Jon Stewart, Edward R. Murrow, and Memory of News Gone by[J]. *Journalism & Mass Communication Quarterly*, 2012, 89(4): 643-656 等。

③ Berkowitz, D. (Ed.). *Cultural Meanings of News: A Text-Reader*[M]. Thousand Oaks: Sage, 2011, p. xii.

④ Berkowitz, D. (Ed.). *Cultural Meanings of News: A Text-Reader*[M]. Thousand Oaks: Sage ,2011; Berkowitz, D., & Liu, Z.. The Social-cultural Construction of News: From Doing Work to Making Meanings. In Robert S. Fortner & P. Mark Fackler (Eds.), *The Handbook of Media and Mass Communication Theory*[M]. Oxford: Wiley Blackwell, 2014, (1): 302-313.

建构”（the social-cultural construction of news），关注的是意义的生产①。他们认为，文化路径的新闻社会学研究，重点是探讨新闻生产中记者如何整合共享的意义，即如何通过关于新闻业的神话叙事、集体记忆和表意符号（ideograph）去建构新闻业的意义②。

在翟利泽和伯克维茨的指导、影响下，以马特·卡尔森（Matt Carlson）、瑟斯·刘易斯（Seth Lewis）等为代表的新生代学者对新闻业边界（boundaries of journalism）、新闻权威（journalisticauthority）的研究③，构成了新闻业的文化分析的新起点。他们的关注点放在了新闻业在新的媒体生态系统下如何面对挑战，自我调整，重构边界与再造权威之上。对新闻业而言，以往不被认可为新闻业的合法成员、元素或实践的形式都可能日益被接受为正当的新闻形式，由此便会不断重新定义新闻、记者和新闻业的边界及文化权威。记者对新闻权威的宣称亦非一劳永逸，而是受到来自新闻业内部与外部的竞争和挑战，需要不断地进行协商、重申乃至调整。在他们的研究中，新闻权威并不是一个静态的客体，而是处于一种演变之中，也不是以新闻业为中心，而是处于一种关系性（relational）的网络之中，展现了新闻业在与不同的行动者的具体互动中所形成的新闻权威的具体形态④。卡尔森等人对新的媒体行动者、受众和媒体生态的关注，对新闻权威研究进行了丰富和拓展。比如，在翟利泽的研究中阙如的公众批评在社交媒体环境下获得了重视，这是因为新闻机构和记者对新闻权威的声称不可避免地受到来自公众的

① Berkowitz, D. & Liu, Z.. The Social-cultural Construction of News: From Doing Work to Making Meanings. In Robert S. Fortner & P. Mark Fackler (Eds.), *The Handbook of Media and Mass Communication Theory*[M]. Oxford: Wiley Blackwell 2014,(1): 302-313; Berkowitz, D., & Liu, Z.. Studying News Production: From Process to Meanings. In Chris Paterson, David Lee, Anamik Saha, & Anna Zoellner (Eds.), *Advancing Media Production Research: Shifting Sites, Methods, and Politics*[M] .Hampshire, UK: Palgrave Macmillan,2016:68-78.

② Berkowitz, D. & Liu, Z.. The Social-cultural Construction of News: From Doing Work to Making Meanings. In Robert S. Fortner & P. Mark Fackler (Eds.), *The Handbook of Media and Mass Communication Theory*[M]. Oxford: Wiley Blackwell, 2014,(1): 302-313.

③ Carlson, M. & Lewis, S.. *Boundaries of Journalism: Professionalism, Practices and Participation*[M]. London & New York: Routledge,2015; Carlson, M. *Journalistic Authority: Legitimating News in the Digital Era*[M]. New York: Columbia University Press, 2018.

④ Carlson, M.. *Journalistic Authority: Legitimating News in the Digital Era*[M]. New York: Columbia University Press, 2017.

频繁、直接、日常化的媒体批评（mundane media criticism）[①]，新闻业在处理媒体/记者—受众关系时已然进入了一个遭遇“不断批评”的时代（an era of constant criticism）[②]。卡尔森沿袭翟利泽的阐释社群概念，提出元新闻话语（metajournalistic discourse）分析，从而将公众、其他媒体行动者都纳入到分析范畴内[③]。就其关于新闻业的公共讨论而言，基于社交媒体的日常媒体批评构成了元新闻话语的一部分，这尤其在主流媒体、记者在出现报道差错、伦理缺陷甚至被揭露造假丑闻时，尤为明显，并且比起传统媒体时代的媒体批评更具有破坏性。

不过，需要指出的是，伯克维茨对文化路径的新闻业研究之所以兴起的归因，在某种程度上过于偏向方法和时间成本的考虑，不乏对这一理论取向的庸俗化考虑。在他看来，文化路径的新闻业研究是文本（更多的是狭义上的新闻文本而不是民族志意义上的文本）导向的，这样既可以节省数据收集的时间，也可以应付学术考核体制的要求[④]。但我们应当指出，文化路径的新闻业研究并不必然排斥对新闻生产过程、常规的分析，生产过程与常规在民族志的深描中也可以当作一种文本；并且，民族志的深描法不应当因为时间投入过长原因就被抛弃。重要的是以文化的视角来重新审视受组织研究浸润已久的那些理论、概念和视角。比如，新闻常规在新的媒体环境下，是否因应新闻职业文化的调整而改变？其改变的背后，体现了社会中关于新闻定义的何种意义体系？

---

① Carlson, M.. Embedding Links, Embedded Meanings: Social Media Commentary and News Sharing as Mundane Media Criticism[J]. *Journalism Studies*, 2016,17(7): 915-924; Fengler, S.. From Media Selfregulation to ‘Crowdcriticism’: Media Accountability in the Digital Age[J]. *Central European Journal of Communication*, 2012, 2(9): 175-189.

② Carlson, M.. *Journalistic Authority: Legitimating News in the Digital Era*[M]. New York: Columbia University Press, 2017, 174.

③ Carlson, M.. Establishing the Bundaries of Journalism's Public Mandate. In Chris Peters & Marcel Broersma (Eds.), *Rethinking Journalism again: Societal Role and Public Relevance in a Digital Age*[M]. London & New York: Routledge.2017:49-63.

④ Berkowitz, D. & Liu, Z.. The Social-cultural Construction of News: From Doing Work to Making Meanings. In Robert S. Fortner & P. Mark Fackler (Eds.), *The Handbook of Media and Mass Communication Theory*[M]. Oxford: Wiley Blackwell, 2014,(1): 302-313.

（二）文化社会学的强范式：新闻业的文化结构与恒久符码

文化社会学者也对新闻业的文化意义进行了研究，这以杰弗里·亚历山大（Jeffery Alexander）、罗纳多·雅各布斯（Ronald Jacobs）等学者以及他们的学生为代表。他们从新闻业、文化与公共领域的关系着眼[①]，分析新闻业的文化结构（cultural structure）与二元符码（binary codes），指出新闻业的文化结构和二元符码框架了记者和市民社会对新闻业的理解与阐释。就理论渊源而言，亚历山大的文化社会学主张综合了符号学、人类学、结构主义语言学、涂尔干晚期的文化思想等。诚然，在转向文化社会学研究之前，他归属于新功能主义者[②]。随着新文化史家提出文化转向和象征人类学的影响日益深入，他开始意识到文化社会学的意义。在一篇学术访谈中，亚历山大表示："在20世纪70年代，我仔细阅读了克利福德·吉尔茨的《文化的阐释》、埃米尔·涂尔干的《宗教生活的基本形式》和玛丽·道格拉斯的《纯洁与危险》，以及维克多·特纳的著作，但是，我并未足够重视它们。我不认为我真正理解了这些观点的反响，直到80年代早期我开始认真阅读和讲授符号学，例如罗兰·巴特、克劳德·列维·施特劳斯、马歇尔·萨林斯，以及其他一些作者的作品。"亚历山大指出："当80年代中期我开始做文化社会学研究时，我承认自己感到相当孤立，不仅在美国之外的主流社会学是这样，而且英国文化研究和欧陆批判性解释工作亦复如此。"[③]如亚历山大所言，他的文化社会学理念取道于吉尔茨将社会看作活生生的文本的思想，认

---

① Alexander, J.C. & Smith, P.. The Discourse of American Civil Society: A New Proposal for Cultural Studies[J]. *Theory and Society*, 1993,22(2): 151-207; Jacobs, R.N.. Civil Society and Crisis: Culture, Discourse, and the Rodney King Beating[J]. *American Journal of Sociology*, 1996,101(5): 1238-1272; Alexander, J.C.. *The Civil Sphere*[M]. New York: Oxford University Press,2006; Jacobs, R.N., & Wild, N.M. A Cultural Sociology of *The Daily Show and The Colbert Report*[J]. *American Journal of Cultural Sociology*, 2013, 1(1): 69–95.

② 新功能主义是20世纪80年代以来在美国社会学界兴起的一股力图综合当代最新研究成果以重新建构帕森斯的结构功能主义理论传统的流派或理论取向。亚历山大正是"新功能主义"这一术语的命名者。新功能主义接纳学术界对结构功能主义的批评，提出后实证主义的方法论，也提出注重分析文化和人的行动的意义性质，但它并不是为结构功能主义辩护，而是试图去超越它。参见苏国勋.新功能主义：当代社会学理论中的一种新的综合视角[J].国外社会科学，1990（8）：1-7页；林聚任.亚历山大的新功能主义与社会学理论传统重建[J].山东大学学报（哲学社会科学版），2000（3）：103-107。

③ Cordero, R., Carballo, F. & Ossandón, J.. Performing Cultural Sociology: A Conversation with Jeffrey Alexander[J]. *European Journal of Social Theory*, 2008,11(4),:535.

为社会像文本一样包含自身的解释[①]，而文化社会学研究的任务主要有三项，即阐释社会生活的文本形态，强调文化结构相对于社会结构的自主性，并努力厘清文化发生作用的具体机制。与伯明翰学派开启的文化研究和“文化的社会学”（sociology of culture）不同，亚历山大等学者提出的强范式（strong program）的文化社会学（cultural sociology）强调文化作为自变量以内在的方式塑造了世界的文本，具有自主性而非依赖于社会结构，认为人的行为都在某种程度上被包含在情感和意义之中，而非完全按照工具理性行动[②]。在这一范式下，其分析着重于“文化作为文本”的意义，提出任何非亲历的社会现实都是文本的作为。譬如，人们对大屠杀受难者所表现出的悲痛、哀悼是由媒体报道塑造的，而非人们亲历大屠杀场景的结果[③]。相应地，新闻业和记者也就不仅仅是信息的搬运工、加工者或传递者，而是社会文化的建构者。

具体到文化社会学路径的新闻业研究，亚历山大等人认为，文化社会学主张新闻应被视作对现实的阐释而不仅仅是信息，新闻不是告知而是阐释[④]。亚历山大认为，新闻室民族志研究在20世纪80年代之后的衰落由于文化社会学的介入，在近年来获得明显的复兴[⑤]。区别于传统新闻室民族志和布迪厄的场域分析，文化社会学的关注点在于媒体、文化和公共领域的关系，并且，他们以交往性（communicative）和表意性（expressive）而不是工具性的或意识形态的视角来审视媒体，关注记者如何以新闻话语阐释新闻业，包括有关新闻业在民主生活中的使命、新闻组织和记者的责任，以及主流新闻理念可

---

① 周怡．强范式与弱范式：文化社会学的双视角——解读 J .C．亚历山大的文化观 [J]. 社会学研究，2008（6）：194-214.

② 周宪，陶东风编．文化研究（第 23 辑）[M]. 北京：社会科学文献出版社，2015.

③ Alexander, J.C.. *The Meanings of Social Life: A Cultural Sociology*[M]. New York: Oxford University Press, 2003.

④ Alexander, J.C.. The Crisis of Journalism Reconsidered: Cultural Power[J]. *Fudan Journal of Humanity and Social Sciences*, 2015,8(1): 9-31.

⑤ Alexander, J.C., Jacobs, R.N. & Smith, P.. Introduction: Cultural Sociology Today. In Jeffrey C. Alexander, Ronald N. Jacobs & Philip Smith (Eds.), *The Oxford Handbook of Cultural Sociology* [M].New York: Oxford University Press,2012: 3-24.

能产生缺陷的方式[①]。罗纳多·雅各布斯则提出，"黄金时代"的新闻社会学研究往往并不聚焦文化和公共领域，也不认为媒体话语有何独特之处，在他看来，对组织约束与工作常规的强调导致社会学者没有将媒体与广泛的公共生活联系起来，从而形成了一种化约主义的媒体社会学：一切新闻选择都被简化为组织的选择。而要让媒体社会学复兴，就必须将公共领域、公众的问题纳入研究范畴，而不能仅着眼于媒体组织的一亩三分地[②]。

在强范式的文化社会学视野下，社会文化现象往往重复体现一系列二元对立的文化符码[③]，例如洁净vs风险，善vs恶，正确vs错误等，而公共话语中关于新闻业发生的危机事件、反常现象或丑闻也常常在文化符码中被建构和阐释。循着这一思路，伊丽莎白·布里斯（Elizabeth Breese）在其关于美国新闻业危机话语的研究中发现，每当出现一种新的技术或一种新的新闻实践方式，新闻界总会将新来者描述为具有威胁的"局外者"，并将新闻业的衰落和危机描述为新的、令人震惊的和前所未有的问题。她认为，美国新闻界的危机话语秉承了一种文化定义的模式，并依赖那些二元对立、叙事和转喻（trope）去描述和评估新闻业所发生的事件与变迁。从长时段而言，新闻业的危机话语内嵌于长期主导新闻业的意义体系（亦即由客观vs主观、公正vs倡导、体面vs煽情等构成的二元对立符码）之内，也是由这一意义体系所生产的[④]。

2016年，亚历山大等人编著了《新闻业危机再商榷》一书，指出业界

① Alexander, J.C.. Introduction: Journalism, Democratic Culture, and Creative Reconstruction. In Jeffrey C. Alexander, Elizabeth Breese, & Maria Luengo (Eds.), *The Crisis of Journalism Reconsidered: Democratic Culture, Professional Codes, Digital Future*[M]. Cambridge, MA: Cambridge University Press,2016: 1-28 ; Breese, E.. *Interpreting the News: A Cultural Sociology of Journalistic Discourses in the United States*[M]. Unpublished Doctoral Dissertation, Yale University ,2012; Luengo, M. When Codes Collide: Journalists Push Back against Digital Desecration. In Jeffrey C. Alexander, Elizabeth Breese, & Maria Luengo (Eds.), *The Crisis of Journalism Reconsidered: Democratic Culture, Professional Codes, Digital Future*[M]. Cambridge, MA: Cambridge University Press,2016:119-134.

② Jacobs, R. .Culture, the Public Sphere, and Media Sociology: A Search for a Classical Founder in the Work of Robert Park[J]. *The American Sociologist*, 2009,40(3): 150.

③ Alexander, J. & Smith, P.. The Strong Program in Cultural Sociology: Elements of a Structural Hermeneutics. In Jeffrey Alexander, *The Meanings of Social Life: A Cultural Sociology*[M]. Oxford: Oxford University Press,2003: 11-26.

④ Breese, E.. *Interpreting the News: A Cultural Sociology of Journalistic Discourses in the United States*[M]. Unpublished Doctoral Dissertation, Yale University, 2012.

和学界关于新闻业危机的讨论聚焦在技术和经济层面，而没有看到新闻业的深层文化结构仍然活跃，新闻的形式或许会改变，但新闻业的文化力量将赋予其以新的制作和传播的实践、模式和方式。他们认为，新闻业的文化力量拒绝技术和经济决定论，并且有助于促成个体和集体的能动性，历史上的媒体技术变革也导致新的经济组织形式在传媒业中形成，但这一过程不是单向的，如果传统新闻业在适应新的媒体技术和形态，那么非传统新闻业的媒体实践也在向专业新闻业靠拢①。因此，他们提出，传媒业的危机应当被理解为有文化依据（the culturally informed）的新组织形式的重构，而不是熊彼特式的创造性破坏（creative destruction），在此过程中，文化符码不仅仅促发关于技术和经济变革带来的焦虑，还提供管控这些变革的路径，从而使得新闻业的民主实践能够在新的形式中得到维系而不是破坏②。

诚然，文化社会学预设的新闻业文化的自主性不是天然给定的或者确定无疑的，而是需要记者社群和市民社会的共同争取，它既是公众对新闻业在一个社会中的角色和价值的期待，也可能随着政治共识和社会语境的变化而调整，无论如何它不是绝缘于政治环境与经济环境。“正如公共领域的独立性常常受到来自市场、国家、道德、宗教组织的倾轧，新闻业的自主性也常受到威胁，常因边界被僭越而令人忧虑不已。”③而依据于文化符码的一系列新闻话语的表达，实际上也起到划定边界的效果，让记者得以保护他们减少技术革新与商业动荡带来的冲击，保持他们对新闻工作的合法控制权④。总之，新闻业的文化结构植根于社会生活之中，公众对民主的需要如同对新闻业的需要，新闻界既不能对新闻业的文化意义过度浪漫，也不能感到无奈而

---

① Alexander, J. C., Breese, E. & Luengo, M. (Eds.). *The Crisis of Journalism Reconsidered: Democratic Culture, Professional Codes, Digital Future*[M]. Cambridge: Cambridge University Press, 2016.

② Alexander, J.C.. The Crisis of Journalism Reconsidered: Cultural Power[J]. *Fudan Journal of Humanity and Social Sciences*, 2015,8(1): 9-31.

③ Alexander, J.C.. The Crisis of Journalism Reconsidered: Cultural Power[J]. *Fudan Journal of Humanity and Social Sciences*, 2015,8(1): 9-31.

④ Ostertag, S.. Expressions of Right and Wrong: The Emergence of a Cultural Structure of Journalism. In Jeffrey C. Alexander, Elizabeth Breese & Maria Luengo (Eds.), *The Crisis of Journalism Reconsidered: Democratic Culture, Professional Codes, Digital Future*[M]. Cambridge, MA: Cambridge University Press, 2016:264-281.

放弃对它的争取。

（三）一个整合路径：新闻业研究的文化—社会路径

作为对以上两种相互关联、同中有异的文化路径的新闻业研究的总结，本文就代表性学者、聚焦点、出现年代、理论资源、关键概念、研究方法、研究焦点、文化与新闻业的关系等方面进行了归类（见表1）。

需要指出，这里的归类不代表着二者是截然分隔的，实际上它们具有诸多共通之处。其一，他们都拒绝仅将新闻业界定为信息的生产活动，而是一项意义导向的工作，具有公共的文化意义，阐释则是意义建构的关键机制。记者的报道以及他们围绕报道而产生的元新闻话语，应当被当作意义建构的表现。其二，它们对主流新闻业与新兴的新闻实践形式之间的互动的关注，对新闻业危机话语的分析，对新闻业边界的历时态考察，显示出这两个取向的学者具有共享的研究议题。其三，新闻权威、专业边界、阐释社群等关键概念在两者间流通也表明了融合文化社会学概念与文化路径的新闻业研究的潜力。

当然，二者也存在差异。第一，坚持文化分析的新闻学者是以新闻业和记者社群为中心，而亚历山大和雅各布斯等文化社会学者则更多地从整个社会的文化语境来考察新闻业如何通过与公众的互动来确立其在民主、公共领域的角色与意义。可以说，新闻学者的文化路径首先是从新闻业出发，而文化社会学者的分析则基于新闻业在公共领域中的地位。第二，文化社会学者的分析强调新闻业的文化结构的自主性和能动性，认为其文化结构具有独立于政治结构和经济结构的力量。也就是说，新闻业文化是一种自变量而不是因变量。而在新闻学者的文化分析中，更常见的是将文化既当作一种限定记者和新闻业行动空间的结构，也突出记者作为阐释社群对这一文化资源的挪用和塑造，文化与新闻业处于一种相互建构的关系。

基于对它们的整合，本文提出“新闻业研究的文化—社会路径”，也就是说，我们需要注重新闻业的文化建构取向，但不能仅仅注重文化取向而忽略了新闻业与社会结构的交互影响，社会结构如何影响新闻业的文化意义建构，新闻业所处的社会结构又如何体现了意义结构，也需要纳入进来考量。譬如，在不同的社会结构影响下，新闻业的文化意义可能是存在差异的，而新闻阐释社群所使用的新闻话语也可能是不同的；同时，在变化的社会结构之下，我们也能够发现，新闻业的某些文化价值又是恒久的。

表1　文化—社会路径的新闻业研究

	新闻业的文化意义	新闻业的文化结构
代表性学者	Barbie Zelizer, Daniel Berkowitz, James Ettema, Matt Carlson, Seth Lewis等	Jeffrey Alexander, Ronald Jacobs, Mattias Revers, Elizabeth Breese等
关注中心	记者作为阐释群体；新闻业的文化建构	新闻业、文化与公共领域；新闻业的文化力量
出现年代	20世纪90年代初	20世纪90年代初
理论资源	文学理论、符号学、语言学、象征人类学、芝加哥社会学、符号互动论、文化转向、传播仪式观等	文化转向、涂尔干晚期思想、象征人类学、符号学、语言学等
关键概念	阐释社群、意义体系、文化权威、边界工作、集体记忆、文化建构、元新闻话语	文化结构、文化力量、二元符码、阐释、意义建构、市民领域、表演性
研究方法	文本分析、话语分析、深度访谈、历史分析	文本分析、话语分析、历史分析、深度访谈
研究焦点	记者作为阐释社群；集体记忆如何服务于新闻业的权威；新闻业的文化建构；新闻业的神话叙事、记忆和象征体系	媒体在市民社会中的公共角色；新闻业的文化结构如何调适“危机”；新闻业的二元符码如何进行意义建构和阐释
文化与新闻业/记者的关系	文化与新闻业相互塑造；新闻生产即意义建构；记者是意义建构的阐释社群	新闻业的文化结构具有自主性，激发和管控新闻业的变迁；新闻业是意义阐释的活动

四、迈向意义导向的新闻业研究

在“黄金时代”的新闻社会学经典之后，新闻学界对新闻社会学研究的反思也紧跟媒介环境的变化而调整。然而，现有的理论反思或修正在很大程度上仍纠结于结构与能动性的关系①，无论是强调结构的限制，还是提出行动者的能动性，或者以结构化理论进行综合的尝试，都还是在原有的框架内探索。一言以蔽之，社会组织路径的新闻社会学关注的是媒介生产的过程以及“生产者—结构”的二元对立或博弈，而不是新闻生产者在参与新闻业的过程中所编织、体验的“意义之网”。不可否认，来自技术的冲击、裹挟，来自竞争领域的挑战、颠覆，来自权力与资本的制约，来自公众的日常化批评，都不断在削弱这个时代作为记者的意义支撑。既有的意义体系能够让传统和新兴的新闻从业者确立安身立命之所吗？在一个充满多元挑战和不确定性的时代语境下，如何重塑新闻业的意义？这些问题难以从传统的政治经济学分析、组织分析中得到答案。在不确定性的时代能够烛照新闻业的前景的，应当是侧重意义分析与阐释的文化路径的理念。本文聚焦并整合新闻业的文化分析和文化社会学的新闻研究，不代表着要否定主流的新闻社会学研究，而是在传统研究路径之外提供新的思路。新闻业研究是紧扣新闻业发展和变化的语境的，当新闻业的生态体系以及关于新闻、记者和新闻实践的定义都在经历调整之时，新闻业研究理当跳出传统的框架。

提倡文化—社会路径的新闻业研究，首先是基于对人文和社会科学的“文化转向”的理论成果的吸收，从而对新闻业的研究提出新的视角，观照在主流的新闻社会学研究中较少被关注的面向——意义体系。遵循吉尔茨的观念，意义在这里应当被当作包含认识、情感、道德在内的一般性思考，而象征/符号则是传递意义的载体。在新闻业中，这包括新闻的集体记忆、媒介聚像、新闻职业典范的意义建构、新闻业实践的范式更新与修补等现象。

① Usher, N.. Marketplace Public Radio and News Routines Reconsidered: Between Structures and Agents[J]. *Journalism*, 2013,14(6): 807-822.

其次也是基于对变化的新闻业的生态环境、文化权威的动态把握，无论是重新界定新闻、记者和新闻实践，还是调和技术变革、经济动荡、组织重构和文化力量的关系，都需要从意义的层面去理解新闻业的新形态。具体而言，文化—社会路径的新闻业研究考察的是不同的内容生产者在元传播①的过程中的意义生产以及完成之后的阐释与反思，亦即一个生产意义、维持意义和修补意义的长期过程，而非仅仅关注他们在内容生产中受到结构的制约。我们可能提出如下问题：在今天的中国，从事新闻职业或广泛意义上的元传播活动具有什么意义？新闻业内在的文化结构是怎样影响元新闻话语的形成的？专业记者如何与非专业新闻生产者、传播者互动，既维护新闻业的边界和文化权威，又在元传播的意义上塑造新闻业的公共性？在新闻业走向开放的过程中，如何建构一个共享的意义体系？在这一过程中，存在什么样的冲突与调适？不同类型的内容生产者之间的差异又是如何在二元对立的文化符码中被阐释的？这些问题都有待新闻学者对变化语境下的新闻记者和广泛意义上的内容生产者的日常意义体系进行移情的理解和阐释。

再次，需要指出的是，新闻业的意义体系应当是多层次的，而非一个宽泛、单一的所指，并且，新闻业的意义体系应该是与公众共享的，而不是独白、自说自话或顾影自怜的。我们还可以做进一步的划分：在职业层面上，新闻业的意义体系对记者而言意味着什么？如何在职业层面建立新闻工作的正当性？在“新闻业—公众”关系的层面上，开放的新闻生产对记者和非记者的意义分别是什么？意义的建构如何与新闻业的边界和新闻权威产生关联？在“新闻业—技术”关系的层面上，技术创新如何被新闻业的意义结构所吸纳？技术的社会结构又如何与新闻业的文化结构形成互动？

最后，文化—社会路径的新闻业研究还应在新闻业面临不确定性以及多元主义、相对主义的质疑、假新闻甚嚣于事实与真相之上的“后真相”语境里，通过对新闻业的核心——事实、真相、真实等概念的再阐释，去重塑、维系新闻业的意义体系。归根结底，我们所要聚焦探讨的问题是新闻业的社

① 潘忠党．新闻变迁的核心问题 [J]. 中国社会科学报，2016 年 7 月 7 日，第 3 版．

会意义、文化价值、正当性的当代重构。

（作者陈楚洁为中山大学传播与设计学院副研究员。本文原载《新闻记者》2018年第8期）

融合环境下的党媒情感传播模式：策略、动因和影响

张志安　黄剑超

【摘要】

传统党媒在社交媒体和移动互联网主导的社会化传播语境下，话语主导权、议程设置能力以及社会影响力在不同程度上受到冲击和影响。其创办的微博、微信、客户端作为新党媒，正逐步采用情感传播的方式来实现生产机制和传播模式的创新和变革。本文以作为新党媒的人民日报新媒体中心为研究对象，通过分析“我的军装照”“幸福长街40号”等内容产品，发现主要策略包括：抓住特殊时间节点，以个人视角展现国家变化，通过对公众的情感唤起，实现社会化、参与式传播效果。本文分析指出，新党媒情感传播模式的兴起背后，依托的是新传播环境中党媒的符号资本、政治资本与互联网商业公司技术、经济资本间的整合与互换。总体上，情感模式的运用提高了党媒的网络传播力和舆论引导力，增进了网民群体的参与、强化了公众的国家认同，推动了新党媒内容生产机制和传播模式的变革，但同时，也面临着观念认知影响不足、内容创意难度大等挑战。

【关键词】

新党媒　移动化产品　情感传播模式　人民日报

一、引言

移动化、社交化与智能化传播技术的发展和应用，改变了传统媒体时代

的渠道门槛和国有传统媒体形成的传播壁垒。[①]传统党媒在注意力争夺、话语权的主导、政治认同建构等方面遭遇互联网带来的重大挑战。然而，市场化媒体和新技术在改写中国传播格局的同时，也使得宣传部门意识到危机感，继而促使其管理下的党媒和传播体系深入变革宣传理念以及宣传框架和模式。[②]

一个引起关注的积极现象是，社交媒体时代，党媒开始重夺“麦克风”。在与话语权和影响力都很强的市场化媒体角逐中，通过开设微博、微信和客户端等移动化传播平台，党媒逐渐改变其式微态势，吸引大量粉丝关注，重塑其影响力优势。[③]可以说，党媒在争夺和提升影响力的过程中，正加速实现从传统党媒向新党媒的转型升级。在重夺“麦克风”的过程中，新党媒内容生产的重要策略是：打破其相对严肃的刻板印象，推出融合形态的内容产品，运用情感传播策略，激发受众的情感共鸣，重塑“有温度”的媒体形象和持续提升舆论引导力。

新党媒对情感传播的重视，与情感对信息的承载和传播作用有关。情感具有信息传递功能和行为调控功能。在信息传播过程中，除了语言交流携带的字面意义，情感也是传递一定思想和意图的重要途径。此外，作为一种心理状态，情感能调控人的社会行为，积极正面的情感有助于激发个体正能量。当下，公共舆论中的“情感”表达已经成为当代中国的重要现象。[④]

以党报、机关报为代表的传统党媒，情感表达主要体现在通讯、特稿等主题性宣传的文本报道中，通过文字图片及其背后的情感抒发、价值表达和共同记忆等激发读者的情感共鸣。而新党媒主要通过各类新媒体视频、图文、H5等作品，以受众内在的情感诉求为切入点，激发和满足受众的情感体验，从而增进受众的情感认同，实现主流媒体强化主流价值观、塑造社会共识的社会功能。近年来，以人民日报微博、微信、客户端为代表的新党媒，频繁通过移动化产品策划塑造情感共鸣，引起社会关注。

---

① 张志安，汤敏．专业媒体的格局变迁与业态重塑 [J]. 新闻与写作，2018, 407(05):64-69.
② 张涛甫．传播格局转型与新宣传 [J]. 现代传播—中国传媒大学学报，2017, 39(7):1-6.
③ 方可成．社交媒体时代党媒“重夺麦克风”现象探析 [J]. 新闻大学，2016(3):45-54.
④ 袁光锋．公共舆论中的“情感”政治：一个分析框架 [J]. 南京社会科学，2018(2).

2017年建军节到来之际，人民日报客户端与腾讯天天P图联合推出《快看呐！这是我的军装照》H5上线。该产品将建军90年来不同年代的军装呈现出来，邀请用户上传个人相片，并利用人脸融合技术，生成用户在不同年代的“军装照”，既满足了许多人的“军人梦”，也借此向人民军队表达敬意。据统计，该移动产品上线4天浏览量（PV）超过8亿，独立访客（UV）累计1.27亿，其是社交化传播的现象级产品。①

表1 人民日报2017—2018年推出的部分移动产品

名称	时间	出品方	合作方	内容简介
两会喊你加入群聊	2017年两会	人民日报客户端		沉浸式的模拟群聊，让网友加入到与总理及部长的“互动”中。
快看呐！这是我的军装照	2017年建军节	人民日报客户端	腾讯天天P图	用户上传照片，利用人脸识别技术，生成属于用户的不同年代的军装照片。
史上最牛创业经	十九大	人民日报中央厨房	青创营工作室	H5采用了快闪视频，对中国共产党的发展、精神和战略进行全面的介绍与展示。
牵妈妈的手，回到小时候	2018年春节	人民日报客户端	腾讯新闻、天天P图	上传自己和妈妈的合照，生成一张回到小时候的照片。
幸福长街40号	纪念改革开放40周年大会	人民日报新媒体中心	快手短视频	在H5中以长图展现改革后的重点事件，唤起共同记忆，激发用户共鸣。

两年来，人民日报新媒体中心、中央厨房策划推出了不少移动产品，并取得很好的传播效果（见表1）。有学者认为，情感传播基于特定“原型”形成叙事层面，能够激活个体情感、引起情感共鸣和加剧情感张力，最终推动

① 侯鑫淼，刘洪杰．“两微一端”媒体融合传播排行榜（7月31日—8月6日）[EB/OL].http://yuqing.people.com.cn/n1/2017/0814/c364056-29468272.html.2017.8.14.

网络舆论的产生和发展。所谓“原型”则指常见的某些情境、特定主题和叙事模式。[①]本文以人民日报为研究对象，分析其作为新党媒的情感传播策略，以资本交换为视角分析情感传播模式背后的运作机制和资源支撑，并在此基础上把握新党媒情感传播模式的影响。

二、新党媒内容产品的生产传播策略

传播媒介移动化、社交化的趋势增强，使得公共空间与个人空间的边界逐渐模糊，存在于私人空间中的情感常常在公共空间中流动和发挥价值，[②]成为公共传播中的重要因素。移动化、社交化、场景化的信息传播语境使得情感的调动和感染具有更大的便利和更好的效果。社交媒体的即时信息分享机制使人们更容易对“正在发生”的媒体事件产生代入感。此外，传受双方关系的重构不仅表现在受众可以在舆论形成中发声，同时可以参与到媒介内容的表达、评论、诠释和再传播之中。新党媒在移动产品的制作与传播上，正是基于对上述传播关系变化的把握以及对受众情感的洞察来进行的探索和实践。其传播策略主要有三个特征：

1. 以小见大：个体视角的“微叙事”与国家层面的宏大叙事相结合

有研究者通过对@人民日报和公众号“侠客岛”的比较发现，两者分别代表了传播调试的两种模式：情感模式和信息模式。情感模式在传播范式上偏向煽情主义，其内容特征简洁、通俗，语言风格强调“情感化”“夸张化”，报道视角上着重表达民众呼声，话题来源多为平民草根而不是政治权威。[③]具体来看，新党媒移动产品的叙事风格以情感为切入点，把个人故事与国家发展相结合，把个人命运和民族命运相对比，体现为平民化的情感叙事

① 蒋晓丽，何飞．情感传播的原型沉淀 [J]. 现代传播—中国传媒大学学报，2017, 39(5):12-15.

② 卢嘉，刘新传，李伯亮．社交媒体公共讨论中理智与情感的传播机制——基于新浪微博的实证研究 [J]. 现代传播—中国传媒大学学报，2017,39(02):73-79.

③ 龙强，李艳红．从宣传到霸权：社交媒体时代“新党媒”的传播模式 [J]. 国际新闻界，2017,39(02):52-65.

特征。

在宏大主题的宣传报道中，传统专业媒体主要从国家、民族、社会、时代等政治经济议题进行宏大叙事。[①]比如，为重温改革开放40年变化，人民日报客户端与快手短视频合作推出《幸福长街40号》，用户可以通过沉浸式体验来感受朴实画面中国家命运和百姓生活的沧桑巨变。由此，将宏大的视角融进个体命运之中，实现个人叙事和主流价值表达的有机结合。

个人的"微叙事"把视角聚焦于个体，常常蕴含丰富鲜明的个人情感，更易引发普通人对与"他者"相似经历、相似故事的共情，这样就强化了新党媒情感传播对公众的代入感。

2.参与传播：经由用户的情感体验和转发表达来提升宣传效果

人民日报微博2012年10月30日发帖称，"一些司空见惯的中国式表述，大而化之，居高临下，语言板结。反映沟通的堕怠，透出权力的傲慢"。[②]主流媒体要改这种"单向霸权"的传统话语模式为"双边互动"新模式，就要转变媒体姿态，更多地与普通公众对话，邀请公众参与传播，从而缩小主流媒体与公众之间的话语鸿沟。在宣传模式的变化中，以参与传播为基础的"参与式宣传"是一个发展趋势。对比以往直白式的宣传风格，"参与式宣传"的特点是受众主动地参与到官方主导的宣传活动之中[③]，既得到参与和体验层面的满足感，也强化了对国家、制度和政党的认同感。

社交媒体的移动化和信息即时分享机制使用户更容易因为情感共鸣的激发而亲身参与评论、转发和内容生产。以《快看呐！这是我的军装照》H5作品为例，其产品主题指向为建军节献礼，语言风格上尽力避免传统媒体刻板的"严肃形象"。仅标题的使用便能窥见一斑，"快看呐！这是我的军装照"，既简洁，又具有号召力，"我的军装照"诉诸的是公众参与并转发的

---

① 张志安，陈子亮．自媒体的叙事特征、社会功能及公共价值[J]. 新闻与写作,2018(09):72-77.

② 人民日报微博[EB/OL]，https://weibo.com/rmrb?is_all=1&stat_date=201210&page=1#feedtop，2012.10.30 23:42.

③ Repnikova M ., Fang K. . Authoritarian Participatory Persuasion 2.0: Netizens as Thought Work Collaborators in China[J]. *Journal of Contemporary China,* 2018:1-17.

自我实现感，引发了大量用户参与到制作个人军装的活动中。这一产品成功触发了公众参与传播的热情，拉近了产品和用户的距离，也增进了媒体与受众之间的关系，进而在实现更广泛情感动员的基础上达到了宣传效果。

3.善用热点：把握特殊时间节点调用结构性的情感力量

情感既包括喜悦、兴奋等正向情感，也包括悲伤、愤怒等负向情感。但无论何种情感，基于特定的时间节点或情境，更容易调动公众普遍的情感体验，具有更广泛的动员效果。新党媒大部分移动产品都基于特定的时间或事件进行传播，例如春节、建军节、教师节等，继而通过对用户结构性的情感元素的调用，激发情感共鸣、产生社会反响。

2018年2月19日，人民日报客户端在春节前夕推出120秒微视频《牵妈妈的手》，并联合网络媒体发起大型互动参与活动。网友通过邮件、微博、微信等渠道，以文字、图片、视频等方式，上传自己与妈妈之间相处的小故事。同时，人民日报客户端又推出一款H5产品，网友通过上传与妈妈的合影到客户端，生成一张模拟小时候与妈妈牵手的照片。这款移动产品上线三天，微博话题阅读量就超过7亿次。春节是家人团聚的时刻，父母亲情在此刻凝聚，人民日报抓住契机，唤起公众对亲情的眷恋和感恩之情，弘扬了中华优秀传统文化中的家庭观。

三、新党媒情感传播模式背后的资源整合与资本互换

新党媒情感传播模式不仅体现在移动化产品的策划和实施上，也体现在新媒体平台话语的转变和新媒体传播资源的整合上。当下，新党媒情感传播模式的兴起动因主要有三：第一，情感传播在一定程度上契合了当前新媒体传播的发展趋势，符合社会化媒介环境下用户的信息获取方式，能显著提高信息传播过程中公众的关注度和参与度；第二，情感传播模式使信息更易在较短时间和移动化空间中抢占用户注意力，提高党媒在网络舆论场上的影响力与引导力；第三，运用情感传播模式的产品内容产生大量转发和评论数

据，新党媒能以此更加数据化、透明化的方式来评估其内容传播效果，也更有利于提升其在整合传播体系中的话语权和权威性。

在一个场域中，个体所占有的位置是由其能够获得多少资本来决定的，而占有什么样的位置，同时也影响着对个体对资本的支配。①布尔迪厄认为“资本”不仅包括马克思提到的经济资本，还包括社会资本和文化资本。也有学者认为，分析中国的新闻场域，首先要“确定中国媒介场中的关键资本”，其次才对媒介场的构型予以重视和分析。②新党媒重夺注意力及舆论引导力的背后，商业主体的技术资本与经济资本的支持起到了强大的助推作用，同时，党媒的政治资本与符号资本吸引着商业主体的参与。

在中国的媒介场域中，媒体在从事信息生产过程中同时受到宣传逻辑、新闻逻辑以及市场逻辑的制约。③当下媒介场不仅包括专业媒体、自媒体等主体，也包括政务微博和微信等机构媒体、以商业互联网公司为代表的平台媒体。不同的行动者往往在现有资本的基础之上，展开资本的争夺和交换。新党媒实践情感传播模式的过程中，实现了对自身和商业互联网平台媒体的资源整合和资本互换。其中，主要包括新党媒的政治资本、符号资本和商业主体的技术资本这三种形式。

1.新党媒对互联网商业平台技术资本的整合

以人民日报为代表的党媒具有的核心优势是作为中共中央机关报的政治和符号资本，相对缺乏的则是互联网平台媒体拥有的用户规模和技术资源。当下，技术是媒介发展的重要变量之一，传统媒体对先进技术的拥抱和应用，可以达到创新产品形态、提高传播效率、带来庞大流量等多重功效。

在“我的军装照”这一产品之中，互联网商业主体的技术资本充分支持了其价值的发挥。腾讯公司旗下的天天P图为这一移动产品提供图像处理支持和后端服务器支持，人工智能技术运用到画像处理之中使得用户的图片转化

① 刘海龙．当代媒介场研究导论 [J]. 国际新闻界，2005(2):53-59.
② 刘海龙. 大众传播理论：范式与流派 [M]. 北京：中国人民大学出版社，2008：405.
③ 田秋生．市场背景下制约党报新闻生产的三重逻辑 [J]. 国际新闻界，2009(2):71-76.

达到极度仿真的效果，提高用户的使用满意度，后端服务器技术则使传播的效能得到了保障。据悉，腾讯公司为这一活动最高峰动态部署了4000台腾讯云服务器，确保了海量用户的请求。[①]

移动产品的成功不仅来自产品本身的完成度，还有赖于传播渠道以及用户群体的规模。互联网平台媒体在多年的技术研发中，逐步形成了自己的信息分发平台以及大规模的用户群体，其为新党媒移动产品的“爆款”打造提供了有利的资源支撑和技术保障。随着移动应用技术的发展和用户需求的延伸，社交平台的媒体属性更加明显。“我的军装照”由人民日报客户端出品，以H5形式在微信平台上进行传播，而截至2016年12月，微信全球月活用户已达8.89亿。[②]这一产品正是借助微信强大的流量资源进行传播，实现了高达数亿的传播量。综上，互联网平台媒体的技术资本对新党媒内容产品的价值变现主要体现在三个方面：技术保障助推传播力，技术平台助推引导力，流量资源助推影响力。

2.互联网商业平台对新党媒政治资本和符号资本的需求

政治资本泛指获得国家政治权力的多少或国家政治权力承认而进行的投入。[③]主流媒体具有高度的国家政治属性，且按照不同的行政权力级别进行划分。[④]而人民日报作为中共中央机关报，是党和政府社会治理的重要力量，具有特殊的政治和符号资本。与党媒合作推出移动产品，一方面，可以分享其优质、高度影响力的内容，体现互联网商业平台对社会责任的担当和对主流价值观的引导。另一方面，与党媒合作在一定程度上也释放着官方对企业及其产品的认可，有助于提升互联网商业平台的政治资本。

近年来，互联网巨头与中央级媒体合作的案例不在少数，如新华社与阿里巴巴共同研发“智能大脑”、人民日报与腾讯联手推动媒体融合，人民日

---

① 人民日报客户端.8亿浏览量！关于军装照H5，人民日报客户端有话说[EB/OL]. http://app.peopleapp.com/Api/600/DetailApi/shareArticle?type=0&article_id=668353.2017.8.2.

② 企鹅智酷.2017微信用户&生态研究报告[R].腾讯网.2017.

③ 刘海龙.当代媒介场研究导论[J].国际新闻界，2005(2):53-59.

④ 张志安.新闻场域的历史建构及其生产惯习——以《南方都市报》为个案的研究[J].新闻大学，2010(4):48-55.

报与百度合作推出“人民号”，这些背后实质上都促成了党媒和商业平台之间的资本互换和资源互利。

媒介的形象、媒介的地位以及媒介的话语权力等本身作为一种符号，在传播互动中向受众传达信息和意义，媒介的符号权力可以外化为两种形态：第一，在制造和传播符号的基础之上，媒介以此宣传主流价值与意识形态，强化既有的社会规范；第二，通过象征性资源的累积，媒介不断巩固其内在权力边界，影响人们对媒介本身的认知。①也就是说，拥有大量符号资本，能够获取有利于自身价值标准生产的社会地位。②人民日报作为宣传体系中最重要的符号，表征着政治认可、权威性、舆论的影响力等。与政治性强且权威主流的人民日报合作，互联网商业平台在某种意义上被转换成代理人的角色，可以通过合作者的符号资本为自己的业务发展和商业运营增强正当性，继而充分运用这种符号资本的增加，影响监管部门和普通大众对其商业形象的理性认知。

四、新党媒情感传播模式的影响和挑战

新党媒采取情感传播模式的显著作用体现在多元传播主体共存的舆论场中“重夺麦克风”，提高其舆论引导力。通过生产“爆款”移动产品等方式，新党媒在传播形式、内容和创意上集中发力，将新传播技术运用到主流报道和政治宣传实践中，以“情感”为突破口，优化了以往严肃理性的话语风格，提升了党媒对主流意识形态的塑造功能。“我的军装照”这一H5移动产品在4天内获得8亿流量，#我爱你中国#这一微博话题总计阅读突破15.2亿，在人民日报客户端专题上累计用户参与超过3000万人次。③

同时，新党媒以情感传播策略驱动的移动产品，往往传递中国优秀传

---

① 石义彬，熊慧．媒介仪式，空间与文化认同：符号权力的批判性观照与诠释 [J]. 湖北社会科学，2008(2).

② 关萍萍．人民日报中浙江民营经济的媒介形象变迁与符号资本增效 [J]. 宁波大学学报（人文科学版）,2018,31(06):114-121.

③ 中国网信网．【人民日报客户端】我爱你中国 [EB/OL]. http://www.cac.gov.cn/2018-05/27/c_1122894852.htm.2018.5.27.

统文化、回溯中国光荣革命传统，又或饱含人民对国家与民族的美好期待。这些积极向上、温暖人心的“正能量”内容，以新颖的形式吸引大量流量，有效增加了公众对主流内容的关注度和参与度，强化了受众群体对国家主流价值的归属感和认同感。此外，情感传播模式也从生产过程实现了新党媒生产机制和传播模式的变革。新党媒的情感传播模式，以情感共鸣引起公众注意、引导公众参与，既需要从用户体验和公众心理角度出发创意产品形态，又需要让公众在参与信息分发的基础上实现传播效果，由此实现了内容和技术的进一步结合，强化了用户价值在生产和传播各环节中的主导作用。

新党媒情感传播模式的效果也存在一定的局限和挑战。首先，情感作为信息的主要特征，可能会制约内容深层价值的传递或存在一定的娱乐化倾向。一旦内容与形式无法保持充分的平衡，以亲近用户的形态承载有价值的信息，则容易面临形式超越内容的挑战，导致在情感传播过程中弱化了对严肃议题和理性价值的有效传播。而且，情感传播模式主要停留于情感激发，其效果相对短暂，很难做到对观念认知的持续影响。此外，运用情感传播模式的同类型产品可复制性较弱，多次运用其传播效果会大打折扣，其舆论引导力也会下降。同时，新党媒要将主打“情感牌”的移动产品打造成“爆款”，对其内容创意的要求也比较高。归根结底，评估传播效果的主要重点应该在传播的“接受度”，而非传播流量的体现，仅仅追求信息的浏览量而忽视人们对意识形态的接受度，则会本末倒置。①不过，从目前新党媒的情感传播实践来看，正在主动积极地迎接这些挑战，通过不断探索和创新来持续引领内容变革、承担舆论引导主责。

（作者张志安为中山大学传播与设计学院教授、院长；黄剑超为中山大学传播与设计学院18级新闻传播学硕士研究生。本文原载《新闻与写作》2019年第3期）

① 张志安，曾子瑾．网络时政新闻的亲近性文本研究——以三家央媒2016年全国“两会”报道为例 [J]. 新闻大学，2016(3):38-44.

基于算法正当性的话语建构与传播权力重构研究

张志安　周嘉琳

【摘要】

本文以今日头条算法争议事件为例，考察以人民网为代表的党媒、以都市报为代表的市场化媒体、以今日头条为代表的聚合类平台媒体公司、以腾讯和阿里巴巴等为代表的互联网巨头、以新浪网易等为代表的门户网站等五类行动主体，针对算法正当性进行话语建构或消解的过程，由此把握技术“进场”对既有传播权力格局的影响以及主流意识形态传播面临的焦虑。研究发现，平台媒体、互联网巨头、门户网站主要从绩效正当性、规范正当性构建算法话语的正当性，而党媒和市场化媒体从价值正当性、规制正当性消解算法的权威。同时，市场化媒体在融合转型过程中不断加强技术采纳，呈现出规制正当性与绩效正当性话语交织的特征。总体上，这五类媒体行动者之间的话语互动浮现出同构、对抗、规训、合谋等四种关系。算法争议的原因表面上是技术正当和人本理性的冲突，实质上则是意识形态与技术平台围绕传播效果展开争夺，而且政治权力可以在价值层面有效驯化技术或对技术进行矫正，并在话语公开规训的过程中得到强化。此外，平台媒体通过向主流媒体反哺技术和共享数据资源，增加政治资本和争取专业媒体的认同，努力巩固自身运营的正当性根基。

【关键词】

算法　平台媒体　技术逻辑　传播权力　正当性话语

一、导言

1.研究背景和研究问题

2017年下半年开始，算法推荐引发媒体持续报道和评论。以人民网“三评算法推荐”为代表，党媒发布的多篇社论直指今日头条等资讯客户端因算法推荐迅速崛起的同时存在价值缺失、“信息茧房”、内容低俗等问题。随后，今日头条遭遇网络监管部门约谈、封禁停更24小时、应用下架等处置。面对质疑，2018年1月，今日头条向社会公开算法推荐的技术原理。4月11日凌晨，今日头条创始人张一鸣发表声明，向主管部门和用户公开致歉。

人民网发表的系列评论引发了关于算法正当性的争议。“算法”（algorithm）概念早期源于计算机科学领域，指“为解决特定问题而输入机器的一系列步骤”①。到了移动互联时代，算法逐步应用于信息传播领域，体现出自动化生产内容、用户导向、去人工干预等技术特性。近年来，作为今日头条、一点资讯等资讯客户端的核心技术，算法分发、个性化推荐快速推动这些技术公司建立竞争优势和提高竞争壁垒。一方面，算法重构新闻分发机制和新闻生产文化，重塑新闻生产的组织惯习；另一方面，算法技术也推动新新闻生态系统的重要行动者——聚合类平台媒体的崛起②，带来新的技术文化和价值标准。从更深层意义和更持续影响看，算法实现新的议程设置效果，改变公众信息接收的逻辑，形成新的信息传播机制，进而对主流意识形态的传播秩序有所改造。

不同于以往新媒体技术出现初期通常会获得的普遍认可和积极肯定，“算法是否正当”这一命题使其刚刚进入公共话语就面临大范围的社会论争。不同的传播主体和利益相关者借助媒体资源，围绕算法推荐的内容质量、技术透明、正负效果等方面形成话语交锋，从而呈现差异性、动态性的话语实践。这也显示出，技术作为媒介场域中更加凸显的重要变量，进入且冲击着既有的传播格局，加重了原有行动者的焦虑。

---

① Fuller M.. *Software studies: a Lexicon*[M]. Cambridge, MA: MIT Press.2008,p.16.

② 张志安，汤敏．新新闻生态系统：中国新闻业的新行动者与结构重塑[J]．新闻与写作，2018（3）．

本研究从算法正当性的话语建构视角出发，聚焦人民网批评今日头条算法所引发的争议事件，具体描摹以人民网为代表的党媒、以都市报为代表的市场化媒体、以新浪网易等为代表的门户网站、以今日头条为代表的聚合类平台媒体、以腾讯和阿里巴巴等为代表互联网的大企业五类行动主体关于算法的差异化话语，继而阐述技术对传播权力的重构，试图深入把握算法“进场”对中国新闻业的影响。具体而言，本文包括三个层次的研究问题：首先，在算法争议中，不同类型的媒体行动者如何建构或消解关于算法正当性的话语？他们各自的内在诉求和行动逻辑是什么？其次，不同行动者在算法争议中浮现出哪些类型的话语关系？应该如何理解技术逻辑与政治权力、新闻专业、商业资本之间的复杂勾连？最后，在平台媒体参与重构中国新闻业传播权力结构的当下，算法争议为制定政策的宣传管理部门、技术驱动的互联网媒体公司等利益相关者带来哪些挑战和启示？

2.文献回顾：技术组织正当性及其权力关系

正当性（legitimacy）①概念由韦伯提出，经Parsons（1960）引入组织社会学中，成为研究组织形成、企业经营和社会接受的概念工具②。它主要用来表明组织竞争不仅仅是为了争夺资源和顾客，更需要争取政治权力支持和制度正当性③。

这种诉求往往因行动者而异，通常行动者会基于内在诉求和行动逻辑选择不同的正当性来源，学者也从不同角度对正当性来源进行分类，比如得到广泛关注的美国社会学家萨奇曼（Suchman）和斯科特（Scott）的分类。其中，萨奇曼（Suchman）具体区分了三种正当性类型，即绩效正当性（pragmatic legitimacy）、道德正当性（moral legitimacy）和认知正当性

---

① Legitimacy是拉丁语lex（法）的衍生语，在国内被翻译为“正当性”“合法性”。由于正当性既包含法律证成意义上的合法，又包含社会认知和道德维度的有效、正确、规范含义。因而本文认为该词取“正当性”的理解更为妥当。

② Parsons T.. *Structure and Process in Modern Societies*[M]. Glencoe: Free Press,1960. 转引自陈怀超等.组织合法性研究脉络梳理与未来展望[J].中央财经大学学报,2014(4).

③ Dimaggio P. J., Powell W. W.. The Iron Cage Revisited: Institutional Isomorphism and Collective Rationality in Organizational Fields[J]. *American Sociological Review*, 1983,48(2):147-160.

（cognitive legitimacy）[①]。绩效正当性牵涉组织与利益相关者的直接利益关系，主要考察组织绩效和利益。道德正当性反映公众对组织“是否正确地做事”的评价，具体分析组织行为是否提高整个社会福利，包括组织的产出与结果（结果正当性）、技术和程序（程序正当性）、对内部结构进行规范性评价（结构正当性）。而认知正当性是基于人们既有的或习惯性认知的正当，包括组织行为是否具有可理解性、是否理所当然被接受[②]。基于价值评价的判断，唐土红、陈兰将合法性分为工具合法性和价值合法性[③]。工具合法性类似于绩效合法性，强调符合某种可以量化的评价体系或理性标准。而价值合法性是出于社会文化面向的经验性认可问题，如“正义”“公平”“道德”。

斯科特（Scott）则主要基于制度理论对组织正当性做出划分，分别提出规制正当性（regulatory legitimacy）、规范正当性（normative legitimacy）和文化—认知正当性（cultural-cognitive legitimacy）[④]。规制正当性指向的是法律法规等正式制度，对于社会行为的约束是强制性的。规范正当性指向的是行业协会、教育机构等所提供的规范、标准、过往经验等，对于社会行为的约束是非强制的道义约束（morally governed）。而文化—认知正当性指向文化规则、传统、习俗等，对于社会行为的约束是模仿性的复制或跟随。也有学者将正当性分成规制正当性和文化正当性两种类型[⑤]。

上述类型的正当性概念被传播研究者运用来分析媒体融合转型和传播权力变迁中的行动者话语实践。比如一项针对48家媒体2016年新年献词的研究发现，融合语境下都市报、晚报等市场化报纸的新年献词主要使用“绩效合

---

① Suchman M. C. Managing legitimacy: Strategic and institutional approaches[J]. *Academy of Management Review*, 1995,20(3):571-610.

② 陈怀超，陈安，范建红．组织合法性研究脉络梳理与未来展望 [J]. 中央财经大学学报，2014(4).

③ 唐土红，陈兰．从工具合法性到价值合法性——我国权力合法性的价值范式转型 [J]. 长沙理工大学学报（社会科学版），2012(5).

④ Scott W. R.. *Institutions and Organizations: Ideas, Interests and Identities*(4th Ed) [M]. CA：Sage Publications, 2013:89-90.

⑤ Archibald M E. Between Isomorphism and Market Partitioning: How Organizational Competencies and Resources Forster Cultural and Sociopolitical Legitimacy, and Promote Organizational Survival[J]. *Teratogenesis Carcinogenesis & Mutagenesis*,2004,14(6):259-270.

法性”“道德合法性”和“历史合法性”等三种来建构媒体的职业权威①。另一项研究表明，这些职业权威的建构或消解在危机情境下表现得更为明显，媒体人借助“新媒体”神话或“传统媒体”神话，正当化转型或留守的职业转型行为②。还有研究区分停刊、改版、创刊三类仪式性时刻，进一步理解组织在危机时刻的话语正当化建构③。此外，正当性并不总是在构建，也会面临消解的挑战。一项关于阿里巴巴收购香港《南华早报》的研究发现，内地媒体和港台媒体分别把收购行为与国家或地区的话语权和意识形态层面相勾连，以此构建和消解收购行为的“价值正当性”④。

对今日头条这样的新媒体公司而言，依托算法驱动的智能化技术快速崛起，进行技术创新的同时也可能因其产生的复杂效果和对组织运行机制的改造而产生争议，参照组织社会学家的告诫，建立正当性也是这类新媒体公司需要面对的挑战。值得注意的是，正当性概念从提出以来，就开始表征一种支配和服从的权力关系。因此，本文除了依靠上述文献回顾搭建本文的研究框架，即运用正当性概念分析今日头条的算法争议事件及其多元行动者的话语实践，更为重要的是，要通过关于算法正当性话语的建构和消解，考察平台媒体对中国新闻业重构的生态特征、理解算法机制对主流意识形态传播秩序的影响、重新审视技术和人文的调和问题。

3.样本选择和研究方法

本文以今日头条的算法争议话语为研究对象，样本选择范围主要包括争议中的五类关键行动者：党媒、市场化媒体、门户网站、聚合类平台媒体、互联网巨头围绕算法争议事件前后的话语实践，样本发布时间覆盖2016年至2018年4月。其中，党媒是最初批判算法的积极行动者，市场化媒体是参与

---

① 张志安，章震．媒介融合语境下新闻职业权威的话语建构——基于48家媒体2016年新年献词的话语研究[J].现代传播,2017(1).

② 丁方舟．“理想”与“新媒体”：中国新闻社群的话语建构与权力关系[J].新闻与传播研究,2015(3).

③ 白红义，李拓．新闻业危机应对策略的“正当化”话语：一项基于中国媒体宣言的探索性研究[J].新闻大学,2017(6).

④ 张志安，章震，曾子瑾．跨境媒体收购的正当性话语建构——以阿里巴巴收购香港《南华早报》为例[J].华南师范大学学报(社会科学版),2017(3).

其中的媒体行动者，聚合类平台媒体是直接运用算法做资讯分发的主体行动者，也是批判算法的压力承受者，互联网巨头是在不同垂直领域运用算法的积极行动者，而门户网站是既具有媒体属性，也具有互联网属性的行动者。这五类行动者的内在差异可以从媒体属性、算法运用、技术文化等三个维度来加以区分。我们剔除观点不清、论述不充分的材料后，根据话语阐发主体分类文本，共获得样本96篇。其中，党媒话语文本24篇、市场化媒体话语文本40篇、门户网站话语文本7篇、聚合类平台媒体话语文本15篇、互联网巨头话语文本10篇。

研究采用威廉·甘姆森提出的建构性话语分析方法，把媒介话语拆解出不同的话语包（packages）。我们对样本进行充分阅读，借鉴相关研究分析报道时使用的具体框架[①]，主要从框架、隐喻、范例、警句、描述、问题提出、论证过程、问题结论等八个方面，归纳分析不同行动主体的算法话语。话语不仅具有社会建构的作用，更是建构组织正当性重要的介质资源[②]，本文也将观察不同主体算法话语实践的动态过程，特别是通过话语冲突、话语联盟、话语共存，勾勒出主体权力如何在话语呈现中发挥作用，又是如何通过建构或消解算法正当性来弥合自身的文化权威。

二、研究发现

我们首先归纳出行动者阐述算法的三种视角：作为把关机制的算法、作为技术模型的算法、作为媒体融合介质的算法。基于不同的语境和关注点，进一步又细分出对应的六种话语框架。

第一种视角将算法看作一种新型的把关模式，讨论算法推荐的效果。按算法在把关过程中作用的重要性，分成“替代式把关话语”“协同式把关话语”两类。前者认为算法模型包含设计者的逻辑预设，技术类平台宣称算法

① 徐桂权，方若琳，苏幼真等．主体建构与利益博弈：现实建构主义视角下亚投行报道的框架分析 [J]. 国际新闻界 ,2016（6）.

② 彭长桂，吕源．组织正当性的话语建构：谷歌和苹果框架策略的案例分析 [J]. 管理世界 ,2014年（2）.

把关能保持客观中立。后者则提倡机器算法与人工干预相结合，共同提升信息分发的速度和质量。

第二种视角回应个性化信息消费时代，用户精准高效的信息需求，将算法理解成相对中立智能的技术模型。根据算法服务对象，区分“技术商业创新话语”和“用户中心话语”框架。前者将算法技术看成商业创新的象征符号，突出人工智能引领技术进步。而后者强调算法实现用户与信息的高效匹配。在这里，“用户”不单指受众，更涵盖内容创作者个人和机构组织（政务机构、专业媒体、企业等）。

第三种视角从行业影响出发，具体划分为“转型重构话语”和“竞争威胁话语”框架。前者承认媒体采纳算法对新闻生产积极的再造作用，后者反思人工智能对新闻业构成的挑战，如算法过度主导所产生的消极影响。依据上述三种视角和六种话语框架，我们对媒体行动者关于算法正当性的不同话语做出具体分析和阐释。

1.算法争议中不同媒体行动者的话语分析

总体上，聚合类平台媒体、互联网巨头、门户网站主要从绩效正当性、规范正当性建构算法话语的正当性，而党媒、市场化媒体基本从价值正当性、规制正当性消解算法技术的权威（见表1）。其中，市场化媒体在自身采纳算法的不同阶段表现出明显的话语转向，前期与今日头条发生版权纠纷时，认为算法及技术平台是主要竞争者，而在技术驱动的媒体融合阶段，又将平台媒体当作“合作者”和“协同者”。

表1　算法争议中各行动者话语框架及正当性类型

行动者类型	算法话语框架	正当性类型
党媒	替代式把关话语	价值正当性
	竞争威胁话语	规制正当性
市场化媒体	转型重构话语	绩效正当性
	竞争威胁话语	规制正当性
	替代式把关话语	价值正当性

续表

门户网站	转型重构话语	绩效正当性
	协同式把关话语	价值正当性
聚合类平台媒体	协同式把关话语	规范正当性
	技术商业创新话语	绩效正当性
	用户中心话语	绩效正当性
互联网巨头	技术商业创新话语	绩效正当性
	用户中心话语	绩效正当性

（1）党媒：以“价值正当性”反驳去总编论、以“规制正当性”责令平台整改

以人民网为代表的党媒在算法争议中主导着相关舆论，呈现出整体上的批判性态度，具体则分为三个阶段：

第一阶段，党媒围绕传播效果和把关机制批评算法推荐。《人民网一评算法推荐》评价算法生产“未经科学验证的健康知识、只为博眼球的标题党、过于情绪化的观点”[①]。《人民网二评算法推荐》指出“算法一味推送高相似信息”[②]，主要从内容低俗、“信息茧房”、虚假信息三个方面分析算法可能带来的负面后果。在把关规则上，认为由可量化的标准替代人工立意筛选，来判别什么是好的、有价值的新闻，割裂了“思考的乐趣、价值的塑造、知识的完善”[③]，“末”的算法僭越了信息传播的“本”，背后反映出算法把关与公共信息价值之间的深刻矛盾。

第二阶段，党媒从社会创新和价值导向层面，指出今日头条等新媒体公司没有大力弘扬主流价值，甚至可能走向“创新的反面”[④]。“技术创新”一直是平台强调的关键词，技术推动社会进步也是算法得以立足、取得正当性的根本。党媒强调平台技术至上和“唯市场论”没有“流淌道德的血液”，

① 羽生.人民网一评算法推荐：不能让算法决定内容[EB/OL].http://opinion.people.com.cn/n1/2017/0918/c1003-29540709.html,2017年9月18日.

② 羽生.人民网二评算法推荐：别被算法困在“信息茧房”[EB/OL].http://opinion.people.com.cn/n1/2017/0919/c1003-29544724.html,2017年9月19日.

③ 人民日报评论部.算法盛行更需“总编辑”[N].人民日报,2016年12月23日，第5版.

④ 羽生.人民网三评算法推荐：警惕算法走向创新的反面[EB/OL].http://opinion.people.com.cn/n1/2017/0920/c1003-29545718.html,2017年9月20日.

与算法逻辑相比，传统媒体更能守住价值取向和独立精神，继而认为“算法和技术为真正有价值的新闻服务”应当要装上“安全阀”，设立“总编辑”和“看门人”。

前两个阶段，党媒遵循“替代式把关话语”框架，以“价值正当性”批评算法把关带来的负面影响。到了第三阶段，则结合“规制正当性”话语和行政力量，期待深度采纳算法技术的平台媒体做出机制整改。比如《人民日报》曾在2017年12月29日这样解释今日头条部分频道24小时停止更新的原因：“在尚未获得互联网新闻信息服务资质下，今日头条手机客户端违规转载新闻信息，且‘标题党’问题突出，严重干扰了网上传播秩序。”①这种将今日头条界定成“不守法规者”的批判话语，会对以算法为技术驱动的平台媒体造成正当性危机的巨大压力。

（2）市场化媒体：以“绩效正当性”来适度正当化算法采纳行为

2017年下半年，党媒从批评角度密切关注算法推荐，市场化媒体则呈现出复合的算法话语框架。一方面跟随党媒发表批评性评论，另一方面承认算法技术推动媒介融合，并围绕传播效果、经济效益建构组织采纳算法的“绩效正当性”，适度缓解技术驱动、商业文化与新闻生产、专业价值之间的矛盾。

话语策略上，市场化媒体会阐释传统媒体融合转型后的全新定位。比如，华西都市报创办的封面传媒定位自己“不再是传统意义上的媒体”，也“不仅仅是客户端”，而是“智能媒体和互联网技术公司”②，这种定位体现出朝互联网平台媒体靠拢的趋向。另外，传统媒体虽然对技术持“积极拥抱”的态度，但也会审慎重申社会责任和价值引导的重要性，承诺以人工把关、舆论导向为前提，有限度使用算法或对算法产生的影响进行必要矫正。比如封面传媒宣称，在内容上其算法设计区别于商业平台的客户端：“新闻客户端融入人类智慧和技术智能，将强化价值连接，纠正算法偏差，为技术

① 张洋．重磅！今日头条多个频道被暂停更新24小时[EB/OL].https://mp.weixin.qq.com/s/okfFhKlJUNOwSp8JrUorsQ, 2017年12月29日．

② 崔江．封面新闻APP3.0迭代做“AI+媒体”的探索者与实践者[N].华西都市报,2017年5月5日,第A1版．

引擎植入价值观灵魂。”①

实践操作上，一些市场化媒体频繁与互联网技术公司达成合作，试图缩小与算法驱动、智能化客户端的技术差距。例如《南方都市报》与一点资讯合作，尝试打通用户画像、兴趣标签等数据。同时，相关市场化媒体也会释放出警惕话语，防范数据安全，强调品牌独立。比如经由《东方早报》转型而生的澎湃新闻，其负责人接受采访时说道：“技术引进和合作原则在于，一是不能损害澎湃新闻品牌和用户的权益，二是不能导致澎湃新闻人员成为技术白痴。”②

可见，市场化媒体对算法正当性的话语建构不像党媒那么批判，他们会在一定程度上确立算法正当性，取得用户认可、行业公信和品牌声誉。不过，最有效的算法正当性建构应该源于管理部门的认可和主流意识形态的认同。因此，在今日头条算法争议事件中，市场化媒体的话语框架与党媒总体上仍保持高度一致，也会部分消解算法的技术正当性，但另一方面，由于它们本身也是算法的积极采纳者，所以会刻意强调技术只是手段，转型目标在于建立新型主流媒体，更好地服务于主流意识形态传播，比如“始终把做强主流舆论作为根本任务。围绕主题主调精准设置议题，创新方法手段”③，以维系原有价值观和继续获得权力支持。

（3）门户网站：以“绩效正当性”多路径采纳算法、以“价值正当性”重申专业理念

早在2015年，新浪、网易等门户网站客户端在专业编辑基础上附加机器算法，强化信息个性化服务，不过与后来依托算法快速崛起的今日头条相比，门户网站在算法推荐的资讯分发领域是有限采纳者。研究发现，门户网站与市场化媒体关于算法正当性的话语相似，一方面以“转型融合话语”建构多路径采纳算法的正当性，另一方面从“价值正当性”强调专业价值。

首先，门户网站会从传播行业发展趋势来解释加入机器算法的必要性。

① 崔江．炙手可热“数据红利”如何获取？[N]．华西都市报，2017年7月4日，第6版．

② 江南鸾．澎湃新闻总编辑刘永钢：内容为王紧跟技术运营创新[N]．深圳商报，2017年8月19日，第A08版．

③ 崔江．加快推动媒体深度融合落地见效[N]．华西都市报，2017年2月24日，第A2版．

网易传媒副总编认为“引进机器算法是顺势而为”[①]。搜狐新闻客户端负责人称“个性化已是移动用户新闻阅读必然趋势”[②]。其次，也会从读者体验角度解读其生产机制优化和组织结构转型的原因。比如凤凰新闻提出：“通过打造‘智能算法+人工编辑’的最优组合，我们一心一意为用户提供质量更高、雷点更少的阅读体验。”[③]相较于市场化媒体，由于门户网站具有互联网公司注重技术的便利条件，其算法采纳更为深入、灵活，也在客户端运营中更加注重算法推荐机制的设计。例如，网易引入五个维度标准对所要分发的文章进行自动评分，权重设置遵循差异化曝光和推荐策略。

此外，阐述融合技术采纳原则时，门户网站也会将算法分发比喻为一种“冰冷的技术”，与具有温度的“人文情怀”相对应，认为只有二者结合才能真正地超越算法，使算法更加闪亮并彰显价值理性。可见，在门户网站的话语建构中，内容为王、社会责任、价值主导等新闻业的传统话语并没有被算法技术的光环所取代，反而强调在传播秩序充满不确定性的时代可以为新闻业的效率提升和传播优化带来新的生命力。这是门户网站与传统媒体持续合作并长期适应宣传管理政策后形成的实践特点和组织理念。

（4）聚合类平台媒体：被动建构“协同式把关话语”，主动建构算法“绩效正当性”

今日头条较早提出并实践算法推荐的信息分发模式，由此获得用户规模的快速增长和竞争优势的明显提升，算法也成为代表今日头条技术优势的典型符号。当算法面临党媒发起的舆论质疑，今日头条既采取与党媒内容深度合作、加强人工推荐权重等积极措施整改，也通过公开算法机制、发表道歉声明等方式来维护算法正当性：一是以“协同把关话语”被动应对党媒消解算法正当性的质疑和压力；二是以“技术商业创新话语”和“用户中心话语”，从引领商业创新、满足用户需求、服务主流传播等角度，主动建构算

① 从“有态度”到“各有态度”网易新闻强化内容消费升级平台思维 [N]. 北京商报，2017 年 5 月 22 日，第 C04 版.

② 张倩怡. 搜狐新闻改版打“个性”牌 [N]. 北京日报，2014 年 11 月 20 日，第 11 版.

③ 凤凰新闻岳建雄：互联网已从自由开放走向垄断与封闭 [EB/OL].http://www.chinanews.com/business/2016/12-02/8081928.shtml，2016 年 12 月 2 日.

法正当性。

一方面，“人民网三评算法推荐”“网信办约谈今日头条”等事件直接促成今日头条调整算法话语，改变“算法主导内容筛选”的宣传口径。其多份声明多次出现“主旋律”“人工审核”“企业社会责任”等关键词，并宣布关闭社会频道，公开算法模型，招聘2000名人工编辑，在话语和行动上对算法争议做出策略性应对。当内容管制压力进一步升级，4月11日凌晨，今日头条创始人发布《致歉与反思》，承认公司以往过分强调技术作用，向主管部门及广大用户致歉，并承诺“加强党建工作、提供权威媒体内容的分发、强化总编辑责任制、全面纠正算法和机器审核的缺陷”①。以今日头条为代表的平台媒体释放“积极配合政府监管、维护平台生态健康”的话语，其背后逻辑在于放慢扩张速度、让渡经济利益，用更加主动积极服务主流意识形态传播的姿态，来巩固平台生存、发展的长远空间。

另一方面，平台媒体在这次算法争议事件发生前，也曾主动建构算法正当性。比如在“技术商业创新话语”中，今日头条曾努力区分自身定位与原有媒体行动者的差异。比如，“基于算法推荐的内容分发平台”“人工智能的先行者”等定位，强调技术智能脱离人工干预，形塑科技引领、勇于颠覆的价值追求，由此令企业在传媒和商业领域更加引人注目。这种话语区分策略，可以让企业在一定程度上减少承担传统主流媒体的专业责任和导向压力，但对算法效果的高调宣扬，也容易暴露出技术在内容把关、价值立场的过度主导，为随后遭受党媒质疑埋下隐患。

正如今日头条创始人所说，除了肩负科技创新责任，也要承担内容建设和信息服务的责任。在“用户中心话语”中，今日头条与专业媒体、政务机构建立长效合作机制。比如与人民网、《北京晚报》等1万多家媒体达成版权合作，推出“媒体实验室”，以技术和数据资源支持传统媒体进行新闻生产。还推出“头条号”，邀请各级党政机关入驻发布政务信息，不断丰富内容来源、优化资讯质量，以改进平台上的内容生态。两会期间，今日头条

① 张一鸣．致歉和反思 [EB/OL].https://mp.weixin.qq.com/s/4r6rCwNE7BgTLD37cPJOoA, 2018 年 4 月 11 日．

还联合人民网独家策划“2018两会调查”，吸引超过400万人参与，积极配合意识形态宣传。在公益资讯传播和动员方面，头条与民政部门合作，推出“两岸寻亲”项目，利用人工智能精准推送寻亲信息。这些都是聚合类平台媒体发挥技术优势，充分整合资源，对单纯依靠算法推荐主导的传播机制进行矫正、纠偏的行为，也为其建构算法的正当性话语提供了积极例证和实践证据。

（5）互联网巨头：“用户中心话语”建构算法技术优势

百度、阿里巴巴、腾讯（以下简称BAT）等三家互联网巨头，均结合自身业务发展需要在不同的垂直领域中深度应用算法技术。起初，BAT通过“技术商业话语”构筑算法的绩效正当，展现算法推荐应用于不同的移动场景的优势，比如网上购物、打车软件、算法广告，实现生活服务与用户需求精准对接。随着资本平台开始进入内容分发领域，BAT相继推出阿里UC头条、腾讯天天快报等资讯客户端，这些互联网巨头与今日头条构成更加激烈的竞争关系，由此也越来越多地介入算法议题的讨论中，主要采用“用户中心话语”框架，与专业媒体、自媒体等内容生产者展开对话。

总体上，互联网巨头的算法话语可以归纳为三种策略：其一，强调自己与今日头条“打法不同”，突出集团内部数据互通优势；其二，向传统媒体释放善意，建立与内容生产方“共生共赢”的关系；其三，沿用媒体专业话语，形塑互联网企业采纳算法的正当性。例如，腾讯“天天快报”结合人工和算法优化内容品质，阿里UC降低低质内容权重，避开算法容易被诟病的内容质量问题，承担价值引导责任。可见，这些互联网巨头在算法正当性话语的建构过程中具有一定的暧昧和含混特点，既在非资讯分发领域强调算法的智能化应用效果、规避新闻分发的意识形态风险，也在自身资讯产品的算法采纳中强调与今日头条的不同、避免自身卷入算法批判的舆论旋涡中。

2.算法争议中的四种话语关系：同构、对抗、规训、合谋

行动者完成从话语到权力的转化，需要争取社会“合意”（consent）。通过观察五类媒体行动主体在算法争议中的话语互动，本研究发现，其中浮

现出同构、对抗、规训、合谋四种张力关系（见图1）。

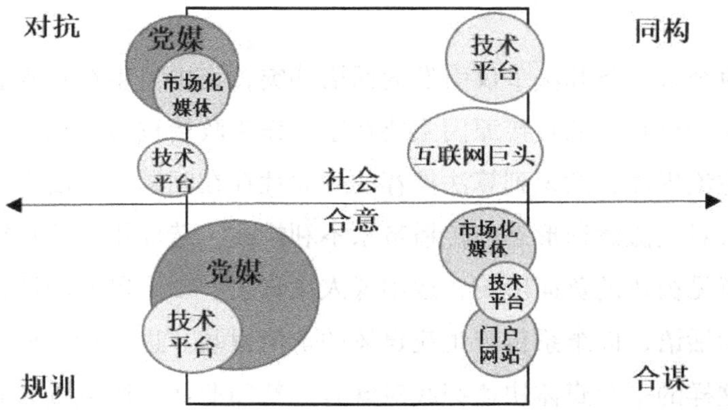

图1 多元行动者“算法话语—权力关系”象限

（说明：圆圈大小代表行动者话语的相对数量，重叠部分代表话语一致，圆圈与“社会合意”方框重合程度越高，代表行动者观点越能成为主流意见，更易获得支配权力和社会资本。）

同属互联网企业，聚合类平台媒体和互联网巨头具有高度同构性，但这两类行动者在算法领域的应用却各有侧重，以今日头条为代表的聚合类平台媒体主要在内容分发和智能推送领域运用算法，阿里巴巴、百度等则在各自电商、搜索等业务中运用算法技术。相比之下，聚合类平台运用算法快速崛起后，对传统专业主流媒体的影响力冲击更大，其业务与新闻传播格局、主流意识形态的关联也更加紧密。

2013年以来，阿里巴巴先后投资36氪、二十一世纪传媒、《南华早报》等，布局覆盖基本的媒体形态，尽管也曾在媒体行业内部引发关注和一些疑虑，但总体上却没有引发公共话语层面的争议和质疑，主要原因是阿里巴巴参与收购的是经营业务、不涉及采编部门，这些专业媒体的内容生产和价值导向依然在宣传部门的严格管理下运行。这次，BAT在今日头条算法争议中保持参与者和旁观者的暧昧姿态，虽然也从技术维度建构了算法在商业领域的正当性优势，但没有强调智能分发在新闻传播领域起到的变革性作用，也没有将相关议题与主流意识形态传播紧密勾连，因此BAT未卷入算法话语的质疑。

这次由今日头条算法争议引发的话语冲突，集中发生在党媒和平台媒体之间，相关争议触发的直接原因主要在于：作为政治权力和意识形态重要组成的中央主流媒体，意识到算法推荐的中立性存在问题，过度由算法主导的资讯分发会对主流意识形态的传播带来不利挑战，造成用户信息接收的茧房效应甚至意见极化的负面影响，运用《人民日报》、人民网的评论和报道，释放出警示话语，以维系传统主流媒体的价值根基。进一步剖析深层原因，今日头条这样的平台媒体快速崛起对既有的新闻业格局产生重大影响，给党媒等传统媒体影响力带来重要挑战，一定程度上矫正算法技术的负面效应，也会实质上制约平台媒体的扩张态势，既将党媒内容借助算法分发以更高权重实现广泛传播、将主流价值渗透到算法设计的初始环节，也有利于实现党媒在算法矫正过程中强化自身的技术采纳和提升算法推荐效能。

近年来，算法盛行推动平台新闻业崛起，打破长久以来由传统主流媒体把控、自上而下的传播体系，传统的宣传范式面临着传播覆盖和到达率、主流资讯对年轻受众的吸引力降低、信息控制基础上的说服传播和观念影响效果弱化等挑战。一方面，算法驱动的资讯类客户端尚未完全作为新闻媒体，被纳入传统媒体的管制框架中。从资本来源、实践逻辑来看，今日头条作为民营互联网企业，具有运行自主、商业主导、扩张加速的态势，不必像传统媒体那样把承担舆论引导功能作为主责，而可以更专注于资讯内容的智能化分发、个性化产品的培育和多元化服务的开拓。同时，算法筛选主要以用户兴趣为导向，拥有一套非透明、可量化的传播效果评价体系，总体上会导致时政新闻的用户供给量不如生活、娱乐类资讯，这是泛娱乐化时代海量用户信息需求的结构性特点所决定的，但经由算法推荐却容易被社会放大。另一方面，媒介融合时代社交导向、技术驱动、智能传播的平台媒体日渐成为资讯分发的枢纽，传统媒体作为信息传播载体，总体上被日渐边缘化。尽管《人民日报》、新华社、央视新闻等中央媒体在融合转型上取得显著效果，通过入驻微博、微信、今日头条、抖音，或者自建新闻客户端或运营新闻网站积累了上亿乃至数亿的用户规模，但绝大多数省市级主流媒体仍处于读者流失、广告下滑、影响弱化的严峻考验中。因此，客观上，主流媒体通过对算法话语的批判一定程度上会消解技术平台对算法正当性话语建构的权威和垄断地位。

循此逻辑，党媒先后多次针对“约谈”“停更”等管理政策，建构批判立场的算法话语，试图通过话语和行动将算法平台“主流化”收编到管制框架下，让技术运用更好地服务于政治宣传和舆论引导。话语下行的公开规训过程，体现出以党媒为代表的行政权力努力掌控传播领域的话语权和主导权，对平台媒体这样的新行动者起到制约作用。在算法争议事件发生后，今日头条承诺加强内容把关，公开技术模型、减少社会疑惑，积极向监管部门表明整改决心，体现出服从管理、遵循规训和向主流媒体价值观靠拢的姿态。

平台媒体的算法推荐和快速崛起，加剧传统新闻业“算法焦虑”心理，市场化媒体、门户网站、今日头条之间存在的竞争关系也在重构新闻业态。需要强调的是，本研究也发现，在算法议题上，专业话语和技术话语也出现了相互统合的趋向。同时，传统媒体的专业价值内核在技术冲击下，反而经由不同组织行动者、媒体负责人和管理部门的政策重申得到强化。一开始，传统主流媒体内部结成话语联盟，与今日头条发生版权纠纷，随后达成和解，少数市场化媒体也积极采纳人工智能技术，建构算法正当性，希望借技术驱动和智能传播来助推传统媒体融合转型。对今日头条这样的平台媒体和技术公司而言，主动为传统媒体提供内容精准分发和强势传播平台，反哺流量、技术、数据，也可以确保更稳定、更高质的内容来源。此外，通过邀请大量政党机关入驻平台开设“头条号”，今日头条借助政治资本的积累和扩张，可以为算法正当性建构争取更大的文化资本和象征资本，也有利于逐步缓解算法争议导致的社会压力，强化各方对算法助力于主流意识形态传播的理解和认同。

三、结论及讨论

1.理解争议成因：政治话语对技术话语的收编和传播权力的再分配

围绕算法争议，关键行动者的算法话语变迁展现出“技术正当化”的动态过程和发展趋向。理解算法正当性的话语建构及其原因，可以有显性和隐性两条线索：显性角度看，算法的技术正当性与人本主体理性之间浮现价值断层，算法争议的话语背后是传播业态中日益主导的技术驱动与新闻专业长期承担的舆论引导功能之间的冲突。隐性角度看，深层原因则在于智能技术运用推动的平台媒体崛起，导致专业媒体和平台媒体之间传播权力的再分配，使得专业媒体面临传播效果弱化的严峻挑战，对以正负信息调控和宣传仪式建构为主责的主流意识形态传播产生一定的负面影响，由此折射出政治权力与商业资本之间展开的话语争夺和力量博弈。

可以预见，多数主流媒体无论怎样加快融合转型的步伐，努力布局各类新媒体产品矩阵，也很难阻止用户黏性、注意力和忠诚度向平台媒体的转移和倾斜。当下，以Facebook和YouTube为代表的海外平台媒体，和以微博、微信、今日头条、抖音为代表的中国平台媒体，都在深刻重构中外新闻业的传播格局，内容的社会化生产成为主流趋势，智能化采集、生成和分发技术已经成为传播格局重塑的关键变量。因此，从传播权力再分配的视角看，算法争议背后实质上是互联网平台媒体传播权扩张、传统专业主流媒体传播权弱化所导致的话语冲突和力量博弈。

然而，本研究也印证了技术力量和平台媒体对既有传播格局形成的冲击，必须在特定的政治、经济、文化语境下展开，自始至终要接受主流意识形态的主导和管制，而专业媒体作为主流意识形态传播体系的核心组成，拥有借助政治话语对技术话语进行收编和改造的行政权力。实质上，主流意识形态通过党媒主动阐发，经由对抗、规训话语，通过行动实现了规制、管理强化的效果，平台媒体做出的行动妥协和话语改造，使其进一步服务于主流意识形态传播的同时也适当制约其传播权的扩张，并最终通过对专业主流媒体的内容赋权和技术合作，实现了中国新闻业传播权力的再分配，也巩固了专业媒体在媒介场域中的符号权威。

2.推进算法治理：实现管理部门、媒体行动者、行业的多元共治

在相对开放透明的技术环境下，针对算法的媒体论争已经从行业话语扩展到公共话语。而作为一个充满科技神秘感的技术名词，算法这个概念本身也具有多种理解视角和诠释框架，可以引发技术日益主导的媒体语境下的人文反思。算法争议背后对价值理性的关注，提醒着人们警惕过分强调技术驱动所带来的工具理性的负面后果，让我们认识到技术祛魅和价值规范的紧迫性，也促使管理部门更加重视技术变革对意识形态传播的影响及效用。

媒体和网络管理部门如何在规范算法运用的同时，积极利用算法技术来优化内容生态、提升传播效果？本文认为，管理部门需要推动主流媒体、互联网公司等多元行动者，在实践中更加重视算法、人工智能等技术对意识形态传播规律的影响，既要客观、理性面对算法推荐对中国传播业权力格局的重构，又要在针对算法治理的过程中，思考制定规则的规则，即依据怎样的价值和精神、建立怎样的多元参与的规则制定主体、遵循怎样的规则制定程序来制定规则。在网络治理过程中，监管者需要尊重企业权力，实现与企业、专家多元共治的格局①。目前，包括《人民日报》在内的主流媒体开始积极采纳算法推荐等人工智能技术，创新融合传播形式、强化内容精准分发，将与腾讯、今日头条等平台媒体加强数据、技术、渠道甚至资本方面的合作。因此，针对算法在内的技术治理，需要管理部门、媒体行动者和行业组织共同参与、多元共治。

对于平台媒体而言，其阐发的算法话语需要灵活建构绩效正当性，贴合主流价值的传播目标，更多地释放出舆论导向、内容审核、人工编辑、社会责任等“协同式把关话语”，从而巩固和提升算法的价值正当性。在行政控制不断强化的语境下，技术驱动型的互联网公司未来仍然面临价值升级、产品优化和风险管理的挑战，需要不断平衡政治安全与商业获利之间的关系。

---

① 张志安．人工智能对新闻舆论及意识形态工作的影响 [J]. 学术前沿 ,2018（8）,96-101.

综上所述，本文针对算法正当性话语建构的研究，既可以作为新闻业传播权力结构变迁的观察窗口，也可以当成技术作为重要变量如何影响新闻业发展的研究线索。同时，也为智能化技术推动下的中国新闻业如何坚守人文价值、不断提升公共性提供反思的契机。

（作者张志安系中山大学传播与设计学院教授、院长；周嘉琳系香港中文大学新闻传播学院硕士研究生,本科和硕士毕业于中山大学传播与设计学院。本文原载《现代传播》2019年第1期）

失守的边界

——对我国记者诠释社群的话语变迁的分析

尹连根 王海燕

【摘要】

如何理解新媒体对当下我国新闻业的冲击？学界路径不一，众说纷纭。为置喙其中，本文依托于对现有文献以及2015—2017年间所进行的记者访谈材料的分析，以边界工作为理论框架来论述新闻边界的失守，以及由此而带来的记者诠释社群的话语变迁。为适应本研究的需要，我们在回溯Zelizer（1993）有关记者诠释社群概念的基础上，将其进一步细化为三个维度，即记者对新闻平台的诠释，对新闻职业的诠释，对新闻产品的诠释。本文认为，新媒体的勃兴所带来的去专业化主要表现在平台边界、职业边界和报道边界的失守，从而带来记者诠释社群话语的相应变化。就平台边界而言，互联网尤其微博、微信的问世使得新闻平台大众化，新闻平台的垄断性诠释话语则相应地先后经历政治话语、市场话语、大众话语的变迁。就职业边界而言，数字时代使得新闻人日趋成为数字劳工背景下专业新闻的留守者、公众舆论的边缘人，新闻职业的垄断性诠释话语则先后由政治取向、精英取向而转变为普通职业取向，新闻工作者原有的权威性被消解、被祛魅。就产品边界而言，如今在流量导向的支配下，作为新闻产品的报道开启了流量决定新闻的时代，并相应开启了一个坏新闻才是新闻、娱乐性才是新闻的诠释话语转向。

【关键词】

边界工作 新闻专业主义 去专业化 新媒体 数字化 诠释社群

新媒体对新闻的冲击正成为无论是业界还是学界都普遍关心的问题，不过方式不同罢了。这种冲击既反映在业界对过往黄金岁月的回忆，以至于业界的集体记忆正成为学者们追寻的热点①；也反映在学界的媒介融合之争和对新闻或新闻专业主义进行再界定的努力上②。另外，学者们也注意到，新闻业界的话语实践正在发生新变化，如李艳红、陈鹏研究认为新闻专业话语正表现为对专业主义语汇的边缘化、问题化，堪谓"'专业主义'离场""'商业主义'统合"③。本文则尝试依托于对现有文献以及2015—2017年间所进行的记者访谈材料的分析，从"边界工作"（boundary work）的角度对当下新闻业所遭遇的冲击进行解读，试图论述新闻边界的失守及其表现，同时，我们将这种失守之势置于一个更大社会历史背景下来分析，在借用和拓展诠释社群（interpretive community）概念的基础上，论述我国新闻业在媒体、新闻人以及新闻报道三大方面正在发生的话语转向。

一、新媒体冲击下的新闻边界研究

"边界工作"这一概念最早由Gieryn提出。Gieryn认为，边界的建构既是纯粹的也是实用的，既是理论的也是实践的；它有助于相关专业人士获得知识上的权威性以及职业机会，尽管它难免会以灵活多变甚至不确定的方式不断地被界定与再界定。边界工作的三大功能（或目的）是：权威性的

① 如：张志安，甘晨．作为社会史与新闻史双重叙事者的阐释社群：中国新闻业对孙志刚事件的集体记忆研究 [J]. 新闻与传播研究，2014(1):55-77；白红义．新闻权威、职业偶像与集体建议的建构：报人江艺平退休的纪念话语研究 [J]. 国际新闻界 ,2014(6):46-60；陈楚洁．媒体记忆中的边界区分、职业怀旧与文化权威——以央视原台长杨伟光逝世的纪念话语为例 [J]. 国际新闻界 ,2015(12):26-45；李红涛．"点燃理想的日子"——新闻界怀旧中的"黄金时代"神话 [J]. 国际新闻界 ,2016(5):6-30.

② 如：Yin, Liangen &Liu, Xiaoyan. A Gesture of Compliance: Media Convergence in China[J]. *Media, Culture & Society*, 2014,36(5): 561-577；尹连根，刘晓燕．"姿态性融合"：中国报业转型的实证研究 [J]. 新闻与传播研究 ,2013(2): 99-112；谢静．微信新闻：一个交往生成观的分析 [J]. 新闻与传播研究 ,2016(4):10-28；陆晔，周睿鸣．"液态"的新闻业：新传播形态与新闻专业主义再思考．新闻与传播研究 ,2016 (7): 24-46.

③ 李艳红，陈鹏．"商业主义"统合与"专业主义"离场：数字化背景下中国新闻业转型的话语形构及其构成作用 [J]. 国际新闻界 ,2016(9):104-118.

扩张（expansion of authority）、行业权威与资源的垄断（monopolization of professional authority and resources）以及对职业行为自立的保护（protection of autonomy over professional activities）[①]。不同目的往往决定边界的不同话语策略和侧重点，因此，边界又往往是模糊、易变、有争议的。

新媒体的勃兴使得新闻业的边界问题日益为学界所关注，大体可以分为三种代表性观点。第一种观点立足于传统记者对固有新闻边界的保守与“修补”，如，Singer、Hermida等人认为，面对新媒体的冲击，传统媒体记者们一方面在努力适应，另一方面擎起“负责”（accountability）、“透明”（transparency）、“查证”（verification）等大旗来进行专业记者和非专业记者的区分，以捍卫自己的专业边界[②]。Carlson甚至总结了新闻业维持边界的九种模式，包括扩张专业主义（即吸纳新媒体作为新闻源）、驱逐偏离规范者（如，纽约时报开除抄袭和捏造新闻的Jayson Blair）、保护自立（如，不让管理层进行编务控制）等[③]。

第二种观点强调边界的变动，代表性概念包括“转换的边界”（shifting boundary）[④]、“模糊的边界”（blurring boundary）[⑤]等。如，Lewis认为，新闻专业边界的张力源于传统媒体的专业控制逻辑和数字媒体的自由参与逻辑之间的矛盾，对此，适应与开放的混合逻辑注定将占据新闻专业意识形态的垄断地位（a hybrid logic of adaptability and openness，851）[⑥]，记者在工作中

---

① Gieryn, Thomas F. .Boundary-Work and the Demarcation of Science from Non-Science: Strains and Interests in Professional Ideologies of Scientists[J]. *American Sociological Review*, 1983,48(6): 781-795.

② Singer, Jane. Out of bounds: Professional norms as boundary markers, in Matt Carlson & Seth C. Lewis (eds.) *Boundaries of Journalism: Professionalism, Practices and Participation*[M]. London and New York: Routlege,2015:21-36; Hermida, Alfred. Nothing but the truth: Redrafting the journalistic boundary of verification, in Matt Carlson & Seth C. Lewis (eds.) *Boundaries of Journalism: Professionalism, Practices and Participation*[M]. London and New York: Routledge,2015:37-50.

③ Carlson, Matt. Introduction: The many boundaries of journalism, in Matt Carlson & Seth C. Lewis (eds.) *Boundaries of Journalism: Professionalism, Practices and Participation*[M]. London and New York: Routlege,2015:1-18.

④ Blaagaard, Bolette B.. Shifting boundaries: Objectivity, citizen journalism and tomorrow's journalists[M]. *Journalism*,2013,14(8): 1076-1090.

⑤ Domingo, David & Florence Le Cam. Journalism in Dispersion[J]. *Digital Journalism*, 2014,2(3): 310-321.

⑥ Lewis, Seth C.. The tension between professional control and open participation[J]. *Information, Communication & Society*, 2012,15(6): 836-866.

对Twitter和Facebook的日常应用即是例证[①]。

第三种观点是新闻的去边界化(de-boundedness)[②]。通过对新闻工作室文化变迁的研究，Hujanen发现“读者评论”与“编辑素材”、专业新闻与非专业新闻之间的话语边界正在消逝[③]。Loosen认为，去边界化不但指传统意义上的新闻在其与广告、公关之间的去边界化，而且更关注媒体技术所带来的媒介形态的去边界化，新闻与娱乐的去边界化以及创业新闻学（entrepreneurial journalism）、公关新闻（public relations journalism）、营销型新闻（infomercial）、广告性评论（advertorial）等门类的兴起[④]。

国内有关新媒体对新闻边界影响方面的研究尚不是很多。陈楚洁、袁梦倩认为，面对互联网对传统媒体权威性的威胁以及边界的挑战，传统媒体人多以“新闻专业主义”应对[⑤]。不过，社交媒体之下的新闻权威之争已经使得传统媒体人对其专业边界的坚守变得日益困难[⑥]。郑忠明、江作苏则从知识生产的角度研究认为新闻的核心知识和外围知识的边界在网络时代逐渐趋于模糊，并进一步多样化、复杂化[⑦]。

二、诠释社群

新闻业的边界工作很大程度上是一种诠释性的话语实践，新闻从业者是诠释边界的积极行动者，他们通过对新闻价值的追求、新闻工作文化的形

---

① Hermida, Alfred. Social journalism: exploring how social media is shaping journalism, in Eugenia Siapera & Andreas Veglis (eds), *The Handbook of Global Online Journalism*[M]. Oxford: Wiley-Blackwell,2012: 309-328.

② Loosen, Wiebke. The Notion of the “Blurring Boundaries” [J]. *Digital Journalism*, 2015,3(1): 68-84.

③ Hujanen, Jaana. Participation and the Blurring Values of Journalism[J]. *Journalism Studies*, 2016,17(7): 871-880.

④ Loosen, Wiebke. The Notion of the “Blurring Boundaries” [J]. *Digital Journalism*, 2015,3(1): 68-84.

⑤ 陈楚洁，袁梦倩．新闻社群的专业主义话语：一种边界工作的视角 [J]. 新闻与传播研究 ,2014(5):55-69.

⑥ 陈楚洁，袁梦倩．社交媒体，职业“他者”与“记者”的文化权威之争 [J]. 新闻大学 ,2015 (5): 139-148.

⑦ 郑忠明，江作苏．作为知识的新闻：知识特性和建构空间——重思新闻业的边界问题 [J]. 国际新闻界 ,2016(4): 142-156.

成、专业伦理的树立等策略形成诠释性社区，定义其领地边界[①]。

在新闻传播学界，“诠释社群”（interpretive community）作为概念最早是由Zelizer引入的[②]。在*Journalists as interpretative communities*一文中，她指出了当时主流理论框架视记者如专业工作者这一视角的局限性，而提出了替代性理论视角，即视记者为诠释社群，阐明了共享话语意义在记者维持其作为一个社群而存在的重要性。而且，这种话语主要生成于对关键公共事件的集体记忆和集体诠释中，并通过非正式交谈、专业性评价、自传、回忆录等话语形式来完成。就学术层面来说，Zelizer引入这一概念的理论贡献自不待言，这不但突破了专业视角的局限性，而且开启了记者工作的文化视角的研究。尽管如此，倘若溯及诠释社群这一概念的源头，我们便可以发现，这一概念在运用于新闻学研究方面还可以走得更远一些。

“诠释社群”这一概念最早使用于语言学和文学批评领域。就语言学来说，当乔姆斯基等生成语法学者们更多强调语言规则的通性和内在一致性的时候[③]，另外一些学者则认为，语言的使用最终取决于语言的使用者及其所构成的“言语社群”（speech community）[④]。这些言语社群往往具有共享的价值和信念，并且与其他言语社群区分开来，从而形成社群之间的边界。而且，社群边界“不仅只是人与人之间互动的问题，同样也是有关成员身份及其认同的问题”[⑤]。另外，在文学批评领域，在究竟是文本形态决定诠释话语还是诠释话语决定文本形态的争论中，Fish以自己的课堂实践为例，提出“诠释社群”的概念来支持后一种说法。他认为，文本本身是开放性的，取决于个体对它的解释，不过这种解释并非随意性的和孤立的，而是决定于其习得

① Lewis, Seth C.. The tension between professional control and open participation[J]. *Information, Communication & Society*, 2012, 15(6): 836-866.

② Zelizer, Barbie. Journalists as interpretive communities[J]. *Critical Studies in Mass Communication*,1993,10: 219-237.

③ 宁春岩．什么是生成语法[M]. 上海：上海外语教育出版社，2011.

④ Hymes, Dell. Speech and language: On the origins and foundations of inequality among speakers[J]. *Daedalus*, 1973,102(3): 59-85.

⑤ Hymes, Dell. Speech and language: On the origins and foundations of inequality among speakers[J]. *Daedalus*, 1973,102(3): 59-85, 66.

的，所在社群所共享的诠释策略[①]。

由上述溯源可知，诠释社群的概念强调的是社群成员透过诠释行动对意义的共享，以及这种共享背后的身份认同。这种共享与认同是可以指向多方面的，取决于所讨论对象的不同。正是在此基础上，Zelizer 发展出了“记者作为诠释社群”的概念。但是，Zelizer在讨论新闻记者的诠释社群时，将焦点主要集中于“关键事件”（critical incidents），比如，水门事件[②]、肯尼迪遇刺事件[③]等，关注范围显得相对狭窄了些，忽视了记者在日常工作和生活中的话语实践。同时，Zelizer固然为新闻学研究提供了新的文化面向，但只是笼统地描述了一个记者的诠释社群的存在，未能深入划分这一诠释社群的不同维度。

为此，在Zelizer既有理论的基础上，我们将记者的诠释社群再明确地细化为三个维度，即记者对新闻平台的诠释，对新闻职业的诠释，对新闻产品的诠释。从这三个维度出发，我们将尝试性地针对不同年代记者在平台、职业、产品三个方面的典型性话语进行分析，以审视我国新闻业在新媒体冲击之下所发生的边界工作的变化以及记者的诠释社群的话语转向。

本文所依托的分析材料主要由两部分构成。一部分为新中国成立后记者们的记录性文字。本文的着重点在分析新媒体的勃兴对新闻业所产生的影响，但是为了更好地分析和理解这种影响，我们将新闻业的变化放在一个更长的历史背景下来理解。对这种历史背景性的分析，我们主要依托相应历史时期记者的记录，但鉴于其背景性质，而且同时代文献都带有各自所在时代的鲜明色彩，所以，本研究只以一些代表性的典型文字来论证相关观点。另一部分为作者之一在2015年底至2017年在北京、武汉、成都等地所做的记者访谈。这些访谈的主题之一就是了解记者们如何看待新媒体对新闻业的冲击。正是在对这些访谈资料进行分析的基础上，我们最终形成本文的理论解

---

① Fish, Stanley. *Is There a Text in This Class?* [M].Cambridge, Masschusetts and London: Harvard University Press, 1980.

② Zelizer, Barbie. Journalists as interpretive communities[J]. *Critical Studies in Mass Communication*, 1993,10: 219-237.

③ Zelizer, Barbie.*Covering the Body: The Kennedy Assassination, The Media, and The Shaping of Collective Memory*[M]. Chicago: University of Chicago Press ,1992.

释框架。对这些访谈材料，出于研究伦理的考虑，本文仅公开采访对象所在单位，而对采访对象则统一匿名处理，以编号的形式呈现于本文。北京、武汉、成都三地采访对象分别以B、W、C开头来依次进行编号。

三、边界的失守与诠释话语的转向

从社会认同理论的角度看，边界，本质上关系的是身份认同与界定的问题，即“我们是谁”的问题，什么是“我们”，什么不是“我们”而是“他们”；什么是圈内人（in-group），什么不是圈内人而是圈外人（out-group），这些直接关涉到人的归属感，直接关涉到“我们”的边界将被划到哪里[①]。具体到我国新闻媒体业，从边界角度来看，Splichal & Dahlgren提出的去专业化之势[②]主要表现为三个方面，即失守的平台边界、失守的职业边界和失守的诠释边界；结合认同理论通俗来说，这三个方面分别对应三个不同的界定问题，即“什么是媒体，什么不是媒体”“什么是新闻人，什么不是新闻人”“什么是新闻，什么不是新闻”。总之，我国新媒体勃兴之前的新闻平台垄断、新闻职业垄断、新闻产品垄断的局面都已经被打破了，甚至呈现为继续蔓延的态势。这种边界的失守从而相应地带来新闻业诠释话语的转向。

1.失守的平台边界

从新闻实践层面而言，我国新闻业的平台边界是一个从“质”和“量”两个角度不断往外拓展的过程，这种不断拓展逐步带来平台边界的被稀释直至如今的失守态势。而伴随这种失守之势的则是平台边界诠释话语的相应转变。

改革开放之前，报纸、广播、电视作为新闻平台是高度政治化的，乃

① Jenkins, Richard. *Social Identity* (4th edition) [M]. London and New York: Routledge,2014.

② Splichal, Slavko & Dahlgren, Peter. Journalism between de-professionalisation and democratisation[J]. *European Journal of Communication*, 2016,31(1): 5-18.

至被等同于同级党委，成为同级党委的传声筒，这也相应地造就报纸等媒体当年的地位尤其是政治地位非常高，表现出对政治的高度依附性。广东老报人林里在回忆当年党委领导报纸时说："省委赞成什么，提倡什么，反对什么，我们一目了然，对于办好报纸，极端重要。……贯彻省委意图，执行省委指示，也就由被动，变为主动；由不自觉、半自觉，变为全自觉。"①这一时期，新闻的专业化毋宁说就是政治化。尽管就新闻与政治的关系而言，平台的边界是模糊乃至同一的；但是，就新闻与公众的关系而言，高度的政治性构成了新闻平台清晰的边界，政治话语成为界定平台边界的支配性话语。

后来，随着改革开放的推进，新闻平台得到不断拓展，一改党媒一统天下的局面，市场化媒体作为新的新闻平台风生水起，使得平台的边界由单纯而狭窄的党报扩充至都市报。相应地，平台边界的诠释话语也由政治话语向市场话语转变，"经营""收入""市场"成为新的平台边界诠释话语的关键词。

有"中国都市报之父"之誉的前《四川日报》副总编辑及《华西都市报》总编辑席文举，后来谈及《华西都市报》作为中国第一份都市类报纸而创刊的动因所在时如是说：

由于市场经济的发展，广告市场的结构已发生显著变化：房地产广告、生活用品广告、商贸广告等取代了昔日生产资料广告的统治地位。这些广告的主要传播对象是城市市民。因此，城市市民喜爱的城市报纸就成为广告客户首选的媒体。……党报的功能不可能去改变，要增加广告收入，增强党报的竞争实力，办法只有一条：再办一张城市报纸。②

换言之，对党报来说，办都市类报纸本是其因应社会环境和报业广告环境变化之举，但客观上，这却带来了媒介边界的扩大。一旦市场话语化为媒体人的自觉意识，报业的市场化之路越走越远，新闻平台的内涵与外延也相应地在新闻人的市场化探索中而得到不断开拓。在这样一种市场话语独霸天下的媒介环境里，甚至一些党报也主动走上市场化之路，丰富人们对于党报

① 王曼．我的记者生涯 [M]. 广州：广东人民出版社 ,1993:13.
② 肖云．席文举与《华西都市报》[EB/OL].http://media.sohu.com/20130604/n377918389.shtml,2013.

的新的理解。这方面，尤以《广州日报》为盛。报业奇才、前《广州日报》社长黎元江当时是这样解读《广州日报》制胜策略以及中国报业愿景的：

广东报业在经营管理上有几项改革在全国处于领先地位，改版是其中之一。中国报纸的扩版始自广州日报。……自办发行不是广州首创的，但广州日报首创了连锁店这种报业发行的新举措。

媒介要实现跨媒体经营，建构以新闻为中心，出版、广电、发行、印刷等多项经营为一体的大型媒体集团。①

类似地，时任南方报业传媒集团社长范以锦也将其亲力亲为的报业经营成功之道汇集成为一本书，即《南方报业战略》。就这样，市场主导的诠释话语一方面丰富了媒体平台本身的含义，另一方面极大地拓宽了人们对媒体的想象力以及媒体平台的边界。

具体来说，平台边界的拓展同时体现于“量”与“质”。“量”的拓展主要体现在三个方面，新闻媒体数量倍增、单个媒体新闻容量倍增（“扩版热”）②、单个新闻媒体不断自我繁衍（典型如，南方日报至南方报业传媒集团的龙生龙、凤生凤的滚动发展模式）③。而“质”的拓展相对来说更复杂一些，结构上，先后由单一的机关报模式拓展到晚报、周末报、都市报、经济类专业报，由机关化走向商品化、集团化；性质上，由依附性的政府机关拓展到相对独立的市场主体；功能上，由宣传向信息、产业拓展；角色上，由党和政府的喉舌扩大到社会的喉舌④。无论从新闻信息还是公共表达的角度看，新闻平台的拓展与丰富都使得人们在信息和表达方面具有了更多的选择性。

---

① 梁桦，张百宁．广州报业向何方？——对广州市委常委、宣传部长黎元江的专访 [J]. 新闻爱好者 ,2002(5): 4-5.

② 文有仁．改革开放二十年与新闻事业 [J]. 新闻与写作 ,1999 (1): 3-9.

③ 范以锦．南方报业战略 [M]. 广州：南方日报出版社 ,2005.

④ 李良荣．十五年来新闻改革的回顾与展望 [J]. 新闻大学 ,1995(1):3-8；李良荣．从单元走向多元——中国传媒业的结构调整和结构转型 [J]. 新闻大学 ,2006,(2), 1-10；李良荣．艰难的转身：从宣传本位到新闻本位 [J]. 国际新闻界 ,2008 (9): 6-12；曾繁旭．社会的喉舌：中国城市报纸如何再现公共议题 [J]. 新闻与传播研究 ,2009(3):93-100.

而随着互联网在21世纪初的快速增长，新闻平台边界又得到新的拓展；“媒体”作为概念，其内涵上的信息本位和外延上对网络媒体的囊括都极大地拓宽了其自身边界，对何为媒体的界定已经不再为传统媒体中人所垄断和左右。这种平台边界拓展带来的主要变化有二：传统媒体尽管忙于由线下往线上布点，但人们日益仰仗新浪、搜狐等商业网站获取信息；各类论坛与博客的时兴使得人们不必再仰赖于传统媒体来进行表达，公众表达有了新的空间，尽管尚属小众媒体的论坛与博客其时的社会影响力还比较有限。

对平台边界的拓展，最具革命性的当数2009年微博的问世。在传统媒体准入门槛高不可攀、传统媒体平台相对稀缺的时代里，微博这一社交媒体作为替代性平台的出现极大释放了人们的表达欲，从而造就一个“人人都是麦克风”的新时代。一系列微博公共事件，如，温州动车事件、雷政富事件、上海法官集体嫖娼事件、刘铁男事件、深圳5·26飙车案、直播薄熙来庭审，等等，在颠覆传统媒体此前在公共话语中所具有的垄断性地位的同时，促成我国现有公共领域的结构性转型和产生替代性公共领域的可能[①]。对此，传统媒体纷纷抢滩新媒体，但到底无补于失守此前平台垄断局面的既成事实，至多只求不输于这场平台争夺战。而微信的问世则使得这种失守平台边界的状况变得更为加剧，微博的平台是电脑、微信的平台是手机，手机的便携性和时尚元素迅捷让微信获得比较优势，并将新闻平台由相对稀缺带入相对过剩状态,使得包括《新闻晚报》《风尚周报》《京华时报》等一批报纸或休刊或缩版，公众成为平台边界的拓展者、诠释者与实践者，公众话语成为新媒体时代新闻平台所具有的典型特征。

对中国新闻业来说，失守平台边界的影响既是有形的也是无形的，有形的是阵地的萎缩，平台的稀缺性被稀释，无形的则是边界的权威性随着阵地萎缩而逐步趋弱。面对这种平台边界失守态势，我国新闻人不但逐步丧失对平台的诠释话语的支配权，而且“跟”而不是“守”成为其新的平台诠释的关键词：

---

① 尹连根．结构·再现·互动：微博的公共领域表征 [J]. 新闻大学 ,2013(2): 60-68.

你看网民当中最活跃的就是我们的那群目标读者。那么，他们转移了阵地，我们得跟上去才能继续赢得他们的注意啊。对我们来说，现在最重要的问题是我们的读者从平面世界转移到网络世界上去了，我们也要在网络世界出现才行啊。所以，不是说我们的读者抛弃了我们，而是说我们的读者找不到我们了，我们要让他们找得到。（B1，中国青年报，北京，2016年1月12日）

虽然年轻人可能不读人民日报了，但我们通过发展新媒体，通过建设现代传播体系，让他们也照样跟人民日报发生连接，接收人民日报传递给他们的信息与服务，这是我个人感觉最有收获的地方。（B2，人民网，北京，2016年4月23日）

2.失守的职业边界

论及新闻专业主义时，学者们每每将记者比作律师、医生，那就是，后两种职业都是建立在严格的专业知识和执照门槛之上的，而记者并没有严格的准入规定，毋宁说是一种建立在社会共识基础之上的职业。尽管如此，在我国，记者工作到底还是具有边界的，获得“新闻记者证”是进入这个行业的必要条件。不过吊诡的是，这种职业边界又越来越处于失守状态中，而这种失守同样与新媒体的勃兴有关。

改革开放之前及之初报纸的绝对稀缺状态天然地决定了记者职位的绝对稀缺状态，而报社显赫的政治地位演化为报社记者厚重的政治资本。由此，成为一名记者门槛之高可想而知，而这反过来又决定了记者地位之高。实际上，当时的记者多属于标准的国家干部身份，广东省老新闻工作者黄秋耘的回忆颇具典型性。他在回忆文章中说：“我在新华社福建分社担任代理分社长职务，是厅、局级干部，主要负责处理行政工作，可以列席中共福建省委常委会议。”[①]也因为新闻人的相应干部身份，当时报社领导出席同级党委

① 黄秋耘．特异的采访 [M]. 广州：广东人民出版社 ,1992:6-11.

部门会议同样是常态，如，《人民日报》总编辑吴冷西当时“虽不是中央委员，但却可以参加中央许多重要会议，甚至政治局会议和中央常委会议”①，时任《教师报》总编辑的徐铸成在回忆录中写道：“教育部部长张奚若先生及常务副部长董纯才先生也十分信任，让我列席教育部部务会议。”②换言之，在政治挂帅的时代，记者以政治资本著称，新闻工作即政治工作。

后来随着报纸门类增多、平台边界扩大，以和政府脱钩为特征之一的新闻改革逐步走向深入，新闻单位逐步剥离成为相对独立的经济实体。在政治资本被稀释的同时，新闻单位却积聚起丰厚的经济资本，足以财大气粗、招贤纳士，许不了高官却给得了厚禄，以令“天下英雄入吾彀中”，职业边界的精英化取向十分明显。所以，在21世纪初的新媒体时代之前，媒体之高门槛现象并不鲜见，比如，像广州三大报业集团（南方报业传媒集团、羊城晚报报业集团、广州日报报业集团）基本上为北大中文系、人大新闻系、复旦新闻系等名校名专业毕业生所垄断，形成分明的职业边界。与这种高职业边界相对应，“理想”“热情”“优秀”“自豪”一类用词成为这一时期媒体人在诠释职业话语时的支配性语汇，而且，他们竭力对这段日子进行迷思化：

这一年开始，……因为来来往往却坚守同一理想的朋友们，我的魂彻底地迷失其中，或喜或悲，都无法自拔。（陈菊红，2005: 276）

当时我觉得，《南方周末》就是中国最好的报纸，最好的媒体，也是我能找到的最好的工作。到现在为止，我都为当时能进《南方周末》感到幸运和自豪。（方三文）③

（《东方时空》）这扇大门一旦打开，才发现众多的精英其实已经在央视周围徘徊多年。他们年轻、激情洋溢、对电视充满热爱……他们都是理想

---

① 余焕椿．“文革”中的人民日报（上）[EB/OL]. 2016. http://www.21chinanews.com/sh2016/xiandai_0427/3691_all.html.

② 徐铸成回忆录 [M]. 北京：生活·读书·新知三联书店 ,2010:254.

③ 前南方周末主编江艺平退休：她将南周变成报业的“黄埔军校”[EB/OL].http://www.guancha.cn/culture/2013_09_26_174846.shtml.

主义者。①

从职业边界角度说，这些叙事不过是在强化当年的职业边界，从而反衬出新闻人如今失守的职业边界而已。从塑造共识、创造差异的认同视角看，这与其说是怀旧，毋宁说是为了突出新旧职业边界的差异性，通俗地讲就是，时代不复当年，记者群体亦不复当年了。这些文字在迷思化旧职业边界的同时，其实是从另一角度在表达对新职业边界的否定与不认同。

那么，新的职业边界在哪里？

如今，新媒体勃兴造成报业利润不断下滑与社会影响力趋弱，从而带来新闻人职业自豪感与满足感逐渐下移，同时带来他们在诠释职业话语方面的变化：

记者没有“社会精英”的感觉了。现在这么说，感到很可笑。我们报社有一个小年轻，我就跟他谈，你不要把这份工作想得那么崇高，就是一个饭碗，你衡量一下，作为一个饭碗的话，这个工作值不值得你干下去。……现在干新闻这份工作，就要“去理想化”，不然人会疯掉的，真是这样的。（C2，四川日报，成都，2017年4月21日）

早几年记者其实有点个人英雄主义，就是有点侠客的样子。我只能说这个职业正在祛魅。在市场面前，整个职业还是没有回归到一个正常的职业心态。我对记者这个职业的趋势判断是这样的，未来这个职业概念会泛化。记者这个职业定义边界很模糊，门槛很低很低的，不要把它神秘化，以前因为有报社有编辑部把很大一部分新闻爱好者挡在外面了，但是现在没有门槛之后，你会发现，一百个人中总能选一个比你厉害。（W1，大楚网，武汉，2017年3月12日）

如果说报业黄金时代精英式的职业话语着力强调的是自身职业边界

① 孙玉胜．十年：从改变电视的语态开始 [M]. 北京：生活·读书·新知三联书店，2003:59.

的差异性的话，那么，新媒体时代的新闻人则着力抹杀这种职业边界的差异性，转而强调新闻职业边界的泛化，以等而视之的扁平化思维来审视自身职业的边界所在。当然，这种祛魅式的职业话语固然包含了新闻人的内省精神在里面，但更重要的还是新媒体所造成的平台边界的失守使然。平台边界的失守导致原有维持职业相对稀缺的种种边界区隔因素随之轰然坍塌，而新媒体强大的消解职业魅力（charisma）、使职业区别扁平化的祛魅（disenchantment）功能更加重了新闻业的边界失守之势，从而形成职业边界随之失守的多米诺骨牌效应，也带给一些仍留守在传统媒体的人们巨大的职业认同困惑感：

新媒体让我感到无所适从，不知道读者要什么，我又能给它什么。我们平时聊的时候，大家普遍感到一些职业迷惑。像以前王克勤那样，北京的出租车黑幕调查，现在还有可能给你半年时间让你操作一个题材吗？有时候感到很沮丧，我很认真地、投入了感情写的稿子，对他人来说根本没有价值。（C1，华西都市报，成都，2017年4月21日）

3.失守的产品边界

就新闻产品——报道而言，从其边界理论上来说当然归属于新闻记者，但我国新闻事业作为我党事业一部分的属性注定新闻与政治这两个场域的边界是模糊的，这也就导致新闻产品诠释主体的模糊，以至于以邓拓等人为代表的新闻人在边界诠释能动性方面的发挥终究且也只能以被标签为“书生办报”并被讥之为“死人办报”而无疾而终[①]。此后直至改革开放之前，新闻与政治的边界几乎表现为同一性，新闻表现出浓厚的政治代言色彩。改革开放之前，且不论人所共知的毛主席时而代笔《人民日报》社论的现象，单就如何做新闻而言，当时的《人民日报》和新华社领导就时而被毛主席耳提面

① 童兵.主体与喉舌——共和国新闻传播轨迹审视[M].郑州：河南人民出版社,1994; 吴冷西.忆毛主席[M].北京：新华出版社,1995；Wang, Haiyan. Intellectual-run-newspapers Versus Statesman-run-newspapers: Wrestling between two journalistic paradigms in pre-reform China, 1949–1978[J]. *Journalism Practice*, 2015,10(5):663-679.

命[①]。而这种联手界定新闻之举也常态性地存在于地方。20世纪50年代工作于新华社广东分社的尤淇回忆，他与当时的广东省委书记陶铸是老朋友，陶铸经常会对新华社广东分社和《南方日报》进行新闻报道的指导，比如，“多发广东高级合作化的消息”“撰写（广东）抗旱、生产的言论和新闻”，等等。而对一些没有及时配合或者表现出独立性的报道，陶铸严厉批评尤淇“有严重的脱离政治的倾向”[②]。也就是说，新闻性即政治性，新闻报道的边界与政治宣传品的边界合二为一了。

改革开放后，治理上积极自由向消极自由的转化而产生的新闻协商区域[③]，新闻平台结构和功能的多元化，可资利用的理论性诠释资源趋于丰富[④]，历史悠久的“士”文化传统[⑤]，诸多因素集合到一起从而使得我国新闻产品边界的诠释话语活跃起来，形成儒家历史使命感话语、党的新闻工作话语、西方专业主义话语和市场经济话语相互混杂的诠释体系[⑥]。其结果则是，通过潘忠党所概括的“边缘突破”“非常规”实践等方式[⑦]，新闻报道无论内容还是形式的边界都被极大地拓宽。如中央电视台探索早间新闻模式，创办《东方时空》栏目，改变人们早上不看电视的习惯，尝试大型直播报道。孙玉胜后来是这样诠释和反思中央电视台在新闻报道边界上所进行的一系列拓宽的：

“始于1993年的电视新闻改革在理念上是从实验与电视观众新的“说话方式”，也就是新的电视叙述方式开始的。比如，叙述的态度应该是真诚和

① 吴冷西．忆毛主席[M]．北京：新华出版社，1995.

② 尤淇．击一猛掌之后[M]．广州：广东人民出版社，1992:87.

③ 王海燕．自治与他治：中国新闻场域的三个空间[J]国际新闻界，2012 (5):14-20；Wang, Haiyan. *The Transformation of Investigative Journalism in China*[M]. Lanham. Boulder. New York. London: Lexington,2016.

④ 具体地，主要包括两类资源，一是政治哲学、社会学等其他学科门类，二是西方新闻专业主义思想与理念。

⑤ 余英时．士与中国文化[M]．上海：上海人民出版社，2003.

⑥ Pan, Zhongdang & Lu, Ye. Localizing professionalism: Discursive practices in China's media reforms,[M]// in Chin-Chuan Lee (ed.) *Chinese Media, Global Context*. London and New York: Routledge,2003:215-236.

⑦ 潘忠党．新闻改革与新闻体制的改造[J]．新闻与传播研究，1997(3): 62-80.

平和的；叙述的内容应该是观众关心和真实的……有人说，新闻是历史的第一次草稿，所以我们更新电视新闻的叙述方式其实就是在改变对历史的记录方式。[①]

这种产品边界的扩大一方面丰富了新闻报道的门类，另一方面使得报道向新闻本性回归，向新闻专业主义回归。

但是，随着21世纪初网络媒体的勃兴，大众越来越作为不可忽视的力量介入对新闻事件的诠释过程之中，甚至影响事件的走向，如，邓玉娇事件、厦门PX事件、番禺垃圾焚烧事件、李刚事件。不过，大众在线上的影响力仍需依附传统媒体来放大，换言之，尽管大众诠释话语越来越作为不可小觑的因素而被囊括进新闻话语诠释体系，并使得新闻业边界诠释话语复杂起来，但专业记者群体这时仍是诠释边界的垄断者。

如平台边界的失守一样，真正对诠释边界的重创还是始于微博。不过这里先需漾开一笔的是，Schudson在驳斥建构论者俨然道记者“偏爱”官方乃有意为之的观点的时候，他特地强调，纵然官方想利用新闻记者，但新闻记者总偏爱事件、冲突和丑闻，而并非以官方意志为转移[②]，这是由长期形成的新闻文化所决定的，这也正是民主需要不怎么可爱的新闻界的原因所在。类似地，微博正是在事件、冲突和丑闻[③]这三大坏新闻领域异军突起，成为这三大领域的主要诠释者，而使得专业新闻人日趋游离于这三大领域之外，甚至有被边缘化之虞。通俗来说，我们习惯的东西正变得渐渐陌生起来，我们已经过于被好新闻才是新闻的模式和路径“驯化”了，但这种模式与路径却狭路相逢于微博，微博开启了一个坏新闻才是新闻的时代[④]。正如悲剧往往比喜剧更具有震撼力一样，坏新闻往往比好新闻更接近社会生活的真相与本质，这大体是人性使然，微博等网络文化不过迎合和放大了人性而已。在网

① 孙玉胜．十年：从改变电视的语态开始 [M]. 北京：生活·读书·新知三联书店 ,2003:4.

② Schudson, Michael.*Why Democracies Need An Unlovable Press*[M]. Cambridge and Malden, MA: Polity,2008.

③ John B. Thompson(2000)的专著Political Scandal就是专门阐述新媒体与政治丑闻之间关系的。

④ 这里的“好新闻才是新闻”或者“坏新闻才是新闻”之说不过套用西方新闻学研究的一种惯用说法而已，并非武断和笼统地确指传统媒体都是“好新闻”或者新媒体都是“坏新闻”。

络尤其是微博文化兴起之前，坏新闻往往可以被蒸发乃至转化为好新闻，但微博却开启了坏新闻模式时代，典型如2012年王立军事件，该事件当天（2月6日）晚上发生后所带来的不安最早是被网民“捅”到微博上的，显现了微博所具有的让坏新闻越来越无法遁形的呈现与诠释的力量。相反地，传统媒体对该事件不但集体失语，而且迟至2月8日才集体转载当时重庆市政府所精心编织的王立军正接受“休假式治疗”的好新闻诠释话语。

这种诠释主体的多元化现象进入微信时代更为显著，专业新闻工作者原有的垄断性逐步让位于竞争性，原有的权威性同时被极大地消解，甚至其本身成为被争议和被解构的对象。比如2015年1月姚贝娜事件，《记者们在病房外，焦急地等待着她的死亡》一文引爆微信，直指整个记者群体：“姚贝娜去世之前，病房外济满了记者，他们在等，等她死。……新闻就是这样产生的。”[①]这种煽情性、以个人情绪为突破口的质疑文字固然完全漠视新闻工作的职业文化特征，但此举的确凸显了这样一个现实，那就是，公众假新媒体之力业已直入新闻报道的诠释场域，参与对新闻产品边界的建构。而2016年5月的雷洋非正常死亡事件尤甚。对该事件，北京电视台、人民网和中央电视台均以北京警方为信源一边倒地将雷洋界定为死于心脏病的嫖娼者[②]，可后来尸检结果却被证实为“窒息而死”。对此，《雷洋尸检结果公布，哪些媒体当初混淆了视听》一文被广泛转发于微信，文章指出：

观察这些报道可以发现，它们都只是涉事警方提供的单方面信息，采访并不全面，并没有尽到调查、核实、追究真相的媒体责任。无论如何，这并不算是合格的法制新闻报道。近几年媒体的公信力呈现出不断流失的趋势。这次雷洋事件的反转造成当初新闻报道的失真，不论原因如何，切莫再让媒

---

① 张江．众声喧哗中，媒体同行相煎何太急！[EB/OL].2015-01-17.http://chuansong.me/n/1765860.

② 林斐然．足疗店女技师供述为雷洋“打飞机”家属称已提交尸检申请[EB/OL].2016-5-11. http://news.163.com/16/0511/13/BMPO5EF30001124J.html；王昊男．北京警方回应“雷某事件”10大疑点及细节[EB/OL].2016-5-11http://bj.people.com.cn/n2/2016/0511/c233088-28316134.html；吴闽 崔世杰 徐平，赵学峰．雷洋死亡当．晚到底发生了什么？央视记者专访当事民警[EB/OL].2016-5-11. http://www.chinanews.com/sh/2016/05-11/7866942.shtml.

体的公信力为某些违法违纪行为陪绑。①

这里，如果将上海踩踏事件（2014）、姚贝娜事件（2015）、雷洋事件（2016）等串联起来审视可以发现，网络文化的兴起不但让新闻人的专业技能与水准日益成为公众关注的焦点，同时，记者社群原有的新闻产品诠释性边界也随之轰然坍塌，从而使得一些记者甚至对“何为新闻”“怎么做新闻”这样根本性的产品边界性问题而心生困惑：

以前做新闻，我们讲究的是事实，要把握事实。现在呢？是情绪，要把握情绪，至于事实是什么不重要的，真相不重要，事实不重要，主要是符合情绪，戳中情绪点。（C3，成都商报，成都，2017年4月19日）

你看看我们的公众号，天天就是范冰冰的胸李冰冰的腿的，这个东西才是比较受欢迎的，阅读率比较高的，这个对我们编辑影响很大，都是用户推着走。而且，以前很斯文，现在反而要靠骂来加强认同，你越骂越粗俗，反而越受欢迎。（C4，成都商报，成都，2017年4月18日）

四、讨论与结论

新媒体对新闻业的冲击不一而足，探讨这方面的文献的视角亦然。为置喙其中，本文取边界工作的视角来解释我国当前新闻业的去专业化之势，同时，为了适应本研究的需要，我们在回溯Zelizer有关记者作为诠释社群概念的基础上，提出了新的分析路径。具体而言，我们将记者的诠释社群进一步细化为三个维度，即记者对新闻平台的诠释，对新闻职业的诠释，对新闻产品的诠释。这种对现有理论概念的尝试性推进既吻合于现有研究，也应该对诠释社群等相关理论的发展有所裨益。

在此理论基础上，本文针对不同年代新闻人在平台、职业、产品三个方

① 雷洋尸检结果公布，哪些媒体当初混淆了视听[EB/OL].2016-09-14.http://wx.7399.com/shuma/531874.html.

面的典型性诠释话语进行分析，以审视和解释我国新闻业在新媒体冲击之下所发生的边界工作的变化。本文认为，新媒体的勃兴打破了机构新闻工作者此前所拥有的平台垄断、职业垄断、产品垄断的局面，而代之以平台边界、职业边界和产品边界的失守，从而形成我国新闻业目前的去专业化之势。

就平台边界而言，我国新闻业的发展过程就是平台边界由绝对稀缺向相对稀缺状态不断拓展与转换的过程，而互联网尤其是微博、微信的问世则使得新闻平台走向大众化，不再被垄断在机构新闻工作者手中。新闻平台的典型性诠释话语则相应地先后经历政治话语、市场话语、大众话语的变迁。

就职业边界而言，记者职业由国家干部、社会精英逐步下移到新闻民工，而在人人都是潜在记者的数字时代里，新闻的职业门槛越来越低，机构新闻工作者日趋成为数字劳工背景下专业新闻的留守者、公众舆论的边缘人。新闻职业的典型性诠释话语则先后由政治取向、精英取向而转变为普通职业取向，新闻工作者原有的权威性被消解、被祛魅。

就产品边界而言，对新闻报道的内容应该怎么样的典型性诠释话语，在经历政治宣传至上、新闻专业主义崇拜之后，如今在流量至上导向的支配下，开启了一个坏新闻才是新闻、娱乐性才是新闻的话语转向。从而带来机构新闻工作者对新闻的产品边界及其诠释权的失守，迎来流量决定新闻的时代。

综上所述，我们将平台边界、职业边界、产品边界的诠释话语变迁综合于表1。

表1　新闻边界诠释话语的变迁

	计划经济时代	市场经济时代	新媒体时代
平台边界	政治话语	市场话语	大众话语
职业边界	政治取向	精英取向	普通职业取向
产品边界	政治宣传至上	新闻专业主义	流量至上

现实来看，新闻边界的失守未必不是好事，在大众表达渠道有限的背景下，新闻边界的失守某种程度上标志着“一元新闻话语时代的逐步结束，和

多元化新闻话语时代的渐渐开启”[①]。但是，新闻边界的失守又未必是好事，因为公众媒介素养亟待提升、集体言说尚缺乏徐贲所谓的“明亮的对话”氛围[②]，如此带来的民粹主义在网络的盛行到底不利于民主、健康社会的形成。

不过，任何脱离社会文化情境的新闻学研究都是不公正的。对此，还是Schudson说得好：

> 他们仍倾向于（错误地）把新闻当作信息来看待。长期来看，把新闻当作意识形态也是错误的。新闻是文化。……新闻专业主义不是通过一些抽象专业伦理标准来界定的，而是通过新闻与具体政治结构、特定社会政治文化之间的关系来界定的。[③]

对新闻边界的失守也应该这样来审视，而决不能简单、轻率地以为专业新闻工作者不作为使然，或者以为乃新媒体技术单一因素使然。的确，新媒体对新闻业边界失守的影响不可谓小，但我们也需要避免陷入技术决定论的迷思，其实还有很多其他社会文化因素的作用，比如，全球化、我国日益注重的国际形象、衰退的世界经济对报业经营的负面影响、悠久的言说传统等。而且，作为文化和社会组织的一部分，新闻业在我国已经具有一定的相对独立性，并业已形成其固有的文化传统，而文化的变迁大都是渐变和相对缓慢的，为此，在新闻边界失守成为既定现实的今天，新闻业固然不可能再维持原有的边界，但也不可能旦夕之间就变得没有边界。而且，现实的复杂性也决定了新闻边界的失守不可能是全国性“一刀切”的简单现象，换言之，新闻边界失守现象会在不同门类新闻、不同地区、不同性质、不同新闻文化的媒体之间存在差异。

---

① 尹连根．微博空间与参与性受众——基于对深圳“5·26”飙车案网民评论的框架分析[J]．上海交通大学学报（哲学社会科学版）,2014(2): 76-85,84.

② 徐贲．明亮的对话[M]．北京：中信出版社，2014.

③ Schudson, Michael. *The Power of News*[M]. Cambridge, Massachusetts. London: Harvard University Press, 1995:30-31.

（作者尹连根为深圳大学传播学院教授；王海燕为中山大学传播与设计学院教授。本文原载《国际新闻界》2018年第8期）

第三辑

中国新闻业年度观察报告 2019

年度观察

媒体平台化与平台媒体化：变迁与挑战

——2018中国新闻业年度观察报告

张志安 李霭莹

【摘要】

本文从宏观维度的新闻业年度变化，以及中观维度的新闻业行动者、内容、分发、受众等四个方面，以相关案例、事件和数据为基础，整体勾勒2018年中国新闻业的变化图景。总体上看，媒体平台化和平台媒体化是本年度新闻业的重要变化，新闻业发展的年度特点主要包括：①新闻行动者方面，专业媒体、机构媒体、自媒体和平台媒体共生于新新闻生态中；②新闻内容方面，短视频在严格监管下发展迅猛；③新闻分发方面，平台化和智能化分发机制逐渐占据主导地位；④新闻受众方面，用户呈现参与主动性和表达情绪化特点。未来一段时间，平台媒体将比专业媒体面临更大的挑战。

【关键词】

媒体平台化 平台媒体化 短视频 新闻业

2018年的中国新闻业，是平台媒体在监管中持续崛起的一年，是专业媒体在转型中分化发展的一年，也是自媒体以热点时刻中的社会动员获得广泛关注的一年，更是中国新闻业面临喧嚣舆论场态势不断寻求理性、探索前行的一年。本文试图从宏观维度的新闻业年度变化，以及中观维度的新闻业行动者、内容、分发、受众等四个方面，以相关案例、事件和数据为基础，整体勾勒2018年中国新闻业的变化图景。

一、年度变化趋势：媒体平台化和平台媒体化

2018年，以人民日报为代表的主流党媒依托媒体矩阵建设媒体平台，字节跳动旗下抖音等短视频平台强势兴起，“平台”成为中国新闻业的关键词。放眼全球，互联网平台凭借规模庞大的用户群和人工智能技术，在信息传播中凸显分发优势，越来越具有媒体化特征。而具有内容生产优势的专业媒体，在融合转型的过程中又逐步搭建起平台化的传播网络。媒体平台化、平台媒体化，是本年度新闻业变化的主要趋势。

1.媒体平台化的三种模式和利弊得失

2018年，传统媒体着力平台布局，人民日报、各省级客户端、县级融媒体等在“平台化”方向动作不断。媒体平台化实践模式各不相同，提升了内容产品在网络传播平台中的影响力，但尚未真正走通自主发展的运营模式。媒体平台化主要包括三种模式：

第一，入驻互联网平台，通过不同平台渠道传播原创内容。2017年11月，新京报社旗下运营的26个新媒体账号全面落户新浪看点平台，同时，报社的图文视频内容将在新浪新闻客户端、微博等多个APP终端实现差异化内容推荐和传播。[①]此外，新京报也入驻腾讯网、今日头条、爱奇艺等平台，实现一篇稿子通过不同平台推荐给差异化的细分用户。以人民日报为例，全媒体形态的“人民媒体方阵”包括了报纸、杂志、网站、电视、广播、电子屏、手机报、微博、微信、客户端等十多种产品载体，其中仅微信公众号布局就超过110个。[②]

传统媒体进驻商业互联网平台，一方面增强了自身内容的传播力和影响力，在不同平台上吸引大量粉丝、扩大了受众群体，为其舆论引导力提升打

① 新京报与新浪达成深度合作[N/OL].2017-11-10.http://epaper.bjnews.com.cn/html/2017-11/10/content_701213.htm?div=-1.

② 崔保国.2017年新型主流媒体发展概况及展望［J］.新闻战线,2018 (1):10-12.

下坚实基础。另一方面传统媒体的内容在这些互联网平台上进行分发，大多只扮演着“内容奶牛”的角色，虽然持续输出海量内容，却无法依靠转载授权或平台广告获得稳定的收益，难以实现商业价值的变现和一手用户数据的积累。

第二，立足区域化服务，打造服务型平台。这方面，县级融媒体中心建设走在前列。浙江湖州安吉新闻集团以“爱安吉”APP为核心，打造全方位的新闻发布、综合信息发布、便民服务等平台，市民不仅可以在APP上获取地方新闻，还能进行消费维权、医院挂号、预订车票等多种操作。目前，该APP下载用户达到20万人，日阅读量5万人次以上，这种模式已经在全国30多个县得到推广应用。由于区域政府的用户、数据和服务相对集中，主管部门横向和纵向整合资源的效率较高，打造服务型平台的效果更加明显。

第三，邀请内容生产者进驻，打造开放型内容平台。澎湃新闻开通“问政”栏目，邀请全国性政务机构入驻，以政务号的形式发布信息。同时，“湃客”频道在7月全新上线[①]，邀请全球内容创作者入驻，包括纪录片媒体“Aha视频”、专注非虚构作品的腾讯“谷雨”、学生媒体“布谷岛”等。封面新闻的“封面号”、南方日报的“南方号”，人民日报的“人民号”等均采取相似模式。主流媒体搭建的开放型内容平台，主要整合的还是下级主流媒体生产的内容和党政机构新媒体发布的内容，以机构化生产的内容为主，而社会化生产的内容较少。

2.平台媒体化的两大特点和监管举措

综观全球，社交媒体和技术公司凭借其强大的用户群和雄厚的技术力量，短时间内已经成为用户获取新闻资讯的主要途径。[②]美国社交网站Sulia的CEO乔森纳·格里克用“Platishers”描述平台媒体。在平台链接的传播网络中，不同类型的内容生产者保持实时在线、滚动更新、即时分发，实现了

① 上线四周年之际～｜【湃客】频道在澎湃新闻全新上线啦！[N/OL]. 2018-7-19.https://www.sohu.com/a/242180368_161419.

② 白红义. 重构传播的权力：平台新闻业的崛起、挑战与省思 [J]. 南京社会科学 ,2018(02):95-104.

新闻信息的高速流通。资讯类平台今日头条、一点资讯，社交类平台新浪微博、微信，以及短视频平台梨视频、快手和抖音等，基于海量用户的内容生产越来越具有平台媒体的属性。

社会化生产和社交化连接是平台媒体的两大特点。聚合大量内容生产者，重视高质量内容的输出，是平台运行和发展的基础。今日头条从成立之初就定位于资讯类平台，大力引进传统媒体、政务媒体、自媒体等内容生产主体。短视频头部产品抖音正着力吸引机构媒体进驻，推动产品媒体化的进程。3月，中央政法委官方网站“中国长安网”作为第一个政务号入驻抖音，4月，“央视一套”作为第一个媒体号入驻抖音，截至8月中旬，抖音已引进政务号2000余个，媒体号近600家。目前，抖音还推出了“政务媒体号成长计划”，联手政府媒体机构打造更多正能量爆款产品。[①]这两款产品帮助字节跳动获得日本软银集团30亿美元的注资，企业价值上升至750亿美元，成为世界上最大的“独角兽”企业。

此外，腾讯“企鹅号”也在11月宣布将重点聚焦创作能力，增强内容版权保护，为平台的社会化生产提供更多保障和支持。在社交化连接方面，除了微博和微信以外，今日头条计划推出社交产品“飞聊”，以人际传播巩固新闻流量，并拓展更大的用户群体。腾讯集团在2018年10月宣布进行战略重组，将移动互联网事业群、网络媒体事业群，与社交平台、流量平台等板块重新整合，成立平台与内容事业群，利用庞大用户基数将原来分散的、与内容相关的业务整合在一起，主打“社交+内容”。[②]

由于平台媒体的快速崛起和海量内容审查的难度，其内容存在良莠不齐、过度低俗和娱乐，甚至导向错误的问题，本年度政府主管部门对平台媒体进行了严格监管，逐步形成政府部门、平台媒体双管齐下的治理机制。

政府主管部门主要通过立法和责令整改两种方法对平台媒体进行管理，其中责令全面整改包括处罚封禁相关主播、暂停更新有关频道、平台应用下

① 抖音推出“政务媒体号成长计划”联手政府媒体机构打造正能量传播爆款 [N/OL]. 大洋网 .2018-09-01. https://www.sohu.com/a/251234344_119038.

② 腾讯的生态化涅槃 [N/OL]. 战略节奏 .2018-10-8. http://wemedia.ifeng.com/81210371/wemedia.shtml.

架等手段。2018年3月20日，国家互联网信息办公室出台的《微博客信息服务管理规定》正式施行，强调平台要建立健全辟谣机制，要求平台接受社会监督。①4月10日，国家广播电视总局责令“今日头条”永久关停旗下“内涵段子”等导向不正、格调低俗的视听节目。6月6日，北京市网信办、市工商局针对抖音广告中出现侮辱英烈内容的问题，依法约谈查处抖音、搜狗，责令网站立即清除相关内容并进行严肃整改。②11月13日，国家网信办针对自媒体乱象问题，处置了“唐纳德说”“傅首尔”等9800多个自媒体账号。③

此外，平台媒体则主要采取查封问题账号、强化内容审核等治理手段来加强对平台内容的审查。比如微信、QQ等平台，可以暂停短视频链接的播放功能，以配合政府和平台的整治。④2018年4月，腾讯在“互联网短视频整治”过程中封禁了抖音、火山、西瓜、快手、微视等短视频应用。

表1　2018年监管部门对平台媒体的治理举措

1月21日	微信发布公告，将根据《微信公众平台运营规范》和《微信小程序平台运营规范》，对发布断章取义、歪曲党史国史类信息的公众号、小程序，给予删除文章等处罚。
2月6日	微信已永久封禁976个小程序，并在注册、认证和审核环节进行拦截限制。⑤
4月	今日头条扩充审核人员队伍，6000人的内容审核队伍扩充到10000人。⑥
5月16日	今日头条禁封发布了含有戏谑侮辱烈士短视频的“暴走漫画”。⑦

① 李政葳．微博客信息服务管理规定明确主体责任打击微博谣言[N/OL]．光明日报．2018-2-3．http://epaper.gmw.cn/gmrb/html/2018-02/03/nw.D110000gmrb_20180203_6-03.htm.

② 朱健勇．网曝多平台现侮辱英烈内容腾讯回应：已删7千余视频[N/OL]．法制晚报．2018-6-15．http://www.fawan.com/2018/06/15/1257240t185.html.

③ 国家网信办“亮剑”自媒体乱象依法严管将成为常态[N/OL]．网信中国，2018.11.12.

④ QuestMobile移动大数据研究院．2018短视频行业洞察报告[EB/OL].QuestMobile.2018-8-22. https://www.useit.com.cn/thread-20114-1-1.html.

⑤ 微信公告：永久封禁976个“假货、高仿”类小程序[N/OL]，腾讯科技，2018-2-6，http://tech.qq.com/a/20180206/019217.htm

⑥ 张一鸣致歉：产品走错了路。今日头条运营审核队伍将扩大到10000人[N/OL]，凤凰网，2018-4-24

⑦ 朱健勇网曝多平台现侮辱英烈内容腾讯回应：已删7千余视频[N/OL]，新浪科技，2018-6-15，http://tech.sina.com.cn/i/2018-06-15/doc-ihcyszrz6789378.shtml

续表

8月8日	微信开始剔除机器等非自然阅读带来的虚假数据。[①]
9月	抖音封禁6万多条视频，永久封禁2万多个账号。[②]
11月1日	新浪微博上线新版客户端，对不满14周岁的未成年人暂停开放注册功能。
11月10日	截至发文当天，微信在2018年已封禁及处理发送色情暴力类、低俗类、夸大误导、标题党类内容的账号179123个，删除相关文章312009篇。[③]
11月12—14日	国家网信办约谈腾讯微信、新浪微博、百度、腾讯、新浪、今日头条、搜狐、网易、UC头条、一点资讯、凤凰、知乎等客户端自媒体平台，要求各平台立即对自媒体账号进行一次“大扫除”。[④]
11月16日	微信规定个人主体注册公众号数量上限由2个调整为1个，企业类主体注册公众号数量上限由5个调整为2个。[⑤]
11月20日	抖音在2018年10月份累计清理43908条视频，35538个音频，永久封禁51540个账号。[⑥]

3.专业媒体与平台媒体共生发展

从当下发展态势看，传统媒体和平台媒体的影响力呈现“此消彼长”的态势[⑦]，也有研究认为，平台媒体将成为新闻业的操纵者和传播规则的制定者，原本处在新闻生产和传播核心位置的专业媒体风光不再[⑧]。从当下媒体发展格局看，平台媒体在用户规模、传播效率等方面具有垄断优势，而专业媒体在原创内容、事实把关等方面具有专业优势，两者呈现出共生发展的关

① 微信官方：8月8日起剔除公众号非自然阅读数据 [N/OL]，环球网，2018-8-7. http://tech.huanqiu.com/internet/2018-08/12664459.html

② 抖音火爆的背后有这几大原因！ [N/OL], 微信公众号“清博舆论”，2018-6-20

③ 拒绝违规内容，给你一个更好的微信公众平台 [N/OL]，微信派，2018-11-10. https://new.qq.com/omn/20181110/20181110A1OBLG00.

④ 罗布君．一周传媒动态（11.12-11.17）[N/OL]. 微信公众号“新京报传媒研究”，2018-11-18. https://baijiahao.baidu.com/s?id=1617456182852378051&wfr=spider&for=pc

⑤ 腾讯收紧公众号注册数量：个人1个，企业2个 [N/OL]，观察者网，2018-11-16. https://www.guancha.cn/politics/2018_11_16_479920.shtml.

⑥ 罗布君．一周传媒动态（11.19-11.24）[N/OL].：微信公众号“新京报传媒研究”，2018-11-25. http://dy.163.com/v2/article/detail/E1EV3MNI0514D0JD.html

⑦ 张志安，曾励．媒体融合再观察：媒体平台化和平台媒体化 [J]. 新闻与写作 ,2018（08）.

⑧ 白红义．重构传播的权力：平台新闻业的崛起、挑战与省思 [J]. 南京社会科学 ,2018(02):95-104.

系。专业媒体入驻平台媒体，可以借助平台的粉丝和技术提升传播力；平台媒体也通过专业媒体的内容供给，满足了用户对海量信息的需求。

在国外，全球规模最大的社交平台Facebook也正在涉足新闻业，旗下Instant Article、Notify和Signal三款APP构建了基于社交媒体平台的新闻产品矩阵。凭借庞大的基数和高度的用户黏性，Facebook控制了新闻信息流向受众的主要渠道，新闻业的传播权力发生了转移，技术寡头成为控制公共生活和媒介生态的决定性力量。[①]美国学者克莱·舍基曾经预测，新闻出版业将进入一个“大规模业余化”的时代[②]，平台媒体给予普通公民更多的发声机会，网民提供的在场的、实时更新的、碎片化的信息，都有可能成为新闻的一部分。这有利于推动事实真相的传播，但也加深了传受者之间边界的模糊，对专业新闻工作者的职业权威形成挑战。

总体上看，平台媒体已成为网民群体获取生活、娱乐和消费资讯的主要来源。平台媒体具有独特的“社交基因”和“技术基因”，其构建的社会化传播网络成为信息分发的枢纽。一方面，平台媒体利用社交网络获得了规模庞大的用户群体，又利用算法技术实现了高效的资讯分发。另一方面，在商业驱动、用户至上的价值观影响下，平台媒体内容传播的专业价值往往让步于商业价值，使之难以成为严肃新闻的实践者。平台媒体不仅在内容上存在失真、娱乐化、情绪化、碎片化等问题，单纯依靠平台媒体的人工智能推送也容易导致认知上的信息茧房。因此，专业媒体原创的时政新闻、严肃新闻在重大事件传播过程中仍然具有不可替代的重要作用。

由于原创新闻采访权的垄断、舆论引导功能的承担和独特的政治话语资源，中国的专业媒体不会被平台媒体所完全取代，相反，平台媒体囿于采编资格、内容生产人才等不足，其针对重大事件和话题的传播内容仍然依赖于专业媒体的内容供给。

---

① 史安斌，王沛楠．传播权利的转移与互联网公共领域的“再封建化”——脸谱网进军新闻业的思考 [J]. 新闻记者，2017（01）:20-27.

② 彭增军．新闻业的救赎：数字时代新闻生产的16个关键问题 [N/OL]. 中国人民大学出版社.2018年6月 .http://epaper.bjnews.com.cn/html/2018-10/06/content_733797.htm?div=0&from=timeline&isappinstalled=0

二、新闻行动者：三类主体发展态势各有侧重

专业化传播和社会化传播并存，已成为当下主流的传播形态，专业媒体、机构媒体、自媒体、平台媒体这四类行动者共同构成当下的新新闻生态系统。其中，平台媒体主要负责“搭台”，专业媒体、机构媒体和自媒体分别以融合转型、强化服务和社会动员为特色各有侧重地“唱戏”。

1.专业媒体面向移动互联网持续整合转型

专业媒体主要由党媒、市场化媒体及其新媒体延伸所构成。2018年，纸媒面临的生存形势持续严峻，报业产能压缩已成常态，报纸停刊的消息也不再令人吃惊。上半年，报纸广告刊例收入下降30.6%，报纸广告面积减少33.8%[①]。《环球军事》《汕头都市报》《羊城地铁报》等至少18份都市报停刊，《法制晚报》《北京晨报》《黑龙江晨报》也计划于2019年1月1日起停刊。[②]

为了维持经营，不少传统媒体将业务重心转向了商业化经营，专业的新闻报道受到了来自财政经营业务的干预和压力，[③]传统纸媒记者承担着越来越重的创收任务。同时，职业新闻人才的流失也是必然趋势。中国记者网数据显示，截至2018年10月19日，我国持证记者人数比2017年减少了180人，呈现出负增长的趋势。

表2　一批知名媒体人的离职去向

1月	新京报总编辑王跃春离开工作了14年的新京报，入职山水创投基金。
	北京青年报总编辑余海波离职，加盟短视频平台“快手”。
	萧山日报社长、总编辑王平离职，加盟凡闻科技出任执行总裁。
2月	南都报系总经理钟育彬离职，加盟上海寒武创投。
4月	21世纪报系副总经理戴远程办理离职手续，加盟万达集团品牌部。

① 2018上半年中国广告市场整体同比增长9.3%，互联网广告增速减缓[N/OL].CTR.2018-08-18. http://www.199it.com/archives/759188.html.

② 告别一个时代！10年间，停刊的100家纸媒！[N/OL]来源：微信公众号“媒通社”.2018-11-1.

③ Haiyan Wang & Colin Sparks .Marketing Credibility[J].*Journalism Studies*, 2018.

续表

5月	GQ编辑总监王锋离职，加盟时尚集团担任副总裁及首席内容官。
6月	中央电视台《舌尖上的中国》总导演陈晓卿，加盟腾讯视频，出任副总编辑。
7月	南方周末前总编辑段功伟离职，加盟雪松控股，担任副总裁。

数字化转型成为专业媒体求变图存的必由之路。比如即将停刊的《北京晨报》计划与新京报、千龙网深度整合，而新京报已全员转型力推新闻客户端。2019年正式休刊的《法制晚报》也将与上级单位北京青年报社有机整合，向新媒体领域进军，打造融媒体平台“北京头条”客户端。整合力度最大的莫过于天津，首次在省级媒体层面实现天津日报社、今晚报社、天津广播电视台的职责整合，组建天津海河传媒中心。[①]

令人欣慰的是，主流媒体在面向移动互联网深度融合转型的过程中，逐步建构其强大的舆论影响力。清博舆论数据显示，2017年度，人民日报、新华社、央视新闻旗下的微信公众号和手机客户端均位列影响力榜单前十名，转型后的“新党媒”仍处于专业媒体的先锋位置。新京报也形成了集新京报网、微信矩阵、微博、客户端于一身的传播网络，单单其微信矩阵就拥有涉及时政、评论、人物等30个公众号，关注人数超过500万。

2.机构媒体聚焦服务功能打造产品矩阵

政务机构媒体主要指党和国家机构所创办的网站、移动客户端，以及在商业平台上创办的网络账号。截至2017年底，经过新浪微博平台认证的政务微博超过17万个[②]，政府微博总粉丝量达到24.6亿[③]。虽然政务机构媒体的新闻传播属性越来越强，承担着正面宣传、民生服务、网络问政等多元功能，但也有研究指出，其存在信息发布滞后、照搬政府公文、信息发布同质化等问题，更多体现的是“保姆”的属性，在受众需要的时候提供权威信息查询

① 天津媒体整合大动作，天津日报社今晚报广播电视台均不再保留[N/OL]. 记者站.2018-11-9. http://wemedia.ifeng.com/86596962/wemedia.shtml.

② 李淼.过去一年，政务微博涨粉12%[N]. 中国新闻出版广电报,2018年1月25日,第2版.

③ 今日头条总编辑.今日头条是国内内容建设投入最大的信息平台[EB/OL]. 钛媒体.2017-10-23. http://www.tmtpost.com/2868895.html.

和便民服务帮助。[①]

本年度，政务机构媒体发展的一个新趋势，是继政务微博、政务微信、政务微头条后，政务短视频账号快速兴起，由此催生出视频化政务机构媒体的新类型。据悉，目前已有2万多家政务号入驻抖音。比如中国法院网自8月2日正式入驻抖音、快手两大短视频平台，截至10月16日，其抖音政务号共计发布短视频171条，播放总量7500万，获点赞75.1万，粉丝25万。此外，中国法院网快手政务号共计发布短视频156条，播放总量14156.5万，获点赞271.9万，粉丝37万[②]。对越来越多的政务机构媒体来说，合理调配资源、保持用户黏性，持续打造多元化的产品矩阵，正成为内容运营的常态挑战。

3.自媒体更加彰显议程设置和社会动员能力

本年度，自媒体在一些热点事件和话题的传播中发挥出议程设置和舆论动员的重要功能。2018年2月10日，李可在公众号“可望buffett”发文《流感下的北京中年》，几天内获得了“1000万+”阅读量和“15万+”点赞量[③]，引发公众对流感疫苗、医疗系统和生命的持续思考。5月28日，微博大V崔永元举报范冰冰签订“阴阳合同”，引发公众对娱乐圈明星逃税避税现象的热议，和税务管理部门的调查处罚。7月21日，自媒体人“兽爷”发布《疫苗之王》一文，梳理了长春长生疫苗事件的来龙去脉，将疫苗安全问题推到舆论的风口浪尖，推动国家药品监督管理局发布疫苗管理法，此案例也被誉为首例自媒体改变公共政策的经典之作。[④]

与传统媒体新闻报道遵循的事实复核、多方信源、客观立场等专业标准不同，自媒体往往通过个体视角的叙事，以细节、情感和故事打动读者，最终达到激发公众情绪、进行社会动员的传播效果。有学者预测，自媒体与专业媒体将呈现出合作大于竞争的状态，自媒体作为信息的由头为专业媒体提

① 李洁茹．网络政务在城市治理中的功 [N]. 中国社会科学报，2018 年 5 月 30 日，第 6 版．

② 刘振鹏．中国法院网抖音作品入围政务抖音精选 [N/OL]. 中国法院网 .2018-10-16.https://www.chinacourt.org/article/detail/2018/10/id/3532194.shtml.

③ 张志安，陈子亮．自媒体的叙事特征、社会功能及公共价值 [J]. 新闻与写作 ,2018(09):72-77.

④ 疫苗之王．国内首例自媒体改变公共政策的经典之作 [N/OL]. 微信公众号“媒通社”2018-11-12 .http://k.sina.com.cn/article_6198053854_1716ecbde00100bshz.html.

供新闻线索和舆论铺垫，专业媒体拥有的行政资源和社会地位可以帮助推动事件的解决。而且，专业媒体和自媒体相互监督，就信息真实性、报道客观性等问题相互核实、相互印证。[①]

三、新闻内容：监管举措不断、短视频成主流

1.新闻短视频渐成主流报道形态

中国互联网信息中心数据显示，74.1%的中国网民在使用短视频应用。[②]2018年上半年，短视频APP排行榜前三名分别是西瓜视频、抖音、快手[③]，下半年，抖音发展势头强劲，国内日活量快速超过1.5亿[④]。在抖音、快手、秒拍等娱乐短视频引发全民狂欢的同时，新闻短视频也正乘势兴起，制作60秒即时消息或5分钟深度报道等新闻产品，让短视频成为新闻故事的重要载体。本年度，主要有三类媒体在生产和传播新闻短视频：

（1）专门深耕视频资讯的媒体平台，如梨视频。其遍布全球的拍客体系是进行原创内容生产的强大后盾，身处快手和头条系（抖音、西瓜视频、火山小视频）的强势竞争格局中，梨视频率先打破线上线下场景，成立“短视频户外媒体联盟”，尝试在全国23个省、直辖市的公交、地铁、机场等公共场所的29.3万块终端屏幕上播放梨视频内容[⑤]，扩大用户覆盖、实现用户下沉。

（2）新闻媒体推出的原创视频产品，如浙报集团“浙视频”、新京报“我们视频”、界面新闻的“箭厂”等[⑥]。以“箭厂”为例，定位于人物和

---

① 胡翼青．自媒体力量的想象：基于新闻专业主义的质疑[J].新闻记者,2013(3):6-11.

② 刘晓．一夜爆红已成过去 内容决胜短视频“下半场”[N/OL].人民日报.2018-10-26.http://news.china.com.cn/2018-10/26/content_68230935.htm

③ 2018上半年短视频App排名，西瓜视频问鼎；小米赴港上市首日破发；《这！就是歌唱对唱季》7月20日上线|猬报[N/OL].刺猬公社.2018-7-10.http://www.ctoutiao.com/816406.html.

④ 抖音火爆的背后有这几大原因！[N/OL].微信公众号“清博舆论”.2018-6-20. https://www.sohu.com/a/236952838_114751.

⑤ 短视频进击，梨视频下沉[N/OL].刺猬公社.2018-10-11.http://www.sohu.com/a/258743333_141927.

⑥ 短视频发展简史：从20分钟到15秒的新秩序[N/OL].盒饭财经.https://baijiahao.baidu.com/s?id=1602306822476573847&wfr=spider&for=pc.

文化短视频，其出品的纪实类视频在优酷平台已更新至97集，总播放量近400万。

（3）专业媒体打造社会化生产的短视频平台，邀请视频自媒体进驻，如人民日报“视影像”栏目，澎湃新闻“湃客”频道。通过直接转载或简单加工，专业媒体实现了资源的有效配置，用转载自媒体视频产品的版权费用替代了职业摄影记者、剪辑师的工资，充分发挥自媒体的创造性。

新闻短视频满足了受众对视觉化信息的需求，令受众获得更加直接的现场体验。不过，重娱乐、轻资讯，重流量、轻质量，UGC多、PGC少等，[①]这些短视频平台存在的问题也成为制约新闻短视频发展的因素。新闻短视频能否在快速的叙事节奏中传递有效信息，短视频传播过程中的情感表达如何不过度刺激公众情绪，公众在长期点击短视频的过程中是否会降低严肃思考的能力，这些问题将考验新闻短视频行业的发展。未来，随着下一代互联网IPv6的普及、5G时代的到来，用户使用短视频的时间将会延长，观看体验会更流畅，新闻短视频业将有更大的发展潜力。

2.重大专题更重视“融合+创意”表达

本年度，针对重大事件的专题报道，专业媒体继续活用各种媒体形式，除图文报道外，短视频、原创歌曲、H5、无人机拍摄、互动游戏等形式得到广泛应用，多元化产品形式的融合报道手法更加成熟。面向同题竞争，专业媒体充分调动记者、摄像、设计人才以及整合外部资源，制作出一系列富有创意的融合报道产品。

10月26日，港珠澳大桥正式通车，央视新闻采用大量的无人机航拍镜头，4分钟大气壮观的视频轻松突破10万播放量。新华网在抖音上发布10秒小视频，跟随音乐10个鼓点从10个角度航拍大桥的全貌，收获8000点赞。南方日报社记者携手大桥建设者、守卫者推出原创主题曲MV《乘风破浪》[②]，将

① 李良荣．短视频将成为未来新闻发布的主要方式[N/OL].复旦大学传播与国家治理研究中心.2018-10-11. http://economy.gmw.cn/2018-10/10/content_31631135.htm.

② 刘艳婷．“港珠澳大桥之歌”MV首发！大桥建设者守卫者携手南方+邀你“乘风破浪”[N/OL].南方+.2018-10-26.http://static.nfapp.southcn.com/content/201810/24/c1598974.html?group_id=1.

新闻信息和市民街采融入MV之中，使作品颇具感染力。擅长H5的网易新闻推出《1分钟漫游港珠澳大桥》作品，用户长按屏幕即可沿着55公里大桥前进，还可以随时松开手指暂停拍照并制作明信片，交互性十足，推出24小时突破千万流量，短短三天共收获3500万流量。

11月在上海举行首届进口博览会，人民日报客户端发布动图《“不一般”的进口博览会来了！三大两点提前看》，在图文的基础上叠加动态效果，吸引极大关注。新华社发布3分钟短视频《东方风来》，用一片四叶草连接各大洲的进口商品，最后飞向大开的中国之门，汇聚上海，视频上线24小时即获得136万播放量。新华网发表剧情小短片《幸好，花心的不是我……》，“选择困难症”的看病剧情，加上“小人国”般的微观视角画面，用轻松幽默的形式展示了进博会产品的丰富多彩。新浪微博@央视新闻推出“场馆馆主”策划，美食馆、汽车馆、家电馆等馆主轮番直播，主播用轻松幽默的方式实时转播进博会现况。

3.互联网内容领域的监管力度持续增强

2018年，网络内容监管领域的动作不断，主要针对标题党、信息低俗、违规稿源等屡禁不止的问题。根据《互联网新闻信息服务管理规定》等条例，国家网信办等部门对新闻媒体和平台媒体，特别是短视频平台和自媒体行业，采取了一系列强力监管措施。这些监管举措切实改善了网络内容生态，让网络内容生产领域变得更加规范和有序。

表3 2018年内容领域的一系列监管举措

4月	监管部门接连对媒体，尤其是短视频行业进行整顿，包括快手、火山小视频、秒拍在内的众多短视频APP先后被下架整治。
4月10日	国家广播电视总局责令“今日头条”永久关停旗下“内涵段子”等导向不正、格调低俗的视听节目。

---

① 几十个大号因同一篇文章被禁言1个月，自媒体内容不该碰哪些红线？[N/OL] 清博舆论.2018-7-21. http://www.sohu.com/a/242294561_282116

续表

5月11日	公众号“二更食堂”对“空姐顺风车遇害”事件细节做出不当描述，浙江省网信办联合杭州市网信办两次约谈二更负责人，永久关停“二更食堂”公众号。
5月22日	知名情感自媒体Ayawawa因在某线下活动中发表有关慰安妇的严重不当言论，其微博账号被禁言6个月。①
7月	中央全面审核《关于增设北京互联网法院、广州互联网法院的方案》。②
7月26日	国家网信办会同五部门依法关停“内涵福利社”等3款网络短视频应用，联合约谈“哔哩哔哩”“秒拍”“56视频”等16款网络短视频平台相关负责人，15家短视频平台被下架整改。
7月30日	全国网信系统会同电信主管部门依法关闭“舆情日报网”“人民新闻视频网”“中国法制西部网”等一批违规从事互联网新闻信息服务网站。③
9月26日	凤凰新闻因传播违法不良信息、歪曲篡改新闻标题原意、违规转载新闻信息等问题，被国家互联网信息办公室依法约谈。④
9月29日	针对网络转载版权专项整治中发现的突出版权问题，国家版权局在京约谈了趣头条、今日头条、微信、搜狐新闻等13家网络服务商，要求其进一步提高版权保护意识，规范网络转载版权秩序⑤
10月11日	针对“主播莉哥戏唱国歌”一事，虎牙直播即日起封禁主播“莉哥”直播间，冻结主播“莉哥”直播账号，下架全部相关影像作品，对其进行整改教育。⑥

① 中国互联网络发展状况统计报告 [EB/OL]. 中国互联网络信息中心 .2018-9-7.http://www.cnnic.net.cn/hlwfzyj/hlwxzbg/hlwtjbg/201808/t20180820_70488.htm

② 关闭账号 72 万个、网站 1888 家！二季度全国网信系统重拳出击！ [N/OL] 新华网 .2018-7-30. http://www.sohu.com/a/244213093_267106

③ 任晓宁 . 凤凰网被北京网信办约谈，部分频道、“凤凰新闻”客户端及 WAP 网站暂停更新 [N/OL]. 经济观察网 .2018-9-26，http://www.eeo.com.cn/2018/0926/337835.shtml

④ 国家版权局约谈 13 家网络服务商：防止违法转载、洗稿等行为 [N/OL]. 国家版权微信公号 .2018-9-29 https://baijiahao.baidu.com/s?id=1612931211724467582&wfr=spider&for=pc

⑤ B 站成立电竞公司；虎牙回应“主播戏唱国歌”；梨视频推出“中国 60 秒” | 猬报，微信公众号“刺猬公社”[N/OL]，2018-10-11 .http://dy.163.com/v2/article/detail/DTQV0CGL051282JL.html.

⑥ 罗布君 . 今年截至目前全球 86 名记者殉职；微信近半年辟谣文章 7 万篇；国家版权局重点整治网络转载等侵权 | 传媒动态 [N/OL]（10.22-10.27）. 微信公众号“新京报传媒研究”.2019-10-28 https://baijiahao.baidu.com/s?id=1615533904223140304&wfr=spider&for=pc

10月22日	国家版权局管理司司长于慈珂透露，今年将集中整治网络转载、短视频、网络动漫等领域侵权盗版多发态势，重点规范网络直播、知识分享、有声读物等平台版权的转播秩序，目前实施重点监管的网站达到3000多家。①
11月28日	北京网络安全系统第三季度共清理违规短视频140余万部，关闭违规直播间53万间，封停违规账号80万个，行政处罚违规平台3家。②

四、新闻分发：平台化传播和智能化分发更趋主导

1.多平台联动传播已成常规

在平台化的趋势下，新闻媒体跨平台多渠道联动传播日趋成熟。③同一个新闻事件，同样的内容素材，经过加工，被分发在不同的媒体平台，产生联动共振的效应。2018年10月30日，著名作家金庸逝世，新华社微博@新华视点发表逝世消息快讯、逝世消息短视频、生平介绍、摄影集、评论等7条微博，累计被转发2346次；今日头条@新华社发表13条相关新闻，内容和微博几乎完全一样，获赞11670；抖音账号@新华社发表医院门口现况和金庸电影片段两条视频，累计获赞 98万；新华社客户端搭建的平台更是汇集来自大小媒体与金庸相关的稿件超过300条。

主流媒体将同一篇稿件或视频投放在不同的网络平台上，可以发挥新闻产品传播的最大价值，也会面临不同平台传播效果差异显著的问题。比如，金庸逝世的短文快讯在微博可以收获540条转发，但在今日头条号上只有1个点赞，而在微博只收获72个点赞的短视频在今日头条可以达到4000个以上。

① 罗布君.一周传媒动态（11.26-12.2）[N/OL].微信公众号“新京报传媒研究”.2018-12-2. https://baijiahao.baidu.com/s?id=1589539217929510855&wfr=spider&for=pc

② 客户端信息生态指数2018年6月榜[N/OL].微信公众号“中国互联网络信息中心CNNIC”.2018-7-24. http://media.people.com.cn/n1/2018/0301/c14677-29842271.html.

③ 同上

2.智能化生产和分发更加普及

机器人写新闻和算法推送这两种人工智能技术，正在改变新闻选题策划、信息采集、内容生成和产品分发等各个环节，导致新闻生产、分发与消费之间的界限日益模糊。①目前，机器人新闻使用较为广泛的四个领域是财经、体育、气象地质和健康②，其发稿的数量和速度远超记者。此外，稿件智能纠错和分发推送也是人工智能在新闻传播领域的重要应用。腾讯写稿机器人Dreamwriter于2018年推出中文纠错算法能力，识别准确率达90%以上，可以对同音字、近义字、易错字及上下文语境搭配错误进行识别③。央视新闻客户端推出“听新闻”栏目，由机器人朗读每日资讯。新华社客户端的“小新”可以与用户实现新闻问答，输入“广州”“昨日新闻”等关键词即可获取相应新闻的推送。

本年度，智能化内容生产的一大亮点是新华社推出的“AI合成主播”，依靠最新人工智能技术，提取真人主播新闻播报视频中的声音、唇形、表情合成以及深度学习等技术联合建模训练，“克隆”出与真人主播拥有同样播报能力的“分身”。真人主播一天工作8小时，而“分身”主播能够不知疲倦地工作24小时，由此大大提升了电视新闻的制作效率。④

国内多数学者对人工智能保持乐观态度⑤，认为人工智能有利于更好地实现新闻价值，复杂的、需要深入调查的、调动情感的新闻仍旧是记者的优势所在。也有专业人士持续关注人工智能对职业新闻人权威地位的冲击，以及算法推荐带来的信息茧房效应，如谷歌前人工智能负责人John Giannandrea所说，我们不需要担心机器人，而需要担心AI偏见。

---

① 智能时代的新内容革命——2017 新媒体发展趋势报告 [N/OL]. 今日头条联合清华大学新闻与传播学院新媒体研究中心 .2018-1-18.https://baijiahao.baidu.com/s?id=1589924311152476810&wfr=spider&for=pc.

② 洪杰文，兰雪，李程 . 中国新闻机器人现象分析：数据与技术困境下的填字游戏 [J]. 中国媒体发展研究报告 ,2017:205-223,243.

③ 腾讯新闻推出中文纠错算法能力，从此 AI 拯救“手癌”不是梦 [N/OL]. 百家号“腾讯研究院” .2018-6-29 .https://new.qq.com/omn/20180629/20180629A1FLOU.html.

④ 陈倩，程昊，朱涵 . 全球首个“AI 合成主播”在新华社上岗 [N/OL]. 新华社 .2018-11-07 .http://www.xinhuanet.com/politics/2018-11/07/c_1123678126.htm.

⑤ 白红义 . 当新闻业遇上人工智能：一个“劳动—知识—权威”的分析框架 [J]. 中国出版 ,2018(19):26-30.

五、新闻受众：主动性参与和情绪化表达

CNNIC发布的第42次《中国互联网络发展状况统计报告》显示，截至2018年6月30日，我国网民新闻用户规模达到6.6285亿，网民使用比例为82.7%，手机网络新闻用户为6.3128亿，占手机网民80.1%。①主动性参与和情绪化表达仍是网民群体接触信息时的两大特征。

1.积极参与体现主动性

外交部数据显示，中国网民每天产生300亿条信息。②媒体平台化和平台媒体化把UGC（用户原创内容）推向了热潮，头条号、梨视频、澎湃新闻“视频爆料”系统、新华社“现场新闻”，这些栏目和平台为受众生产资讯带来了更大的创作空间。

本年度，公益人雷某被爆涉嫌性侵，并由此带出一系列公益圈、高校教授、明星主持、宗教界等知名人士涉嫌性骚扰的丑闻，引发自媒体爆料和网民广泛热议。广东潮汕地区发生暴雨灾害，网友在微博上发起话题#汕头暴雨#，用现场视频、图文等形式“直播”汕头的最新情况。还有，自如租房甲醛丑闻、马蜂窝APP数据造假等热点事件，都以普通受众网上爆料为开端，经由网友转发和舆论动员，引发专业媒体的关注和报道。

2.情绪表达仍有非理性

在经历了去年罗一笑、榆林产妇坠楼、刺死辱母者等事件之后，本年度的新闻反转事件仍时有发生，情绪化的表达裹挟着非理性批判。2018年1月，尘封近10年的“汤兰兰案”被澎湃新闻《寻找汤兰兰：少女称遭亲友性侵，11人入狱多年其人“失联”》一文重新提起，网友们纷纷质疑事件真实性，

① 第42次《中国互联网络发展状况统计报告》[EB/OL].CNNIC.2018-8-20.http://www.cac.gov.cn/2018-08/20/c_1123296859.htm.

② 外交部：中国网民每天产生300亿条信息说没言论自由的什么逻辑？[N/OL].外交部网站.2018-11-07. https://www.guancha.cn/politics/2018_11_07_478710.shtml.

希望当事人尽快现身澄清，舆论话题声量超过13万[①]。7月27日，黑龙江省高级人民法院宣判申诉理由不成立，一场由家属和专业媒体掀起的风波告一段落，但是“道德沦丧的家人”和“污蔑家人的出逃少女”之间的舆论“狂欢”已对当事人造成巨大伤害。随后发生的3月“王凤雅之死”事件、10月重庆公交车坠江事件，都出现阶段性的非理性倾向和情绪化表达特征。

导致公众非理性表达的原因，既与公众针对某些公共议题存在的结构性情绪有关，更与碎片化传播时代的事实复核难度大、信息传播过程中的眼球效应有关。当流量成为考核新闻传播效果的重要标志，不少网络新闻就会倾向于片面调动情绪，夸大甚至歪曲事实。因此，如何提高多元主体的把关意识、增强受众的媒介素养，还需要各界共同探讨和形成有效机制。

六、总结与预测

综上所述，“平台”是2018年中国新闻业变化的关键词，也是影响未来新闻业发展态势的重要力量。如何让平台媒体有效助力于专业媒体的融合转型，如何在平台媒体崛起过程中促使其担当社会责任，是提升新闻业公共性面临的重要挑战。各类新闻行动者在媒体平台化和平台媒体化过程中和谐共生，需要管理部门的有效监管与多元治理，更需要新闻行动者自身的文化自觉和行业自律。

基于2018年新闻业的变化图景，我们认为，2019年中国新闻业将呈现四个趋势：

第一，基层媒体的融合化。习近平总书记在2018年8月召开的全国宣传思想工作会议上表示，要加强县级融媒体中心建设[②]，目前，北京16个区、江西51个县、浙江长兴等地已经挂牌成立县级融媒体中心。2019年将是县级融媒体中心的集中建设期，县级报纸、广电、网站、双微、新闻客户端等将从组

① 辛露．媒体“寻找汤兰兰”，为何引网友愤怒？[N/OL]．天涯舆情．2018-2-2.http://www.sohu.com/a/220453773_584217.

② 杜一娜．打通媒体融合“最后一公里”[N/OL]．中国新闻出版广电报．2018-8-28.http://data.chinaxwcb.com/epaper2018/epaper/d6823/d5b/201808/90785.html.

织结构上打通，以移动网络为主要载体，打造新媒体矩阵，力求实现地方新闻资源的整合和便民服务质量的提升。

第二，新闻生产的智能化。2018年新华社“媒体大脑”“AI合成主播”的推出，和腾讯写稿机器人Dreamwriter近年来的应用，给新闻的智能化生产、纠错和分发带来更大的应用前景。未来，智能化技术将更加全面地渗透到内容生产的不同环节，继续提高生产和把关效率，提升精准到达和有效影响的效率。

第三，报道形态的视觉化。在5G时代来临之际，短视频的发展潜力被进一步激发。2019年，内容形态将继续往视觉化特别是短视频方向靠拢，短视频将成为更加主流的内容报道方式。

第四，内容产品的平台化。头部聚合类平台媒体将继续发力，算法精确度的提升和社交传播的属性强化，是平台发展的两大动力。这方面，以人民日报为代表的中央媒体，以南方日报、封面新闻等为代表的省级媒体，还将持续整合政务机构媒体等内容资源，在媒体平台的运营机制上进行探索。

除媒体平台化的力度还将加大之外，平台媒体化的影响力也将持续崛起。未来以互联网巨头为核心的平台媒体，将主要形成以社交为枢纽、以资讯为增值、以算法和人工编辑为主导的生产和传播模式①，其发展趋势包括：平台媒体的社交化属性将持续加强，能实现更紧密的社会连接和人机互动；全球范围内平台媒体的技术和资本流动，将从发展中国家向发达国家“逆向输出”；平台媒体在信息自由、公共对话、隐私保护、网络信任方面需承担更大的人文责任。

(作者张志安为中山大学传播与设计学院教授、院长；李霭莹为中山大学传播与设计学院2017级硕士研究生。本文原载《新闻界》2019年第1期）

① 张志安，姚尧．平台媒体的类型、演进逻辑和发展趋势 [J]. 新闻与写作 ,2018(12):74-80.

2018年重大传媒事件

范以锦　聂　浩

2018年，无论是各专业媒体还是各类社会化媒体都积极介入新技术，向智能化发展，并由此引发了一系列的变革。在各类传播平台走向移动化、社交化、视频化、智能化的进程中，出现了许多新情况、新问题，管理部门也为此强化了管理，并顺势而为引导各类机构和媒体与强大的传播平台合作，强化主流声音。在人人都可以利用平台传播自己的声音的时代，出现了许多值得点赞的人和事，同时也不乏因传播信息和处置舆论事件不当，给他人或自己带来困扰的案例。

一、中央审议通过《关于加强县级融媒体中心建设的意见》，极大提升地方媒体的传播力引导力影响力

事件回放：

11月14日,中共中央总书记、国家主席、中央军委主席、中央全面深化改革委员会主任习近平主持召开中央全面深化改革委员会第五次会议,会议审议通过了《关于加强县级融媒体中心建设的意见》。

点评：县级媒体资源不多，如果分散运营不利于媒体发展。早在8月21日召开的全国宣传思想工作会议上，习近平总书记就指出，要扎实抓好县级融媒体中心建设，更好地引导群众、服务群众。根据中央的部署，组建县级融媒体中心，将县级媒体资源加以整合，加上政府的积极扶持，有利于做强做大地方主流媒体。《关于加强县级融媒体中心建设的意见》出台，可看成是落实习近平总书记指示，将“引导群众、服务群众”的县级融媒体中心建设

好，提高地方媒体的传播力、引导力、影响力，巩固壮大主流舆论阵地的重要举措。

二、中央三台合并，构建适应转型融合发展的新型传播体系

事件回放：

3月21日，中共中央在印发的《深化党和国家机构改革方案》中提出，整合中央电视台（中国国际电视台）、中央人民广播电台、中国国际广播电台，组建中央广播电视总台，作为国务院直属事业单位，归口中央宣传部领导。撤销中央电视台（中国国际电视台）、中央人民广播电台、中国国际广播电台建制。对内保留原呼号，对外统一呼号为“中国之声”。

点评：电台、电视台的机构改革进行过多次，分分合合都有其理由，那就是与时俱进进行变革。在媒体融合转型的大趋势下，中央三台通过对组织架构、制作流程和资源配置等的变革，建立“全流程融合”共享机制，实现三台“直播流”全平台共享和“采编播发”媒介资源深度融合，开创了“台网融合”的新型传播体系。从根本上来说，这次改革是为了更好地巩固和发展主流舆论阵地。

三、国家广播电视总局发布片酬限薪令，维护行业生态秩序强化正确价值取向

事件回放：

11月9日，国家广播电视总局公布关于进一步加强广播电视和网络视听文艺节目管理的通知，要求坚决遏制追星炒星、泛娱乐化等不良倾向，严控片酬，坚决打击收视率（点击率）造假行为。通知要求，各电视上星综合频道19:30—22:30播出的综艺节目，每个节目全部嘉宾总片酬不得超过节目总成本的40%，主要嘉宾片酬不得超过嘉宾总片酬的70%。每部电视剧网络剧（含网络电影）全部演员片酬不超过制作总成本的40%，主要演员片酬不超过总

片酬的70%。

点评：限制高价片酬，不只是为了解决相关行业制作成本过高、运作困难的问题，更为重要的是要解决价值导向的问题。高片酬滋长了拜金主义，误导青少年的价值取向。因此，通过片酬限薪等措施，能更好地维护行业秩序，遏制追星炒星、过分娱乐化，并以正确的价值导向引导青少年健康成长。

四、世界人工智能大会在上海举办，对更快更好推动智能化发展具有积极的意义

事件回放：

经国务院批准，由国家发展改革委、科技部、工业和信息化部、国家互联网信息办公室、中国科学院、中国工程院、上海市人民政府共同举办的2018世界人工智能大会，于9月17日至19日在上海举办。大会以“人工智能赋能新时代”为主题，对脑机融合、群体智能、算法应用、智能芯片等发展现状、趋势进行讨论。近40个国家和地区的专家学者、企业家与会，200多家人工智能领域领军企业参加论坛和展示活动。

点评：对新闻传播产业而言，人工智能既是新一轮产业变革的核心驱动力，也是引领未来的战略性技术，对丰富人们的生活，推动社会进步和全球经济会产生极其重大的影响。在期待其良好发展趋势的同时，也要看到其真正普及还有许多工作要做，而且先进的技术也会伴随新的问题出现。2018世界人工智能大会对当下现实问题和未来趋势进行认真探讨，对推动智能化更好更快发展具有积极的意义。

五、政务媒体抖音账号成长计划在京发布，权威机构进入强势平台强化传播效果

事件回放：

8月31日，抖音短视频在京举办政务媒体抖音号大会，联合包括生态环境部、国家卫生健康委员会、国资委等在内的11家政府、媒体机构，正式发布政务媒体抖音账号成长计划。此外，此次大会还由国家网信办移动局和北京市网信办莅临指导。

点评：抖音聚集众多用户，影响力越来越大。政府重要机构的政务媒体进入与有专业短视频生产能力的机构对接，一方面，开展可视化宣传活动和为民众服务的政策解读，使相关政府预期的传播效果得以实现。另一方面，让政务媒体进入用户量大的传播平台，对传播主流价值观，净化网络视频空间，推动网络短视频行业的健康有序发展，也具有积极的作用。

六、“媒体大脑”15秒生产视频新闻，媒体智能化创新领域愈加宽广

事件回放：

新华社于3月2日发布消息称，新华社“媒体大脑”从5亿网页中梳理出两会舆情热词，生产发布了全球首条关于两会内容的MGC（机器生产内容）视频新闻——《2018两会MGC舆情热点》。“媒体大脑”是新华社和阿里巴巴公司共同研发的人工智能平台，该条视频新闻生产只用了15秒。

点评：依托人工智能平台生产出的两会MGC舆情热点新闻，只用15秒就完成了收集、编辑、播出等一系列步骤，从中可以看到智能化对提高媒体生产效率的重要作用。透过这一案例，我们还可以看到智能化新闻的创新领域越来越宽广。当然，也不能因此就妄下人工智能“取代记者写作”的结论。毕竟，有许多新闻尤其是观点性的有深度的报道是人工智能无法取代的。

七、中国互联网联合辟谣平台上线，治理网络谣言更为专业更加有效

事件回放：

8月29日，中国互联网联合辟谣平台在京上线。该平台由中央网信办违法和不良信息举报中心主办，新华网承办。据悉，该辟谣平台设立了部委发布、地方回应、媒体求证、专家视角、辟谣课堂等栏目，具备举报谣言、查证谣言的功能，可以获取相关部门和专家的权威辟谣信息。平台还可以起到大数据精准识谣、联盟权威辟谣、多终端立体传播、指尖即时查证、关口前移防范的作用。

点评：网络谣言传播的治理是个难点，这几年国家有关部门和各相关机构一直在探索治理办法，并取得一定成效。现在有了权威辟谣平台，并整合接入各地辟谣平台，利用多方数据资源，构建起“联动发现、联动处置、联动辟谣”的工作模式。制度化、常态化、专业化，将使网络谣言的治理更加及时和有效。

八、整治短视频力度加大，净化平台内容质量确保青少年身心健康

事件回放：

据中国网信网 8月23日消息，国家网信办会同有关部门，针对网络短视频行业存在的突出问题，开展了一系列专项治理行动。网信办有关负责人介绍，继 7月六部门开展网络短视频集中整治，依法处置了 19个网络短视频应用之后，国家网信办指导督促各主要短视频平台履行企业主体责任，加强自查自纠，共封禁违规账号 113万余个，查删拦截有害短视频 810万条。

点评：短视频可视化表达方式，凝聚了大量用户，对促进社会经济发展，活跃人们精神文化生活，起到良好的作用。同时，我们也要看到不少低俗的产品充斥人们的眼球，对人们尤其是青少年的健康带来不良影响。国家

管理部门加大巡查力度，扩大巡查范围，将不良内容从网络短视频中清理出去，对净化平台内容质量，确保青少年身心健康有积极的作用。

九、各类媒体合力分析长生疫苗事件，舆论监督显示强大威力

事件回放：

7月15日，国家药品监督管理局发布通告指出，长春长生生物科技有限公司冻干人用狂犬病疫苗生产存在记录造假等行为。21日，一篇署名为“兽爷”，名为《疫苗之王》的自媒体文章刷爆朋友圈，引起了现象级的传播。人民日报、新华社等众多权威主流媒体迅速对疫苗事件进行追踪报道。在国家高层关注下，此次事件得以迅速查处。

点评：伴随着互联网技术的飞速发展，每个人都可以成为进行信息传播的自媒体，当然，权威主流媒体所具备的权威性、专业性是自媒体所无法替代的，但自媒体也有其不可忽视的作用。在长生疫苗事件中，自媒体介入较早，传统媒体进入后进行权威发布和深度分析，官方舆论场与民间舆论场合力传播，形成强大的舆论监督力量，引导社会大众理性思考，助力这一事件的解决。

十、一批报纸宣布停刊，舆论平静说明媒体已接受转型的现实

事件回放：

2018年，天津日报集团旗下3家报纸，以及今晚传媒集团旗下的渤海早报休刊。8月27日，北京晨报宣布纸质版将在12月31日出完最后一期后停刊。据悉，2019年1月1日起，黑龙江晨报也将停刊。同时停刊的还有其他地方的一些报纸。

点评：2018年一批报纸停刊，与过去对比似乎舆论平静得多，说明此事已不值得大惊小怪，这既是纸媒自身供求关系变化后的结构性的调整，也是万物皆媒时代用户对媒介做出新的选择的必然结果。真正需要思考的，是承

载于传统媒体上崇高的新闻精神如何在新媒体发展的浪潮之下传承下去。

十一、腾讯进行第三次大规模的组织架构变革，打造把握未来的更具高成长性的平台

事件回放：

腾讯继2005年和2012年之后，于2018年9月底宣布第三次大规模的组织架构调整，新成立云与智慧产业事业群（CSIG）、平台与内容事业群（PCG），并整合社交与效果广告部（SPA）与原网络媒体事业群（OMG）广告线，成立新的广告营销服务线（AMS）。变革中几乎将所有面向企业的业务组合成立云与智慧产业事业群，并将除了微信、游戏之外的平台与内容合并成立一个新的平台与内容事业群。

点评：腾讯是中国成长早、发展快的互联网公司，但后起者来势迅猛，尤其是在算法推荐等智能化方面，有的公司已遥遥领先。互联网企业不能沉浸于已取得的成就里停滞不前，而应思考未来的战略和长远的发展。面对这一局面，腾讯需要突破新的技术，将分散的资源进行整合，以适应与各产业结合的大趋势。调整之后，其平台设置将更加合理，将更好地打造把握未来的更具高成长性的平台。

十二、《我不是药神》引发舆论热议，彰显电影媒介重要的引导教育功能

事件回放：

里程碑式现实主义题材电影《我不是药神》于7月5日在中国首映，短短一个月内票房超过30亿。影片受到了人民日报、新华社等众多媒体和社会大众的一致好评。国家总理李克强就电影《我不是药神》引发的舆论热议做出批示，要求有关部门加快落实抗癌药降价保供等相关措施。

点评：《我不是药神》在中国现实主义批判题材影片的发展中具有里程

碑式的地位，影片成功找到了艺术和商业的平衡点，不仅让社会大众关注到中国深层次的社会问题，更是直接推动了相关领域的政策出台。《我不是药神》将人性矛盾和社会价值的讨论融入影像之中，引导社会大众对社会问题进行理性深入的思考，让我们看到了中国电影的发展潜力，也让我们看到了电影这一媒介发挥教育引导、精神传承等功能的重要作用。

十三、于海明案引发舆论关注，民意与司法公正良性互动温润人心

事件回放：

8月27日，昆山市市民刘海龙与于海明发生争执，刘海龙从车中取出一把砍刀连续击打于海明，后被于海明反抢砍刀并捅刺、砍击数刀，刘海龙身受重伤，经抢救无效死亡。这一案件备受社会舆论关注，于海明的行为是否属于正当防卫成为社会大众争议的焦点。9月 1日，昆山警方发布通报，于海明属于正当防卫，不负刑事责任，无罪释放。

点评：于海明案发生之后，舆论沸沸扬扬。作为司法部门既要关注民意，又要坚持办案原则，舆论民意与司法公正之间应良性互动。最终，司法经过充分调查取证，下了“正当防卫”的结论，与民意吻合。通报发布不到一个小时，阅读量突破 10万，舆论瞬间沸腾，‘法律保障公平正义不会缺席每个人的权利’等赞扬之声刷屏。最具有权威性和高度概括的是人民日报“人民微评”的那句话“每一次司法公正都会温润人心”。

十四、9800多个自媒体账号被处置，网络平台需强化解决责任缺失问题

事件回放：

11月12日，国家网信办官方公众号“网信中国”发布消息称，国家网信办会同有关部门针对自媒体账号存在的乱象问题开展整治专项行动，已依法

依规全网处置9800多个自媒体账号，同时依法约谈腾讯微信、新浪微博等自媒体平台。腾讯微信、新浪微博相关负责人表示将自查自纠，积极整改。

点评：众声喧哗的时代，拥有众多粉丝的自媒体在面对热点事件时更要冷静思考、审慎发声，遵守国家法律法规，守住社会道德底线，自觉营造清朗的网络空间。传播平台企业要按照有关法律法规要求，健全规章制度，完善运营规则，加强审核管理，切实履行企业主体责任。广大网民要共同维护网络传播秩序，营造风清气正、积极向上、健康有序的网络空间。

十五、全球首个“AI合成主播”在新华社上岗，AI技术在新闻传播领域大有可为

事件回放：

11月7日，新华社联合搜狗在第五届世界互联网大会上发布全球首个合成新闻主播——“AI合成主播”。报道发布后引发全球媒体的关注，数十家海外权威媒体以文字、视频等方式进行了大篇幅报道。首次上岗的“AI合成主播”的外形和声音来自新华社主播邱浩，展现出与真人主播无异的信息传达效果。

点评：“AI合成主播”的出现降低了电视新闻的制作成本，提高了新闻报道的时效和质量，开创了新闻报道的新形式，为新闻报道的生产和传播带来了新的可能。目前，“AI合成主播”已经在新华社正式上岗，已被运用到进博会、世界互联网大会等重要新闻事件，以及突发、科技、社会、文化等各领域的新闻报道。在未来的新闻传播领域里，AI技术将大有作为。

十六、王凤雅父母“诈捐”事件反转，自媒体传播中的伦理道德问题值得反思

事件回放：

4月9日，微博平台上有人指责小凤雅家属不积极治疗女儿，导致小女孩

最终死亡，不少网民指责王凤雅的父母诈捐。4月12日，扬子晚报发布《接受捐赠未及时救治，导致重症女童死亡？妈妈：孩子没死，我很冤》一文。警方也证实，不存在“诈捐”。造谣的始作俑者于27日发微博向小凤雅家人道歉。

点评：弱者求助，本是无奈之举。如果对求助有疑问，得认真调查了解，尤其要对求助者调查了解。这些应做的事都没做，某些自媒体仅凭某些表象就任意质疑、夸大，使处在弱者地位、受伤害极深的人再受舆论伤害。类似的事件常有发生，自媒体在传播中的伦理道德问题，值得反思。

（作者范以锦系暨南大学新闻与传播学院院长、教授、博士生导师；聂浩系暨南大学新闻与传播学院硕士研究生。本文原载《新闻与写作》2019年第1期，获作者授权转载）

2018年传媒伦理问题研究报告

《新闻记者》年度传媒伦理研究课题组

技术变迁对新闻传播格局的影响日益加深，新技术引发的媒介融合，不仅止于媒介形态的融合，也不仅是社会形态的融合，而且是技术与人的融合。①这意味着新媒体不仅仅是社交工具，更是人类的存在方式。而传媒机构正在从相对专业化的社会子系统，转变为社会网络的一个节点。传媒机构在传播网络与社会网络中的位置和价值发生了根本性的变化，它的传播对象（受众）堂而皇之地进入传播网络中，成为另一个节点主体，与传媒机构并置在传播网络、社会网络中。尽管它们传播的力量就单体来说无法与传媒机构相提并论，但网络社会中的节点有强弱之分，却没有唯一的中心。专业传媒机构的价值也发生翻转，连接、整合能力正在超越内容生产，成为传播平台的优先核心价值。②

从新闻生产角度看，上述新传播格局下的新闻生产体现为职业记者和公众共同参与的动态实践；传媒机构不再是新闻事件的唯一阐释主体，基于互联网社交平台，新闻报道的价值和意义经由公众的集体参与而被不断重塑；新闻生产流通的速度大大加快，颠覆了工业化时代以报纸新闻为主的新闻生产流程和常规；新闻职业社区的专业控制和社会大众的开放参与之间，形成了强大的张力，组织化新闻生产正在变成协作性新闻“策展”（curation）。据此，有学者以“液态”（liquid）状态概括当前新闻业的特点。③

所谓“液化”，意味着原有边界的消融。传统意义上的新闻业，无论作

① 孙玮．后人类时代的媒介融合[J]. 新闻记者,2018(6).
② 同上．
③ 陆晔，周睿鸣．液态的新闻业：新传播形态与新闻专业主义再思考[J]. 新闻与传播研究,2016(7).

为产业、行业、商业，还是职业，都遭到颠覆性挑战。新的传播格局中，传统媒体主导的单一、线性的传播形态被彻底打破，新闻生产的行动者从过去的专业媒体扩展到包括政务微博、微信等各种机构媒体，商业媒体，乃至个体用户，呈现出“万众皆媒，万物皆媒”的状况。在这样的传播格局中，信息与新闻的界限越发不确定，更多的信息泛化为新闻，立足于传统媒体时代的诸多新闻观念也被质疑。

变革中的新闻传播格局也为传媒伦理研究带来挑战，首先是研究对象超出专业媒体范畴，伦理适用标准也不尽相同。就新闻生产的不同行动主体而言，对专业媒体当然不妨继续沿用长期以来已成共识的专业标准，但当前各种机构、普通用户的传播行为又如何考量？从学界的探讨来看，纽约大学的罗伯特在《数字时代的伦理两难：网络媒介的职业伦理问题》中提出：无论任何职业背景的信息发布者，均应对其网络言论承担道德责任；但也有学者认为对互联网言论应持宽容与开放态度，比如克莱·舍基就提出“先出版，后过滤”的网络信息发布原则。[①]更为关键的变化是衡量标准的不确定性——边界的模糊必然带来原有伦理规范不同程度的失灵，变革的媒介现实正在重塑传媒伦理。比如新闻的真实性问题，传统新闻业要求记者必须重视对事实的核实，以此作为维护公众信任的一种方式。然而目前也有许多学者认为，社交媒体的采用正在质疑传统的验证价值，应接受和拥抱这种传播中纠错的变化，并把它视为发展新的新闻生产常规的机遇。

伦理和法律一样都是调整人际关系的。两者的一个重要区别是法律由国家强制力实施，伦理由社会自行调节。在传统大众传播模式中，新闻伦理就是消息源—媒体—受众的关系，比较简单；而在网络空间，演变为平台—用户的关系，用户兼为受者和传者，而传者又有专业媒体、机构媒体、用户自媒体等之分，如何建立新型的网络空间传播伦理，是正在探索的问题。这正显示了当前传媒伦理讨论的意义所在——通过对相关案例的梳理和分析，不仅为新闻传播业变革留下一系列经验性材料，通过多方面意见的展示也有助

① 阴卫芝．选择的智慧 [M]. 北京：中国政法大学出版社 ,2014:62.

于新的制度和规则的建立。因此，本刊如往年一样，继续对2018年若干有代表性的传媒伦理问题案例进行研讨（文中未注明年份的均为2018年），在以专业媒体案例为主的前提下，更注重新传播格局下表现出的新特点、新问题的探讨。从本年度的相关案例可以看出，用户参与对传播的影响总体上是积极的，有利于纠正专业媒体的某些失误（有的可能是难以避免的），可以使有关事实获得更加全面而公正的评价。重视千百万网络用户的声音，正是中国特色社会主义传媒伦理最根本的规范之一——“以人民为中心”的体现。

一、2018年传媒伦理典型案例

1.“汤兰兰案”报道的二次伤害问题

【事件】

2008年10月3日，14岁的女孩“汤兰兰”向黑龙江省五大连池市警方写了一封举报信，称其从7岁开始被父亲、爷爷、叔叔、姑父、老师、乡邻等十余人强奸、轮奸。此后，包括“汤兰兰”父母在内的11人分获无期徒刑和5年到15年不等的有期徒刑。但多名被告人以诬陷、刑讯逼供等为由提出申诉，请求再审改判无罪。

2018年1月19日，前《南方周末》记者王瑞峰以《家族、屯子集体“强奸”之谜》为题，首先披露了“汤兰兰案”，但因发表在个人微信公众号上，且不久后即删除，影响并不大。

1月30日，澎湃新闻发布了报道《寻找汤兰兰：少女称遭亲友性侵，11人入狱多年其人“失联”》（澎湃新闻微信公众号上的稿件名为《10年前，14岁的她以性侵等罪名把全家送进监狱，然后失踪了……》），文中暗示了案件的诸多疑点，如两张彼此矛盾的B超单、干爸干妈得知汤兰兰被强奸这一消息的时间点说法不一、多名被告人当庭翻供、对刑讯逼供的质疑等。这篇报道引发舆论对案件关注的同时，也引发不少网友对媒体操守的批评，认为媒体不敢质疑公检法，而将落脚点放到寻找遭受性侵的女孩身上，并且文中图片有泄露受害女孩个人信息的嫌疑。

1月31日，《新京报》发表评论《被全家"性侵"的女孩，不能就这么"失联"着》，呼吁"以还原真相的名义，别让汤兰兰'失联'了"。对这篇文章，前《南方周末》记者、宾夕法尼亚大学传播学院博士生方可成评论道，如果说"澎湃新闻"的报道中存在诸多不足，那么《新京报》的评论将这种不足放大了十倍、百倍。[①]对于媒体反复呼吁"汤兰兰"重新现身回应案件疑点的做法，也有很多网友表达了愤慨。

2月7日，黑龙江高院回应对汤继海等人的申诉正在依法处理。7月27日，黑龙江高院公开开庭宣布，驳回"汤兰兰案"原审被告人汤继海、万秀玲等人的申诉。

【点评】

正如《人民日报》评论所说的："客观冷静、深入扎实的新闻报道，对于我国法治建设，特别是一系列个案中公平正义的实现，起到了不可替代的作用。无论是在聂树斌案、呼格吉勒图案中为冤者平反昭雪，还是在于欢案、徐玉玉案中追问真相、呼吁反思，负责任的媒体、记者不仅发挥了关键的推动作用，同时也充当了理性分析的传声筒、法治理念的扩音器。在任何一个高度法治化的文明社会，都少不了媒体对真相的呼唤、对问题的质疑，让阳光和正义涤荡社会的每一个角落。"[②]然而，这次部分媒体对"汤兰兰案"的报道却遭到网友的广泛质疑甚至反感。仔细分析网友的评论，发现批评的重点并不是案情本身，而是媒体的操作方式。有评论认为，"这篇新闻特稿客观性存疑，倾向性明显……全篇文章似乎'证据'十足，结论呼之欲出，当年的受害者汤兰兰一定是个满口谎言前后矛盾的骗子"。[③]而"寻找汤兰兰"被解读为暗示公众去"人肉"汤兰兰。尽管报道使用的"汤兰兰"是化名，其关键信息也打码遮盖，但也有网友质疑当年的报案笔记：载有"汤

① 方可成."汤兰兰案"报道：容易的事和困难的事[N/OL].微信公众号"新闻实验室".2018-2-1. https://mp.weixin.qq.com/s/twGNZhlDhJS1S7xrdNt1dw.

② 彭飞.汤兰兰案引关注，如何界定媒体行动的边界[N/OL].微信公众号"人民日报评论".2018-2-2. https://baijiahao.baidu.com/s?id=1591294521728704129&wfr=spider&for=pc.

③ 汤兰兰火了，而我，有点冷[N/OL].微信公众号"传媒实验室".2018-2-1. http://www.sohu.com/a/220407099_405942.

兰兰”户籍信息的“常住人口详情”记录并无披露的必要。相关报道不仅侵犯受害者的隐私，而且可能导致“汤兰兰”的身份泄露，造成二次伤害。

网友的质疑指出了相关报道的缺陷所在，《人民日报》评论也指出：“媒体进行监督，是职责所在，不能因可能有人‘借媒体炒作、企图翻案’就迟疑退缩。但在媒体的个案监督过程中，如何更有节制、更客观地传递信息、表达观点，考验从业者的媒体素养。这就需要每一个媒体、每一位记者更具法治思维、法治意识，更多考虑自己对社会舆论的责任，以客观、理性的职业伦理，更好地推进问题解决，涵养整个社会的法治精神。”①

另外，从媒体报道常规看，不排除是在舆论监督报道空间受限，采访无法突破的情况下，以“寻找汤兰兰”为切入口，倒逼公检法部门对案件回应、审查。但这种舆论动员的方式蕴含了极大危险，显然不够审慎。对此，也有评论指出，正是由于近年来传统媒体不景气、调查性报道难以展开等原因，造成大批专业媒体调查记者流失，才会出现“汤兰兰案”报道水准下降现象。这些问题同样值得重视。

2.朋友圈晒“车马费”引出的有偿新闻潜规则

【事件】

1月9日，一张朋友圈消息截图将多年来似乎司空见惯却又鲜少公开讨论的“车马费”问题摆上了桌面。一位微信名为“姜涞”的前记者在朋友圈晒出写有《南方都市报》名称的信封，附文写道：“制作资料，明天打发要饭的，做甲方的感觉真好。”还在评论区留言点名：“羊晚、信息时报、南方日报啥的，排好队，排直喽！”

根据“姜涞”在问答社区“悟空问答”的自述、微信公众号“媒媒哒”的调查②来看，“姜涞”曾是珠海某报社的一名记者，近期从媒体跳槽到企业

① 彭飞.汤兰兰案引关注，如何界定媒体行动的边界[N/OL].微信公众号“人民日报评论”.2018-2-2.https://baijiahao.baidu.com/s?id=1591294521728704129&wfr=spider&for=pc.

② 孙广聚.行业拷问！媒体人转型企业后调侃记者：打发要饭的，排好队[N/OL].微信公众号“媒媒哒”.2018-1-10.http://www.yidianzixun.com/article/0I6a3rct?title_sn/0&s=3&appid=xiaomi&ver=4.5.5.2&utk=845dq2j0

工作，职务并非公关，而是帮做公关的同事写好信封后，随手拍照发至自己的朋友圈。对于他的言论，“姜涞”表示，“这种活动稿一直被圈里人戏称为‘向金主讨饭’。于是，一时孟浪完成了这个文配图的编辑工作。联想到当初我们乌泱乌泱围着‘金主’嗷嗷待哺的样子，满腹恶趣味的我，又有了‘排好队、排直了’的戏言”。[①]

刘亚娟、展江等认为，对于媒体来说，此事的尴尬之处在于难以自证清白。姜涞捅破的这层“窗户纸”，媒体该怎么修补？正面回应底气不足，不予理睬又被认为是默认，因此媒体圈的确陷入某种危机。有广州媒体人在姜的公众号文章下留言：“做过媒体的都知道，记者是有多忙，哪有闲工夫和这种人扯不清，广州媒体圈不屑与他争论，他却自以为赢了，阿Q精神很上线啊！”姜则反唇相讥：“到底是不屑还是不敢？我觉得我跟我兄弟才是写文章的祖宗。现在的媒体人不行。”还有微信截图显示了某记者与姜的领导的沟通内容：“想核实一下，这人是不是你们的员工，为什么要污蔑媒体要饭。今天采访的车马费，我会退给你们。”从姜的叙述和对问答平台的评论看，各方都没有否定这张截图的真实性。那就尴尬了：这位记者已经收了车马费，且在姜称一些记者是“要饭的”之前并没有主动退还。[②]

【点评】

对于此事，一家汽车自媒体评论说：“给媒体‘车马费’这种略显尴尬的存在，却是媒体人士难以越过的一道坎。”[③]某些媒体的条线记者在采访一些活动时收“红包”或“车马费”的问题由来已久，因为单笔金额不多，大多数记者持相对宽容的态度，甚至辩护认为这些钱数量少，不足以干扰他们的新闻判断和报道，另外收“红包”也是为了与消息源建立“关系”。[④]对此类“红包”，有的媒体机构明令禁止，有的则予以默许，将之视作记者收入

① 记者跳槽做公关后发朋友圈称前同行是“要饭的”，你怎么看？[N/OL]. 悟空问答 .2018-1-10. https://www.wukong.com/user/?uid=51053652878.

② 刘亚娟，展江．“车马费”何以变成打发“乞丐”的饭食？——媒体从业者收受“红包”现象再探 [J]. 新闻界 ,2018（2）. 本处及下一节较长引用，均已征得作者同意。

③ 媒体参与汽车活动被指是“打发要饭的”. 网易号“中国车市” http://dy.163.com/v2/article/detail/D81EOE590527D2JE.html.

④ Di Xu.Red-Envelope Cash: Journalists on the Take in Contemporary China[J]. *Journal of Media Ethics*, 2016, 31:4, 231-244.

的一种补贴形式。但当“姜涞”以“打发要饭”的口吻，将这个隐形的“行规”抖出来时，媒体人除了一时脸面无光，难堪之外，恐怕要深思收取“车马费”时，付出的是什么代价。

严格来说，收取“车马费”后发表的报道，实质属于有偿新闻。公关人员向记者发放“车马费”，无非是希望记者能按照他们的意图进行报道、宣传，所以一旦收取了“车马费”就必然损害了报道的独立性，这是以自己的采访权和公众的知情权为代价的。

刘亚娟、展江撰文认为：姜涞事件捅出来的“娄子”，不仅直观体现了某些媒体某些条线在红包受贿这一道德问题上的“灯下黑”，和一部分媒体人暴露出来的“驯从”乃至“自我安慰”，也侧面印证了纸媒式微的大趋势。媒体人张丰在回答“记者跳槽做公关后发朋友圈称前同行是‘要饭的’，你怎么看”时写道：“媒体发达的时候，连政府部门的发布会，都会给记者一点车马费。如今这种行为被称为‘乞讨’，足见报纸这个行业的衰落已经到了什么程度……”微信号“此地无言”中署名“此间飞”的作者在《叛徒姜涞，你不知道说真话需要努力吗》中直言：“你（媒体）要想让大家接受收红包是可以理解的行业惯例，那就得承认媒体并没有多少公信力，以及我们并没有真正的舆论监督……我们需要姜涞这样的叛徒和挑衅者，来打破这虚假的和谐。一句难听的真话，胜过一万句漂亮的谎言。”①

与此事件形成映照的是澎湃新闻记者拒收30万元“红包”事例。5月起，澎湃新闻连续报道了“生发神药”邦瑞特的涉嫌虚假广告问题，并对邦瑞特背后的河南郑州题桥商贸有限公司进行了调查。其间，澎湃新闻记者陈兴王接到自称是题桥公司股东华某的电话，华某以说明情况为由与记者见面，在留下一个蓝色双肩包后迅速离开。陈兴王随即将双肩包送至有关部门。后证实，包内装有约30万元现金。正如澎湃新闻在评论中所说：“严守新闻职业操守本身，就是对新闻记者最好的保护，法律和职业规范是新闻记者在履行

---

① 刘亚娟，展江．“车马费”何以变成打发“乞丐”的饭食？——媒体从业者收受“红包”现象再探 [J]. 新闻界，2018(2).

监督报道职责时最大的‘保护伞’。”①

3.“奥数天才坠落”与非虚构写作争议

【事件】

5月3日，《人物》杂志刊发特稿《奥数天才坠落之后》，讲述曾占领IMO（国际数学奥林匹克竞赛）高点的“奥数天才”付云皓被保送北大后沉迷游戏，因为挂科无法拿到毕业证，“意外地在学术界消失”的故事。文中提及付云皓现在一所二本师范学校任教，并做数学竞赛教练。

翌日，付云皓本人以“自白书”的形式对这篇文章作了回应，认为作者虽然采访了付云皓本人却很少引用他的讲述，多是依靠周边采访的选择性报道，并不符合事实；不认同文章价值观——学科上有天赋的孩子必须要去做学术研究，否则即为“坠落”，相反认为自己做个普通老师很充实；反驳偏科的说法，表明自己并非“竞赛机器”，其他科目也不错；回应挂科肄业一事。

此文一出，《奥数天才坠落之后》一文引发更多争议，知乎上的问题“如何评价《人物》杂志的《奥数天才坠落之后》一文，以及付云皓本人对此做出的回应？”获得412个回答。其中“数学、数学分析话题的优秀回答者”dhchen的观点被置顶，得到2650人的赞同，dhchen批驳了《奥数天才坠落之后》中预设的非常“流行”的成功观。

【点评】

非虚构写作，或称非虚构文学创作，以强调作者完全独立的个人视角进行写作为主旨，近年来被引入我国，得到响应和推广，影响越来越大，收获很多读者，但也往往引发争议，比如当年“厉害女士”“惊惶庞麦郎”“耶鲁村官秦玥飞”报道等。与对单纯事实进行报道的其他新闻不同，人物本身就具有复杂性，人物特稿往往为追求对观念和意义的处理，在写作上单纯以作者的视角，理解和重构人物的经验，即便是基于事实的叙述，也很可能生

① 沈彬．马上评｜媒体的公信力是“值钱的”[N/OL]．澎湃新闻．2018-11-23.https://www.thepaper.cn/newsDetail_forward_2663087.

成不同的意义与阐释，[1]这也是非虚构作品容易引发争议的重要原因。可见其焦点仍然在于：这究竟是新闻还是文学创作？作者的主观视角掌握到什么尺度才是合理的？

《奥数天才坠落之后》虽然未直接给付云皓的人生扣上“失败”二字，但却处处渗透着与世俗成功观两相对比下的失意与落魄。正是因为写作中表现出较强的预设立场、强加于人的价值观，因此也被受访者本人及众多网友指责裁剪事实——选择性地强调或者忽略一些内容，从而使得文章的客观性和权威性受到质疑。这一事例也再次提醒我们，尽管“强调叙事性的非虚构新闻话语本质上是一种文学化的言语实践”，但也需要注意“非虚构叙事可能陷入风格主义的景观陷阱，从而变成一种纯粹审美的文字游戏或陷入碎片化细节的泥潭，走向它所宣称的接近真实的对立面”。[2]由于自媒体和网络作者的迅速扩张，即使很多作者并不一定知道“非虚构写作”这样的外来“流派”，也确实需要把握好主观抒发和客观表现之间的界限。

另外一个值得关注的现象是，在当下人人都有麦克风的时代，专业媒体并不是事实和观点的唯一提供者，付云皓在知乎发表“自白书”对《人物》杂志的文章进行批驳，采取了与专业媒体完全不同的竞争性叙事，很快获得超过10万个“赞”以及2000多条赞同的评论。这意味着新传播格局下议程设置权、话语引领权的开放与转移，通过传受各方的互动，有助于进一步逼近真相，而对于专业媒体来说也需更加谨慎，才能保持公信力。

4. “二更食堂”低俗文章与野蛮生长中的价值观缺位

【事件】

5月6日凌晨，21岁的空姐李某珠，在郑州通过滴滴平台搭乘顺风车，不幸被司机杀害，这一事件引发社会广泛关注。

5月11日20时，知名自媒体公众号“二更食堂”发布头条推文《托你们的福，那个杀害空姐的司机，正躺在家里数钱》，文章虚拟空姐遇害的细节，

---

① 邓力．塑造人物与再现偏差 [J]. 新闻记者 ,2018(5).
② 黄典林．话语范式转型：非虚构叙事兴起的中国语境 [J]. 新闻记者 ,2018(5).

措辞夸张，甚至出现不堪的色情想象，引发大量用户强烈反感和质疑。

当晚，“二更食堂”CEO李明发布致歉声明，称“斯时斯刻，羞愧难当”，因为审核流程把关不严，出现严重的表述不当，给读者造成了强烈的不适感，也给文章涉及的当事人造成了恶劣的影响，向各方致歉。

5月12日，浙江省网信办联合杭州市网信办依法约谈了二更网络科技有限公司负责人，责令其限期整改。“二更食堂”公众号被微信平台封号7天。

5月13日晚，“二更”创始人丁丰在题为“致歉和反省”的公开信中公布了内部调查结果，“此次事件深层次原因，在于‘二更食堂’运营团队在价值观导向上出现了偏差，内部审核机制存在漏洞，运营负责人缺乏应有的管理意识，把关不严，才造成如此严重的后果”。宣布永久关停“二更食堂”公众号及其他所有平台的“二更食堂”账号，免去李明在二更网络公司担任的一切职务，解聘此次事件相关运营责任人。

5月25日，杭州市网信办联合市文广新局再次约谈二更网络科技有限公司负责人，要求对涉事人员进行严肃处理，严禁开设“二更食堂”的转世账号和返聘违规员工，并联合进驻公司督导落实整改要求，逐条对照验收。

【点评】

从一个个人自媒体（公众号）发展出一家公司，如“二更食堂”那样，已经不是个别现象。其存在并不违背现行法律制度，而在传统媒体领域，个人是不可以创办任何报纸刊物的。这种商业性质的自媒体应该如何运行呢？确有办得不错的商业自媒体，但也有些自媒体在快速膨胀中存在不少潜在的问题。正如“二更”创办人丁丰所言，“二更食堂”的问题一是价值观出现偏差，二是审核机制存在漏洞。

“二更食堂”那篇文章意在蹭“空姐顺风车遇害案”的新闻热点。眼下，“蹭热点”已成为自媒体的一种重要流量导入方式，有研究者总结了“蹭热点”可带来的诸多好处——提高流量、展现实力、拉近情感、使用户对内容同质脱敏。[1]但个人自媒体即使成立了公司，也不可能拥有采访权，

---

① 胡沈明．自媒体“蹭热点”的逻辑、方法与问题[J]．新闻论坛，2018(4).

事实上也不可能投入很多精力去采访核实，这样在闭门造车的情况下如何“蹭”新闻热点呢？据归纳，常用的套路就有“补充、整合、戏仿、意义泛化等”。[①]为了在众多公众号的“同题作文”中“夺人眼球”，“二更食堂”选择了“补充”这起恶性事件的“细节”，用庸俗、色情的想象性描述挑逗读者的兴趣，刻意“消费”逝者，攫取10万+的阅读量，罔顾传播伦理。

第二个层面，对于“审核机制存在漏洞”的解释，有些网友认为这属于官话套话，以逃避责任，但这确实是目前商业自媒体管理中一个非常严肃的问题。吸引眼球为的是增加流量，增加流量的目的则在于获得商业广告及风险投资，在急于追求商业变现的过程中，忽视审核机制，既可以降低人力物力成本，也暗含着放任其野蛮生长的意图。然而商业自媒体还是有其存在边界的，“二更食堂”事件就此敲响了警钟，无论在什么平台上，内容生产者始终要遵法守规，以如履薄冰的谨慎态度，从价值观塑造到流程制度设计安排都要落实妥当，给社会提供正能量。

5.中国游客遭“粗暴对待”报道的不同面向

【事件】

9月14日，中国驻瑞典大使馆发布提醒，近期有中国游客遭到瑞方公务人员粗暴对待。中方已就此向瑞方提出严正交涉。

9月15日，《环球时报》发布独家报道《中国游客遭瑞典警方粗暴对待，一家三口被扔坟场，外交部严正交涉！》（此为环球网上的标题，“环球时报”微信公众号上的文章标题为《看完能气炸中国人！瑞典就是这么一个国家？！》），详细报道了上述“粗暴对待”的事件。文章主要援引中国游客曾先生的话，报道了曾先生及父母一行三人凌晨抵达斯德哥尔摩市区的一家旅店准备住宿，但预订的房间需当天才能入住，曾先生请求旅店让他们付费在大厅休息，酒店不但拒绝还报警。警察将曾先生父亲拖出酒店，扔在地上，一家人半夜被强行带到郊外墓地的事件。同时该报发表社评《瑞典必须

① 胡沈明. 自媒体“蹭热点”的逻辑、方法与问题 [J]. 新闻论坛 ,2018(4).

严惩对中国老人施恶的警察》。一时间，民愤四起，引发网友对同胞在国外遭遇不公对待的关切。

但事件很快出现了第二个版本。当地时间15日晚，瑞典本地媒体《晚报》（Aftonbladet）从涉事酒店及警方的角度报道了此事。报道称，酒店方面认为，三名中国游客在预订房间时弄错了日期，凌晨到达旅店时客房已满。旅店接待人员要求他们离开，但三人不同意，与旅店工作人员发生了争执，后者因而报警。瑞典警方也是要求三人离开，但他们闹了起来，才采取措施。而流出来的现场执法视频中，两位瑞典警察将家属抬出酒店，但未见有殴打。除了呼天抢地的喊叫外，曾先生在一段视频中，还存在故意摔倒的嫌疑。所谓的“坟地”与我们语境中的也不一样，“林地公墓”是世界文化遗产之一，距离斯德哥尔摩最中心的皇宫约6公里。

随着更多专业媒体、自媒体加入报道，人们开始质疑：游客是否也存在过错？蔡雯等人对今日头条、新浪微博相关报道下网友留言进行统计发现，在众多意见中，“谴责曾先生一家，认为瑞典警方处理无误”的观点占比不少。“批评媒体报道，认为媒体报道缺乏公允”和“对媒体报道持怀疑态度，认为还有‘未发现的真相’”的评论意见也不在少数。①

【点评】

虽然发生在国外，但此事本质上仍属一场顾客与服务企业纠纷事件。而《环球时报》在最初的报道中，采纳曾先生单方面的说辞，“隐去了冲突的前因后果和细节，建立起了一个中国游客外国无故受辱、被歧视的信息模型，也引发了很多对瑞典警方的批评”。②随后进一步的报道发布后，公众发现《环球时报》所呈现的情况是片面的，自然会对初始报道持怀疑态度。

在当下中国，“不同价值观和意见激烈交荡，多和社会思潮新兴崛起，尤以民族主义和民粹主义在互联网的刺激下悄然抬头为显要趋势”。③如果媒体的出发点不是挖掘真相、引导受众，而是刺激煽动公众情绪，也许会收获

① 蔡雯，杜华敏．从一次“新闻反转”看新闻业的“危”与“机”——以“瑞典警察殴打中国人”事件为例 [J]. 新闻记者，2018（11）.

② 熊志．道歉、真相和规则意识，一个都不能少 [N]. 光明日报，2019 年 9 月 18 日第 A02 版．

③ 袁婷婷．民粹主义的中国境遇 [J]. 探索，2018(1).

较高的阅读量，但更危险的是会撕裂社会。

另外，这一案例再次印证信息供给从专业媒体垄断向公众参与的变革，日益复杂的真相语境下，多方力量共同参与的事实与观点发布，让我们获知这起纠纷的不同面向。类似的情况在未来有可能成为常态，就像有学者所提醒的，这一案例中表现出的新闻重构和公众话语的复杂，提示我们必须重视公众与专业媒体不同的观察角度，以及“逆反”心理导致的对抗式解读。[①]

6.微信截屏拼凑“新闻”的伦理陷阱

【事件】

9月20日起，“新晚报”“新华社”“成都商报”“澎湃新闻”“楚天都市报”等多家专业媒体微信号都转发了《深夜12点，小学生爸爸问老师：睡了吗?群里瞬间炸锅》一文（不同媒体标题略有出入），相关话题#深夜爸爸问老师睡了吗#还登上了微博热搜。

此文的主体是三张微信截图。第一张图显示：一位家长深夜12点在某小学班级微信群里问老师是否睡觉了。在老师回复睡了后，这位家长提出，“我闺女还没睡觉呢，你睡什么睡，你给孩子布置那么多作业，你凭什么能睡觉？……”第二张截图中，老师表示已将那位家长移出聊天群，其他家长也开始抱怨作业多。第三张图是网友评论。

这只是目前众多“截屏新闻”中的一例，没有采访，没有背景介绍，只要几张微信截图就凑成一则“新闻”，被不断转发滚动，进而成为热点话题。

当然，也不是所有报道都这样“随意”。10月初，同样一则“午夜给老师发微信被拉黑”的微信聊天截图在网上流传，一位妈妈为了让上幼儿园的孩子当上值日生，给老师发了一条长消息，可几天后却发现被老师“拉黑”了。澎湃新闻在报道此事件时追踪到当事人，采访当事老师未果后，采访了幼儿园园长以及这位妈妈，还原了事件的原貌。

---

① 蔡雯，杜华敏.从一次“新闻反转”看新闻业的“危”与“机”——以“瑞典警察殴打中国人”事件为例 [J].新闻记者，2018（11）.

【点评】

微信截屏随手转发已成为UGC新闻生产方式的一种，被广泛应用，影响越来越大。但是，未经当事人允许，将他人的微信聊天、朋友圈内容等截屏传播，也是有待探讨的伦理问题。比如，2018年由微信截屏引发关注的新闻事件当数“新财富不雅饭局”。几位证券分析师在饭局中的不雅行为被一起参加聚会的同行录下视频，传播到聊天群，之后被截屏广泛转发，不断发酵，最终相关人士受到公司处罚，新财富最佳证券分析师评选也宣布取消。但在这一事件传播过程中，私人场合的聚会被拍摄、朋友圈聊天被截屏转发，是否有侵犯他人隐私的嫌疑?

普通用户随手转发微信截屏也成为专业媒体报道的重要线索。但对专业媒体来说，是否找到当事人进行采访、核实，是检验媒体是否专业的基本标准。微信截屏貌似来源于当事人，有图有真相，但抽去语境后的三言两语很难说明问题，技术作弊更是轻而易举。因此，没有经过核实的微信截屏不应成为专业媒体报道的依据。

第一篇截屏报道就是专业记者放弃了把关、放弃了核实，为抢热点将它“新闻化”。我们找到的最早的报道来自新晚报，署名“来源搜狐、新浪微博，新晚报综合整理”，[①]新闻五要素残缺，记者也未曾核实真伪，但经过专业媒体背书，微信截屏以“新闻”的面目被其他媒体跟进转发，以致推波助澜，遂成焦点。

其实，2016年7月国家网信办发布的《关于进一步加强管理制止虚假新闻的通知》中，专门强调严禁“未经核实将社交工具等网络平台上的内容直接作为新闻报道刊发”。这种将未经核实、新闻要素不全的微信截屏“新闻化”的做法，不仅易滋生虚假新闻，也损害了专业新闻机构的公信力。

① 姜雪峰．小学生爸爸深夜12点给女老师发了条消息，群里瞬间炸锅……[N/OL]. 新晚报 .2018-9-20.http://www.sohu.com/a/254951403_338398.

7.照搬“官方”材料引发舆情的多方反思

【事件】

山东大众报业集团主办的大众网5月27日报道称，5月26日，中国胸痛大学在济南正式成立。报道介绍说：“中国胸痛大学是中国第一所以提升胸痛教育和研究为目标的高等学校。中华医学会急诊医学分会主委、中国医师协会胸痛分会候任主委、中国医促会胸痛分会主委、山东大学齐鲁医院副院长陈玉国担任中国胸痛大学首任校长。目前下设三个学院，分别为胸痛学院、抗栓学院和心衰学院……”

这篇报道被广泛转载，并引起舆论关注。山东省教育厅、教育部先后表示未审批“中国胸痛大学”。陈玉国接受媒体采访时表示，“中国胸痛大学”并不是一所高等院校，也没有他担任校长一说，而是中国医促会胸痛分会成员自发组成的一个学术组织。“我们分会在起名时考虑不周，起这个名字欠妥，给公众造成了误解。”

11月6日《重庆日报》发表报道称，“重庆市教育考试院发布的消息，政审材料是参加高考录取的必备材料……政审不合格者不能参加普通高校的录取”。“政审”一词撩动了那段敏感的历史，引发网友热议。

针对此事，重庆市教育考试院办公室主任罗胜奇接受《中国新闻周刊》采访时表示：“关于政审是媒体记者写错了。我们叫思想政治的考核和现实表现的审核。记者把这个理解错了，就出了一个‘政审’。重庆市严格按照教育部的精神，文件是一脉相承的，没有做变化。只是记者的片面误读。”

但网友追本溯源发现，早在11月2日，重庆市教育考试院微信公号“重庆招考”发布的《考生关注的热点问题，都在这儿》中，就将“思想政治品德考核”表述为“政审”，并解释了“政审怎样进行？政审主要有哪些内容？”

11月8日，重庆市教育考试院官网发布说明，承认是“重庆招考”的表述不规范、不准确，以及“我院工作人员在回答记者电话询问时，答复也是不准确的”。

【点评】

将这两起乌龙事件放在一起，表面上看都是相关机构的错误造成信息误导，让媒体背了黑锅，但是在批评相关机构不够谨慎、规范的同时，也有必要反思媒体记者在其中所起的作用。

针对重庆“政审”报道，南京大学新闻传播学院教师郑佳雯认为：在任何一家新闻学院的写作课堂上，这篇报道都不可能及格。《重庆日报》的报道只有单方面信源，就是教育考试院发布的通知，记者没做任何核实采访。高考“政审”是第一次实行还是一直如此？如果是第一次实行，政策出台背景是什么？如果过去一直如此，那么这篇报道的新闻点在哪里？过去是否有学生因为政审而不准参加考试？这些构成新闻的基本要素，报道中都没有涉及，只是对教育机构公文的转摘。

对所谓“中国胸痛大学”的报道，同样可以有此质疑。我们都知道，开办一所大学需要各种审批，需要师资队伍、教学场地以及生源等，和一个自发成立的学术组织完全是两回事。那么，媒体记者在发布这一消息的时候，采访了吗？核实了吗？还是仅仅拿了会议材料直接就贴上网了？“胸痛大学”引发舆情被曝光后，大众网将原报道一删了之，究竟这个“自发成立的学术组织”是否合法登记、起名“大学”背后是否有商业考量？网友们的疑问，也不见回答。

新媒体环境下信息传播格局、舆情生成路径更加复杂。挖掘真相，澄清事实，净化舆论生态，是专业媒体的责任，必须以更主动更深入的采访调查核实工作来完成。当然，各方面也有必要为媒体提供更宽松的报道空间，既有助于民众的监督，也有利于工作的改善。

自媒体有个人设立的，也有机构设立的。机构有大有小，大到一家央企公司，小到一个住宅小区的业主委员会，都是。中国敬重“官”字，机构办自媒体往往自称“官微”“官号”，似乎戴着一顶“官”帽，就给用户吃了一颗定心丸，一定是正确的、权威的，其实不然。有的“官”媒就是一个人在操作，与自媒体无异。有的“官”机构其实也没有多少权威地位，也容易犯错。这一方面提醒从组织传播转变为大众传播的机构自媒体包括政务媒体亟须构建恰当的伦理规范，另一方面也提醒专业媒体对机构自媒体的内容也要做好核实，不要轻信转发。

8.“洗稿”侵权实为变相剽窃

【事件】

1月23日，自媒体大V“六神磊磊”推送文章《这个事我忍了很久了，今天一定要说一下子》，揭开了自媒体创作中的一大弊病——“洗稿”。所谓“洗稿”，是一种避免直接抄袭的改头换面、变相剽窃行为。盖子一经揭开，不断有自媒体原创作者曝出其文章被变相剽窃的经历。

5月，科技自媒体“差评”宣布获得A轮融资，领投方包括腾讯TOPIC基金等。多个公号发文对“差评”之前的“洗稿”劣迹，以及腾讯投资“洗稿”大户这种违背价值观之举表示批评。“差评”虽连发多篇文章进行反击和自辩，但最终主动退还了腾讯相关投资。

9月29日，针对网络转载版权专项整治中发现的突出问题，国家版权局约谈了趣头条、淘新闻、今日头条、一点资讯、百度百家号、微信、东方头条、北京时间、网易新闻、搜狐新闻、新浪新闻、凤凰新闻、腾讯新闻等13家网络服务商，要求其进一步提高版权保护意识，切实加强版权制度建设，全面履行企业主体责任，规范网络转载版权秩序。

10月3日，新华社记者在“新华视点”中报道了自媒体地下“洗稿”的产业链：“千字10元至30元找网络写手，将‘爆款’原创文章移花接木、改头换面上线，一些自媒体靠‘洗稿’做成大号。”①

【点评】

“洗稿”在某种意义上是一种“高级抄袭”，之所以“高级”并不是志趣上的，而是指抄袭的手段升级。随着互联网版权保护的进一步强化，各大平台都建立了原创保护机制，鼓励、优先推荐原创文章，“洗稿”就是应对原创保护机制的一种策略，通过篡改删减，将别人的作品改头换面迅速生成

---

① 揭自媒体地下“洗稿”产业链：靠改头换面成大号 [N/OL]. 新华社 ,2018-10-23. http://media.people.com.cn/n1/2018/1024/c14677-30358798.html.

伪原创。洗稿手段不但有人工的，还伴生了大量的洗稿软件，有些就是“同义词互换”。[①]“洗稿”之所以成为一种大规模的现象，其经济动因在于微信公众号、头条号等自媒体的产业化，形成了“原创文章—点击量—变现”的通道。有媒体调查发现，靠“洗稿”形成爆款文章，迅速吸粉养成大号，再靠数据流量卖广告赚钱，形成一条完整的产业链。[②]

“洗稿”之所以大肆泛滥和它在某种意义上处于灰色地带有关，在法律上难以界定，被侵权者大多停留于道德谴责，真正诉诸法律的很少。因为版权保护的基本原则是只及于表达，不涉及思想和创意。其本意之一是为了避免保护范围过大而限制创作自由，但表达方式经过改头换面后在判定是否为抄袭上存在一定难度。另外，诉诸司法要投入时间、精力和其他成本，被侵权人即使打赢了官司，也难以得到充分的补偿。

对于“洗稿”这种新媒体技术带来的新问题，需要在法律和技术两个层面来共同解决。相关法律法规需进一步具备可操作性，而平台作为利益攸关方，应设计和制定合理的版权投诉规则，以及投诉处理和处罚机制。目前已能看到一些举措，例如9月“今日头条”为保护原创，封禁、禁言了3591个有搬运、篡改和歪曲行为的违规账号。微信平台截至11月10日，已处理涉及“抄袭”的投诉接近8万单，处理了涉嫌侵权的账号5万个，处理涉嫌侵权的文章接近3万篇。12月3日，微信公众平台把合议机制引入到洗稿判定中来，开始随机邀请坚持原创且无抄袭违规记录的个人作者担任“洗稿投诉合议小组”首批内测成员，协助平台对有争议的“洗稿”内容进行合议。

---

① 央视焦点访谈．自媒体的这些“病”，是时候该治治了 [N/OL]. 中国青年网 .11 月 11 日 .http://news.youth.cn/gn/201811/t20181111_11782026.htm.

② 陈冰．“洗稿”成本这么低，原创维权成本却那么高，我们该怎么治他？ [N/OL]. 微信公众号“新民周刊”.10 月 25 日 .https://mp.weixin.qq.com/s?src=11&timestamp=1543818842&ver=1281&signature=vd8Q3rZrLsZD-KFde4PZ9wrUpkxxuAFcsXsvYDbOqJvlnIjq4**4Mu4t6NslRT5amY6B1-dxb5jPZhbDOqXODBc0nN90yys*nXMDqqtJjW*AOL00pjTN2VHxT51tLp5g&new=1.

9.人民网批浮夸自大文风

【事件】

6月13日，《人民日报》发表评论批评"跪求体""哭晕体"等语言形式在一些网络媒体的标题、正文中频频出现，"其浮夸荒诞的文风，令不少读者感到不适"。7月2日开始，人民网又连续推出"三评浮夸自大文风"系列评论指出："最近在网上，'美国害怕了''日本吓傻了''欧洲后悔了'之类的文章，总能赚取不少莫名点击。然而，综观这些所谓'爆款'文章，内容其实了无新意，令人堪忧。"[①]评论列举某些浮夸自大文风的案例：有的一味夸大、以偏概全，高喊《在这些领域，中国创下多个"世界第一"！无人表示不服》；有的任意拔高、贻人口实，鼓吹《别怕，中国科技实力超越美国，居世界第一》；有的一厢情愿、照单全收，将国外的只言片语，放大成"中国在世界舞台上占据中心位置""中国现在是全球第一经济体"等声音。

人民日报、人民网的系列评论切中时弊，引发极大关注。

【点评】

某种程度上，浮夸文风也是媒体规律的表现。因为媒体在选择报道对象时，总是倾向于寻找那些"异常个案"中的"亮点"，从而"建构出一个被强化的现实"。[②]而网络环境下对流量的追求，更使媒体倾向于使用夸张耸动的言辞以吸引眼球。因此，"标题党"现象可谓屡禁不止，最近还有网友搜索发现，《抖音正在毁掉我们的下一代》《外卖毁掉了我们的下一代》《拼多多正在毁掉年青一代》等"毁掉体"标题也让人"震惊"。

不过，人民日报、人民网所批评的浮夸自大文风，比一般的"标题党"现象为害更甚，"消解媒体公信力，污染舆论生态，扭曲国民心态"。[③]并

---

① 谁在"跪求"，谁在"哭晕"？人民网批浮夸自大文风 [N/OL]. 搜狐网 .2018- 7-2 .https://mp.weixin.qq.com/s?src=11&timestamp=1543890331&ver=1283&signature=gK94PT0ar*YKtBHGCJCjTJvkUPep94qVfEkW8o4huU0KxJ2viHyg4Vb9s5gP2MxtAXeA8DyyIDkmJRmk5KclNwSa88DQwGY8-yszA9jhme2S2tpe3nMPZ7Dif-Pp5dRNw&new=1.

② [美] 赫伯特·甘斯 . 什么在决定新闻 [M]. 石琳，李红涛译，北京大学出版社，2009:114.

③ 艾梧 . 人民网三评浮夸自大文风之三：文风是小事吗？ [N/OL]. 人民网 2018-7-4.http://opinion.people.com.cn/n1/2018/0704/c1003-30125559.html.

且，浮夸自大的文风关系着“党风民风”，“以自欺或自吹的方式换来的自信与自豪，并不会真正赢得尊重，反而蒙住了人们正确看待发展的眼睛、遮挡了‘风物长宜放眼量’的视线”。[①]因此，无论是在传统媒体平台还是在新媒体渠道，以实事求是、求真务实的态度展开报道进行编排，都是我们的媒体，尤其是主流媒体应该遵循的基本规范。

10.专业媒体炒作单方觅爱

【事件】

12月10日，梨视频播放视频新闻“可能是最肉麻的起诉书！书店痴情男欲起诉‘一见钟情’女生：我不在意任何人对我的看法，只想找到她”。报道一位男青年在北京王府井书店邂逅一位女生，自称当时两人对看十秒，他认为对方对自己也一定有意思。此后，他先是在书店蹲点连等50天，不去工作，甚至到了向亲戚借钱的地步。苦等未果后，他开始张贴寻人启事，甚至想出去法院起诉女生的方法，以找到她。

梨视频的报道引发网友批评，认为这不是浪漫，而是骚扰；媒体炒作，“正中偏执狂下怀”。梨视频随后删除了这条新闻，但是相关报道已经广泛传播，甚至一度上了新浪微博“热搜”。

与此事有点类似，10月初，一位空姐寻找自己一见钟情的乘客的“寻人启事”引起热传，这位空姐发布的内容说：自己在飞机上遇到一位围棋少年，对他一见钟情，但当时没有勇气向他要联系方式，之后很后悔，于是在各大社交平台、短视频平台发布“寻人启事”，还公布了少年的出生日期及所乘航班信息。《浙江日报》等专业媒体也报道了此事，并发现这位围棋少年是著名围棋国手连笑。

【点评】

一见钟情、大胆说爱、长情的等待等，是通俗文艺常用的浪漫元素。但是现实生活并不是小说、电视剧，这种单方面在大众传播渠道公开示爱的方

---

① “全球首款、世界第一”不自吹中国人就不自信吗？[N/OL].人民网.2018-7-3.https://baijiahao.baidu.com/s?id=1604937018951836946&wfr=spider&for=pc.

式，很可能给对方生活造成困扰。因此，有网友评论，痴情男青年的行为不是浪漫，而是偏执、病态，提醒女生千万不要再去那家书店；也有网友质疑空姐的行为，是否有侵犯他人隐私之嫌？

而对于参与其中的专业媒体来说，则属于陈力丹等提出的“媒体逼视”的问题。所谓“媒体逼视”，[①]主要指由于专业媒体将私人领域的信息未经当事人同意而公开报道，使得报道对象遭受不应有的心理压力。这两起案例，都属于与公共利益无关的私人事件，专业媒体跟进炒作，实属低俗无聊之举。

11.喜提“10万+”暴露价值观偏差

【事件】

12月11日，襄阳日报记者严俊杰在朋友圈发布日记，详细记录了他自己生病住院的遭际，一度“离死亡只差两三个步骤”。在征得严本人同意后，襄阳日报客户端以《向死而生，一名记者的住院日记》为题推送了这篇日记，引发广泛共鸣和转发。12月16日，人民日报微信公众号在“荐读”中推送了这篇文章，获得10万+的阅读量。襄阳日报针对此事在客户端发布文章《喜提〈人民日报〉10万+，襄阳日报首席记者的这篇日记火了》。记者病重无论如何都是一件令人沉重的事情，但襄阳日报的文章不但无悲悯之情，还在“喜提”10万+，其报格和操守受到质疑。媒体人褚朝新在评论中表示，“恍惚间，我仿佛看到了襄阳日报版的范进中举”。[②]襄阳日报随后修改了文章标题。

与此类似，1月24日，80后创业代表人物茅侃侃去世，引发人们对创业过程和资本市场残酷性的唏嘘以及对创业者境遇的关注。1月25日，知名媒体人、《赢在中国》制片人王利芬在其微信公众号上发布题为《茅侃侃的离

① 陈力丹，王辰瑶．“舆论绑架”与媒体逼视——论公共媒体对私人领域的僭越[J]. 新闻界,2006（2）.

② Chuzhaoxin. 襄阳日报，真的是病得不轻．微信公众号“褚褚动人”，https://mp.weixin.qq.com/s?src=11&timestamp=1545185650&ver=1283&signature=5w3XNngeOSFhhvq7Dh4k6K*rb-LZ6eglPU2Nf-eauGfHeARltGo2qKFrgQT4Ry4PRE5ihjG5QJhO-CAfubaoYtj-hmPNaWsUV2pabrPLAF9MbIR4oloAoUP8UW3nyVQR&new=1.

世，掀开了创业残酷的一角》的文章，并同步在微博上，这篇紧贴热点的文章很快达到“10万+”的阅读量。1月26日一早，王利芬在微博上写道：“我的微信公众号从未达到过10万+，努力皆有可能，达到目标的速度比我想象的要快很多，先高兴一下。”还配以开怀大笑的图片。王利芬这条微博招致网友的猛烈批评，骂她“冷血”“没人性”“吃人血馒头”等，当天，王利芬在微博上为不妥言论致歉。

【点评】

对10万+的追求，已经让部分媒体人忘记了对生命的尊重，不禁让人倍感凄凉。“先高兴一下”和“喜提”看似报喜，实际上却反映出他们日常阅读量的惨淡和对流量的焦虑。媒体人张丰从理解的角度看待王利芬的言论，“在我看来，王利芬人倒不见得有多坏，她只是不小心表达了自媒体普遍境况：谁不为10万+高兴呢。王利芬只是不知道掩饰自己而已”。[①]然而，当10万+成为最重要的评判标准时，对它的过度追求和膜拜将造成价值观的扭曲。

二、余论及讨论

结合2018年传媒伦理领域出现的新情况可以看出，在传统新闻传播方式遭到颠覆性变革的情况下，专业媒体新闻生产遇到新的挑战，伦理规范也需重新凝聚共识。

本文开篇已大致描述了新传播格局的特点及新闻生产的变化，新闻业一向是以“真相”挖掘为鹄的的。然而，新传播格局打破了过去大众传播渠道的垄断封闭，一锤定音式的真相发布变成碎片化、滚动式、多方面的真相竞争，专业媒体、政务媒体、其他机构媒体、商业媒体、当事人、用户等都在舆论场中争夺对真相的定义权。很多传媒伦理争议，正是在这种竞争话语中所产生的规范交锋。由此，我们从不同传播主体出发，提出各自的伦理修复

① 张丰．悲伤的故事与10万+后遗症[N/OL].微信公众号“大家”.2018-1-26.https://mp.weixin.qq.com/s?src=11&timestamp=1545270658&ver=1283&signature=qkoubo8tnYnWSp-Zhlzr6g*FYRoRSXgfWiF-KfmRTz3lwETe8U0sPbE3hFegSETQWd*TxGJPUOamR6M2lacfyExuLKWGohYUYdFwU0ffur-jOsWBN-oieIQOhkL5lb8*&new=1.

建议：

对于专业媒体来说，重塑公信力是最紧迫的要求。尽管新的传播格局中存在无数传播节点，但专业媒体毕竟是其中以新闻生产为职业的相对重要的部分，也是占领舆论阵地、发挥舆论引导功能的主要力量。然而，从2018年传媒伦理诸多案例可以发现，各种竞争性话语对专业媒体话语权形成越来越大的挑战，专业媒体公信力、影响力都呈下降趋势。亚里士多德曾提出一个成功的演讲，取决于三个因素：演讲者的品格、演讲内容的逻辑和对受众的感情诉求。[①]所谓演讲者的品格，对于专业媒体来说就是公信力。借用西方社会“后真相”之说，新传播格局中的用户出现“信者恒信，不信者恒不信”的情感大于事实的信息接收状态，失去公信力的媒体，无论什么报道都会被质疑。忽视核实环节、报道庸俗化、对民众关心的问题缺乏关注、舆论监督乏力、煽动民族主义情绪等，都可能造成专业媒体公信力下降，让受众产生“坐等反转”的心态。在巨大的融合转型压力下，专业媒体只能以更严格的专业化标准要求自己，以对“硬新闻”的深入报道体现专业能力，才能重获受众信任，才能彰显在整个社会网络中独一无二的传播价值。

机构媒体，其中包括政务媒体，理应在网络空间发挥更多的舆论主导作用。国家已经多次下达有关加强政府网站和政务“两微一端”建设的指示和意见，要求做好信息发布、政策解读和服务工作，建立并完善与宣传、网信、公安等部门的协调联动机制，加强与专业新闻媒体的沟通联系，及时准确发布权威信息，提高政务舆情回应的主动性、针对性、有效性，稳妥做好突发事件舆情回应工作。同时应该看到它们与专业媒体的视角也会存在一定差异，需要协调和互动。至于其他各种机构媒体，也应该按照自己的职责功能，制定相应的行为规范，做好相关的信息发布和意见表达。

对于商业媒体来说，确立正确的价值观是持续发展的基础。逐利是商业的本性，但是缺少社会责任意识的商业行为不可能永续发展。新媒体产业“野蛮生长”过程中往往忽视了正确价值观的培育，也许起步阶段影响不

① 刘海龙．大众传播理论：范式与流派 [M]. 北京：中国人民大学出版社，2008:44.

大，但后续成长中就会带来致命问题。有研究者对财经／财新团队调研发现，“价值共同体”是该团队得以在转型中建构严肃新闻专业主义的核心要素。①在商业媒体发展中，个人的道德决策更多反映了特定组织所施加的压力。因此，编辑部内部是否有明确的、相对一致的价值取向在很大程度上塑造着媒体的作为。

对于用户个人来说，随手转发前也有必要提醒自己所承担的道德责任。虽然随手转发往往抱着娱乐心态，但相关信息是否真实？转发内容是否会对其他人造成不必要的伤害？发现曾转发过不适当的内容后是否及时删除、解释说明？这些问题的自我追问也是培养有责任感公民的一个环节。

最后，不妨引用美国学者亨利·詹金斯的一段话，作为结语：

> 现在的我们正处在一个转变的节点上。在网络化的文化中，传播容量正在不断扩大，但是我们缺乏历史经验，不知道如何负责任地、建设性地对此加以利用。转变往往伴随着巨大的破坏性，这让人觉得困惑，也有可能带来道德困境，我们到底该如何使用这种力量？……“能力越大，责任也越大”。我们应该发展个人道德和集体道德，应该通盘考虑我们的沟通行为所具备的含义，应该夺取错误信息和恶意言论的话语权，应该让彼此压制的群体开展对话。②

（本文执笔：《新闻记者》杂志编辑王侠等。感谢《新闻记者》杂志顾问魏永征、吕怡然、贾亦凡，东方网高级编辑陈斌，上海社科院新闻研究所副研究员白红义，《新闻记者》主编刘鹏等的指导。本文原载《新闻记者》2019年第1期，获作者授权转载）

---

① 刘颂杰．新闻室观察的“入场”与“抽离”——对财新团队参与式观察的回顾及思考[J]．新闻记者，2017(5)．

② ［美］亨利·詹金斯等．参与的胜利——网络时代的参与文化[M]．杭州：浙江大学出版社，2017:26．

2018中国数据新闻年度观察

戴 玉

2018年度（2018年6月—2019年5月）是中国数据新闻从“可视化”回归“新闻化”的重要节点。数据新闻原本以围绕数据的综合性新闻产品见长，如今随着经济环境收紧、可视化风潮渐弱，其更加普及、“下沉”，新闻性大大增强，综合性产品减少。

2018年的数据新闻出现了分工细化的趋势。数据新闻团队的定位更加精准，并试图去寻找各个环节更优秀的合作对象，从而推动新闻生产从独自作战走向部门间、单位间更密切的合作。在资金支持方面，“数据新闻+智库”的模式日渐成熟。具体的变化如下：

一、数据新闻内容：炫酷的“大制作”减少，变成以新闻为中心，利用小作品在单项上做出突破

经济环境收紧对数据新闻的影响比较明显。原本类似于“新闻奢侈品”的数据新闻，如今投入减少、考核趋紧，并且更加迫切地找到能弥补支出的资金支持模式。这也促使数据新闻内容开始“回归新闻”，讲求“新闻有效性”和回报。

1. 2018年，数据新闻的新闻性更强，以新闻性为中心进行策划推送、内容挖掘、叙事和可视化表达

主要体现在几个方面：

第一，从选题来源看，对数据的运用慢慢脱离以数据为中心或者以可视

化为中心，更重视根据选题需要去找到合适的数据。

比如网易数读早期的图文内容基本上都是开篇一张精美数据图，后面加上一篇不长的文字报道，一般以报告发布作为新闻由头，强项在于数据图表的设计，偏向“轻阅读”。但如今基本上都回归到了图文穿插的叙事结构，在2018年也出现了《我们分析了633个中国城市，发现四成在流失人口》这一针对热点的比较深度的报道，根据人口数据分析了城市人口密度下降的情况。

第二，从内容深度看，利用数据加强了对内容的挖掘，力求采访到第一手数据或得出独家分析结果，提高新闻价值。

数据获取方面，越来越多的媒体使用抓取的手段去获得数据，而不仅仅只是利用现成数据；由于发布数据或报告的各类公司增多，数据的选择更加“挑剔”；随着内容深入，媒体会使用更复杂的手段从数据公司调取数据。

界面新闻的作品《数据告诉你任何否定非公有制经济贡献的观点都是错的》通过数据公司调取了改革开放40周年来的中国企业变化数据。

界面数据频道总监陈臣描述数据采集过程：“采集数据需要慢慢地、一遍一遍地清理，一遍遍去想这个数据要怎么提取，沟通是比较费劲的。单拿企业性质来说，什么叫民营企业，什么叫合伙企业？说法都不一样。所以每输入一个概念界定的关键词，得出来的结果未必是我们想要的，没准多了、没准少了、没准压根就不是。”

【界面新闻《数据告诉你任何否定非公有制经济贡献的观点都是错的》】①

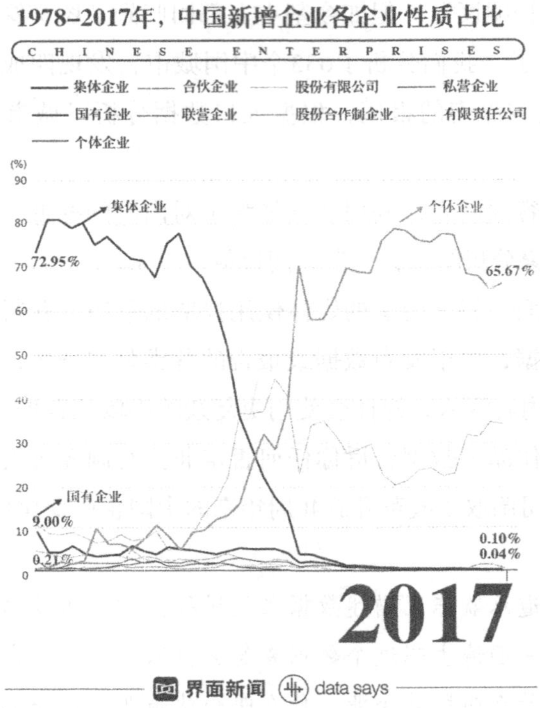

另外，数据分析方面，2018年出现了数据记者针对热点进行相对复杂的数据估算的作品。澎湃新闻查到31个省份18个行业（共558个行业）的平均工资和就业人数，将各行业归为第二、第三产业，估算了新个税法对全国行业的影响。打破以往“打一枪换一个地方”的数据新闻选题思路，澎湃对个税数据进行了持续关注，推出多期报道。抓住一个适合数据新闻、有重要性的选题进行长期跟踪，也有利于数据新闻持续产出更加深入的内容。

① https://www.jiemian.com/article/2471699.html.

【澎湃新闻《我们用18个行业的平均工资，估算了新个税法对工资单的影响》】①

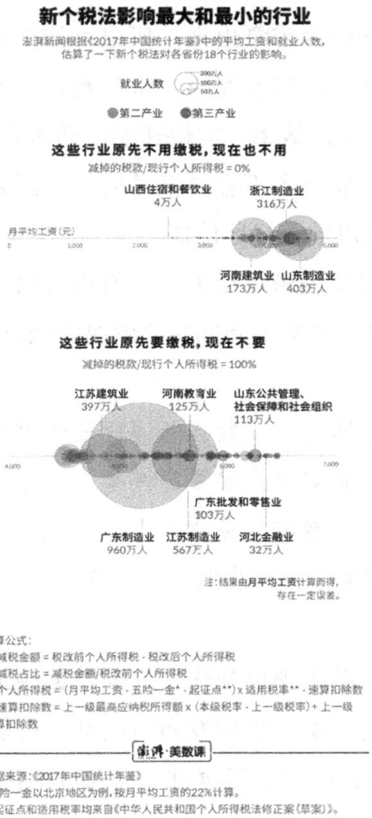

第三，从叙事方法看，数据新闻的综合叙事能力提高。过去的数据新闻主要由不同的图表构成内容和叙事逻辑，如今，一些数据新闻的内容素材不再是纯数据，而是数据、地图、图片、资料等素材的综合表达，而且更注重“讲故事”。这种变化体现了数据新闻人对各类素材的熟悉度和驾驭力在提高。

第四，从推出速度看，数据新闻对热点话题的响应能力提高，不再为了

① https://www.thepaper.cn/newsDetail_forward_2406595.

迁就数据的可获得性或者分析深度而经常选择相对冷门的话题。

由于早期的数据新闻记者对已有数据不够熟悉，对数据新闻流程还不太熟练，所以容易一找到合适的数据就写一篇报道，不太顾及新闻热点，或者等新闻性过了以后才能把内容拿出来。所以可能会让数据新闻游离于热点话题之外。如今数据新闻“回归新闻”，也是数据新闻在团队、技能磨合成熟之后，开始有能力讲求生产效率、能快速响应动态新闻的结果。

第五，从效果看，弱化了不容易读懂的复杂图表表达，在美观的基础上更讲求新闻的直观易懂以求更好地传播。

早期的数据新闻跟图表密切相关，如何用有限的空间清晰明白地展示丰富的、难懂的数据信息，是数据新闻首要解决的问题。

界面数据频道总监陈臣：“数据新闻比较注重考虑读者需要什么，数据新闻带来的综合流量，肯定比文字要高多了。因为数据新闻把新闻当成‘信息商品’去卖给消费者，带有服务意识，而传统新闻不太考虑阅读体验、阅读成本等。他们是采购橘子，而我们是生产浓缩橘汁。”

但之后，媒体越来越重视可视化。界面数据频道总监陈臣认为，过度可视化会增加新闻生产的成本、延缓发布时间甚至可能增大信息理解的难度，但2018年大家终于开始回归了，不再过分追求可视化效果。

“《数据告诉你任何否定非公有制经济贡献的观点都是错的》这个选题做了一两个月，其实一个月就能做出来，但现在数据新闻行业要求你做得炫酷，我们把时间都花在这上面了。但其实这种炫酷会增加读者的阅读成本，也升高生产成本。”“我们是做新闻的，不是做广告的也不是做游戏的。我们是以内容团队为核心，需要设计和开发；而不是以开发团队为核心，需要一些内容。”

这其实是当前数据新闻在信息传达和美术设计之间的偏重出现了变化。

图表的创新性和艺术性被弱化，对信息表达效率的要求提高，而这也是新闻性提高的一种表现。

当然，虽然数据新闻的新闻性在2018年已有较大进步，但普通新闻最擅长的“对人的采访”却在数据新闻领域迟迟没有推进。将数据放到现场环境中去考察，将“采访数据”和“采访人”结合起来，这种结合仍非常少见，目前还是主要聚焦于对数据的采访、分析。

这主要是因为：第一，时间不够，当前的数据新闻记者能完成数据、可视化等其他流程就已经比较耗时。第二，数据新闻记者对人采访的能力尚未得到锻炼，平时没有固定条线，缺少相关人脉和经验。第三，和擅长对人采访的条线记者的合作模式不畅通，没有建立协同配合的制度；哪怕是配合，也需要数据分析结果和对人采访深度结合，而不是同时各做各的。第四，有数据分析结果就已经可以发布新闻，一般未要求有对人采访内容。

2. 2018年，数据新闻的可视化风潮弱化，视频和交互手段试图融合

数据新闻2018年的可视化转为以图文、视频为主，出现“趋中”，一些静态图上升到gif图去表达，而原本一直跟交互H5形式挂钩的数据新闻更多地采用了单纯的视频形式。

其实，很早就有视频团队尝试过数据新闻，但最后都没有坚持很久。一是因为视频制作本身就包含了一系列复杂的流程和较高的成本，如果再加上数据新闻在内容挖掘和可视化呈现方面的太复杂的要求，作品的时效性和成本会较难控制。而且，视频形式也不太适合表达复杂图表，而是更适合表达能够在播放状态下轻松理解的内容，而数据新闻之前总体上并没有往浅层化走。再者，视频领域早就使用基本图表进行表达，很少将数据新闻视为独立类别。如今，情况发生了变化。

提供数据可视化服务的数可视公司CEO黄志敏：“2018年可能做视频类的内容会多一些，这跟传播有很大关系。交互网页通过微信号或APP传播其实都很麻烦，而且用户是比较懒的，他们对交互的记忆性不是那么强，不像

视频。而且视频是个风口期，市场预算比较多，商业模式也比较清晰。”

从产品的角度看，视频只是综合性产品众多素材中的一种，H5可以容纳的素材形式比视频丰富。而原本以交互见长的数据新闻，更多转向视频领域，其实也是数据新闻在可视化方面出现“下沉”的表现，“各个击破”多种形式之后，才可能出现更多种表达形式的大融合。而另一边，熟悉视频的生产者可能也在试图吸收数据新闻带来的数据化和交互化。比如中国国际电视台CGTN的作品China Railway Express: A to Z中，主持人的视频解说就被插入了包含数据交互的H5当中，体现了视频和数据新闻的融合。

而CGTN推出的数据新闻Who Runs China? 是一年来为数不多的交互可视化精品，其将全国人大代表们的数据以颗粒呈现，并且对政府工作报告、最高法的历年工作报告等文件进行了内容分析，明晰的结论和图表展示相结合，数据翔实，可视化设计比较精美而且颇为国际化。

【中国国际电视台CGTN Who Runs China? 】①

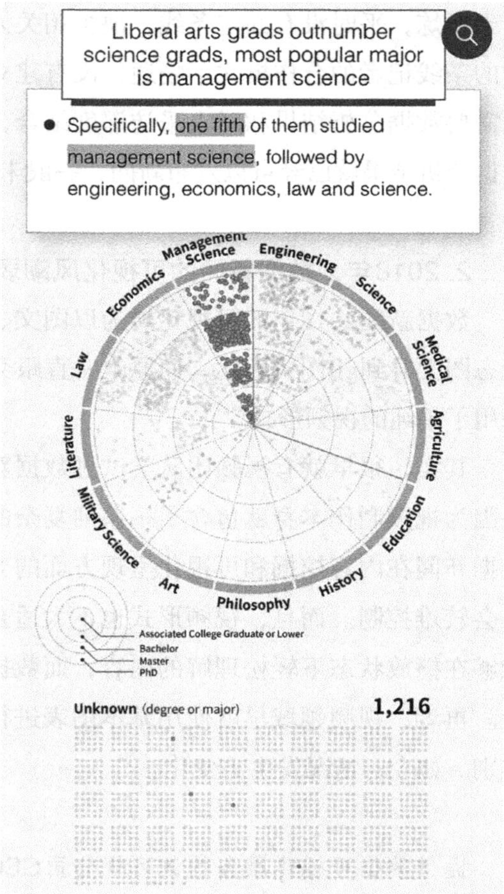

① https://news.cgtn.com/event/2019/whorunschina/index.html?from=groupmessage&isappinstalled=0.

除了在形式上渗入，视频在2018年也更多地成为数据新闻的选题或数据来源。比如澎湃新闻的《169粒进球里的世界杯图谱》，就通过观看录像描绘了世界杯进球的大致轨迹，结合数据统计、进球位置图解、进球瞬间的动态图像等元素制作了表达清晰的数据新闻。

3.综合性产品的整体水平未见突破，但在传统弱项上进行了推进和创新

2018年，在多个环节上都有突出表现的综合性数据新闻产品比较少，未见很大突破。甚至很多数据新闻也不再寻求做成综合性产品，而是按“合适就好”“有效表达”的方向去简化。

但是，数据新闻的综合产品在2018年仍有进展，尤其是在运营、对人采访等传统弱项上。在经济环境紧张的情况下，审慎推出的综合性产品反而表现出独特的创新性。

澎湃推出的《我的汶川记忆》众包型H5，让普通用户能够在其中发布自己关于汶川大地震的回忆文字，并且根据H5收集到的数据制作了《数说：在1857份汶川记忆里，我们发现了什么？》的数据新闻。

吕妍：“这是我们首次尝试UGC（用户生成内容）的形态。特别的是，我发现产品的运营也非常重要。过往的项目等到发布那一天，就可以休息了，但这个产品在发布之后又熬了夜，因为它需要不断有新的内容进来，也有一些功能上的反馈需要去改进，后期还有迭代。”

这个案例意味着数据新闻产品的整体操作，逐渐延伸到了下游的推广运营环节，这让新闻产品从生产到推广的环节更加完整。

不断根据反馈去动态更新内容、交互设计等，改变了过往“单一新闻作品一经定稿一般不再修改”的生产惯例，也会改变生产者和推广者的工作节奏，加强两者联动。同时，这一产品也给传统的审稿工作带来更大压力，一是用户发布的内容需要尽快审核，二是根据反馈调整的部分也需要有相应职级的人迅速拍板确认。

上观新闻则推出了关于上海相亲角的数据新闻融合报道，将线下的1023张相亲角纸张内容转换成线上文本，用54个指标编码分析了80000多字相亲帖内容，并且结合对十余人的采访，分析相亲角真实的择偶标准和难以人员匹配的背后理由，最后用交互图表、gif、视频、录音等综合形式予以呈现。

【上观新闻数据新闻中心
《分析上海相亲角千张相亲帖，得出十大择偶标准和婚配难的理由》】①

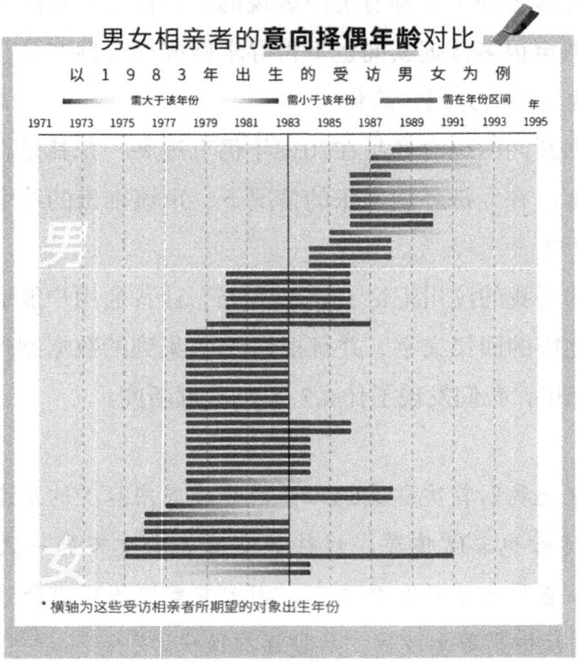

这一作品推进了数据分析和对人采访的深度结合，并且展现了数据呈现的现象和真实情境下的事实之间的差别。比如在相亲帖数据中，女性相亲者占了大多数，但这并不能推出“女性比男性更难找对象”的结论，因为可能有部分男性是因为条件不够好而“无权入场”，不在数据样本中。而且房子

① https://web.shobserver.com/thirdParty/2019/xiangqinjiao_v2/index.html.

和长相的重要性，在相亲帖数据中也并未显现。

这一作品反映一个根本问题：数据新闻能在多大程度上反映事实？

在数据收集范围上，并非所有的情况都已被数据化。数据分析结果主要反映了被纳入数据中的那部分事实，可能不够全面。在数据解读上，有些数据虽然客观存在，但并不一定与真实的情况或想法一致。需要考虑数据的限定条件和现实综合情况的复杂性，而不是纯粹从数据推断。更进一步说，当数据分析结论和对人采访结果出现冲突，什么才是事实？这需要进行综合还原和判断。

从影响上看，大众往往对包含客观数据的数据新闻表现得更为信赖，如果如今的数据新闻无法用更贴近事实的报道支撑起这种信赖，那么其信息可信性和受众信任度之间就会有较大差距，产生信息的误传。

财新传媒推出了《高校师生关系调查》融合产品，第一部分将相关新闻事件的场景进行可视化还原，其纵深推进的长镜头视觉效果比较突出，第二部分将收集到的关于高校师生关系的384份调查问卷结果进行交互数据可视化，第三部分加上了记者采访报道的文字。整体的融合性比较高。

【财新传媒《我们调查了384名高校学生与老师的相处状况，他们说……》】①

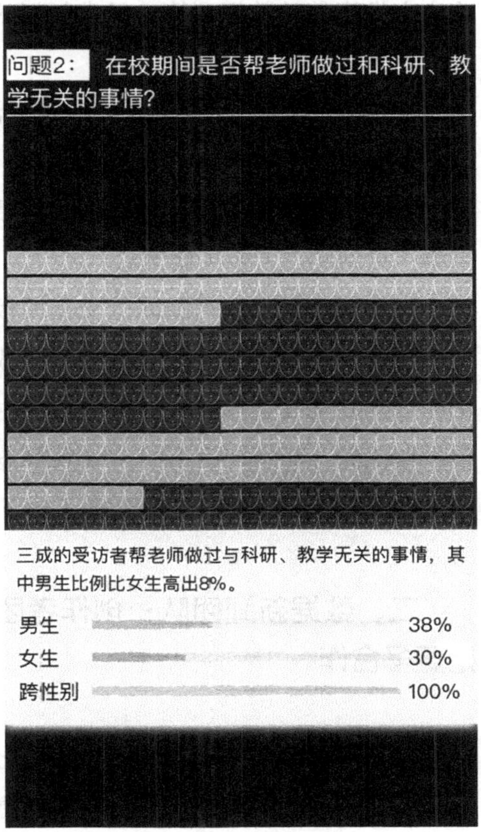

① http://datanews.caixin.com/mobile/interactive/2019/gaoxiao/.

2018年，财新数字说频道的专题在选题方面跟往年相比有些不同，其选题包括爱眼日、专利药、高铁站、个税、阿尔茨海默病、艾滋病、高发癌症、电子烟、奥运场馆等，很多选题跟疾病健康有关。

4. 技术越来越渗透进产品的全流程

2018年数据新闻对“技术”的利用更加广泛了。过去的“技术”比较集中地应用在为高端产品做独家的个性化交互设计上面，或者体现在相对复杂的数据建模分析环节。但现在，众包新闻的数据收集、独家的大数据抓取、响应突发事件的数据测算、日常新闻的交互可视化模板等方面都频频出现其身影。

比如，当百度因为将搜索结果导流向自家产品百家号而广受指责的时候，上观新闻的数据记者通过写代码，将12520个搜索热词在百度搜索上进行了测试，看百家号或其他百度号（包括百科、贴吧、文库等网站）在搜索结果第一页到底占了多少比例。

方便快速做出数据新闻的交互模板、视频模板也在2018年有了进一步发展。数据查找与可视化服务平台“镝数”，在2018年加强了数据聚合的本地化和数据到交互信息图模板的一体化生成，使得从数据查找到数据表达的过程更加便捷。新华社旗下的“MAGIC短视频智能生产平台”则力求让数据可视化和数据视频化更加方便快速。

二、数据新闻团队：创作者团队更多，但团队定位更精准并开始更多合作

在一些媒体单位，数据新闻团队会站在融媒体改革的前沿阵地进行试水，承担了“数据+可视化”的综合职能。2018年，数据新闻团队开始更精准地定位自己，更多地在不同环节上跟其他部门、其他机构合作，这让团队在节约成本的情况下提高了新闻作品的水平。

1.创作者团队从国家级“下沉”到地方级，数据新闻更加普及

2018年度，中央级、全国性或者门户类的媒体对于数据新闻的热度继续减弱，虽然仍保留了相关的栏目和架构，但报道密度和综合质量的提升不如地方媒体抢眼。

2018年度中国媒体数据新闻栏目开设及更新情况

机构名称	栏目名称	更新频率（2018年6月–2019年5月）
上游新闻	数据	一周20–30篇★
界面	数据	一周7–8篇
新华网	数据新闻—信息图	一周5–6篇
新京报	图个明白	一周4–5篇
腾讯新闻	财看见	一周4–5篇
	谷雨数据	一周1篇
好奇心日报	好奇心小数据	一周3–4篇
财新	数字说	文章一周3篇，专题三周1个
澎湃新闻	美数课	一周3篇
搜狐新闻	数字之道	一周3篇
南方都市报	南都指数	一周3篇
网易新闻★★	数读	一周2篇
21财经	数读	一周2篇★★★
每日经济新闻	NBD图数馆	一周1–2篇
上观新闻	图数图说	一周1–2篇★★★★
四川日报	MORE数据	一周1篇
第一财经周刊	新一线城市研究所	一周1篇
新浪新闻	图解天下	一周1篇
FT中文网	数据新闻	两周1篇
人民网	图解新闻	三周1篇★★★★

光明网	读图解意	三周1篇****
DT财经	城数、NEXT情报局、地铁一公里	近半年未更新

注：截至2019年5月25日，以网站发布情况为准

*仅统计原创或转载于媒体机构的数据新闻，不包括转载的自媒体新闻

**网站仅能查到网易数读2014年12月31日前和2018年11月27日后的文章

***2019年5月15日开始更新

****仅统计数据新闻，不包括其他图解新闻

比较有代表性的是《四川日报》的MORE大数据工作室，其于2018年4月在网站上发布第一条数据新闻，明确提出“打造四川最大的‘大数据决策媒体智库’”。短短一年多时间，该团队做了比较多的将数据、新闻和H5相融合的产品，统计数据和大数据类的新闻都有涉及。比如其在2018年七夕推出了关于四川人婚姻情况的数据交互H5；抓取全

【四川日报MORE大数据工作室《七夕首发！四川婚姻大数据》】①

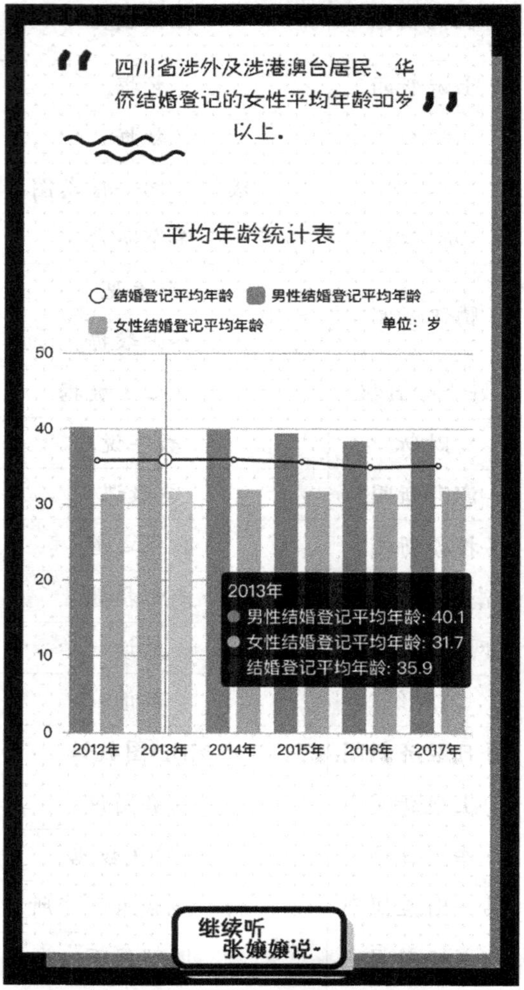

① https://more.scol.com.cn/sjxw/201809/56539380.html.

网与四川相关的400余万条数据，评出2018四川年度热词TOP10。

数据新闻团队在地方媒体的优势比较明显，其数据能力和可视化能力都可以提升地方媒体的新闻水平，也可能为地方媒体带来更多的收入。但地方媒体的数据新闻团队还普遍处在发展早期，一般都会带有数据和可视化新闻的混合属性。比如《重庆日报》旗下的上游新闻数据新闻中心除了提供“上游大数据”的内容外，也发布了跟数据无关的H5、图解等可视化内容。

2.团队定位更精准，推动了内部融合和外部合作

2018年，一些发展得较成熟的数据新闻团队开始减弱混合属性，不仅在产品上逐渐沉下心来深耕单项环节，也开始寻找团队在整个数据新闻生态圈和链条上的定位。从“做数据新闻”走向“做有自己特色的数据新闻”。

目前，数据新闻团队的发展趋势大致有四种，第一种是突出新闻性，主要推出响应热点的图文类数据新闻，很少有交互，而是注重成本与效率，比较有早期门户网站数据新闻的风格，比如界面数据、网易数读。第二种是突出可视化，在长条图、H5或PC端的设计能力比较强，经常推出图解或交互产品，但不一定都包含数据，比如新华网数据新闻。第三种是突出数据能力，数据新闻不太响应热点但比较深入、独家，也可以生产智库报告、排行榜单等，对数据的处理比较复杂，比如南都指数、新一线城市研究所等。第四种能力比较平衡，比如澎湃美数课。

精准定位后，数据新闻也开始寻求更深的单位内部融合与更多的单位外部合作，以弥补“收缩”带来的工种或者内容上的空缺，最终提升整体产品品质。

这种变化不仅代表数据新闻团队自身的发展，更是媒体进一步融合的表现。

比如澎湃新闻《4311公里归途：Z112列车06车厢97位旅客数据画像》的报道，就是将列车上的48小时视频直播和记者在现场的调查结合起来，统计了车厢内97位旅客的上下车站、性别、年龄、2018年收获、2019年新年愿望等信息。视频直播和数据新闻的融合，在之前比较少见，因为这可能是不同

部门分别负责的内容。数据新闻在某些环节上的合作和融合程度加深。

澎湃数据新闻主编吕妍介绍个税系列报道的操作变化："跟过往不太一样，我们不太会去等条线记者给我们东西，我们可能也会提出想法，然后配置给他们。因为过往有些合作比较顺利，所以很多记者也都挺愿意提供帮助，而不是计较'这个东西发哪''最后要写成稿子吗'之类的。条线记者擅长专业性，数据新闻团队擅长数据分析和可视化叙事，合作可以是任何一方发起。所以数据新闻团队应该要学着更主动些。"

随着行业交流的加强，数据新闻促成的与机构外部的深度合作也越来越多，媒体间对于数据新闻的相互转载更加普遍，甚至数据新闻的平台化运营也有加强。澎湃的湃客频道就开辟了"有数"专栏，招募数据新闻团队开设账号，希望"集合中外优秀数据叙事创作"。

新华网数据新闻部在2018年与作为数据提供方的社会科学文献出版社、中国气象网、中国科协、浙江大学等机构都有合作，其主页还出现了不少新华网各地方频道、地方分社出品的数据新闻作品。比如新华网和新华社广东分社就曾根据智联招聘的数据，推出过《大数据看中国：就业背后的变化》，分析网络求职平台10年来就业数据的变化。

新华网数据新闻部还联合浙江大学可视化小组研究团队，历时半年，分析词作近21000首、词人近1330家、词牌近1300个，推出《宋词缱绻，何处画人间》《唐代女诗人群像》交互数据新闻。

【浙江大学CAD&CG国家重点实验室&新华网数据新闻部《宋词缱绻，何处画人间》】①

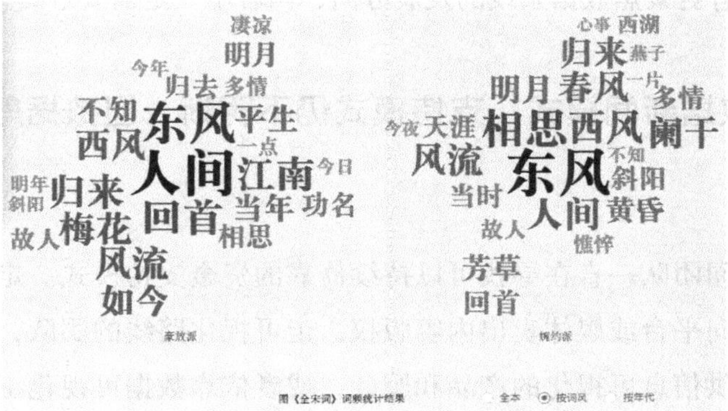

3.“数据新闻+”模式助推转型，但未来不一定持续

总体而言，2016—2017年提出的“数据新闻+”模式已经初见成效，数据新闻不再是少数媒体的尖端产品，而是逐渐“成为标配”。

在数据新闻更加普遍的2018年，原本显得比较“冷门”的数据新闻越来越多地登上微博热搜，这可能也跟对数据的报道基数提高、新闻性增强有关。界面新闻2019年1月推出的《新年伊始超20家企业加入“裁员潮”，但这些企业却在涨薪》就进入了新浪微博热搜榜。

但是，“数据新闻+”模式并不一定在未来会持续存在。当前，发展全面的数据记者的能力一般应包括：融媒体报道能力，包括基础的摄影、摄像、制图、产品策划等能力；基础数据能力，比如基本的数据统计分析方法；高级数据能力，包括掌握聚类、回归、建模等数据分析方法；数据条线经验，熟悉各类数据的意义、可靠度、历史、发布情况等，有数据领域的人脉资源；技术能力，能够写代码解决诸如数据抓取之类的实际问题。

在普通记者进行融合转型的过程中，数据记者会承担一定的辅助角色，协助转型，但这也许只是某个阶段转型的产物。未来，属于不同条线的普通

---

① http://www.xinhuanet.com/video/sjxw/2018-09/07/c_129948936.htm.

记者也可能具备融媒体报道能力、基础数据能力、数据条线经验，包括一定的技术能力，这意味着“数据新闻+”已经彻底融入普通记者的工作中。而数据记者也会有更聚焦数据条线的发展方向，两者不一定需要继续“+”。

三、数据新闻模式：支持模式仍不明晰，但数据库模式日渐成熟

数据新闻团队一直在寻找可以持续倚靠的资金支持模式。走新闻路线的团队，可以向平台或媒体卖出内容版权；走可视化路线的团队，可以背靠媒体品牌去提供信息可视化的产品和服务，或者依靠数据可视化工具平台的收入；走数据路线的团队，可以依靠另外的数据分析服务的收入，或者从数据新闻深化出数据库产品进行运营。

2019年，新一线城市研究所发布的城市商业魅力排行榜，登上了微博热搜榜。这一连续四年发布的榜单，是数据新闻的数据库化比较典型的代表。《南方都市报》的大数据研究院，则将传统的媒体民调呼叫中心转型为研究院的民调中心；将数据编辑和数据分析师、研究员一起，规划进产品部；另有数据项目运营部负责市场运营，创意技术部提供数据抓取清洗、建模分析、移动端可视化等服务。

南都大数据研究院副秘书长、产品部总监邹莹：“对于新闻生产的数据库化，我们已经运作得相对成熟了。我们是数据新闻生产与智库课题相辅相成，并在此过程中逐步建立起多个领域的垂直数据库。”

比如在2018年，基于“全球城市传播力指数”智库课题，南都大数据研究院就推出关于广州的全球传播力的一系列数据新闻，抓取了YouTube上外国播客拍摄、点击量排名前100的广州视频；抓取了近一年来8个国家共15家媒体的1908篇新闻报道等。围绕“新经济企业声誉监测研究”，设计了30多个指标项，推出“每天声誉动态监测”“声誉关联深度调查”“阶段性榜单报

告”等相关报道。

数据新闻的数据库化，往上游延长了数据新闻的内容生产链条，又通过已经比较成熟的智库运作模式为下游在可视化方面的提升赢得了资金。当数据库运营能力提高时，再往下游的数据新闻产品运营推广能力也可能得到补充。所以这类发展模式可以相对稳定。

但从新闻角度看，并不是所有数据新闻都适合走完一整套链条，这种模式研究成本、运营成本都比较高，还可能受限于智库报告付费用户或者项目委托方的需求和资金情况。所以这种模式更容易集中在特定的有限领域，不像普通数据新闻涵盖范围那么广。

除了数据方向，可视化也是数据新闻寻求支持的一个方向，不过同样仍在摸索。

武汉大学新闻与传播学院副教授、“镝数”创始人王琼：“2018年对我们来讲，就是沉下心来做好可视化工具产品的一年，所以产生数据新闻内容的篇数和频率甚至没有前年高，没有做很多声量。”

总的来说，数据新闻的支持模式仍旧不太明晰。在媒体进行融媒体改革的早期，作为实验性质的数据新闻团队可以具有较宽松的环境，但数据新闻的成本总体比普通新闻要高，如果支持模式一直不清晰，则可能影响团队的最初定位和进一步扩大，影响人员的水平提高。

数可视公司CEO黄志敏：“对整个行业来说，很多团队还在赔本赚吆喝的状态，可能哪天突然间要压缩成本了，就把这块给砍掉了。媒体里面的数据新闻团队能怎么挣钱，我到今天也没看出来。”

不过，对于数据新闻的未来前景，行业内普遍还是比较乐观的。数据新闻从业者仍然具有自己的能力优势，数据新闻在各环节的水准要求并未降低。只是要找到更顺畅、更稳定的持续支持模式，要做出更融合、更高水平的数据新闻产品，尚需时日。

（作者戴玉，曾历任《南风窗》记者、人民日报中央厨房数据新闻项目负责人、解放日报上观新闻数据新闻中心数据新闻主编。感谢陈臣、黄志敏、吕妍、王琼、邹莹老师对本文的贡献。按姓氏拼音排序，排名不分先后）

2018中国新闻摄影年度观察

杜 江 孔令旖

据CTR《2018年中国广告市场回顾报告》，2018年报纸广告刊例收入下降30.3%，广告资源量下降34.1%。据中国报协印刷工作委员会统计，2018年报纸印刷总量501.19亿对开印张，耗用新闻纸176万吨，较上年环比下降8.64%与8.33%。报纸印刷量在8亿印张以上的15家单位中有4家实现正向增长，人民日报印刷厂和新华社印务有限公司分别以3.89%与3.11%名列第一和第三，尽管下滑幅度收窄，但少数有代表性的地方性党报仍处于大幅下滑中。①

从以上指标判断，报纸发行脱离广告生存的趋势明显，由此“报业已越来越不具备市场化条件”。②另本年度有53家报纸停刊或休刊，其中四分之三为都市报，包括新中国首张晨报《黑龙江晨报》（1993年创刊）、首张地铁报（广东）《羊城地铁报》（2006年创刊）。

本年度，中国新闻摄影学会完成第八届理事会换届工作，徐祖根同志再次当选会长，理事会设专家委员会及媒体融合、理论与学术、航空航天、无人机、手机影像、技术装备与国际合作等6个专业委员会开展工作；中国记协新媒体专业委员会在京成立，作为中国记协所属专门工作机构和服务于新媒体新闻信息传播的专业性组织，中国记协党组书记、常务副主席胡孝汉当选主任委员；第二十八届中国新闻奖增设融媒短视频、融媒直播、融媒互动、融媒栏目、融媒界面、融媒创新6大类50个“媒体融合”奖项。以上变化，明

---

① 中国报业协会印刷工作委员会.2018年度全国报纸印刷量调查统计报告[J].印刷杂志,2019（5）:29-31.

② 陈国权.2018中国报业发展报告[J].编辑之友,2019(2):046.

确了近年来主流媒体大量推出融创产品的新闻属性，健全其业务指导架构与评估体系，也进一步明晰了本报告的观察范围及其组织范畴。

本文仍从观看者、观看方式、观看结果切入，立足于报刊、通讯社的新闻摄影生产及视频转向，关注摄影记者在转型中的调适与反应，探讨无人机、VR、AR、MR、AI（人工智能）媒体融合过程中的可视化应用，以勾勒当下新闻业重构过程中视觉生产发展与变迁之图景。

一、重大主题报道：媒融中的“决定性瞬间”

2018年，主流媒体重大主题报道呈现“移动主导，可视传播，平台聚合，智能驱动”及“融合、垂直、沉浸、社交、场景”新媒体特征，但摄影记者的工作方式依然有力量，新闻照片作为记录摄影和文献摄影的价值受到关注。

[事件1]

改革开放40周年报道

为庆祝改革开放40周年，人民日报新媒体推出“中国一分钟”系列微视频42集线上阅读播放量超过24亿，线下覆盖用户数超过2.5亿；人民日报微信公众号所有推文均为“10万+”；微博话题阅读量超9.4亿，参与讨论达46.9万，持续占据微博热搜榜首位；其“时光博物馆”系列报道创新表达方式，以线上主题报道与线下创意体验馆相结合，将关注视角聚焦于每一个国人的生活与成长，具象化呈现并深度诠释“改革红利，与我有关”“中国有我，时光有我”的主题，充分体现了主流媒体推进深度融合迸发出的活力。①

2018年7月，作为新华社新媒体创新孵化基地的新华网媒体创意工场启用，引入MOCO②技术系统制作的创意微电影《我梦想 我奋斗 我奔向》，以

① 人民日报社．人民日报社参加第二十九届中国新闻奖媒体融合奖项评选作品公示 [EB/OL]. 人民网 .2019-4-11.http://media.people.com.cn/n1/2019/0411/c14677-31024144.html.

② 英文 motion contro Syste，摄影机运动控制系统。

"我是时间"为主角（刘烨 饰）演绎改革开放40年里的13个典型场景与事件，《总书记这份极其重要的讲话还可以这样读》则利用MR演播室营造沉浸感。在平台合作方面，新华社与百度合作推出H5创意互动产品《好玩的AI来了！给旧时光上色 重拾多彩40年》，产品运用百度AI"焕彩"技术，两天内点击量突破1.5亿;与网易合作开发推出AR互动融媒体产品《点亮心灯世界》，首次实现跨产品客户端SDK（软件开发工具包）联调并同步上线。此外，与快手、腾讯、今日头条、抖音等网络平台合作，充分运用人脸识别、AR、H5等先进技术打造沉浸式体验场景，综合运用专访、快闪、交互体验等形式，以场景展示、模拟体验、人机交互多维度激发受众情感反应。在推出的专题片、微视频、微电影、动画在内融媒体创意产品26件中，仅献礼微视频《父亲·我们·时代》，全网浏览量超过2亿，覆盖人数超过4亿。①

省级党报中，浙江日报视频部策划的《改革开放40年特别策划丨美丽乡村踏歌行》和《改革开放40年特别策划丨民营经济砥砺行》专题重磅视频也可圈可点。

[事件2]

港珠澳大桥开通报道

2018年10月23日，港珠澳大桥开通，此为"一国两制"下粤港澳三地首次合作共建的超大型跨海交通工程，也是大湾区建设的代表性工程。人民日报从国际传播视角出发，由英国主持人出镜挑战跑大桥（长达55公里），以"实拍+脱口秀"英文短视频方式推出港珠澳大桥；《一图了解桥梁界的"珠峰"——港珠澳大桥》则突出服务性，传播"五通行指南要点""五种车可以上港珠澳""收费标准"等信息内容；《壮观！120秒航拍，带你俯瞰港珠澳大桥》以无人机航拍结合VR、AR等技术，极大丰富了读者的视觉体验。

新华社传播策略与人民日报相若，以《超级工程！"洋记者"行走港珠澳大桥，看完想不想自驾游？》让外国记者带领观众体验港珠澳大桥；与网

① 刘国铮，丁超．创意产品精彩纷呈 深度融合成果丰富——新华社"改革开放40周年"融媒体报道评析 [J]. 中国记者，2019(2):16-18.

易新闻联合推出《一分钟漫游港珠澳大桥》H5作品，则动画与真实场景交错，以第一人称视角用1分钟带领读者穿越55公里的大桥。①

主场作战的南方日报结合传统影像与新媒体产品，在纸媒+客户端+南方新闻网全面开花，在其拳头产品《超级工程港珠澳大桥》系列影像报道中，一张成年白海豚跃出海面，背景为港珠澳大桥照片尤为打眼，此“决定性瞬间”图证建设者“大桥通车，白海豚不搬家” 的承诺，也是港珠澳大桥通车期间曝光率最高、转载量最大、最有温度的影像之一。②

[事件3]

汶川大地震十周年

在2008年“5·12”汶川大地震报道中，面对重大突发性灾难事件时中国新闻工作者职业反应的自觉程度最高、涉及面最广的一次重大报道。中国摄影记者无论是到达现场的人数，还是冒着生命危险到达现场的速度，均创造了同类突发灾难事件的历史纪录，成为中国新闻摄影史上标志性案例。③

十年来，这些摄影记者均数度前往灾区追踪采访，“一次又一次，一年又一年，赶赴灾区，含着热泪，去记录震后一朵朵默默开放的花，去记录一个个艰难绽放的生命，去捕捉灾难之后一点一点，一片一片闪烁的光芒、生机、爱与希望”。如长江日报摄影记者邱焰，2008年、2009年、2014年、2018年，四进汶川。《长江日报》用整整12个版推出《汶川地震十年——本报记者邱焰影像记录》，呈现十个幸存者的十年，画面“叠套”肖像的形式，每张照片呈现主人公十年间四个不同时间段④。作者写道：“十年了。我一直不知道，我熟悉得如左手右手一样的照片，为什么有时候会显得那么冷漠，为什么有时候会显得那么温情。”摄影评论家陈小波评论：“邱焰一如既往的细腻、耐心、慈悲，试图理解每个人的地震心理阴影。邱焰把幸存

---

① H5资讯站．专访 | 一分钟漫游港珠澳大桥H5，点击量超3500W，网易是怎么做到的？[N/OL]. 小呆 .2018-10-26.https://mp.weixin.qq.com/s/hvo08vDx1UMnBJpVYIvHGw.

② 张由琼．港珠澳大桥绝美影像背后的制作故事 [J]. 南方传媒研究，2018（06）：174-177.

③ 于文国．灾难性事件新闻摄影报道的成功实践。——从汶川特大地震报道看我国新闻摄影在危机传播中的作用与运作创新 [J]. 新闻战线 ,2009(9):89-91.

④ 陈小波．影像比我们活得更长久 [J]. 长江日报 ,2018 年 5 月 13 日 , 第 32 版 .

者对各自命运的叙述留下来，真实、忧愁、悲伤难耐。叙述中，这个非常事件，把摄影者同他人命运关联起来。”

专业媒体《人民摄影报》推出的《重生这十年|十位汶川大地震幸存者的故事》，[①]也呈现了摄影记者对拍摄对象的持续关注。内容《众志成城托举生命》作者刘应华（西部战区摄影干事）与拍摄对象王立兰（已高位截瘫）、《敬礼娃娃》作者杨卫华（绵阳晚报，1963—2015）与拍摄对象郎铮，《夹缝男孩》作者陈燮（新华社）与拍摄对象廖波、《芭蕾女孩》作者郭铁流（新京报）与摄影对象李月的故事，《北川废墟上的幸存者》作者赵青（深圳晚报）与拍摄对象席强夫妇等——及所在深圳晚报也推出报道《重生十年——汶川大地震一个幸存家庭和四个学生的故事》，系统呈现赵青对地震灾区的跟踪采访。

如陈小波所说，“在中国，记录摄影和文献摄影的必要性和重要性，超过世界上任何一个国家”，“优秀的记录摄影一定会在历史中有其位置。历史会站在那些用深情记录、贡献杰出影像的摄影人一边。在那里，影像将比我们活得更长久”。[②]

二、观看者：转型中摄影记者与平台上的纪实摄影栏目

[观看者1]

兰红光：以镜头抵达心灵，让影像成为公共记忆符号

在今年4月揭晓的人民摄影金镜头（2018年度）比赛上，新华社记者兰红光最佳照片《首金》获得年度照片，加上此前荣获第十二届中国摄影金像奖、第二十八届中国新闻奖一等奖，堪称年度中国新闻摄影“大满冠”获得者。

兰红光是新华社现任摄影部副主任，从事新闻摄影工作33年，“亲身

① 人民摄影．重生这十年|十位汶川大地震幸存者的故事[N/OL]. 公众号：rmsybws.2018-5-12. http://www.jinciwei.cn/b201475.html.

② 陈小波．影像将比我们活得更长久[J]. 长江日报,2018年5月13日,第32版．

经历并用手中的照相机记录下许多中国及世界极具时代和历史价值的新闻瞬间。在许多重要场合中为党和国家的主要领导人拍摄了很多富于表现力的照片，他善于观察、不断钻研使用新的方法来刻画人物的性格从而使拍摄的新闻照片充满了温度和情感，镜头中的人物形象生动、神采奕奕，逐步形成了自己独特的摄影风格”，“而在体育摄影报道中，他拍出了一批具有很高水准的体育摄影作品，并多次获得各类奖项，为中国新闻摄影事业留下了许多宝贵的财富”。①

主要作品横跨时政与体育的兰红光认为：“在我看来，其实不管是拍时政，还是拍体育，作为拍摄者一定要看到你的拍摄对象，政治人物也好，体育明星也罢，你要拍到他们的心里去，你拍摄的是表面，但是你要把他们心里的东西拍出来，这个才是最重要的。”面对媒体融合，兰红光认为“新闻界和其他行业都已开始加入到新媒体当中了，但是新媒体如果离开了照片，就不再是新媒体了。图片、文字、视频、图表等共同构成了新媒体，其中图片要素缺一不可”。②

恰如金像奖评委所言：“30余载的摄影记者生涯，兰红光用手中的相机，记录下众多特殊历史节点上的精彩瞬间。他擅长运用摄影语言，刻画新闻事件中的人物性格。无论是政坛风云中的各国要人，还是体育竞技场上的运动健儿，无不形象生动、个性鲜明、内涵丰满，形成了独特的个性风采。这些珍贵的影像成为了一个历史时期公共记忆符号。”③

[观看者2]

谌贻照：一台手机的突围

2018年11月9日，在第二十八届中国新闻奖、第十五届长江韬奋奖颁奖报

---

① 中国摄影家协会．第十二届中国摄影金像奖公示材料 [EB/OL].http://www.cpanet.org.cn/zhuanti/12jinxiangjiang/detail_image_118463.html.

② 张晓寅．访谈 | 兰红光：把工作变成兴趣难能可贵 [J]．中国摄影报，2019 年第 8 期，第 2 版．

③ 中国摄影家协会．揭晓 | 第十二届中国摄影金像奖 [N/OL]．诠摄汇．2018-11-18.http://dz.cppfoto.com/news/detail.aspx?id=2593.

告会上，首届融媒体短视频一等奖获得者[①]，《广西日报》记者谌贻照介绍了运用在突发事件中仅凭一个人、一台手机移动直播报道柳州市融水县杆洞乡洪灾等的体会。他认为，新闻类短视频应具备的“新、短、快、实、美”五大特征，而在情况突变的突发现场，轻装上阵现场制作乃融媒体决胜之道。

事发当日得知灾情后，谌贻照即从柳州驱车8个多小时翻山越岭赶到大苗山深处的灾区现场。此后无论是在大雨滂沱的洪灾现场，还是在突破穿越塌方突围的途中，他仅凭一台有防水功能的手机拍摄视频和图片，并在朋友的帮助下自己出镜完成现场播报，再现场编辑视频配文，形成移动传播成品以及时发稿。

这位2006年即以文字消息获第十六届中国新闻奖二等奖的记者认为，在从传统媒体向新媒体转变的过程中，既要当好文字记者，也要当好摄影记者，更要运用全媒体手段及时记录传播新闻。自己就一直以小学生的好奇心去学习新媒体表达技能，能熟练使用手机拍摄图片视频并现场编辑制作，娴熟运用H5、微信公众号传播新闻。

年过半百的谌贻照完成了一次传统纸媒“跨界”短视频直播的生动实践，模范践行“四力”要求，也成为文字记者转型全媒体记者的样板。[②]

[观看者3]

张由琼：“网红”记者，意味着主流媒体抢占主阵地[③]

自三年前张由琼作为唯一摄影记者入选 “南方名记培育工程”以来，其见报稿件都会打上“南方网红·南方名记·张由琼工作室出品”。对此，张由琼表示，“‘网红’意味着主流媒体抢占主阵地，把传统媒体的专业性与价值导向在新媒体角度领域传播。新媒体阵地内容形式变了，要求你‘快’，要求你‘靓’，但作为党报的核心价值是不变的，作为一个摄影记

① 梁雨芃．柳州融水突围记丨广西日报记者“失联”数十小时，在穿越40处塌方后发回灾区最新画面![N/OL]. 一点资讯 .2017-8-14.

② 谌贻照．一台手机的突围——中国新闻奖一等奖作品“柳州融水突围记”实战心得[J]. 中国记者,2018年（12）:34-36.

③ 2019年5月24日在南方日报摄影部对张由琼的采访。

者新闻理念是不变的”。工作室是一个“虚拟团队”，“如果我个人在这个报道中不承担70%以上任务，我就不会把它打成‘张由琼工作室出品’”。

“屏前三分钟，幕后一年功”，在港珠澳大桥开通报道中，可以看到张由琼作为一名摄影记者的执着与认真。为了拍摄一张理想的日出照片，需要在早上4点半起床，爬上一座相当于百层楼高的荒山，会遇到夜猫被照亮的眼睛、恶犬的狂吠以及荒弃的墓碑；夏天的强对流天气变幻莫测，艳阳高照随即暴雨如注，这是出好画面的时机，需要不断在大桥和陆地各拍摄点轮转，工作经常从清晨持续到深夜。大桥建设地珠江口伶仃洋是“海上大熊猫”美誉的中华白海豚最大栖息地，为了能拍到有桥有海豚的画面，团队联系了最有经验的船家，等待最合适的天气，随监测人员出海调查，请教权威生物专家长时间在酷热的海面上保持高度注意力在捕捉瞬间，历时六年记录“白海豚保卫战”的情况。在2018年大桥合龙后多次拍摄海豚图像和视频，并统计了单位时间内该片海域出现的海豚数量。最终以大量影像证据传达了建设方对白海豚“零伤亡不搬家”承诺。

对洪涝、台风灾害采访也是摄影记者的当然任务。2018年8月29日至9月1日，粤东连降暴雨严重内涝，众多村庄被洪水围困，其团队第一时间深入重灾区，短视频《暴雨后的汕头内涝严重让人揪心》单条全网突破1000万点击率，使得潮汕水灾的情况迅速传播，间接推动了救援速度。随后，最强台风“山竹”正面袭击登陆，团队又在最短时间奔赴粤西现场报道。

[观看者4]

平台上的纪实摄影：转型与重组

2018年5月6日，互联网创刊于2010年5月腾迅《活着》栏目完成第724次，也是最后一次推送。《活着》栏目转型为“谷雨影像”，在腾讯非虚构作品平台“谷雨”旗下聚焦报道摄影、纪实摄影和纪录片，“变的是栏目架构，而不变的是我们继续用影像耕耘中国故事的初心”。[①]

---

① 活着．换一种活法 [N/OL]. 传送门 .2018-5-6.https://chuansongme.com/n/2337795436305.

《活着》开办八年来，一直是互联网平台上最为活跃、最有影响力的纪实摄影专题栏目。据悉，该栏目转型与摄影记者从业数量减少、供稿量减少、栏目期数减少，以及有关视频行业活跃有关。①

“活着”栏目转型并不意味腾讯放弃以纪实影像为载体实现“新闻+公益”的基本战略。2018年底，腾讯新闻与中国摄影报社、中国扶贫基金会联合发起“萤火计划”，为专注于公益报道的摄影师群体提供专门传播平台，②在活动现场公布的“十位公益能量摄影师”奖项中，前《华商报》摄影记者胡国庆（企鹅号“草根”）、合肥晚报摄影记者吴芳（企鹅号“乙图”）等位居其列——胡国庆长期关注尘肺病群体，他记录了20多个尘肺病家庭遭遇。③

“萤火计划”全年覆盖疾病、扶贫、教育、文化、环境、动物保护、生命关怀等公益领域，在腾讯新闻《中国人的一天》栏目发布包括图片、文字、视频等头部优质内容；计划招募和认证的百位“萤火计划摄影师”将获得腾讯新闻客户端个人专区、独家单期故事万元以上的公益创作基金等条件支持。

腾迅新闻在内容生产方面对摄影也提出要求：题材——从“悲情”到“励志又温暖的故事”；内容：专业主义——图片的真实性、人文关怀——杜绝不自然的摆拍、多维传播——从图文结合发展至视频、短视频等。④

① 2019年5月29日对王崴、李佳的微信采访。

② 中国人的一天．腾讯新闻“萤火计划”助力“新闻＋公益” 让我们多做一点点 [N/OL]. 腾讯新闻 .2018-10-31.https://xw.qq.com/amphtml/20181031A0GPOQ.

③ 萤火计划．胡国庆：十余载，用镜头记录尘肺病患者的生活 [N/OL]. 萤火计划 .2018-11-1. https://mp.weixin.qq.com/s/lfbZpMh4GZ1acTsQ6AYf1g.

④ 中国人的一天．腾讯新闻“萤火计划”助力“新闻＋公益” 让我们多做一点点 [N/OL]. 腾讯新闻 .2018-10-31.https://xw.qq.com/amphtml/20181031A0GPOQ.

三、传统媒体的视频转向

[案例1]

“浙视频”初尝胜果

在突发事件报道中，浙视频沿袭新闻摄影“第一时间，第一现场”的工作方式，面对突发事件把握出击时机，结合新媒体“移动优先，直播优先”特点，第一时间发出声音。如泰国普吉岛游船倾覆事故、桐庐廊桥垮塌事故、萧山义桥仓库大火等浙视频直播都第一时间抵达现场结合图、文、视频完成直播。①

视频部启动了“浙视频精品化”工程，从视频画面、新闻照片、标题与文字、录音质量、主题策划、视频直播、栏目定位、辣焦视频、后期制作、整点播报与音频等十个方面，全面提升浙视频内容精品化水平。全年策划制作了近50个视频创意产品。在春节前推出《年味系列》，通过人情味、风俗味、趣味三种形态推出四个创意视频产品。其中，《他们一年骑行数万公里但那不是回家的路》，通过三位外卖小哥的工作状态和内心独白体现浓浓的人情味，催人泪下，引发共鸣，一推出就达到370万播放量，体现出创意先行，大策划，小切口的特点。

2018年“浙视频”共生产原创视频4113条，全网播放量总计39.22亿，其中“百万+”稿件615条，“千万+”稿件66条，1亿稿件2条，客户端“十万+”稿件907条，图片爆款91条。难能可贵的是，创业伊始浙江日报视频影像部就凸显出视频和图片报道两手抓、两手硬的特点。在第二十八届中国新闻奖评选中，组建不到两年的浙江日报、浙江在线全媒体视频影像部获两个融媒体奖二等奖，一个新闻摄影三等奖，“镇版”“刷屏”双爆款，为省级党报摄影部视频转型的良好示范。

---

① 徐斌.党报视频化的探索与思考——浙江日报报业集团“浙视频”成长记[J].新闻战线,2018(6).

[案例2]

"我们视频"完成布局

2018年，"我们视频"发展迅速，日均产量从上一年的30条激增至100条以上，工作日最大产出达150条。较上年人员翻番、产量翻了3倍、全网播放总量翻了5倍，逐渐长居各类新闻视频/机构视频排行榜前3位。

在内容渠道方面与社交网络与资讯平台深度合作，补足内容分发和技术运营方面的短板，仅新浪微博的粉丝数也达到229万，日均发博数20余条，并形成十几个维度定位不同、受众不同的MCN（Multi-Channel Network多频道网络）矩阵。①

2019年，布局UGC方面新闻生产，以弥补PGC第一时间到达和抓取的不足，"我们视频"已组建了一支3000余人的拍客队伍。同时，"我们视频"更立足短视频市场深度内容生产，更为强调新闻价值、采访深度、视频画面的专业水平，追求包括视频画面、剪辑叙事能力等指标。②

[案例3]

"南都视频"重新出发

2018年，南方都市报成立短视频工作室，重启"南都视频"。4月，启用全新短视频品牌——N视频。2018年4月25日启用全新品牌N视频，统筹管理南都生产的所有视频产品。目前，视频工作室更名为短视频事业部，成为报社新媒体转型的"四梁八柱"（"四梁"：大数据研究院、APP、短视频、技术）之一。事业部设立总监，统筹管理全报社的短视频生产和分发。在架构上与摄影部平行，分采编和运营两个系列，目前在岗人员约30人（不含北京、深圳12名视频人员）。③日均原创视频已超过40条；产品立足两微一端，覆盖全网；形成子品牌子IP包括N面、N事件、原声视频、秒争、感光度等。

综合以上，传统媒体的视觉生产从传统 "图片新闻"转型为"图片与短

---

① 柳莹."视频转向"背景下新京报"我们视频"的突围路径[J].新闻世界,2018（10）53-55.

② 掘金新闻视频"黄金时代"｜专访《新京报》"我们视频"副总经理彭远文[N/OL].https://mp.weixin.qq.com/s/Ta-vRNcQRi1KI0FfcdGfjQ.

③ 2019年5月24日对陈伟斌的微信采访。

视频”的过程中，呈现出不同的组织架构与生产模式。

此外，部分西部省级党报媒体融合方面进步迅速。广西日报在自治区成立60周年之际推出系列动画视频《60秒动漫看广西辉煌|60年广西GDP增长832倍！》、航拍短视频类《飞阅广西》等；西藏日报在5月15日国际家庭日以“幸福母亲·幸福家庭”的主题推出《H5|我看到了幸福的模样！西藏家庭私藏照首发》[①]，呈现藏区“四世同堂”与“五世同堂”的家庭合影，间接反映自治区人均预期寿命由和平解放初期的35.5岁提高至70.6岁这一变化。[②]

四、视觉机器：无人机与VR

1. 蹲点式调研采访+标本式记录

据中国AOPA数据，截至2018年12月31日，我国无人机实名登记数量已经达到了28.9万架，取得民用无人机驾驶员执照人数达44573人，[③]无人机的使用经常介入到当前的“脱贫攻坚”记录中。

2010年始，新华社广西分社摄影记者黄孝邦到广西大化瑶族自治县板升乡弄勇村小学蹲点，有意探索一种摄影报道的新模式，以特定视角长期持续记录和报道贫困地区的发展变化。其“蹲点式调研采访”以照相机与无人机就脱贫工作起进行“标本式记录”，蹲守8年，已建成拥有33万张资料照片的“脱贫攻坚摄影调研报道数据库”。[④]

他认为“随着脱贫攻坚进入决胜阶段，贫困户搬或不搬，修路或不修路，村庄消失或建设、从多到少或从少到多、从有到无或从无到有，农户从贫穷到致富”常规的地面拍摄辅以无人机宏观角度的记录，使整个变迁记录更为直观、立体、全面”。“大量的飞行，意味着更远距离的地上跑动和爬

① 安付花，赵江丰，全德现 .H5 | 我看到了幸福的模样！西藏家庭私藏照首发 [N/OL]. 西藏日报 .2018-5-15.https://mp.weixin.qq.com/s/GT1gnZJb1-ElWrBcSlXKxQ.

② 冷昊阳 . 国家卫健委：西藏自治区人均预期寿命提高至 70.6 岁 [N/OL]. 中国新闻网 .2019-5-23. http://www.chinanews.com/gn/2019/05-23/8844828.shtml.

③ 中国航空器拥有者及驾驶员协会 .2019 中国 AOPA 工作会：取得民用无人机驾驶员执照人数达 44573 人，《全国通用机场资料汇编（2019 年版）》发布 [EB/OL].http://www.aopa.org.cn/Content_Detail.asp?Column_ID=37687&C_ID=20014250.

④ 黄孝邦 . 无人机助力摄影记者“标本式记录”[J]. 新闻战线 ,2018(11):110-112.

更多的山”，自2016年6月以来，他飞行总距离近8000公里，其中一半以上飞行在山区，为了航拍自己驾车的里程已达5万多公里，并背着比地面拍摄更多更沉的设备翻山越岭。

与新华社记者记录的积极社会改变不同，国内无人机新闻常聚焦于“不平等的场景（Unequal Scenes）”——摄影师南非Johnny Miller拍摄自约翰内斯堡系列摄影作品，以及获2018年全球数据新闻奖的《卫报》作品《无路可走：美国的不平等如何影响基础设施的建设》——该报道被认为是媒体业应用无人机进行数据新闻报道的代表性案例。①

2.“VR（虚拟现实）+5G”时代到来

2018年，国外VR市场喜忧参半，售价为199美元的Oculus Go，被称为“史上第一性价比VR”在美国大卖，Facebook扎克伯格宣布VR进入千万日活时代；IMAX正式宣布退出虚拟现实(VR)市场，并取消与Google合作开发影视级VR摄影机计划，《卫报》《纽约时报》《今日美国》等暂停或放缓VR新闻生产。

国内市场则一片利好。6月，Sandman Studio创始人楼彦昕成功举办2018青岛国际VR影像周——砂之盒沉浸影像展②。9月，国内VR影像内容团队有多部作品入围第75届威尼斯电影节。10月，HTC宣布在金庸先生离世前取得《笑傲江湖》VR版电影翻拍权——这意味着金庸作品首次改编为VR电影，③马化腾在乌镇世界互联网大会期间表示，随着5G网络的普及，要认真考虑VR微信开发。

在首届中国新闻奖媒体融合类奖项中，《“天舟一号”发射任务VR全景直播》《“钢铁侠”VR直播：全国政协十二届五次会议新闻发布会》分获一等奖、二等奖，以上作品为VR+新闻的典型应用，其获奖具有里程碑式的

---

① 网易号.无人机新闻成为记者讲故事利器，俯瞰贫富差距和拓宽报道半径，简直就是开启了上帝之眼[N/OL].网易.2019-3-16.https://mp.weixin.qq.com/s/dYx9dLm8UlHmUiWgGD3LWg.

② 纪文彬.VR产业上演“冰与火之歌”[N/OL].2019-1-20.https://tech.sina.com.cn/roll/2019-01-20/doc-ihqfskcn8782743.shtml.

③ 新浪科技.HTC计划将金庸“笑傲江湖”拍成VR电影 明年正式开拍[N/OL].2018-11-1https://tech.sina.com.cn/it/2018-11-01/doc-ihnfikve1935788.shtml.

意义。

在2019年全国两会期间，部分记者在新闻中心体验了部长通道的“VR+5G”直播；中央广播电视总台以VR视频、VR Vlog、VR图集形式贯穿两会全程报道，创意短视频《全景沉浸看报告》“VR+AR”聚焦2019年政府工作报告中主要议题，21个VR全景视频营造沉浸感，以重要数据动画形成注意中心，辅以李克强总理政府工作报告同期声，对政府工作报告进行生动具象的可视化展现，①观看效果直逼新华网在新华媒体创意工场MR智能演播厅打造的《全息交互看报告》。

目前，国内外媒体以AR、VR、MR或是无人机（视频或照片）形成一种可视化数据新闻的趋势十分明显，典型的案例是2018年普利策解释性报道奖获奖作品《WELL》，《亚利桑那共和报》与今日美国的记者，摄影师，编辑和数字开发人员为此报道花费了9个月，超过30名记者和摄影师采访了移民，农民，家庭，部落成员 ——甚至是人口走私者，报道最终以交互式地图、纪录片、航拍视频、边境视频故事、创作者访谈以及虚拟现实呈现，而“VR可以带你到大多数人无法访问的地方”。②

五、观看结果：中国摄影师荷赛“零”奖项

2019年4月11日，第62届“荷赛”（世界新闻摄影比赛）揭晓，盖蒂图片社约翰·摩尔（John Moore）凭借《边境上哭泣的女孩》获年度最佳照片及突发新闻类一等奖。“荷赛”基金会的数据显示，本届荷赛共有4738名摄影师投稿，图片申请总数为78801张，其中中国参赛者数量为589人（占12%）连续三年居参赛数量榜首。在25个国家的43位摄影师获55个奖项中，没有出现任何中国摄影师的名字，即2002年以来再现“零”奖项的情况。③

---

① 杨雯.2019：央视网 VR 新技术助力两会报道 [N/OL]. 中国新闻出版广电报 .2019 年 3 月 20 日第 7 版 .

② https://www.usatoday.com/section/global/vrtuallythere/.

③ 本年度荷赛摄影揭晓，“震撼的镜头与世界动荡的悲剧”[N/OL] . 搜狐 .http://www.sohu.com/a/296398040_609457.

在奖项设置方面，第62届“荷赛”除了传统大奖年度最佳图片，还新设立了年度最佳故事、年度最佳交互作品以及年度最佳视频3个奖项，“以顺应新闻媒体行业发展变化的结果”。

在第76届POY（Picture of the Year）年度图片奖中，费茂华（新华社）以《老将》获奥林匹克生活类二等奖、李强（自由摄影师）以《缅甸孤儿院寺庙》获日常生活类二等奖。①

目光回到国内，人民摄影金镜头（2018）新闻摄影2019年4月13日在安徽六安揭晓，新华社记者兰红光拍摄的《首金》摘得本届年度最佳新闻照片，也是该奖项近三年内第二次颁给体育新闻类作品，本次“金镜头”评选增设“新闻短视频类”奖项。据统计，50个奖项中有3个空缺（6%），20%的奖项归新华社摄影部所有，中国新闻社及其他中央、省、市级党报拿到38%的奖项，20%的奖项归自由摄影师及非媒体摄影师，18%的奖项归都市报及其他媒体摄影师。②

六、结语：图片报道精品化与收藏级的照片

2019年元旦起，创刊人民日报70年的实现第15次改版，在版面略减情况下实现全国范围内的全报彩色印刷③。此次改版对图片报道提出更高要求，总编室主任杨涌透露，中央提出人民日报的图片报道要精品化，“要有收藏级的照片”。④

杨涌直言，优质图片供给是人民日报一直以来的短板。为此，人民日报将完善巩固原有的图片平台，打造一个新图库以吸引各地媒体的摄影记者供

① 孔斯琪，李强．因为他，更多中国摄影师的照片走向了国际[N/OL]. 新浪新闻.https://news.sina.cn/photo/ft/2019-03-27/detail-ihtxyzsm0968118.d.html?vt=4.

② 公示|“张謇故里”杯人民摄影“金镜头”(2018年度)新闻摄影作品评选揭晓[N/OL]. 中国摄影网.2018-4-13.https://mp.weixin.qq.com/s/ClsjK4Z-cP1XSU9WhAyAEQ.

③ 工作日由24块版改为20块版，周末和节假日由12块版改为8块版。人民日报创刊来有三次减版，前两次为1961年11月11日第7次（8版减至6版）、1966年9月1日第8次改版（6版减至4版）。人民日报版面彩色化追溯自1997年7月1日《人民日报·华南新闻》（单面彩）发行。

④ 李国良．重磅！人民日报改版的台前幕后[N/OL]. 金台新声.2019-1-1.https://mp.weixin.qq.com/s/ojr5YbmekOEaIfoYy5kI6g.

稿[1]，同时与中国摄影家协会开展战略合作，吸引全国专业摄影师为人民日报供稿。在相关合作启动仪式上，杨涌进一步表示，实现新闻图片精品化的目标，就要进一步提高采与编的审美能力，转变旧有的选片思路，“我们期待的图片应该‘新、深、美’，兼具新闻性、思想性、艺术性”。[2]

在媒体融合环境下，此次改版重新“守正”于新闻摄影“图文结合传播方式”，将新闻摄影责任与使命提到新的高度，从而对职业摄影记者及专业摄影师队伍完成深度动员。此外，目前我国党报与时政类报纸印刷总量达百亿对开印张，年耗用新闻纸上百万吨，以《人民日报》改版及全彩印刷为契机，让数百家承印报企在印刷质量、安全出报、发行时效完成系统升级，为此类报刊全面精品化做好准备。[3]

（作者杜江为中山大学传播与设计学院副教授，孔令旖为中山大学传播与设计学院2016级新闻专业本科生）

---

① 2003年，中国党报系统第一家图片网站——人民图片网由原华东分社图片网络中心主任张蔚飞主持创办。

② 杨旭，丁涛．人民日报社携手中国摄影家协会开启战略合作[N/OL]．人民网．2018-12-25.http://media.people.com.cn/n1/2018/1225/c14677-30485210.html.

③ 樊凡．党报印刷进入“全彩时代”[N/OL].https://www.chinaxwcb.com/info/553240.

2018中国新闻评论年度观察

陈　敏

回顾2018年中国新闻评论的发展，重点依然在于网络空间的公共表达。一方面，政府部门、社交媒体平台纷纷加强了对于网络言论的治理和约束：据北京市网信办消息，截至2018年12月18日，北京属地自媒体平台共删除各类违法违规自媒体信息49.6万篇，关闭违法违规自媒体账号11万个①；新浪微博社区自2018年9月27日起对“博主拉黑禁评”策略进行升级，当某一账号被博主删除评论并拉黑，该账号将在全站被禁用评论功能 72 小时②；微信公众号平台则自2018年11月16日起，进行个人注册账号上限的调整，同一身份证注册个人类型公众号数量上限为1个③……

基于上述政府治理条例与平台规制措施的双管齐下，有媒体分析认为2018年“互联网赋予个人的发声权利正在被逐渐收回”④，但与此同时，我们也要看到，个人和行业自媒体的言论对一些重要公共议题的提出与走向还是产生了巨大影响：2018年7月21日，兽爷在微信公众号“兽楼处”发布推文《疫苗之王》，引爆社交网络，涉事企业长春长生随后被查，多位主管官员被撤职，《疫苗之王》成为年度现象级自媒体作品⑤；2018年12月25日，微信

① 阳娜．北京市网信办依法关闭 11 万个违法违规账号 [N/OL]. 新华社 .2018-12-26. 网址：http://www.xinhuanet.com/politics/2018-12/26/c_1123908384.htm.

② 蔡一能．微博又改评论管理，被“10 万 + 博主”删评并拉黑将全站禁评 3 天 [N/OL]. 好奇心日报 .2018-09-27. 网址：https://www.qdaily.com/articles/56821.html.

③ 腾讯客服．公众平台身份证、手机、企业信息登记次数说明 [N/OL].https://kf.qq.com/faq/120911VrYVrA140428naUJVv.html.

④ 王朝靖．《如今我们如何参与公共话题？好奇心让 4444 人回答了 22 个问题》｜ 2018 年度话题 [N/OL]. 好奇心日报 .2019-01-20. 网址：https://mp.weixin.qq.com/s/im1VL0mdaozc65edveS_Ug.

⑤ 李在磊．公众号“兽楼处”创始人兽爷：为了更安全地活着 [N/OL]. 南方周末 .2018-12-27. 网址：http://infzm.com/content/143112.

公众号“丁香医生”发布《百亿保健帝国权健，和它阴影下的中国家庭》，直指天津权健公司传销骗局，文章引发强烈的舆论反响和市场反应……

为更好地把握2018年中国新闻评论的发展态势，笔者对凤凰、澎湃、腾讯等重点门户网站评论部门的负责人或资深主笔进行深度访谈，四位受访者是：凤凰网评论部总监高明勇、资深评论人宋志标、澎湃新闻首席评论员沈彬和腾讯网“今日话题”栏目主编丁阳，他们分别有着14年、12年、10年和8年的新闻评论从业经历，对中国的新闻评论发展有着深入的实践反思；同时，本文的写作也结合了笔者自身长期以来对中国新闻评论发展的观察与批判，希望通过业界和学界的对话、讨论，共同探讨过去一年中国新闻评论的生产与传播。文章既聚焦这些专业化媒体机构的评论实践，也评判复杂多元的自媒体评论表现，以及二者之间的影响与互动，以期勾勒出相对完整的2018年中国新闻评论发展图景。

具体而言，对于2018年中国新闻评论发展态势的观察盘点，本文主要从三个方面来展开：一是内容生产层面，新闻评论的选题、写作、形式等发生了怎样的变化？二是传播互动层面，新闻评论抵达与影响受众的途径发生了怎样的变化？三是政策规制层面，政府管理部门及社交媒体平台出台的有关规定在何种层面影响了网络评论？

一、新闻评论的内容生产

1.被流量形塑的评论选题机制

新闻评论在选题方面对时事热点的响应和追随是一直以来的特征，“紧贴舆论，跟着舆论走，跟随热点，这个特征没怎么改变，是早就确立的”（宋志标），评论对新闻时事的快速解读和点评，能够满足公众对于知晓、阐释新闻热点的需要。据高明勇介绍：“在《疫苗之王》刷屏之后，凤凰网评论的‘第一解读’与‘政能亮’两个栏目当晚就推出了‘疫苗之殇’系列评论三篇，抢舆论之先。其中《疫苗之殇，请给民众一个说法》一文在‘风声评论’微信公众号上获得了80W+的有效阅读。”

尽管评论回应时事热点是必需，但直观可见的阅读数据以及流量考核还是在一定程度上形塑了评论选题机制。“与越来越浮躁的舆论状况同步，各大媒体、自媒体的评论选题也显得越来越关注热点，有时甚至是强蹭，缺乏冷静。”（丁阳）毕竟，相比过去新闻评论更多回应的是经过专业媒体机构把关的时事热点，如今新闻评论回应的网络热点在更大程度上受到网民点击量的影响，进而那些更容易唤起情绪、更接近网民日常生活的普通乃至琐碎的议题就容易成为评论选题的主要来源。“评论响应互联网时事、热点越来越多，把‘小事’写成大事的现象越来越普遍，比如‘高铁霸座’一再掀起舆论高潮，‘滴滴凶案’等事件成为评论作品的流量保证，‘小事霸屏’高热不退，成为评论选题的重要方向”，“互联网正通过流量、转发机制，重新筛选话题的重要性”（沈彬）。

具体来看，过去一年新闻评论的选题变化可以归纳为以下几个方面：

（1）关于政治类话题的监督类评论文章总体上有所减少。无论是有关国家政治改革、户籍改革、经济走向等宏大命题的评论，还是剖析政府行政过程中存在具体问题的、有监督性质的评论文章，在过去一年里，其评论力度和关注度都有明显下降，而为政府行为点赞，宣传、阐释决策规章或制度的评论文章有所增加——概而言之，评论的批判锋芒减弱，更强调正能量导向。以涉及警察队伍的相关评论为例，“雷洋事件之后，涉及警方执法的热点话题相对减少，即便有，引发的舆论持续时间也不太长”，当然这背后的原因很难一概而论，可能“一方面是媒体自身转型导致的相关选题数量减少，另一方面是政府行政‘放管服’[①]改革，以及强力反腐之后，这类违规违法的行政问题有所减少”（高明勇）。

2018年涉及警权监督的一个较有影响力的案例，体现在媒体对内蒙古警方跨省抓捕“鸿茅药酒”批评者的监督。2018年1月10日，广州医生谭秦东因为吐槽“鸿毛药酒”是毒药，被内蒙古凉城警方横跨大半个中国以“损害商品声誉罪”为名刑事拘留。4月17日，谭秦东被取保候审，照片显示与此前判

① 笔者注：“简政放权、放管结合、优化服务”的简称。

若两人。5月11日，谭秦东又被要求前往当地派出所接受来自内蒙古警方的传唤；14日晚，谭秦东历经12小时问询后，出现精神失常等自残行为。事件引发轩然大波。在这一事件中，澎湃新闻最早于4月14日发表了《医生吐槽鸿茅药酒，动用警权要慎重》的评论，引发社会广泛关注。

（2）有关婚恋、教育、消费、道德判断等社会类话题的评论文章大幅增加。如前所述，在移动媒体时代，那些更容易唤起情绪、更接近网民日常生活的普通乃至琐碎的议题更容易成为评论选题的主要来源；尤其是伴随自媒体日渐强大的议题设置能力，诸如讨论婚恋观、子女教育、中产阶级焦虑、鄙视链、消费降级、对个体行为施加道德判断等话题，成为舆论场中的重要议题。

新闻评论关注个体自身利益，这并没有错，但如果话题的讨论层次不能深入到制度、政策层面，或对公权力干预私生活的不当行为进行纠偏的高度，那么这些议题的讨论就有流于肤浅之忧，仅具情绪宣泄的作用，很可能进一步分化不同社会群体，使评论成为撕裂而非凝聚社会共识的载体。在宋志标看来，“评论怎么对舆论中的‘个人’取态，采取合适的立场”将是当前及未来评论表达中亟须明确的重要问题，比如“汤兰兰案拒绝重审，就是要逆着舆论的主流，解决‘怎么看待可能撒谎导致严重伤害的一个人’这个问题，是要对冲大众的普遍看法，所以是探索新时代评论的任务”。

当“恶猜公权，善待个人”的评论信条在移动社交媒体时代似乎越来越不适用，评论的出发点和落脚点都归于个体、道德层面，而非公权、制度层面，更多地把改变心态、观念作为解决问题的抓手，不去探讨制度层面对个体行为的影响，这种评论取向值得深思。尤其是“不少新闻事件‘反转’较快，评论所依据的事实‘反转’频繁，导致新闻评论的立论根基不稳，评论被事实‘打脸’，特别是普通人被网络暴力误伤时，这是很令人遗憾的”（沈彬）。

（3）针对企业的监督话题有所增加。监督政府是否依法行政很多时候成了一件有风险的事，媒体将评论矛头对准个人、某些群体以及企业也是可以想见的，2018年，有关互联网企业的隐私保护问题、滴滴顺风车司机杀害乘客事件等，都引发了长时间的社会关注和讨论。

这其中自然有积极的一面，比如长春长生疫苗事件，作为2018年媒体监督企业的典型案例，在自媒体引爆后，专业媒体也及时跟进：凤凰网连续推出9篇系列评论：《疫苗救人变害人，三问长生生物》《疫苗之殇，请给民众一个说法》《疫苗之殇，监管何以屡屡失守》《疫苗之殇，人性之恶何以泛滥》《彻查严管，给民众一个明明白白的交代》《长生公司早已涉嫌犯罪，为何没被追责》《完善疫苗管理体制，让民众不再焦虑》《危害疫苗安全，就当付出昂贵的违法成本》《重建疫苗信任，补制度缺陷是根本》，腾讯也推出《〈疫苗之王〉所说是否属实，有关部门周末也该回应》等文章，在持续追问中以期推动问题的解决。

从对几位资深评论人的访谈来看，他们依然非常看重媒体推动社会变革的功能，在实践中也有意识地以系列评论、专题评论等形式操作有价值的公共议题，怀有强烈的社会责任感，而非仅仅注重阅读量、流量等指标。“遗憾的是，回顾2018年的评论，一些问题还是老问题，话题也是老话题，从整体效果看，舆论的呼吁和监督，对社会进步的推动相对乏力。”（高明勇）

2.评论写作的群体与风格变化

（1）评论作者规模锐减

对于凤凰、澎湃、搜狐、腾讯等专业机构类的评论部门来说，一直以来，其评论作者的身份构成主要分为三类：媒体从业者（以各大媒体的评论员为主）；有行业背景的专业人士（如医生、律师、教师、法官、官员等群体）；以及自由撰稿人，成员相对稳定。但就日常的评论写作而言，各网站的评论写作群体规模还是比较小，通常不到十人左右。

在传统媒体时代，有一个相对活跃、积极表达的评论写作群体，但随着传统媒体的式微，这个写作群体也随之衰弱，不少作者转身其他行业。如今评论作者群可谓青黄不接，数量有限，一些话题被某个评论员“承包”的现象十分突出。各个评论平台的作者都捉襟见肘，独特性在日渐淡化，甚至出现了几家媒体同题同人的评论，这对于观点交锋、舆论传播、文章质量都有较大影响，长此以往，必将严重影响到评论界的健康发展（高明勇）。

值得关注的是，近年来多家媒体积极举办大学生评论比赛，使境内外高校的在校学生成为评论写作群体中的重要新生力量，比如2018年1月，浙江日报启动首届“弄潮号”全国大学生评论大赛；5月，荆楚网（湖北日报网）、华中科技大学联合主办第五届全国大学生评论大赛；10月，湖南红网启动第四届全国大学生“评论之星”选拔赛等。2018年下半年，复旦大学新闻学院与澎湃新闻网联合组建“复旦—澎湃新闻评论小组”，让学生以“澎湃特约评论员”身份发表评论文章，在业界引发一定反响①。

（2）整合类的评论文章受追捧

对于网络空间中的评论写作，尤其是很多有影响力的自媒体的述评类写作，游走在事实与评论、整合与剽窃之间，究竟该如何界定，目前学界与业界尚无共识。“目前相当一部分自媒体的写作都属于泛评论内容，比如已经被永久销号的咪蒙，其文章虽然带有故事性，但依然是观点性文章；又比如六神磊磊读金庸，依然带有针砭现实的评论色彩；还有很多娱乐类的公号，比如毒舌电影，通过电影表达观点”，“夹叙夹议的评论方式，换句话而言是一种奖赏机制，叙述一段文字，然后给出一段议论，强化用户的情绪，进而保证用户阅读兴趣，这种不停地煽动用户情绪的自媒体评论方式，可以很好地保证用户阅读时长，转发意愿和阅读情绪”（高明勇）。

宋志标和丁阳更愿意从积极的角度去看网络评论写作中的这种变化，丁阳认为，“尽管在抄袭、洗稿与否方面面临争议，但受众毫无疑问有‘把好内容整合摆盘送到嘴边’的需求，那这种形式的稿件肯定还会继续存在。从让事件得到更高关注这一点来说，这种形式的稿件也有其价值”。宋志标认为，面对自媒体整合类文带来的议题设置和刷屏挑战，专业媒体机构“在评论写作中尝试更多手法，探索新的评论文本，既是需求，也是一种调剂，这

① 马作鹏．复旦新闻学院评论课引新援：聘请8位资深媒体人助力课程建设[N/OL]．澎湃新闻．2019-03-23．网址：https://m.thepaper.cn/newsDetail_forward_3187097?from=timeline&isappinstalled=0.

也是解决与自媒体竞争的一个方法。所以，资料集成式评论会被更多尝试，旧闻钩沉会被尝试，主要的目的是解决评论的恐慌——怎么从‘评论’变成‘读物’，以适应阅读市场的移动化局面”。

（3）评论的专业性受到民粹鼓噪与人才流失的双重挤压

专业性是评论的立身之本，但是移动网络时代，诉诸情感的宣泄往往比诉诸理性的专业评论写作更容易得到共鸣。“现在的评论写作风格更贴地气，更直白，更以受众、点击、传播率为导向，作者不无避免地有迎合受众的趋势，特别是‘顶雷’、犯众怒的话不敢说了。类似‘人贩子一律死刑’的话题，附和的观点可能好评如潮，一些客观分析的‘冷观察’反而不受待见。”（沈彬）

但几位受访的资深媒体人都否认评论写作时对受众感受的过度考量，有意识地避免被民粹情绪所裹挟，“专业写作面对民粹压力，专业写作者需常常自我提醒保障中立、不迎合的专业立场”（沈彬）；“‘今日话题’的评论写作并不会刻意讨好受众，而是坚持对事件或现象进行专业、客观的解读”（丁阳）；“写作时，除非意见特别强烈的争议话题，一般不会去想读者”（宋志标）。

影响评论文章专业性的，不仅是民粹鼓噪，也包括上文中提及的评论人才流失的问题。“由于监督类的话题减少，大量垂直专业类的话题成为补充，但是这类话题需要的专业性比较强，而实际上相关领域的专业作者无论是文字风格还是论证结构都与评论文章的要求相去甚远。另外，专业要求的严谨与媒体要求的速度之间存在冲突，导致很多垂直领域的文章都是由评论员操刀，而且很多都是临时找资料，无法涉及专业的核心，导致专业性不足。”（高明勇）

3.评论规格的调适与形式的创新

（1）社论的数量及影响力在下降

社交媒体的确带来了一个人格化的时代：人们更愿意相信一个人，相信专业领域的大V，而不是一个机构；而对于媒体了解不多的人确实也会将严肃的优质媒体和诸多营销号混为一谈[①]。在这种情况下，更个人化表达的自媒体先天具有贴近受众的优势，而机构类专业媒体的评论写作也主动或被动地进行一种个人化表达的调适，比如使用“某某君”“某某哥”之类的自称。

社论作为一种评论体裁，代表机构的立场观点，本身有一定的权威性和重要性，更多时候还体现着一种对被评论事物的高规格对待。从有效影响舆论、提升机构品牌知名度的角度来看，社论似乎应该更多出现在舆论场中才对，但现实情况却是部分媒体机构不生产或暂停生产冠以机构名头的评论/社论，比如“腾讯新闻不生产纯以机构名义出品的新闻评论”（丁阳），“凤凰网评论之前有个社论品牌‘凤凰论’，文章署名均是‘凤凰网评论部’，后改名‘风声’，持续运营三年多时间，2018年因故暂停运营”（高明勇）。

一个可以理解的原因是，“作为生产者，对‘社论’抱着尊崇的态度，但也感到审查压力——等于把火力往自己身上引，很可能得不偿失，所以只有在春节等节日场合才用，会有意识削减它的数量”（宋志标）；其次，“社交媒体时代用户的阅读习惯跟以前完全不一样了，很多人不再按‘机构品牌’来阅读评论了”（丁阳），“是不是社论，移动媒体时代读者不在乎”（宋志标）；最后，“社论往往代表机构观点，有一锤定音的效果，但是目前大家获取资讯的手段增多，表达的平台增多，统一态度变得困难”（高明勇）。

但不可否认的是，代表媒体机构发声的社论恰恰更有标识度、更容易给人形成一种整体性印象。诸如人民日报社论、环球时报社论、新京报评论、澎湃社论等，经过长时间的传播，往往让人一提起，就能对报社的立场有个相对稳定的判断。据沈彬介绍，“澎湃‘社论’每天一篇，不署名，社论本身能够充分代表澎湃的价值观和立场，而从外部来看，澎湃社论的表达是有分量的，比如，在‘民营经济离场论’甚嚣尘上时，澎湃于2018年9月13日发表社论《驳斥‘私有经济退出论’，捍卫改革共识》，亮出澎湃捍卫改革、

① 方可成.如今我们如何参与公共话题？好奇心日报的调查中有趣的发现[N/OL].微信公众号“新闻实验室”.2019年1月21日.

反对开倒车的鲜明价值态度。对于这种‘大是大非’问题，还是要用社论这种文体来表现立场和厚重的”。

不过，即使不使用“社论”这一规格，专业媒体机构的品牌仍有一定的影响力，比如“人民日报的‘人民微评’，很多时候被认为代表了人民日报对一些敏感事件的立场，包括2018年6月‘安徽六安教师讨薪事件’，就是通过‘人民微评’发声而改变了发展方向”，在沈彬看来，“受众和官员都全面接受了其权威性，可以称得上是新时代的‘社论’”。

（2）短视频评论的生产仍处于观望阶段

短视频这一传播形式与评论表达所要求的思想深度、论证复杂性之间的矛盾，一直让人对二者的兼容性持怀疑态度，但随着新技术的广泛应用，传播方式的变化，短视频时代依然不可避免地到来了，其对新闻评论将产生怎样的影响，受访的几位资深评论人都表示密切关注：“短视频是新闻产品的风口，视频评论专业要求较高，对主播个人素质要求高，短视频可能不适用谈较深的道理；要谈‘深’，又需要后期较大的视频编辑工作。视频评论到底是电视化，还是个人播主化，是一个两难的境遇”（沈彬）；“视频评论是一种话语的表演，现有的都不好看，评论的视觉化始终是个问题，业界没有解决好”（宋志标）；“目前没看到类似国外脱口秀评论水准的视频评论出现，长远来看视频评论有价值，但目前受众还没有形成看视频评论的习惯”（丁阳）。

2018年，澎湃、搜狐、腾讯都没有生产视频评论，凤凰网的视频评论，主要是“政对面”栏目，采取专业访谈的形式。在高明勇看来，“视频评论最适合的还是娱乐评论以及吐槽类的评论，用微博140个字的标准，快速地给出自己的观点和态度，不需要完整的论证。目前来说，视频评论大量时间实际是用于背景介绍，即便是嘉宾给出评论，也是非常简短的。我们常见的视频评论基本上都是几位嘉宾各自发表意见，意见通常也不太长，把核心的观点讲出就行”。

事实上，视频评论在表现形式与论证深度之间的矛盾，已经从根本上触及了“究竟何为评论”这一问题。在“人人都有麦克风”的时代，在“评论区”遍地开花的网络中，究竟那些没有论证的观点表达能不能称为评论？这一提问不仅指向个人或自媒体言论，也指向专业媒体机构生产的那些仅有宣泄情绪或表达立场功能，而缺乏严肃论证的评论文章。或许，今后在讨论移动网络时代的评论表达时，需首先明确“评论”的门槛在哪里。

二、新闻评论的传播互动

1.自媒体的设置议题能力日益增强

在移动社交网络里，2018年自媒体言论继续产生较广泛的社会影响力，比如兽爷的《疫苗之王》，丁香医生对权健传销骗局的揭露等，这些由自媒体引爆甚至主导的评论话题，引发了公众对于自媒体强大的议题设置能力的关注以及传统主流媒体机构影响力式微的担忧。

诚然，舆论场中的议题设置能力并非天然或必然由传统的主流媒体机构来主导，这是一种需要竞争也应该经由竞争才能获取的能力，因此，思考如何获得这种能力，以及如何在引爆议题后将讨论引向更专业、更深入的层次，传统的主流媒体机构和自媒体之间有很多值得相互学习的地方。

高明勇认为，“2018年，自媒体在议题设置方面是要强于传统媒体的，许多热点也是先从自媒体开始讨论，然后反输入传统媒体进行二次操作。这与对传统媒体管理力度的加大，进而导致媒体影响力的减弱和优秀媒体人员的流失有关。不过也应该看到，设置议题的自媒体人大部分都是传统媒体出身，在传统媒体接受过严格的新闻训练”。

此外，自媒体设置议题方面的“优势”，某种程度上也是因为其操作手法是专业机构媒体认为自身限于伦理要求、专业要求等无法迎合和跨越的。宋志标认为，有些自媒体的文章“很难称得上是‘评论’，但激起话题感、表达欲倒是真切的”，“自媒体的话题设置，不是讨论价值观，而是引发传播，所以也会鱼龙混杂。专业评论无法完全做到像它们那样，因为有些东西很难跨越，比如平台的伦理责任、写作者的去意义化的表达等”。高明勇也认为，“自媒体的受众特点相对比较集中，所以自媒体可以根据用户群体的话题，特别制定适合这类群体的文章，不管是句子的长度，分段，故事的构成，情绪的构成等，都是按需制作，所以能够保证粉丝的忠诚度，而粉丝的情绪也会反馈到自媒体，进而更加深了自媒体对情绪的掌控和煽动，在如此循环反馈机制下，粉丝的情绪和自媒体的观点都容易走向极端”。

部分自媒体对话题的“按需制作”，对受众群体的迎合与把握，使之更容易在特定的受众群体里产生共鸣，丁阳从受众角度来分析，认为这与受众的媒介素养有一定关系，“受众往往不会去区分文章的体裁、来源，只要稿件看起来有爆点，看起来够专业、够可信，那自然有可能产生较大的影响力”。但宋志标同时也敏锐地指出，“自媒体评论容易陡然爆红，但它们比机构媒体更脆弱”。

2.专业类媒体机构的评论生产力整体下降

笔者自2013年起，每年撰写中国新闻评论年度观察，彼时正是大量有影响力的市场化媒体积极探索微博、微信平台的评论表达时期，比如，与人民日报微博的“你好，明天”类似，南方都市报曾为微博平台量身打造“南评晚钟”，点评当日热点新闻，并于2013年6月起开设“南都网评论”微信公众号。但时移世易，如今网络舆论场中，党媒和自媒体评论日益风生水起，大量市场化媒体评论和大V渐渐销声匿迹。在2018年发表的《“大V”去哪儿了》[①]一文中，笔者通过对新浪微博、微信公众号和知乎平台上有关南海仲裁案的热门讨论文本的分析，发现跨平台（微博、微信）的意见领袖只存在于中央媒体机构中，传统“公知型”大V的观点没有出现在热门讨论文本中，草根型意见领袖较少，出现有网红无“大V”的状态。当大量市场化媒体评论和大V离场之后，更具专业性的评论生产力下降，在这种情况下如何推动各传播主体做更为专业的意见表达，设置更有价值的公共议题，尚需进一步探索。

此外，诸如凤凰、搜狐、腾讯这样的媒体平台，其评论生产力也受到多方因素影响。高明勇分析，“由于互联网公司的企业属性，决定了它们在界

① 陈敏，黄睿．“大V”去哪儿了？——基于微博、微信、知乎南海仲裁案讨论文本的分析[J].新闻记者，2018（7）.

定内容生产上不可避免地有商业利益的考量，更需要考虑生产新闻评论对公司所带来的影响。这意味着公司属性平台生产新闻评论和事业单位属性平台生产新闻评论有着较大的差异”①，进而影响公司对评论部门的投入与支持。凤凰网评论自2014年起已连续举办了四届的“有声之年——影响中国十大评论”年度评选，2018年因故暂停。

三、新闻评论的政策规制

1.全面加强自媒体账号管理

随着自媒体的影响力越来越大，2018年，政府相关部门的管理对象集中到自媒体。北京市网信办列举了自媒体账号集中存在的“八大乱象”：“曲解政策，违背正确导向”“无中生有，散布虚假信息”“颠倒是非，歪曲党史国史”“格调低俗，突破道德底线”“惊悚诱导，标题党现象泛滥”“抄袭盗图，版权意识淡薄”“炫富享乐，宣扬扭曲价值观”“题无禁区，挑战公序良俗”，并展开自媒体账号清理整治专项行动②。

2.强化自媒体平台的主体责任

2018年，北京市网信办指导属地微博、新浪、搜狐、网易、凤凰、腾讯、百度、今日头条、一点资讯、知乎等自媒体平台切实履行主体责任，强化依法依规办网，提升自媒体账号开办门槛、加大违规内容和账号处置力度、完善内部内容审核管理机制、加快投诉举报处置效率、及时公示违法违规账号等③。

各自媒体平台因此出台一系列新规，提升自媒体账号开办门槛：

2018年2月10日，今日头条和微信公众号平台分别发布公告，根据《互联

---

① 高明勇.宁拙毋巧，常思本义——对网络新闻评论特点、困境及趋势的思考[J].青年记者,2019（3）下.

② 阳娜.北京市网信办依法关闭11万个违法违规账号[N/OL].新华社.2018-12-26.网址：http://www.xinhuanet.com/politics/2018-12/26/c_1123908384.htm.

③ 同上.

网用户公众账号信息服务管理规定》第七条，将对账号注册数量做出调整，个人类主体最多可注册2个头条号，组织类主体最多可注册5个头条号；个人主体注册公众号数量上限由5个调整为2个，组织类主体注册公众号数量上限由50个调整为5个①。2018年11月16日起，微信公众号平台再次调整个人注册账号上限，规定同一身份证注册个人类型公众号数量上限由2个降至1个②。

新浪微博社区管理官方微博的“微博管理员”发布公告，称“为了进一步控制人身攻击内容的蔓延，提升博主对于评论内容的管理体验，促进微博生态良性发展”，从2018年9月27日起对“博主拉黑停止评论”策略进行升级：当某一账号被博主删除评论并拉黑后，该账号将在全站范围内被停止评论功能3天，这一策略将首先开放给粉丝数量 10 万以上的博主，后续逐步扩大至认证用户、微博会员直至全量用户③。

四、小结与讨论

本文对2018年中国新闻评论的发展态势，从内容生产、传播互动和政策规制等层面进行了梳理，具体来看，评论选题更多地被流量形塑：关于政治类话题的监督类评论文章总体上有所减少，有关婚恋、教育、消费、道德判断等社会类话题的评论文章，以及针对企业的监督话题有所增加。网络空间的选题变化、批判矛头从对公权转向更多对私德之后，如何“重回公共性”是值得探讨的问题，这不仅是专业媒体机构的责任，事实上，每个参与公共讨论的个体也都负有责任，以避免互联网空间“强情绪、弱理性”的特征。

新闻评论的写作方面，2018年呈现的主要变化是：评论作者规模锐减，整合类的评论文章受追捧，评论的专业性受到民粹鼓噪与人才流失的双重挤压。评论规格与形式方面，社论的数量及影响力在下降，短视频评论的生产

① 腾讯科技．多平台调整公众号注册数量：个人类限 2 个，组织类限 5 个 [N/OL]. 腾讯网 .2018-02-10. 网址：http://tech.qq.com/a/20180210/007705.htm.

② 腾讯客服．公众平台身份证、手机、企业信息登记次数说明 [N/OL].https://kf.qq.com/faq/120911VrYVrA140428naUJVv.html.

③ 邱宇．发微博要小心了！被博主删评并拉黑将全站禁评 3 天 [N/OL]. 中国新闻网，2018-09-27. 网址：https://www.chinanews.com/cj/2018/09-27/8637255.shtml.

仍处于观望阶段，评论的专业表达与视频的形式特征之间的固有矛盾，让专业评论人对视频评论的生产仍有顾虑。此外，2018年的网络空间中，自媒体的设置议题能力日益增强，专业类媒体机构的评论生产力整体下降。

对于新闻评论的政策规制则主要从全面加强自媒体账号管理，以及强化自媒体平台的主体责任两方面展开。对于网络空间中言论表达的伦理问题与管制之间的关系，正如方可成在盘点2018年的全球传媒业时所说，“被关闭的9800多个微信公号中，有一些公号确实做了不地道的事情，包括传播假新闻、洗稿等”，“在一定程度上增强了民众对媒体管制的支持心理，为更严格的管制提供了理由”，尚可期待的或许是，“在自上而下的打压管制和自下而上的反感情绪夹击之中，传媒行业跌跌撞撞，但混沌之中，一条清晰的专业界限可能会逐渐显露，专业主义作为职业准则可能会被重新重视”①。

（作者陈敏为中山大学传播与设计学院讲师。本文受到中山大学2017年度中央高校基本科研业务费专项资金[项目批准号：17wkpy06]的资助）

① 方可成.2018年的全球传媒业：悲情之下，待解的难题[N/OL].微信公众号“新闻实验室”.2019-1-7.

2018中国性别新闻年度观察

陈子阳　李欣欣　白玫佳黛

【摘要】

本文对《中国妇女报》、中国社会科学研究院新闻传播研究所、澎湃新闻等机构评选出的2018年中国性别新闻进行筛选，运用扎根理论并借助NVivo11质化研究分析软件，参照媒介报道框架，对2018年中国大陆地区报纸所刊载的18个高影响力指数事件进行了质化分析。研究发现，在该年度的性别新闻中，媒体针对性别问题，提出了一系列应对措施，其中不乏具体的制度性方案；同时，一部分媒体也对社会性别不平等现象与观念进行了纠正。但是同样需要注意的是，在这些性别新闻报道中，仍然存在维护主流话语叙事、性别议题边缘化、报道自身性别观念错误、宣扬成就削弱纠偏效果和措施缺少实际有效性等一系列不利于社会性别平等的问题。肩负社会公共责任、秉持专业主义的新闻媒体在性别议题报道方面仍然任重道远。

【关键词】

性别　新闻　扎根理论　媒介框架

一、引言

无论是对于女权主义者、媒介研究者，抑或是媒体从业者，媒介与性别（media & gender）的讨论已经成为近年来无法避开的话题。早在20世纪60年代的女权运动的第二波浪潮中，大众媒介和社会角色中妇女形象的关系便已受到批判性的审视。女权主义者将目标对准电影、电视剧、报纸等多种媒介文本，揭露其对于女性形象价值标准的扭曲和性别等级理念的灌输。①1995年的联合国第四次妇女大会则为中国女权主义行动者提供了新的契机，“性别（gender）”在中国官方话语中与全球的妇女问题产生了政府层面的联系，我国政府随着社会主义改造而进行的妇女解放运动及其成果得到了全面的展示。同年，中国参加全球媒介监测项目，旨在跟踪新闻报道对两性的刻画与其中反映的性别意识变化②；次年，“妇女传媒监测网络”建立，监测媒体中含有性别歧视意味的信息③。

时至今日，经过三次妇女解放运动的浪潮④，以新闻为代表的大众媒介对性别议题的呈现依然具有丰富的内涵与可解读模式。尤其在过去的一段时间中，以反性骚扰为主旨的#MeToo运动于2017年自美国兴起，并于2018年1月在中国高校率先传递开来。从陈小武事件开始，反性骚扰、反性侵的控诉和声援、争议扩展至包括媒体圈、公益圈在内的多个社会领域⑤，性别问题一度成为社会集中讨论的热点话题。而性别运动浪潮中的女权主义行动者在社交媒体中发声的同时，也将斗争策略转向主流媒体：将主流媒体视作“政治资源”的核心，他们相信与“拥有权力”的主流媒体形成良好互动关系，将引发更多积极讲述性别意识的报道与评论，推动性别运动同盟的组建，进而扩大公众讨论的范围，达成正面效果⑥。

我们为什么应该重视媒体对于性别议题的新闻的呈现方式呢？1947年加拿大学者戈夫曼（Goffman）提出，框架是人们用来认识和阐释外在客观世界的认知结构，人们对于现实生活经验的归纳、结构与阐释都依赖于一定的

---

① 曹晋．批判的视野：媒介与社会性别研究评述 [J]. 新闻大学 ,2005 年冬．

② 龚新琼．新闻建构的两性世界——2005 年全球媒介检测项目报告分析 [J]. 当代传播 ,2006（5）．另注：我国未参加最近一次的全球性别媒介监测项目（Gender Watch）。这一项目每 5 年进行一次全球监测。

③ Bin Wang & Catherine Driscoll. Chinese feminists on social media: articulating different voices, building strategic alliances[J]. *Continuum-Journal of Media & Cultural Studies*, Vol.33, 2019.

④ 有研究认为当下正在风起云涌的是第四次浪潮。第四次浪潮中包含大量的网上抗议运动。其主要的议题受到前几次浪潮，特别是第三次浪潮的影响。但第四次浪潮尚在发展中，还未有统一结论。——笔者注

⑤ Zhongxuan Lin & Liu Yang .*Individual and collective empowerment:Women's voices in the #MeToo movement in China[J]. Asian Journal of Women's Studies*, Vol.25NO.1, 2019. pp.117-131.

⑥ Bin Wang & Catherine Driscoll. Chinese feminists on social media: articulating different voices, building strategic alliances[J]. *Continuum-Journal of Media & Cultural Studies*, Vol.33, 2019.

框架。框架使得人们能够定位、感知、理解、归纳众多具体信息。而媒介框架则关系媒介的生产——媒介怎样反映现实、建构意义并规范人们对其认识与理解[①]。时至今日，新闻仍然为其受众构建了其对于世界的认知和想象。特朗普对假新闻（fake news）的指责更使其国人对有质量的新闻重新燃起了兴趣和期待。根据新闻史学家尼罗[②]所述，新闻的作用不仅是提供信息，而是包括解释（interpretation）信息，撰写新闻故事；而新闻作为社会公共智识（public intelligence）的重要影响因素，可以通过影响公共讨论进而影响公众知情同意意愿的产生和表达，影响社会发展进程。因此，大众媒介尤其是肩负公共责任的新闻业如何处理性别新闻的呈现框架怎样反映与建构社会性别意识，对于中国社会性别平等的建设具有重要意义。本文参考此前胡颖和常江针对性骚扰议题新闻研究得出的“社会框架”“性别歧视框架”“维稳框架”等新闻报道框架[③]，对2018年中国性别新闻进行质化研究分析。

二、研究方法

本研究使用扎根理论方法（grounded theory），借助定性研究软件NVivo 11，对所选取的2018年中国大陆地区公开发行报纸所载的性别新闻文本进行了编码分析。Barney G. Glaser与 Anselm L. Strauss在1967年提出扎根理论。这是一种可以对观察、访谈、政府文件、新闻报道、视频、信件和书籍等多种来源数据进行系统的、比较的、连续的分析，从而获得理论的质性研究方法[④]。在数据的收集与分析上，扎根理论有其特定的标准。扎根理论不能将观察或报道的实际事件或活动等“原始数据”（raw data）作为分析依据，而是要赋予事件概念化的标签（conceptual labels）。范畴（categories）相对于概念则更为抽象，是整合与发展理论的基石和手段。需要注意的是，范畴并非

① 孙彩芹．框架理论发展35年文献综述——兼述内地框架理论发展11年的问题和建议[J]. 国际新闻界,2010（9）.

② John Nerone. *The Media and Public Life: A History*[M]. *Polity Press*,2015.

③ 胡颖，常江．中美性骚扰议题新闻呈现的比较研究[J]. 新闻春秋,2018年第4期.

④ Barney Glaser & Anselm Strauss.The Discovery of Grounded Theory: Strategies forQualitative Research[J]. *Chicago: Aline*, pp.4-36. 161-184.

对概念进行简单分组即可得到的，而是需要考察其呈现的性质（properties）和维度（dimensions）。经过这样的过程，范畴被赋予了较强的解释力，各范畴之间有所关联，进而形成理论。在整个分析过程中，研究者需要对数据不断进行比较，发现其中的变化与模式，从而实现整合。扎根理论的相互关联性一方面使得研究者能够抓住数据中任何潜在的有关信息，也进一步防止了其个人偏见的出现[①]。

在具体操作方面，编码（coding）是扎根理论分析的基本环节，主要包含三个阶段：开放性编码（open coding）、主轴编码（axial coding）和选择性编码（selective coding）。开放性编码是在将数据打散分解后进行的解释过程。研究者对数据所涉及的事件、行动与相互作用进行比较。数据被赋予概念化标签，并形成范畴。主轴编码过程中，研究者建立范畴间的逻辑关系，形成主范畴。在选择性编码阶段，对所有主范畴及其联系的范畴进一步分析解释，统一在核心范畴（core category）周边，呈现最终的理论[②]。

本年度报告之所以选择扎根理论的方法，是因为通过这样的方法，两位编码者可以从新闻事件的报道中提炼出较为理论化的分类，从而可以使得对年度性别新闻的评点既不会是纯思辨的，又可以在相对可靠的基础上有理论关照。

本次研究首先收集汇总了《中国妇女报》总结的“2018十大女性新闻”，中国社会科学院新闻与传播研究所、中国妇女报社、中国妇女发展基金会妇女新闻文化基金“性别平等十大新闻事件评选”和澎湃新闻“2018性别新闻盘点”三组性别新闻盘点作为本次研究性别新闻的初步筛选。其中，《中国妇女报》是中华全国妇女联合会主办的、我国唯一一份全国性的女性报纸。中国社会科学院新闻与传播研究所是我国新闻传播学的重要研究中心。澎湃新闻则是上海报业集团改革所形成的互联网新闻平台，以刊发时政新闻与思想分析为主。因此，上述三组性别新闻盘点具有一定的可信度和代

① Juliet Corbin & Anselm Strauss. Grounded Theory Research: Procedures,Canons, and Evaluative Criteria[J]. *Qualitative Sociology*, Vol. 13, No. 1, 1990, pp.5-11.

② Juliet Corbin & Anselm Strauss. Grounded Theory Research: Procedures, Canons, and Evaluative Criteria[J]. *Qualitative Sociology*, Vol. 13, No. 1, 1990, pp. 12-14.

表性。

由于本次研究主要针对2018年中国大陆地区的性别新闻，故笔者从上述盘点中删除了国际性的性别事件，并借助“知微事件”网络平台，对剩下的54则事件进行关键词检索，获取了各事件的影响力指数。知微的影响力指数是通过对全网微博、微信等社交媒体和网络媒体数据所刻画的单一事件的传播效果进行加和，再进行归一化运算而得到的范围在0至100之间的指标。由此，可以进一步对相关事件实施筛选，获取互联网讨论度高、影响力大、代表性强的性别事件。

上述54则新闻事件中有23则可以在“知微事件”平台上检索到，其影响力指数由40.6到80.7不等。为进一步缩小研究的样本，笔者根据23则事件的影响力指数绘制了散点分布图（见图1）。根据散点图不难发现，23则事件的影响力指数绝大多数分布在50以上。同时，影响力指数在60以上的事件有17件，占74%。综合考虑新闻事件的重要性、影响力和本次研究所能投入的人力，本文选定影响力指数在60以上的性别事件进行分析。值得注意的是，由于受#METOO运动的影响，研究选择的事件中，与“性骚扰”或“性侵”相关的事件有6件，而2017年高讨论度的同类型事件[①]是3件。

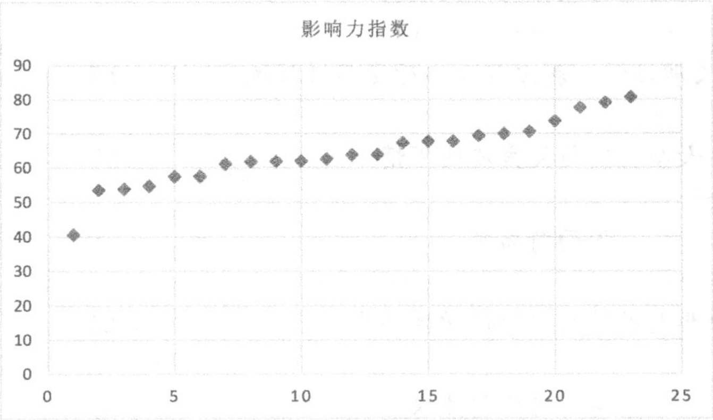

图1　性别事件影响力指数散点分布情况

① 欧阳黔，林源，白玫佳黛.2017中国性别新闻年度观察：性别平等体制建设的角度.中国新闻业年度观察报告（2018）[M].北京：人民日报出版社,2018.

在确定事件后，两位研究者（一男一女）经过讨论，依据事件核心表述提取检索关键词，每个事件的检索词为3个至5个。随后两人在慧科搜索数据库中根据关键词，检索2018年1月1日至12月31日中国大陆地区报纸相关新闻，最终得到本次研究的样本（见表1）。其中一些事件在社交媒体平台讨论度高、影响力大，但报纸新闻报道篇数不多，如空姐搭乘滴滴顺风车遇害事件和张雨绮离婚事件。这种差异可能意味着这些在网络平台讨论度高但在传统报刊上仅仅停留在简单信息通报层面上的议题，在网络上以各种衍生议题为出发点，被网友关注和讨论。

表1 本次研究选定的新闻事件、影响力指数和报道篇数①

新闻事件	影响力指数	篇数
知名公益人士雷闯涉性侵	61.1	42
网爆温州亲子夏令营现“女德班”	61.7	50
导演钮承泽被爆性侵女工作人员	61.8	9
离婚冷静期拟写入民法典	61.9	16
媒体人章文涉性侵，蒋方舟等亦称受其性骚扰	62.5	32
女演员爆与吴秀波地下情	63.7	36
张雨绮离婚	63.8	4
原北大教授沈阳性侵学生高岩	67.2	18
“娘炮”文化引热议	67.7	18

① 本研究所选取的新闻事件的具体表述参考“知微事件”平台。——笔者注

续表

网传“G1402次列车发生疑似猥亵女童”	67.7	42
创造101王菊爆红网络	69.4	58
蒋劲夫家暴女友事件	69.9	53
俞敏洪发表“歧视女性”言论	70.6	32
刘强东被曝性侵明大女学生事件	77.7	109
空姐搭乘滴滴顺风车遇害	79.1	5
乐清女子乘坐滴滴顺风车遇害事件	80.7	45

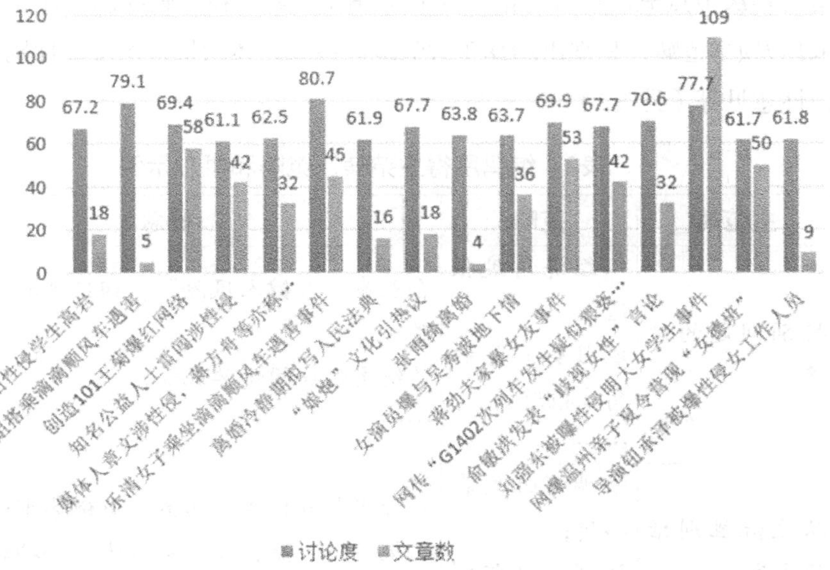

图2 本次研究选定的新闻事件、影响力指数和报道篇数①

① 本研究所选取的新闻事件具体表述参考“知微事件”平台。——笔者注

在确定研究样本后，两名编码员（一男一女）首先随机抽取样本中的“女演员爆与吴秀波地下情”事件，分别运用NVivo11对其进行开放性编码，得到一级节点，随后根据归类一致性指数测量两人之间的编码信度系数。归类一致性指数是指对编码归类相同数占归类总数的百分比，编码信度系数为R=（n×平均相互同意度）/〔1+（n-1）×平均相互同意度〕，而相互平均同意度=2×M/（N1+N2），其中n为编码者人数，M为两名编码者归类一致数，N1、N2为两名编码者各自编码总数①。据此，根据预编码计算，两名编码者的信度系数为0.75。由于该信度系数较低，两位编码者针对编码的思路、角度再次进行讨论交流，并选取“媒体人章文涉性侵，蒋方舟等亦称受其性骚扰”再次进行编码，算得信度系数为0.91。该信度较高。随后，两位编码者开始正式编码。

在正式编码阶段，两位编码者各自承担一部分材料的开放性编码，对报道材料进行比较分类与概念化，汇总后得到777项初级节点。随后，两位编码者对初级节点概念进行讨论，提取了26项范畴。在主轴编码阶段，编码者提取出7项主范畴，呈现出2018年大陆地区报纸媒体的报道角度、性别意识和建设性意见等（见表2）。

表2　编码所得主范畴、范畴和概念示例

主范畴	范畴	概念
性别问题的边缘化	以经济角度报道； 以社会文化的角度报道； ……	企业有“关键人风险”，组织架构应进行调整； 传统文化民间讲学混乱； ……
从主流性别话语出发	强调男性内在品质； 强调男性阳刚气质；	刚强勇敢责任担当的男性值得尊重； 阴柔不是主流，多元不意味着要牺牲主流； ……

① 董奇.心理与教育研究方法（修订版）[M].北京：北京师范大学出版社,2004:309.

续表

对错误性别观念的纠偏	不要谴责受害者； 指出性别不平等的现象； ……	健康的舆论环境下应当避免对受害者泼脏水； 高校性侵事件重构了人们对中国性别权益保护状况的评估； ……
彰显性别观念进步	突破性别刻板印象； 呈现新时代女性精神……	男女平等观念越来越深入人心； 女性平权、性别平等的推动使民智初开，污名化受害者女性已减少； ……
媒体对性别问题的错误认知	对受害者提要求； “理中客”； ……	娘炮是一种祸害； 不能因公益逃避罪责，也不能因为性侵抹去贡献； ……
关注制度建设	存在制度漏洞； 应完善制度体系；	地方立法应促进反家暴工作规范化、法制化； 现行法律针对性骚扰难以界定处罚，民事手段效果差； ……
非制度化的解决方案	加强教育； 改变观念； ……	杜绝女德班需要家长提高认识； 全社会团结起来向性侵宣战； ……

三、性别议题边缘化

尽管过去一年中对社会影响重大、引起公众关注与讨论的性别事件频频发生，中国大陆地区的报纸也对这些事件进行了大量的报道，但需要引起注意的是，在这些报道中，原本应该出现或作为核心议题的“女性”甚至“性别”属性，在报道中被边缘化，甚至文章并没有采用性别视角进行报道。

哈贝马斯、保罗·弗莱雷等都曾指出，在民主参政议政、公民可以在知情的前提下进行投票的社会中，媒介，特别是新闻媒体，应该促进议题的讨论，提供信息和理解信息的新闻故事[①]。噤声群体理论（Muted Group Theory）认为，在主流男权社会体系下，女性成为世界上最大的噤声群体，在公共领域的讨论中被隐藏。[②]媒介研究的符号歼灭（symbolic annihilation）理论指出，在媒体上（包括非纪实的电视电影等）被错误呈现（misrepresentation）或得不到足够呈现（underrepresented）的群体也包括女性。有学者研究指出，在新闻报道中，一方面，女性作为信源，更多出现在有关家庭、私人等话题的报道中，而非“真正具有”新闻价值的严肃新闻中；另一方面，新闻报道的叙事话语与实践是一种强调男性气质（masculine）的叙事模式，在这种话语下，女性并不是作为被叙述的主体（subject），而是作为一种标志（sign）出现，这实际上创造了一种政治的（political）、等级的（hierarchical）体系差异[③]。在性别议题相关的新闻事件中，性别话题本身必须成为一个话题，才能够得到充分的讨论。而且，性别问题首先要成为框架之一，才能进一步讨论如何呈现这一议题的问题。

在2018年的性别新闻报道中，有很大比例的性别议题的报道中，性别议题被边缘化甚至报道去性别化。如前所述，性别新闻的报道框架对于读者如何理解与建构身处社会的性别平等状况具有重要意义。性别问题在相关事件中，需要作为社会结构性、制度性问题被知晓、被正视，而不是被其他社会问题掩盖、替代或消解。在被研究的报道中存在以经济新闻、社会文化新闻和娱乐新闻等角度报道性别事件的情况，而性别角度却是缺失的。例如，在报道刘强东事件时，媒体将报道角度转为公司经营：

企业和创办者的关系，实在太过亲密，甚至到了难解难分的地步。刘强东在美国的不光彩事件，让京东股价一度从31.3美元掉到21美元。京东这一响当当的网购品牌，也在一夜之间口碑暴跌。[④]

---

① John Nerone. *The Media and Public Life: A History*[M]. Cambridge: Polity.

② 胡颖，常江．中美性骚扰议题新闻呈现的比较研究 [J]. 新闻春秋，2018（4）.

③ Cynthia Carter, Gill Branston & Stuart Allan. *News, Gender and Power*[M]. New York: Routledge. pp.5-7.

④ 李国庆的胡言乱语，再次给中国企业提了个醒 [N]. 钱江晚报，2018 年 12 月 25 日．

在报道温州女德班时，则强调传统文化供给匮乏，而并没有对“女德”本身提出讨论：

“女德班”到处举办讲座，而且还受到了家长、学生的支持，正说明了传统文化的供给过于匮乏，以至于这些极度缺乏科学知识和人之常情的人，都能成为传统文化的“专家”。①

对于张雨绮离婚事件，媒体更是从娱乐新闻角度回顾其婚姻经历。这种梳理使得事件变得个人化，并且使得问题的焦点转化成了对于女性婚姻幸福与人生幸福的讨论。追根究底是认为这一问题仅涉及“女性是否遇人不淑”的机会问题，而与阶层、家暴、婚姻法、女性就业等问题没有关系：

虽然袁巴元和张雨绮之间的纠纷孰对孰错，至今还没有定论，但从王全安到袁巴元，前者嫖娼，后者结婚时婚史人品饱受质疑，也让张雨绮目前看起来更被心疼。②

诚然，相同新闻事件因其复杂性，可能存在多个报道角度，但针对性别这一议题，“性别”本身的边缘化甚至缺席可能会消解报道对于性别问题进入公共领域讨论的可能性，使其沦为“边角料”的谈资，而难以在性别问题上取得实质性进步。这是一种“性别盲视”（gender-blind）的报道取向，是与妇女解放的进程不相适应的。这部分新闻媒体应更多借鉴“性别歧视框架”，即从性别不平等的角度报道性骚扰现象的成因，分析性别平等的现状，并探讨推动两性平等对减少性骚扰案件的意义③，而不是把性别平等当成已经存在的现实，并预判性别问题已经不再是一个问题。

---

① 杜绝“女德班”，需传统文化与现代文明接轨 [N]. 东方卫报 ,2018 年 12 月 13 日 .
② 这速度确实很张雨绮！ [N]. 信息时报 ,2018 年 9 月 28 日 .
③ 胡颖，常江 . 中美性骚扰议题新闻呈现的比较研究 [J]. 新闻春秋 ,2018(4).

四、错误纠偏与正面刻画

在2018年性别新闻的报道中，“性别歧视框架”并没有完全缺失——对于部分新闻事件，记者与编辑在报道过程中能够从社会性别状况出发，对事件进行合理的归因解释，分析目前社会普遍性存在的，而非个体、团体或某个行业领域单独存在的性别不平等现象。

部分评论文章能够联系女性长久以来所遭受的歧视，对当下发生的不平等事件进行批评：

总之，这种所谓的“堕落观”，实际上是陈旧的“红颜祸水”论的翻版。在过去，史家总结经验教训，总是怪罪妃子们太美引得“君王不早朝”；现在呢，就说女性都爱挣钱的男人，所以男人只好挣钱去了，都“堕落”了。这种论调，漏洞实在太多，不是一个现代性的认知逻辑。①

这种将男性的所作所为（尤其是产生负面结果的行为）归结为由女性所致，是对女性的恶意贬低与污名，更是将性别差异错误扭曲为根源性因素，从而为男性寻找借口与理由，塑造正义、单纯的形象。这种厌女症的行为，实质仍是利用社会性别建构，搭建起一套男性凌驾于女性之上、女性利用或谄媚男性的父权制度。而媒体报道能够以历史的眼光对社会深层次存在已久的性别歧视进行纠正，是值得肯定的。

此外，一些评论对“荡妇羞辱”（slut shaming）进行了批评和纠正：

一个健康的舆论环境，更要善意对待那些勇敢站出来的女性。而不是立场先行，恶意猥琐地揣测女生的动机，甚至抓住一些自以为的瑕疵，去恶意泼脏水……可是无论女性自我保护意识有多薄弱，也不是男性性骚扰甚至性侵的理由。②

① 俞敏洪应该为什么道歉 [N]. 今日女报，2018 年 11 月 22 日 .
② 受害女性勇敢站出来，这就值得尊敬 [N]. 云南信息报，2018 年 7 月 26 日 .

无论是揣测女性受害者举报施害者是为了获取利益，还是指责受害女性穿着暴露、独自出行、饭局饮酒等，其本质上都是谴责受害者（blame the victim）的表现。这在一方面体现了作者或文中所引观点的持有者认为男性掌握权力，许多女性无法通过正当渠道获得工作和升迁机会，而是需要在工作场合中攀附男性，以性资本换取其他资本和资源。另一方面这表现出传统男权视角对女性的规训。穿着暴露，甚至公开涉性行为的女性叛离了传统的女性角色与定位，因此常常被污名化为“荡妇”[①]。在这一点上，一些新闻媒体已经意识到了“谴责受害者”的荒谬之处，并指出了这一点，在一定程度上揭示了社会性别不公的根源，对于重塑正确的社会性别认知具有积极意义。

本文尚不确认新闻媒体纠正“谴责受害者”这一方面体现出进步的原因何在，但有可能2012年女权运动者发起的“我可以骚，你不能扰”[②]等反性骚扰活动和社交媒体平台的讨论对此有一定影响。这种以“性别歧视框架”进行的纠偏报道目前尚未成为主流的方向，依然缺少规范化或系统性的刊载。也许因为记者、评论员或编辑自身性别观念与认识水平不同，导致类似事件的报道方向上存在一定偶然性。如何将“去受害者污名化”的报道角度扩散开来，是值得媒体继续思考与改进的。

同样应当指出的是，在揭露问题纠偏的同时，一些报道会致力于彰显我国在性别问题所取得的进步成就。这在一定程度上与我国新闻业的特殊性有关。党领导下的新闻事业要求以正面报道为主：“一件负面的事实发生了，不应回避不报，但若连篇累牍地集中报道，忽略了主流、全局正面的情形，这样的报道不能说贯彻了正面报道为主的方针。”[③]这意味着新闻媒体即使在报道“人咬狗”这样的奇观性事件和坏消息的时候，也总是从新闻写作的规

① Kerri L. Pickel & Rachel H. Gentry. Slut Shaming in a School Bullying Case: Evaluators Ignore Level of Harm When the Victim Self-Presents as Sexually Available[J]. *Sex Roles*, 2017, Vol.76 (1-2), 2017,pp.89-98.

② 称女性穿清凉装招骚扰上海地铁遭行为艺术抗议 [N]. 生活日报（数字报）,08 版壹周故事荟，据《三秦都市报》,2012 年 8 月 19 日．

③ 陈力丹.“舆论监督和正面宣传是统一的”——学习习近平同志“219”讲话 [J]. 新闻与写作,2017（1）.

范上便纳入了正面报道的平衡性要求，甚至成为制度化规定。尤其是如《中国妇女报》等机关媒体承担了党政机关的宣传功能，需要解析公共政策、塑造部门形象，实现信息的正面传播与观点的自我表达[①]，因此正面报道更为明显。《法制日报》在报道蒋劲夫家暴的相关新闻时称：

应当看到，反家庭暴力法自2016年3月1日起施行以来,对遏制家庭暴力起到了积极作用,尤其是有关人身保护令的规定,更是成为家暴受害者的有力法律武器,不但能及时有效地保障家暴受害人的合法权益,还达到了预防家庭暴力再次发生的效果。[②]

《中国妇女报》关于俞敏洪事件称：

讨论之热烈和反对者之众，一方面让我们深受鼓舞，表明男女平等、尊重女性的观念越来越深入人心，成为大多数人的价值追求。[③]

这类报道在对负面做法与观念纠偏的同时，强调我国在性别平等方面取得的成就，但报道并没有在所揭露的问题和所提及的正面背景信息之间建立有效的关联。这导致报道表面化地谈到问题和成就，却实际上使得读者可以根据自己的喜好、选择性地接收这种二元信息中较为符合自己认知和信仰的那一部分，而并不会促进讨论和思考。这在一定程度上可能削弱了报道的纠偏效果，让读者耽于原则上的自我满足状态，使得社会上对于类似议题的讨论进一步割裂，而非促进各方面的发声，从而阻碍社会讨论应该如何修正性别问题及其所牵涉的社会体制。

① 张志安，汤敏．新新闻生态系统：中国新闻业的新行动者与结构重塑 [J]. 新闻与写作，2018（3）．
② 完善反家暴立法，对分手暴力说“不”[N]. 法制日报，2018 年 12 月 11 日．
③ 姜秀花．男女彼此成就才是最好的安排 [N]. 中国妇女报（数字报），2018 年 11 月 20 日．

五、从案例中探讨性别问题的解决措施

2018年中国性别新闻报道在呈现事实的同时，也探讨提供了众多性别问题的解决措施。而这些措施，有的强调社会制度化的建设，有的则涉及观念教育等非制度化的长期教化。

1.制度建设

从制度化角度探讨性别问题的应对措施符合社会框架的报道模式，即倾向于将解决核心归为制度建设。而本研究选取的报道也体现了这种框架。研究样本中的报道具体主要从建立与完善企业内部管理制度、政府相关部门监管制度、法律制度三个方面建言献策。这类报道部分来源于记者编辑评论，部分则来源于非利益相关方如专家、网友的评论。但整体而言，许多建议难以体现出长期观察和研究的发现，而是基于一般常识。同时，大部分制度性建议都停留在提出空洞的倡导与呼吁这一层次——呼吁旧制度的完善或新制度的建立，认为应该有制度上的改变——但却缺乏具体建议细节。例如，在“知名公益人士雷闯涉性侵”案例中，有记者认为：

> 近年来，一些知名公益人先后身陷囹圄，为何？当公益活动处于“野蛮生长”的状态，当知名公益人习惯了自弹自唱、孤芳自赏，他们的所作所为，就很可能触犯法律。指望一个人的道德自律并不靠谱，脱离了制度与规则建设，失范行为的产生很难说不是一种必然。①

对公益圈在性别议题上出现的问题的针对性建议泛泛而谈，而与此同时，这一段中却暗合政府通过要求公益组织进行注册而对其实施管理的现状。性别议题丑闻的发生被认为是因为公益活动“野蛮生长”所造成的后果。而对于如何进一步进行规范和建设，文中则语焉不详。

---

① 杨朝清.荣光蒙蔽不了内心的幽暗[N].泉州晚报,2018年7月27日，第4版.

在“网爆温州亲子夏令营现‘女德班’”案例中，网友则呼吁关注失德教师，应再重视教师的资格审查①。与此不同的是，也有部分制度性建议更为细致，提出了具体的举措。例如，蒋劲夫家暴事件发生后，新闻报道引用了中国法学会婚姻法学研究会专家对完善《反家庭暴力法》提出的建议：

反家暴法实施两年多,我国反家庭暴力救济制度还有很大的完善空间,尤其应扩大家庭暴力、人身保护令被申请人的范围,尽量避免家庭暴力、人身保护令的真空地带。因此,考虑到曾有配偶关系当事人之间暴力侵害的情形多源于婚姻存续时遗留的问题以及离婚后仍然存在的子女抚养及探望之争,为更好地保障家庭暴力被害人的合法权益,段凤丽建议通过立法,对与申请人现有或曾有配偶、姻亲、继父母子女等身份关系的相对人认定为适格的被申请人,对现有或曾有恋爱同居关系的相对人也应认定为适格被申请人。②

专家的建议使得新闻中所提到的制度性建议可以更加具体和具有指导性。在“乐清女子乘坐滴滴顺风车遇害事件”事件发生后，报道指出为方便政府对网约车的监管，可以考虑接入滴滴企业的数据③。具体的建议可以打开进一步讨论的空间，为事件相关方提供决策参考，而不是仅仅告诉读者“应该去做制度建设”，发挥公告牌一样的告知信息和终结讨论的作用。

媒体在引用专业建议时所采访专家的研究领域同样值得关注。事关性别议题的新闻报道如果缺少性别研究专家的观点，而集中采访在法律、文化等领域的专家意见，难免会使相关建议偏离性别议题本身，导致原本的性别事件转而成为对文化问题或法律问题的报道，而失去了对性别问题本身的有效反思或纠正。

制度化建设在解决性别问题中占据重要地位，因为这能够使得新的受害者不用从头来进行抗争，同时，也能够从制度上对已经取得的进步进行固

① 扯下“遮羞布”，老师二字怎么写 [N]. 羊城晚报,2018 年 4 月 9 日, 第 A4 版 .
② 朱宁宁 . 完善家暴立法，对分手暴力说“不”[N]. 法制日报（电子报）,2018 年 12 月 11 日 .
③ 网约车数据接入监管势在必行 [N]. 羊城晚报（全国版）,2018 年 8 月 29 日, 第 A02 版 .

定。性骚扰事件中的受害者面临的不只是来自加害者的伤害，更是面临整个父权体系的结构性压迫。舆论对于特定性别事件难以维系较长时间的讨论；因此，相较于把短期讨论个体事件的赋权浪漫化，作为一项体制机制建设，加强具体立法会更有效[①]。制度化建设同样是挑战原有制度体系的一环，媒体对此的集中报道为公民的理性讨论提供了视角，有助于公共信息的普及。但国内媒体在报道性骚扰事件时，常常孤立谈论单个的性别事件，将问题归咎于制度、结构中存在的漏洞或行业背景特点，讳言意识形态或体制建设的问题[②]，特别是与性别直接相关的问题。本研究中的新闻报道同样呈现出这一特点。

2.非制度建设

非正式制度包含惯例、规范、行为守则[③]，非制度化建设的方面，媒体报道集中于对非正式制度的执行方法层面：建议加强学校、家庭教育，进行法律、平权知识普及；倡导改变观念，树立平权意识；呼吁社会行动，公民、政府、NGO组织需要共同应对。如在"'娘炮'文化引热议"事件中，某些报道强调家庭在性别教育方面的重要作用。先不论其在性别观上的褒贬，文章展现的忧思背后实际上讨论的是家庭中对孩子进行的社会化影响。而实际上孩子可能受到多方面的影响，在忧思媒体上"娘炮"小鲜肉盛行可能对孩子造成影响的同时，转而呼吁在家庭中的社会化中加强传统的性别教育，这很难说是对题的讨论：

最重要的是，"娘炮"的争议应该成为家长审视家庭教育和反思育儿方法的契机，毕竟，男孩气质的培养，父母是第一责任人。普遍存在的情况是，随着社会的发展和物质的丰富，家长的溺爱和过度保护有可能导致男孩欠缺坚韧、勇敢的品质。同时，在不少家庭的思维和实践中，"丧偶式"教

① Zhongxuan Lin & Liu Yang. Individual and collective empowerment: Women's voices in the #MeToo movement in China[J]. Asian Journal of Women's Studies, Vol. 25, No. 1,2017,pp.117-131.

② 胡颖，常江．中美性骚扰议题新闻呈现的比较研究 [J]. 新闻春秋，2018（4）.

③ 吉嘉伍．新制度政治学中的正式和非正式制度 [J]. 社会科学研究，2007（5）.

育意味着女性承担着家庭教育的重担，男性应尽的责任相对较少。但在男孩的教养上，父亲的言传身教对男孩优秀品质的培养，具有不可替代的作用。①

在“蒋劲夫家暴女友事件”事件中，某些报道则呼吁社会各界帮助家暴受害者：

同时，在对家暴的预防和提前介入方面，社会各界还有很多努力可以做。《中华人民共和国反家庭暴力法》实施后，中国女性及其他家庭成员反家暴意识不断增强，也积极地采取合法手段维护自己的权益。而一旦发现自己身边的人受到家暴侵害，该如何帮助这些受害人，也是应该向公众重点普及的。在以往更多人把家暴视为一种私事或者别人的家事，给有心帮助的人一种投鼠忌器的感觉。现在国家正在把惩治家暴纳入一种法制轨道，家庭暴力从严格意义上讲就是一种犯罪行为，而举报制止这种犯罪行为，不仅仅是道德问题，更是公民的法律义务。②

文中呼吁公众把家暴当作犯罪行为③，呼吁大家抛弃以前“把家暴行为看作别人的家务事”的观念，对家暴受害者施以援手。文章建议大家转变观念和行为是因为《反家庭暴力法》已经颁布实施。但是这样的原因很薄弱。一方面，法律的颁布并不会自然地改变所有人的观念；另一方面，法律出台之后，仍然可能在各方面存在执法和相关配套设施、人员培训方面可以改进的空间。因此，呼吁和依靠民众自发地改变观念和行为，是将整个问题过分地简单化了。

非正式制度是一个团体或共同体的规则，它们依赖诸如社会认可或不认可

① “娘炮”争议背后的忧思 [N]. 哈尔滨日报（数字报）,2018 年 9 月 21 日 .
② 徐健辉 . 惩治家暴应纳入法制轨道 [N]. 金华晚报 ,2018 年 11 月 26 日 , 第 16 版
③ 此处有事实性错误：家庭暴力分为非犯罪性和犯罪性两种；并非所有的家暴行为都属于犯罪。—笔者注

这样的非正式监督机制，其是基于一种群体成员的共同协定[①]。多数报道都没有探讨社会群体成员认可的非正式制度的具体内容，而是越过了这一环节，直接提出应该如何进行改变的建议，同时却仍未触及性别话题中最核心的性别观念。因此，这些讨论对形成社会共识的作用并不大。对体制与结构层面促进性别平等而言，这些非制度化层面的倡导仍然停留在提出建议的层面，难以真正产生积极影响。

六、媒体报道中存在错误的性别观念

研究发现，涉及性别事件的新闻报道中部分存在错误的性别观念。这主要体现在三个方面：仍然主张遵循刻板性别气质、对受害者提出要求以及理性、中立、客观[②]式地在性别不平等的事件中选择站在“中立”立场报道。

1.主张遵循性别气质的刻板印象

新闻报道通过阐明对性别角色的要求可以实现对性别角色的定型。人类学家米德曾提出，对两性角色制度定型化，不必刻意描述两性人格的不同，而是通过特定方式，如通过对性别角色分工的默认等扩大两性生物性差别[③]。在“‘娘炮’文化引热议”案例中，一些报道中所沿用的性别框架非常保守和陈旧，从传统男权话语体系出发，维护男性气质的单纯性、固有特点和特权地位：

> 虽然随着全社会的反弹和相关部门的介入，影视综艺节目“娘炮风”会偃旗息鼓，但在“男性时尚成了一股妖娆风气的代名词”的时代，要扭转男人缺乏英雄气质、缺少刚强血性的现象，就需要给血性以土壤，为阳刚之气腾出空间。[④]

---

① 吉嘉伍．新制度政治学中的正式和非正式制度 [J]. 社会科学研究 ,2007（5）.
② 在互联网中，“理性、中立、客观”也常被缩略为“理中客”。—笔者注
③ 龚新琼．新闻建构的两性世界——2005 年全球媒介检测项目报告分析 [J]. 当代传播 ,2006（5）.
④ 徐宁．男孩“妖娆’堪忧，屏幕呼唤阳刚 [N]. 新华日报 ,2018 年 9 月 13 日 .

可以肯定的是，无论这种阴柔化、幼态化的审美多么来势汹汹，这种亚文化从来都没有成为过社会的主流价值和审美取向。尊重多元并不意味着要以牺牲主流为代价。这样无疑会走向另外一个极端。①

涵养现代社会所需要的男性气质，不在于外表外貌，关键要塑造一种有勇气、有担当的内在品格。②

这些报道与辛识平（新华社时事评论）一文③中对于“娘炮”型男性气质的贬低一脉相承。这种思路把男性气质的阴柔化与国家兴衰联系在了一起。报道中的一类文章对“娘炮”现象直接给出了否定的评价态度，将其定性为需要被扭转的不良现象。另一类文章表面相对温和，认为男性内在的精神品质更为重要。

还有报道援引了网友观点：部分网友认为“‘娘炮’之风不可取”，“男人的女性化审美是社会审美问题的表现”：

从前几年的“修仙”“耽美”等美男的流行，到近年来“娘炮”“练习生”们的泛滥，男人女性化审美可谓越跑越偏。不得不说，影视综艺节目成了助长此歪风的重要推手。当“肤白貌美大长腿”成为男主外貌的评判标准，“表情婀娜、举止妖娆”成为男艺人表演时尚，这就不仅是对青少年价值观引导出了问题，而且是全社会的“审美安全”出了问题。④

有的文章甚至认为“娘炮青年会导致国家堕落”：

青少年是国家的未来，网络上“少年娘则国娘”的批评尽管不无戏谑，但一个社会和国家的流行文化拥抱什么、拒绝什么、传播什么，确乎是关系国家未来的大事。培养担当民族复兴大任的时代新人，需要抵制不良文化的

① 陈冰．我们为什么反对娘文化 [J]. 新民周刊 ,2018 年 9 月 17 日．
② 我们需要怎样的“男性气质”[N]. 中国水运报（数字版）,2018 年 9 月 16 日．
③ 辛识平．“娘炮”之风当休矣 [N]. 新华社北京 2018 年 9 月 6 日电．
④ 徐宁．男孩“妖娆”堪忧，荧屏呼唤阳刚 [N]. 新华日报 ,2018 年 9 月 13 日，第 13 版．

侵蚀，更需要优秀文化的滋养。①

这些报道通过批判“肤白貌美大长腿”的男星外貌以及“婀娜多姿、举止妖娆”的男星形象，明确了男星阴柔的性别角色不符合男女之间的性别差异的立场，间接阐明了男性应该遵循的性别角色。从根本上来说，这些报道都是将“勇气”“担当”等褒义表述单方面归结为应当弘扬的“男性气质”，而对“阴柔”等呈“女性气质”的特点进行否定。这不仅将性别气质和生理性别进行应然的联系，而且对性别气质进行了对立的优劣等级划分。在这样的叙事下，女性气质被认为是生理女性应当拥有的性别气质，而这种性别气质同时又被贬低，甚至在文本中缺席。这些报道不仅延续了传统的用“男为阳、女为阴”的归类②，而且在此基础上进行了延伸和扩写了“褒阳贬阴”的厌女情结。社会大众难以通过这些报道改变其根深蒂固且存在问题的性别认知，甚至可能进一步固化传统文化中对于女性的贬抑的观点，失去新文化运动和社会主义改造中的妇女革命所带来的新风气和新的制度认识。

通过对“小鲜肉”外貌细致的描写与批判，这种言语激烈的评论正凸显，甚至夸大了男女间的性别气质差异，更加维护了刻板、保守的性别角色定位，限制了人们对于性别气质可能性的想象，并为一些针对偏离传统性别角色定位的人进行的霸凌或言语和肢体的暴力提供了支持。

2.理性、客观、中立却造成了偏见

在本研究中，还有部分新闻在报道时呈现出理性、中立、客观的态度，强调需要关注、等待事实的真相，不要急于下结论，对事件辩证看待——既应该看到不足之处，也应该看到可期之处。这类报道尽管强调所谓“客观”，但实际上忽略了性别议题自身的背景。这时候的“客观”常常总是绕开性别议题的讨论，还经常陷入不可知论的犬儒主义陷阱，但同时在表面上

① 徐宁．男孩“妖娆”堪忧，荧屏呼唤阳刚 [N]. 新华日报 ,2018 年 9 月 13 日，第 13 版．

② Meijiadai Bai, Gothic Monster and Chinese Cultural Identity: *Analysis of The Note of Ghoul, in Murali Balaji ed., Thinking Dead: What the Zombie Apocalypse Means*[M].Lexington Books. 2013, pp.105-125.

却又有“客观”的光环为其做借口。在报道刘强东事件时，有媒体引用网友评论，以法律的正当性要求舆论公平对待涉事者。但这就落入了不可知论的陷阱，因为这实际上呼吁所有人等待一个结果，而全部的实情怎样才能被知晓，则非常令人迷惑：

这个说不清，所以包括媒体也最好不要轻易站队。现有证据都无法还原全部实情。①

在谈及“知名公益人士雷闯涉性侵”与公益圈时，《深圳特区报》认为个人行为与公益圈形象不能挂钩，希望公众在评价公益圈时仍然能保持中立客观的态度：

但是，雷闯、冯永锋等人令人不齿的行为，与整个公益圈的形象是两回事。一些网友针对公益圈的污名化言论已经走向了极端。要知道，“公益圈”是一个外延很大的概念，包含了救灾、扶贫、扶老、助残、教育、医疗、环保等诸多领域的公益人士。对于那些真心做公益的人士来说，这样的整体性负面评价既不合情又不合理。②

这段引文传达出一种急切的、想要与涉事者切割的心态。文章表达的这种态度与事实关系不大，其假想敌也并不是公众舆论本身，而似乎是前述的希望管控公益圈乱象的观点。

这类报道框架可归为维稳框架。作为中国媒体特有的框架，其对现有政策法律法规进行解读，或介绍目前女性权益保障现状，或呼吁停止扩大单个性骚扰事件的影响力。虽然报道中提倡“理性中立客观”地看待性别事件，但实际上模糊了事件中的性别议题，没有考虑到事件所涉及各方权力原本的不平等，即事件中牵涉的双方或多方往往本就处在不平等的位置，也并不拥

① 逃了一场官司，赔了“人设”及京东美誉度 [N]. 常州晚报，2018 年 12 月 23 日.
② 邓辉林. 该声讨的是性侵者而非整个公益圈 [J]. 深圳特区报，2018 年 7 月 25 日第 A02 版.

有相同的话语权。核心目的更多的是论证现有司法体系的完整程度和社会保障体系的进步性①。而这种进步性在这种框架中是一个已经完成的成就。

这涉及新闻专业主义与“客观性”问题。发源于西方的新闻专业主义强调核查事实、表达准确的专业操作手法，记者与编辑接受过专业的新闻学教育，服从政治与经济权力之外的更高权威的精神，自觉服务公众的态度与职业伦理②。英美新闻专业主义的建立经历了一个过程（以普利策建立常春藤联盟私立大学中的学院和奖项为实际的契机），并且一直未能完全完成这一过程，达到和法律、医学一样的专业受认可的程度③。其中，新闻专业主义所建立的一些标准得到了广泛的认可，但其中一些概念的具体标准在不同的国家和地区有一些差异。作为党和政府喉舌而承担宣传责任的中国媒体所认可的客观性与英美报业所认可的客观性有所不同，但在新闻报道的层面，这一理论范式仍然得到了一定的运用。这主要体现在专业化的新闻机构向社会大众公开传递严肃新闻等信息④。因此，建立在新闻专业主义的标准上，对新闻业权威进行维护的新闻客观性仍存在于中国新闻业的实践操作当中。

但是客观的反面不是主观（subjectivity），而是偏见（bias）。由于事实并不能“自己讲话”（speak for themselves），而是依赖于一定的解释语境，所以新闻客观性的原则也被应用于此，成为对事实进行组织的依据。然而一旦记者不能规范自己的价值观以免扭曲事实，客观性也就滑向了它的反面，成为偏见⑤。

一些报道看似客观地引用了一些网友的观点，但实际上却是在性别盲视的基础上，在仍然存在性别歧视的环境中采取了“中立”的站位。这时候的中立总是偏向已经获得特权的人群、机构等，实际上维持了不平等的现状。因为这种所谓的“客观性”拒绝对权威和特权的基本结构进行审视，其所依赖的一整套政治假设也从未被质疑过，所以报道的形式成为其自身的偏见，

---

① 胡颖，常江．中美性骚扰议题新闻呈现的比较研究 [J]. 新闻春秋 ,2018（4）.
② 潘忠党，陆晔．走向公共：新闻专业主义再出发 [J]. 国际新闻界 ,2017（10）.
③ John Nerone.*The Media and Public Life: A History*[M]. Cambridge: Polity Press, 2015.
④ 李良荣．新闻专业主义的历史使命和当代命运 [J]. 新闻与写作 ,2017（9）。
⑤ John Nerone. *The Media and Public Life: A History*[M]. *Cambridge: Polity*,2015,pp.168.

巩固、迎合了现有的权力机构，并忽视了“问题取向”的社会运动与改革者，甚至成为记者为应对错误或抨击而采取的一种“战略性仪式”①。在这样的语境下，“客观性”已经失去了其作为新闻业标准的价值与意义，甚至只会起到更加有损于社会公共利益的负面作用。

新闻媒体的一些报道取向和策略并没能服务于促进性别平等的议题的推进，同时，其对于客观性等规则的处理流于表面，使得相关讨论极化、耽于虚无主义，不能让新闻业发挥提供信息、供给背景知识并深化建设性讨论，从而服务公共利益的作用。这恰恰是与新闻专业主义的要求相违背的。

七、总结与展望

通过梳理分析2018年中国大陆地区报纸所刊载的关注度较高的性别新闻，研究发现，一方面，尽管该年度性别新闻从性别歧视的框架出发，关注到了社会中存在的性别问题，并以社会框架尝试进行纠正，且提出了一些具体化的制度性措施，促进了性别观念与性别平等的改善。但在另一方面，这些报道中也仍存在着维稳框架下“报喜不报忧”的内容，甚至包括许多性别歧视等不公甚至维护不公的现象，对性别歧视现象的批判性不足。媒介性别议题中的平等任重道远。同时应当注意的是，与《2017中国性别新闻年度观察》相比较，非体制化的建议、去性别地讨论性别事件、新闻报道与新闻从业者自身的错误认识等问题依然存在②。

而参照此前反性骚扰议题新闻报道框架，采取个体框架、争议框架与反抗阻力框架的报道则相对较少。对于性别议题边缘化和媒体报道本身的性别歧视内容尚缺少对应的报道框架。这可能是由于此前的研究集中于#METOO运动浪潮下所集中爆发的性骚扰事件，而本次研究的样本来源则更为广泛，囊括了包括反性骚扰运动在内的各种性别议题下的报道。

---

① 迈克尔·舒德森．发掘新闻：美国报业的社会史[M].陈昌凤，常江译．北京：北京大学出版社,2009:146-169.

② 欧阳黔，林源，白玫佳黛.2017中国性别新闻年度观察：性别平等体制建设的角度．中国新闻业年度观察报告（2018）[M].北京：人民日报出版社,2018.

此外，出于研究人力的考虑，《中国性别新闻年度观察》连续两年都选取了在中国大陆地区发行的报纸报道作为样本进行研究。但是随着互联网的发展，基于网络平台与移动终端的媒体崛起，其中不乏一些具有影响力的媒体，如“财新网”“搜狐新闻”“腾讯新闻”“澎湃新闻”等。未来的年度观察应尝试以可靠的研究方法将这些著名网络媒体的报道纳入考量。同时，许多传统纸媒也转向互联网，将其作为发布重要甚至最新报道的平台，例如“南方都市报”官方公众号、“人民网”、“新京报”官方公众号等，其影响力不可小觑。因此未来可以在选取纸媒报道的基础上，选取部分具有影响力的网络媒体平台新闻报道，进行研究。

媒介与社会性别研究的终极关怀在于揭示媒介霸权的结构和过程，帮助受众的自我意识的觉醒，寻求人类真正的平等与解放。话语即权力，每一位新闻媒介工作者都应思考和坚持新闻专业主义的取向，肩负相应的社会责任，通过新闻话语的构建促进性别平等。

（作者陈子阳、李欣欣为中山大学传播与设计学院本科生。白玫佳黛为中山大学传播与设计学院讲师）

互联网媒体创新的“混合经济”

——2017—2018年新媒体平台的经营模式观察

龚彦方 熊洁莹

前言：以产业经济学视域理解“媒体创新”

互联网媒介域的媒体创新在技术与资本的合力之下出现了高度的灵活性和生命力，尽管目前尚未形成规模效应，但众多来自于互联网科技公司、自媒体机构以及其他如微信公众号、APP等移动终端的媒体创新实践业已引起资本和消费市场的高度关注。

在今天诸多国内外研究文献中，有关媒体创新或新闻创新的定义还比较模糊，但媒体创新实践的多样性已不可忽视，创新可以是一种过程、产品、个体行为、商业模式或组织文化，它包括但不止于我们所熟悉的“新闻创新”。为区别于职业媒体，本文的“媒体创新”是指互联网领域中具备“媒体属性”的创新实践，主要包括：（1）互联网科技公司中与新闻信息相关的各式创新实践；（2）自媒体和移动终端中各种创新性的媒体实践。与国内一样，只有少量文献关注互联网媒体创新，Carlson & Usher通过分析美国10家营利性的互联网媒体公司公开言论考察创新文化的表现方式与行动意涵[①]，Powers与Zambrano、Usher分别利用“场域”理论发现这些互联网媒体创新者通过复制传统媒介组织和保留某些基础价值取向来获得专业合法性，但同时

① Carlson M.,Usher N. News Startups as Agents of Innovation[J]. *Digital Journalism*, 2015, 4(5):1-19.

对后者进行了批判与重构[①]。

根据国外相关研究成果发现互联网场域中内容生产更接近于自由市场经济[②]，市场经济的工具理性有可能替代专业价值成为媒体创新的重要驱动力，作为现实洞察和阐释的一种替代尝试，本文拟从互联网新媒体平台的经营模式尝试探讨2个研究问题：（1）在互联网媒介域中，出现了哪些创新型的市场关系/经济模式？（2）在这种新型市场关系的视域下，呈现何种消费模式？

本文综合新榜、财经自媒体影响力以及行内评价等撷取13家比较有代表性的新媒体平台，包括36氪、钛媒体、金融八卦女、华尔街见闻、巴九灵、Papi酱短视频、二更、“一条”视频、短视频IP毒角SHOW、真实故事计划、新世相、留学生日报、十点读书。通过梳理与分析这13家互联网新媒体的发展历程、投融资情况以及产品的经营模式，将当下互联网新媒体的经济模式概括为由三类基础性模式融合而成的、创新性的“混合经济”，这三种基础性模式是；（1）以投—融资模式为主的“经济泡沫模式”，经常出现在媒体机构成立的初期；（2）以内容变现为主的“媒体经济模式”；（3）通过共享互联网社群资源创造利益的“社群经济模式”。

一、“经济泡沫模式”：稳定的资金流与过度溢价的资产

2015年是新媒体投融资的元年，据不完全统计，全年共有42起融资事件，超过了2012—2014年的总和。2016年，资本开始强势进入自媒体，融资事件达125起，同比增长197.6%，近10家新媒体机构单笔融资金额过亿。2017—2018年上半年达到了投融资的高峰，数家互联网媒体在一年内完成多

① Powers M., Zambrano S. V..Explaining the Formation of Online News Startups in France and the United States: A Field Analysis[J]. *Journal of Communication*, 2016,66(5)：857-877. Usher N. .Venture-backed News Startups and the Field of Journalism.Venture-backed News Startups and the Field of Journalism: Challenges, changes, and consistencies[J]. *Digital Journalism* . 2017 (5) :1-18.

② Lewis, S. C., Holton, A. E. & Coddington, M.. Reciprocal Journalism[J]. *Journalism Practice,* 2014 :8(2):229-241; Nemanic, M. L..Citizen Journalism 3.0: Participatory Journalism At The Twin Cities Daily Planet[J]. *Journal of Applied Journalism & Media Studies*, 2016, 5(3):365-382.

轮千万级融资。

在财经类新媒体中，成立于2012年的36氪传媒于2017年12月份完成3亿人民币的A轮融资，仅五个月后，就获得A+轮融资。巴九灵于2017年1月份宣布估值20亿人民币的A轮融资，同年9月底，君联资本单独对其进行A+轮投资。在文化类自媒体中，十点读书于2017年初获得估值4亿的6000万人民币A轮融资，年底即获得A+轮融资。成立于2015年的新世相在完成A轮融资八个月后，对外宣布了亿级人民币的B轮融资。

相比之下，短视频类新媒体平台更受资本的青睐。成立于2014年的一条视频，在2017年9月完成超4000万美元的C轮融资，仅四个月后便拿到了估值5亿美元的C+轮融资。二更视频在一年内相继完成了1.5亿人民币、1亿人民币和1.2亿人民币的Pre-B轮、B轮和B+轮融资。

在这个时期，互联网产品及机构的一系列资产（尤其是虚拟资本）价格膨胀，在一个连续过程中大幅度上涨，使其资产价格（市场价格）超过了实际价值。

一方面，互联网投资成为一种潮流，投机型资本过快集中于此，在不熟悉行业、未充分了解长期盈利模式的情况下，盲目追求热点，造成融资项目供过于求，间接提高产品及机构的资产价格。另一方面，通过媒体频繁报道、业内传播形成市场预期，资产具有过度的、异常的评价收益，导致价格与价值进一步脱节。

以罗辑思维创始人罗振宇撤资papi酱一事为例，2016年3月份，凭借自制系列短视频走红的papi酱获得由真格基金、罗辑思维、光源资本和星图资本联合注资的1200万融资。4月22日，在罗振宇筹办的广告拍卖会上，papi酱视频贴片广告以2200万的成交价创下单条广告的市场价格纪录。然而同年11月份，罗振宇就选择了原价撤资。据多家媒体报道，罗辑思维此前的合作是出于短期内收割“流量红利”的考量，papi酱视频播放量从8月起开始低于均值，打赏数量也有所下降，撤资的深层原因是质疑其生命周期短暂，不能在日趋激烈的市场竞争中持续生产优质内容，实现稳定变现。

投机性资本高调入场，待市场遇冷后火速撤离，这一发展轨迹同样适用于以papi酱为代表的，围绕个人IP创作短视频的自媒体身上。在媒体炒作papi酱融资事件后，“×分钟带你看完电影”系列原创者谷阿莫获得3000万人民币的天使轮融资、美食作者曼达策划的视频节目《曼食慢语》完成数千万的pre-A轮融资，两者均止步于一轮融资。

此外，资本将“流量”作为量化新媒体融资价值的重要指标，易导致投资机构忽视平台的可持续发展，选择的项目或不符合主流价值观，或涉嫌抄袭等侵权行为，最终遭到政策及舆论的反噬。2017年6月，因涉嫌违反《即时通信工具公众信息服务发展管理暂行规定》，以娱乐八卦类为主的25个微信公众大号被永久关闭。在被封账号中，关爱八卦成长协会于2015年获得估值1亿人民币的A轮融资；毒舌电影于2016年7月完成估值3亿人民币的A轮融资；金融八卦女于2017年4月获得1100万融资。以测评科技类产品起家的新媒体“差评”，在完成由腾讯TOPIC基金领投的3000万元融资后，因被舆论谴责经常洗稿、抄袭，主动退还相关投资，腾讯也因此而备受质疑。

以投—融资模式为主的“经济泡沫模式”能快速为互联网新媒体带来较稳定的资金流，弥补日常的资金缺口，原因有二：（1）互联网投资成为一种潮流，投机型资本过快集中于此，供大过求；（2）通过媒体频繁报道、业内传播形成市场预期，资产具有过度的、异常的评价收益，使得其价格与价值进一步脱节。

过度的资本追捧和不成熟的变现模式之间的矛盾造成的互联网泡沫，也可能加剧自媒体这一新兴行业的衰退甚至消亡，重蹈“共享经济”的覆辙。

二、媒体经济模式：内容变现面临三重困境

媒体经济模式又指版权内容变现模式。在互联网时代，媒体的内容变现主要有四种渠道：广告、版权付费、知识付费、IP（Intellectual Property）变现。广告是通过生产优质内容吸引流量，并将这部分群体的“注意力”售卖给广告商，实现商业利益的转化。版权付费即数字内容付费，通常以“付费墙”的形式出现，分为“硬”付费墙和“软”付费墙两种类型，前者指用户

在未付费的前提下完全看不到“墙内”的内容，后者指用户仍能阅读部分内容。知识付费将知识打造成产品或服务，以此创造利润。IP变现是通过出售个人或产品的品牌资源，并利用品牌的影响力发展衍生产品，创造多种收入来源。

以财经类新媒体为例，目前主要有三种内容供给商：泛财经新闻信息提供商、金融信息提供商、IP版权提供商。

泛财经新闻信息提供商围绕一般消费者提供财经类新闻信息服务，注重信息的趣味性和浅层应用性。例如，金融八卦女聚焦金融圈内热点事件与人物，通过爆料圈内八卦获得关注。功夫财经则以趣味视频的形式解释分析财经现象，范围覆盖金融、商业、创业等领域，并邀请财经专家及业内人士录制脱口秀视频节目《功夫财经》《财经奇咖说》，以辩论的方式剖析财经热点事件。

金融信息提供商服务于金融专业领域投资者，通过快速提供最新的金融类专业信息服务以及相关数据库服务等方式获得具有高度黏性的专业消费者。例如，“雪球”为投资者提供涵盖A股、港股、基金、美股的实时行情、新闻资讯、投资策略、交易服务等信息；华尔街见闻“实时”推送金融信息和商业资讯；蓝鲸财经围绕基金、银行、保险、互联网金融等资本较活跃的领域生产财经深度报道。2017年还延伸出金融专业领域的垂直细分市场：聚焦于大宗商品领域的“扑克投资家”、聚焦新三板市场的“读懂新三板”等，不过这些垂直市场还比较单薄。

IP版权提供商生产个性化的原创内容产品，典型代表是巴九灵旗下的自媒体公众号矩阵：吴晓波频道、冯仑风马牛、秦朔朋友圈，分别搭建吴晓波、冯仑和秦朔的个人影响力品牌，提供的内容具有鲜明的个人特色。

目前，广告及营销仍是大部分财经新媒体平台的主要收入来源。除了传统的文案营销外，财经类新媒体在丰富媒体资源的基础上，探索了包括直播营销、短视频广告在内的多种营销形式，提供线上硬广、线上软广、线下活动、整合营销等多种精细化服务。例如，金融八卦女建立了以微电影、动画短片、新媒体节目为主的视听内容业务矩阵，承制推广微电影和动画短片等视频内容，还通过内容营销，引导用户进行金融产品交易。

在知识服务热度骤升的背景下，受高净值人群、高付费意愿的驱动，部分财经自媒体平台开始布局原创精选资讯、商业分析类付费业务。以华尔街见闻和36氪为例，两者均提供付费类财经资讯、研报、行业洞察报告、早期项目报道等商业分析报告，还通过出版电子书《见闻阅读》《36氪每日商业精选》，将平台生产的原创优质内容进行知识版权变现。

邀请财经KOL（舆论意见领袖）入驻平台，开设定制化内容、音频付费栏目这种知识付费模式也成为财经类新媒体内容付费的新路径。部分平台面向普通互联网用户，提供泛财经类知识服务。例如，36氪旗下的《开氪》栏目邀请投资人、创业者、媒体人、公司高管开设包括投资、创业、品牌营销等多方面的付费订阅专栏。功夫财经旗下的功夫课堂主要是针对投资领域的基础知识普及，为零基础投资用户提供投资操作指南。也有平台面向创业投资、金融领域的从业人士，提供类似“量化投资24小时”“A股盘中突发”等专业财商类课程。

除了与财经类新媒体建立合作，也有头部财经媒体人选择“自立门户”——搭建具有商业价值的个人品牌IP。通过对原创内容产品进行版权化延伸，例如付费课程、书籍、线下座谈会等方式，实现内容的二次变现，并围绕人格化品牌创作输出衍生产品，开拓多元收入渠道。以“吴晓波频道”为例，在内容版权方面，推出付费音频产品《每天听见吴晓波》、泛财经领域视频“大头频道”、高端线下付费培训“大头思想食堂”，出版热销书籍《腾讯传》等。在衍生产品方面，利用“吴晓波”个人品牌的影响力，推出自有品牌“吴酒”、与亚朵酒店合作创立“亚朵·吴”酒店等。

对于媒体而言，内容变现一直是主要的创收方式。与过去的大众传播不同，在移动互联网时代，“个体”的价值与需求被重新挖掘，“内容”的内涵也更加丰富。除了图文影像，为个体提供增值服务逐渐演化为内容的一部分。不过，伴随“内容”形态的丰富、“变现”渠道的拓宽、信息监管的加强，部分财经类新媒体在内容变现道路上的艰难探索，也暴露出该模式现阶段存在的局限与挑战：

（1）内容生产受限，平台面临整改甚至下架风险

2017年5月，新版《互联网新闻信息服务管理规定》将各类新媒体纳入管理范畴。在互联网新闻信息服务和视听节目服务“双资质”驱动下，媒体新闻服务(包括政治、经济、军事、外交等社会公共事务的报道、评论，以及有关社会突发事件的报道、评论)的界限更加清晰，互联网新媒体的内容生产面临着严格的监督和管控。这对尚未获得互联网信息服务许可证，但以提供原创新闻资讯为主的财经类媒体造成不小的冲击。2019年3月4日，上海网信办对“华尔街见闻”网站与应用程序未取得资质就登载新闻信息的行为作出处罚并展开全面整改。目前，除华尔街见闻外，36氪、蓝鲸财经、钛媒体等多家财经类新媒体均未纳入“双资质”许可范围。

（2）内容同质化竞争，IP变现困难

财经类新媒体提供的优质内容多具有知识的特征，且受众的定位比较相似，易导致同质化竞争。以知识付费为例，不少平台开设的投资理财类课程倾向于技能性的培训，在内容上有所雷同。此外，由于知识在一定时间内具有固定性和专业性，易被热门的知识生产者垄断，产生头部效应。对定位于财经知识分享的个人IP而言，需具备强大的专业素养，才能持续生产高质量内容，沉淀用户口碑，实现稳定变现。在竞争激烈化后，财经类新媒体将面临如何孵化新IP、如何持续提供独创性内容与服务，并将其精准匹配到用户个体等问题。

（3）内容引发侵权争议

内容创业时代，对第三方媒体的付费报道进行抄袭、洗稿来获取流量的行为时常引发侵权争议。一方面，我国《著作权法》将“时事新闻”定义为“事实消息”，排除在法律保护的范围之外，但是业界尚未对“时事新闻”与基于事实进行再创作、具有独创性的新闻报道有明确的界定。另一方面，洗稿不等同于直接抄袭，而是在保留文章核心内容及观点的基础上，通过颠倒语序、更换词句等方式进行改写，在法律上难以被认定为侵权。线上版权保护缺失，降低了第三方的抄袭成本，直接给“付费墙”模式带来冲击。对财经类新媒体而言，既面临“墙内”原创内容被洗稿、抄袭的风险，也有

可能在援引“事实”的过程中引发侵权争议，遭到舆论谴责而流失高黏性用户。

三、社群经济模式：平台专业性成为核心纽带

互联网社群经济，指通过半开放式或全开放式的互联网社群来共享资源、创造利益的经济模式。社群经济类似“俱乐部经济”，具备“规模经济”和“范围经济”的基础性特征。社群成员的互动可视为社会资本的“市场化外延”过程，即身份资本通过社群的特殊垄断资源，例如信息技术、机构属性、知识性信息等，在金融交易、创投业务、电商、交友等方面获得“溢价”的过程。

当下融资数额排名前十的财经类新媒体均参与互联网社群的运营，这在其他领域比较少见。比较其中不同社群的经营模式，可将其简单分以下四类：会员制、服务创投业务、引导用户电商消费、强化用户情感联结。

会员制半开放式社群根据不同的收费标准提供相应的增值服务，这是目前财经类新媒体中常见的社群运作模式。例如，华尔街见闻为金卡会员提供深度研报、专家观点、热点直播、线下投资分享会等知识服务，并在此基础上为收费更高的铂金会员筹办专项路演、投研讨论等活动；钛媒体专业版为VIP会员提供市场数据、研报、课件、好书推荐等线上资源；吴晓波频道成立的企投会面向企业家和投资家，组织论坛、学习课、思享会、海外游学等活动，成员在获得垄断性知识产品的同时，通过线下交流拥有投融资资源对接的机会，实现身份资本的“溢价”。

在创投业务、数据变现的基础上搭建起投资者和创业者的社交平台，这是财经类新媒体特有的社群运作模式。面向投资者，钛媒体以数据业务为基础，形成技术高管社群ITValue、股权投资社交平台“潜在投资家”和T-EDGE前沿创新领袖等多个社群组织。36氪旗下的“鲸准”作为投融资对接平台，已入驻上万家认证投资机构。面向创业者，36氪上线“氪空间”，通过共享办公空间与社区服务，搭建以联合办公为载体，社群为纽带的中小企业社交

平台，为创业公司提供增值服务。

利用社群运营引导用户进行电商消费，平台围绕社群成员的需求，结合自身定位，提供特色商品的增值服务。例如，科技财经类信息服务商“钛媒体”通过运营线上内容电商“钛空舱”、组织线下“科技生活节”“科技音乐节”等活动，引导科技爱好者在自建电商平台消费；专注于“泛财经、泛商业”领域的吴晓波频道围绕中产阶级人群的生活、社交和认知需求，于2016年1月份上线官方商城“美好的店”，并通过内容营销把受众导流到电商平台；华尔街见闻旗下栏目《红绿Life》针对金融行业的男性推荐产品与活动。

以强化用户情感联结为主的社群，并没有明确的垂直商业模式，而是通过用户生成内容（UGC）、围绕用户需求举办线下活动、邀请用户自发管理社群等方式强化核心用户黏性，鼓励用户在互动、交流、协作的过程中对平台建立起情感信任，产生反哺的价值关系。

用户生成内容简称UGC（User-generated Content），它是一种互联网环境下新兴的“网络信息资源创作与组织模式”[①]，其本质核心也是一种社群模式。在该模式中，关键因素是“用户被赋予”自主生产内容、发布信息的权利。以“雪球”为例，在“金融+社交”的UGC模式下，用户不仅能消费内容，还能参与话题讨论、分享投资策略，并在生产内容的过程中加强对平台的归属感，进一步促进社群的发展。2018年7月，雪球完成蚂蚁金服近1亿美元的D轮融资，未来将通过用户在平台交易股票或基金产品，为证券、保险、基金公司提供连接端口等方式寻求商业化落地。金融八卦女则聚焦泛金融圈高端人群的线下社交平台，筹办华尔街单身会、线下粉丝见面会、亲子活动、世界狂欢排队等活动。吴晓波频道在全国81个城市成立书友会，每个城市均有自发组织的管理者维系社群关系，并根据书友的诉求发起以读书为主的线下活动，保证社群的活跃度。

“社群”是一种理性选择的过程与结果，对个体具有内在的重要性，即

① 赵宇翔，范哲，朱庆华．用户生成内容（UGC）概念解析及研究进展[J]．中国图书馆学报，2012(5).

因为社群对形成个人的认同具有决定性的影响，个人的认同部分地由其社群归属感构成。在社群中，个人权利的前提是他属于某个社群的成员资格。这也是互联网作为一个“网络经济圈”形成“羊群效应”的重要原因。不过，在新媒体平台中的这种社群模式，除了个体归属性的社会资本需求外，平台的专业性更是其核心纽带，这也是如何保持俱乐部的“黏性”，而不是一次性交易的“流量性”的最根本的资本要素。

20世纪60年代到90年代，国外媒介融合的产业特征与相应的理论概念随着信息技术的实践发展经历了一系列的演变。最初的概念是平面印刷业、电信与出版商、集成广播系统等产品市场彼此之间的相互参与，随之电话公司，有线电视运营商和广播公司产生交叉式协同合作。但到了90年代，以数字技术作为核心驱动、以互联网作为集成平台的“媒介融合”开始出现——由一个单一的集成式共同载体来满足当时所有的媒体需求。

国外研究显示经历过媒介融合之后，互联网的生产域里将创新性地产生新的市场关系、新型企业与新产业。

1997年Information Society Project Office Eu.的“绿皮书”首次提出电信、广播电视和出版业三大产业融合不仅是技术性问题，还涉及服务类型、商业模式以及社会运作的系统性的、高阶融合，也因此创造出新工作岗位和新的消费市场，从而形成创新性的市场关系。其次，专业化与横向合作，设备、分销渠道和应用程序变得越来越多样化和专业化，以及更多可交互的可操作性的企业型机构或平台的出现，从而形成一些新企业、新机构和新平台。将媒体市场细分为或多或少的专业水平组件，例如内容、传输、服务、软件和终端设备，其结果是“新兴产业”的出现——快速的信息处理机构、显著下降的交易平台，以及开放式的技术共享交互枢纽。

互联网新媒体所呈现出的这些混合经济模式，已然出现上述产业演变过程中涉及的新兴市场关系和新机构雏形。但是否已形成可持续盈利的，继而为新兴产业链的生成而做准备的经营模式，还需进一步观察与探讨。

（作者龚彦方为中山大学传播与设计学院副教授，熊洁莹为中山大学传播与设计学院2016级本科生。本文是教育部人文社会科学规划基金项目（18YJA860005）“互联网媒介域的媒体创新与规制研究”的阶段性成果）

第四辑

年度调查

主流媒体的短视频传播特征分析：以抖音为例

林功成　张志安　李　莹

【摘要】

通过数据挖掘和深度访谈，本文对国内主流媒体在抖音平台上所开设的账号进行了评估。研究发现，中央级媒体和省级媒体中开设抖音号的较多；电视媒体因具有视频资源采集和加工的天然优势，其开设抖音号的热情最高；虽然部分媒体抖音号集聚了大量粉丝，但近七成媒体抖音号的粉丝少于一万。本文认为，主流媒体抖音号在短视频内容上应加强新闻报道，强化新闻属性；同时，还可抓住"热点时刻"进行抖音内容策划，利用节假日或重大事件的热点性，策划拍摄或上传具有时效性的短视频；最后，平衡"有趣+有用"的关系，既考虑短视频、视觉化内容的吸引力和通俗性，又强调媒体抖音内容针对本地和全国用户的贴近性、服务性和实用性。

【关键词】

主流媒体　抖音　短视频　舆论引导

近年来，越来越多的网民开始使用短视频记录自己的生活和表达观点。网民使用习惯的改变让互联网产业中培养出了梨视频、秒拍、西瓜视频、火山小视频、微视、抖音、快手等用户规模达到数千万乃至数亿的短视频产品，它们成为当下中国年轻群体中最受欢迎的媒介产品类型。其中，以抖音为代表的短视频应用占据了较大的细分市场。根据媒体报道，截止到2018年

12月，抖音国内日活跃用户已经突破2亿，月活跃用户突破了4.5亿①。面对抖音短视频如此迅猛的发展趋势、庞大的用户基数，从2017年3月份开始，主流媒体纷纷入驻抖音平台，并迅速在抖音平台上获得用户的关注，发挥了主流媒体的舆论引导功能。在这一背景下，本文委托抖音官方，对主流媒体抖音号做了全样本抓取，同时对部分媒体抖音号的运营人员进行了深度访谈，研究结果将有助于提升主流媒体在短视频领域的运营能力，并为主流媒体在短视频领域的融媒体实践提供参考。

一、文献回顾

抖音是一款致力于拍摄与发布15秒音乐创意短视频的移动社交软件，用户可以通过应用上传或选择已有歌曲，根据音乐拍摄短视频并发布到网络上②。自2016年该应用上线以来，借助其母公司字节跳动在新闻分发领域的优势，抖音迅速积累了大量用户，并引领着互联网的视觉化传播，为主流媒体提升传播影响力提供新的平台。从数据上看，中国互联网络信息中心（CNNIC）发布的第42次《中国互联网络发展状况统计报告》显示，截至2018年6月，手机网络视频用户规模达到6.09亿，较2017年底增加了3014万，增速提升显著③。在诸多短视频APP中，抖音的日活跃用户量已突破2亿，它不仅在国内，在日本、泰国、越南、印度等国家也先后成为最受欢迎的短视频应用，这使得我国短视频领域出现了“一超多强”的格局④。研究者指出，网民的自我展示与暴露需求、碎片化时段的视听娱乐需求、情感表达和共鸣需求、流动社会语境下的连接需求都助长了短视频行业的发展⑤。

短视频用户量级的提高，直接决定了主流媒体需要适应，并主动进入这

① 杨鑫使．抖音国内日活跃用户突破2亿，月活跃用户突破4亿 [N/OL]. 澎湃新闻 .2018-11-8. 网址见 https://www.thepaper.cn/newsDetail_forward_2613998.

② 邵征锋．抖音传播的特征、挑战及未来发展趋势探析 [J]. 现代教育技术 ,2018（12 期）:80-86.

③ 中国互联网络信息中心．第 42 次中国互联网络发展状况统计报告 [EB/OL].2018-7. 网址 http://www.cnnic.net.cn/hlwfzyj/hlwxzbg/hlwtjbg/201808/t20180820_70488.htm.

④ QuestMobile 移动大数据研究院：QuestMobile 中国移动互联网年度报告 [EB/OL]. 网址 http://www.questmobile.com.cn/research/report-new/18.

⑤ 张志安，冉桢．短视频行业兴起背后的社会洞察与价值提升 [J]. 传媒 ,2019(7):52-55.

一新的互联网领域以更好地实现舆论引导。2019年1月，中共中央政治局在人民日报社就全媒体时代和媒体融合发展举行第十二次集体学习。习近平总书记提出，党报、党刊、党台、党网等主流媒体要加强传播手段建设和创新，发展网站、微博、微信、电子阅报栏、手机报、网络电视等各类新媒体，积极发展各种互动式、服务式、体验式新闻信息服务，实现新闻传播的全方位覆盖、全天候延伸、多领域拓展，推动党的声音直接进入各类用户终端，努力占领新的舆论场。根据党和政府对加快推动媒体融合发展的要求及打造一批具有强大影响力、竞争力和新型主流媒体的目标，国内各大主流媒体都先后采取了移动优先的策略，通过平台再造、流程优化等方式，以试图在移动互联网上占据舆论引导和思想引领的传播制高点。在众多移动端应用中，短视频领域迅速获得了主流媒体的关注。一方面，相对于微信微博等成熟社交媒体来看，抖音等短视频平台还处在快速发展的初期，平台本身可以给视频上传者带来流量红利。媒体抖音号开设时间短，发展潜力巨大。例如，《人民日报》从2018年9月份开始入驻，在短短四个月时间内，该账号共发布了160多条短视频，累计获得1.6亿的点赞数。另一方面，主流媒体天然拥有强大的新闻采集和编辑能力，以专业化生产为特征的主流媒体可以在短视频上开发精品内容，从而完成主流媒体强势资源向其他平台的迁移。因此，越来越多的主流媒体开始加快短视频领域的发展和布局，如孵化短视频创业项目、成立短视频工作室、建设专门的短视频拍摄、剪辑和传播团队等，这些措施正在推动主流媒体视觉化传播变革、更快适应移动互联网传播规律。

不过，尽管主流媒体发展抖音短视频已取得初步成效，但也面临不少挑战。比如娱乐化信息和严肃性内容如何兼容；通俗性表达中如何更加强调服务性价值；市场收益和公共服务之间如何平衡。有研究者认为，频频出现的抖音恶搞视频已经造成了恶劣的影响①。有研究者关注了县级广电媒体的抖音号，并发现全国只有60多家县级广电媒体开设抖音号，且这些账号缺乏明确

① 高宏存，马亚敏．移动短视频生产的“众神狂欢”与秩序治理[J]．深圳大学学报，2018(6):47-54.

定位，社交属性弱，视频内容杂乱，整体性不强[①]。还有研究者对短视频背后的算法和人工智能表达了担忧，平台针对网民进行的精准推送的信息有“信息窄化”的趋势，且推荐算法的特征会促使内容生产者依据高点击率作品的特性和关联制作发布视频，从而形成内容生产的“创作茧房”[②]。然而，目前学界对网络短视频的关注较多集中于UGC内容，即用户生产的内容，而对于机构生产内容（PGC）的关注度还不够。在建设过程中，媒体抖音号仍然处于探索阶段，部分媒体账号出现定位混乱现象。在抖音上发布什么内容、如何发布，仍旧困扰部分媒体从业人员。另外，短视频人才队伍紧缺、传统媒体创意孵化困难、投入力度不够等都是制约媒体抖音号发展的重要因素。

二、研究方法

本文研究样本为截止到2018年12月22日国内主流媒体在抖音上开设的账户。我们委托抖音官方共抓取了1344个经认证的媒体抖音号，是目前首次对国内主流媒体抖音号的全样本分析。我们还抓取了这些媒体抖音号所推送的全部短视频，共计152711条。

同时，我们访谈了5位媒体抖音号的后台编辑或主管，及2位抖音的运营人员。研究者依据访谈提纲对受访者进行提问，采用半结构化访谈方式。问题主要包括：媒体抖音的定位和运营与媒体日常操作有何不同；运作过程中的关键节点、标志性事件有哪些；抖音账号对媒体自身的独特价值和社会功能；内容生产依赖于外包团队，还是媒体自己来制作视频等。与定量研究方法相比，深度访谈能够深入挖掘和呈现媒体抖音号的内部运作机制，从而补充定量方法在问题阐释深度方面的不足。为保护受访者隐私，文中出现的人名均以老师做代称。访谈对象资料具体如表1所示。

---

① 李墨涵，李新祥．县级广电媒体运营抖音号的价值、问题与策略研究[J]．视听纵横，2019（1）:35-37.

② 贺艳．移动短视频与拟态环境建构新模式的反思：基于媒介技术的视角[J]．编辑之友，2019(4):74-78.

表1　访谈对象资料

	姓名	单位	单位性质
1	李老师	中央电视台新媒体部负责人	中央级主流媒体
2	汪老师	新华社总编室副主任	中央级主流媒体
3	谢老师	湖南广播电视台湖南卫视新媒体部负责人	省级卫视
4	石老师	环球网执行总编辑	商业网站
5	贾老师	河北青年报副总编辑	省级都市报
6	袁老师	抖音品牌高级总监	抖音
7	张老师	字节跳动（注：抖音母公司）媒体合作区域总监	抖音

三、媒体抖音号的发展现状

根据对数据的统计，我们对媒体抖音号的发展态势进行研判。我们认为媒体抖音号主要有如下特征：

（1）开通时间和分布

2017年3月20日，哈尔滨《新晚报》成为第一个在抖音上注册的媒体号。随着抖音的不断普及与功能升级，抖音号也逐步受到各级主流媒体的重视。从总体趋势来看，媒体抖音号一直保持着稳健的增长速度，尤其是2017年11月以来，发展势头越发迅猛。

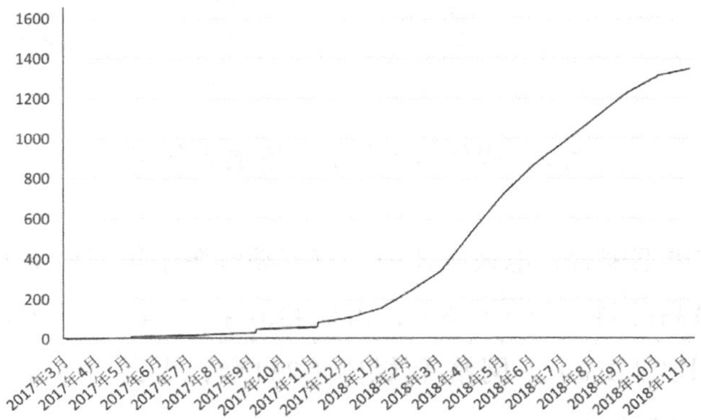

图1　媒体抖音号开通的时间分布趋势

从行政级别的分布来看，中央级媒体抖音号163个（12.1%）；省级媒体抖音号466个（34.7%）；地市级媒体抖音号521个（38.8%）；区县级媒体抖音号194个（14.4%）。我们就不同行政级别的抖音号的注册时长进行了分析，方差分析（One-way ANOVA）显示，省级媒体开设抖音号的时间最长（M=200，SD=100.56），中央级媒体次之（M=197.86，SD=99.99），地市级（M=176.73，SD=101.29）和区县级媒体（M=160.46，SD=118.81）开设的时间最晚。事后检定发现，中央级媒体和省级媒体的注册时间均显著早于区县级媒体（$p<0.01$）。总体来看，中央级媒体和省级媒体是勇于采用新鲜事物的革新者；而地市级和区县级媒体对抖音号的采纳相对滞后，媒体抖音号在区县级层面还有较大的发展空间。

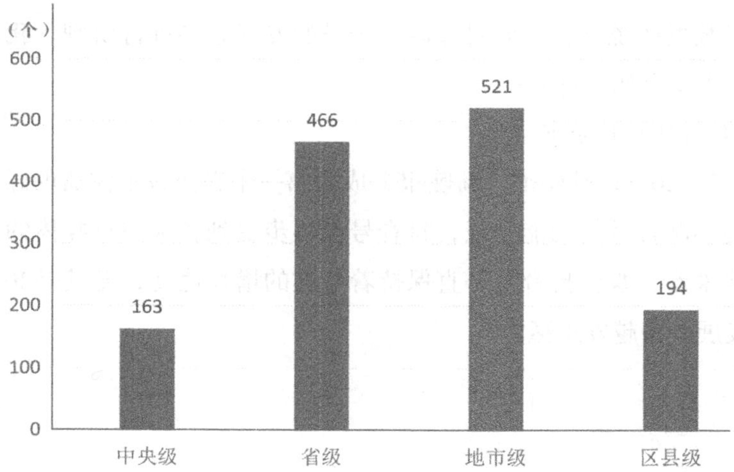

图2　媒体抖音号的行政层级分布

依据媒体类型来看，电视媒体因具有视频资源采集和加工的天然优势，而成为占比最高的抖音号（586个，占比43.6%），其次则分别是平面媒体（365个，占比27.2%）、网站/新媒体（231个，占比17.2%）和广播媒体（162个，占比12.1%）。

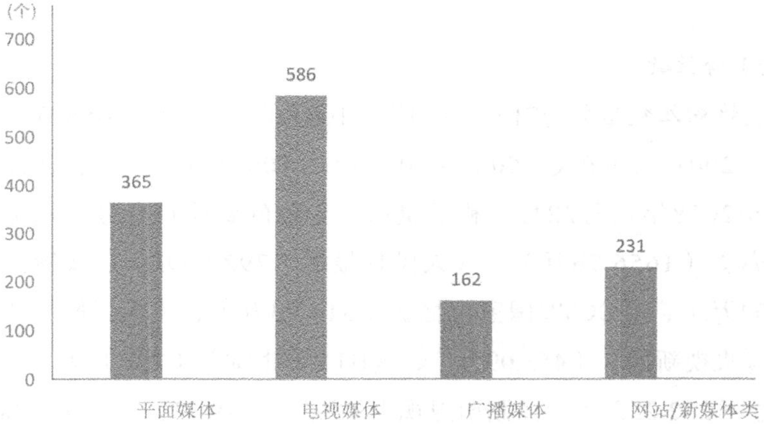

图3 媒体抖音号的类型分布

从地域分布情况来看，媒体抖音号在全国各省份及直辖市之间的发展尚不均衡。目前华东地区媒体（N=384）开设抖音号的积极性最高，而西北（N=107）、华南（N=103）和东北（N=82）地区的媒体较不积极。这可能与抖音的用户基础偏重经济发达地区以及东部地区有关。网上有所谓“南抖音北快手”的说法，抖音在华东地区的用户规模庞大，所以东部地区媒体也较为热衷在抖音开设账户。其他地区的排序依次是：西南地区（N=187）、华中地区（N=181）、中央媒体（N=164）和华北地区（N=136）。

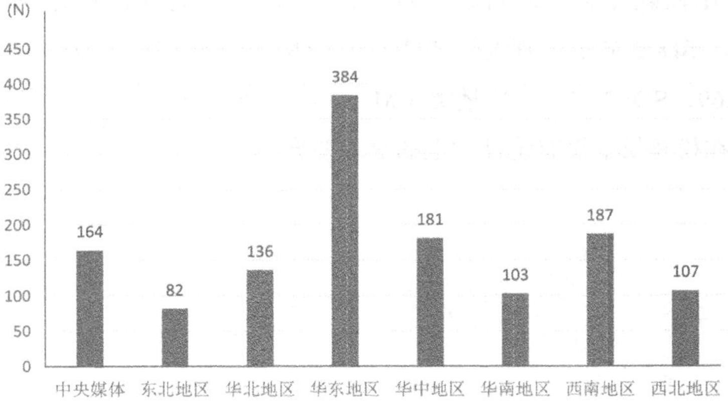

图4 媒体抖音号的地域分布

（2）粉丝数

本文将粉丝数量分为7档，分别为：100人以下、100—1000人、1001—2000人、2001—5000人、5001—10000人、10001—50000人及50001人以上。截至2018年12月22日，粉丝量居前十位的媒体抖音号分别是：《快乐大本营》（1656.76万）、《人民日报》（792.93万）、《浙江卫视》（659.02万）、《CCTV国家记忆》（514.93万）、《人民网》（496.18万）、《央视新闻》（453.09万）、《BTV养生堂》（397.12万）、《中国好声音》（332.22万）、《湖南卫视少年说》（319.73万）、《江苏卫视》（262.18万）。

虽然部分媒体抖音号集聚了大量粉丝，但总体而言，媒体抖音号的粉丝分布呈现出两头高、中间低的马鞍形。数据显示，只有34.5%的抖音号的粉丝数目超过一万，而一半媒体抖音号的粉丝在2000人以下。我们就不同行政级别和媒体类型的抖音号的粉丝量进行了分析，方差分析（One-way ANOVO）显示，省级媒体抖音号的粉丝最多（M=4.22，SD=2.38），其次是中央级媒体抖音号（M=4.08，SD=2.57）和地市级媒体抖音号（M=3.6，SD=2.28），区县级媒体抖音号的粉丝最少（M=2.73，SD=1.84）。事后检定发现，区县级媒体抖音号的粉丝量与前述三种的粉丝量均呈现显著差异（$p<0.001$）。同时，在比较媒体类型后可以发现，网站/新媒体类抖音号的粉丝量略高（M=4.06，SD=2.39），其次分别是平面媒体类（M=3.76，SD=2.35）、电视类（M=3.69，SD=2.37）、广播类（M=3.44，SD=2.15）。不过，不同媒体类型抖音号在粉丝量上没有统计学上的显著差异。

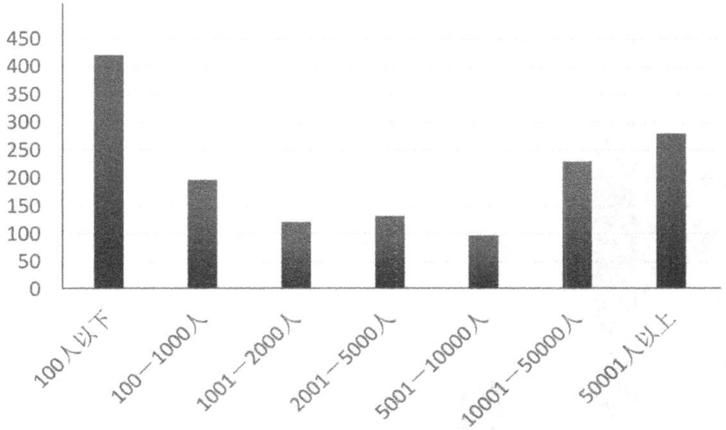

图5　样本抖音号在粉丝数上的分布

（3）发布和播放量

调查显示，样本媒体抖音号自创立以来至2018年12月22日共计发布的短视频有152711条，平均每个号上传了113.62条短视频。从发布的活跃度来看，最勤奋的媒体类抖音号是“唐山榜TV”（1434条），其次分别是“新青年”（1398条）和“环球萌圈”（1165条）。不过，鉴于媒体号的创立时间较短，大部分媒体号的发布条数较为有限，有896个媒体号（66.67%）的发布量没有超过100条。

从日均发布量来看，样本抖音号的日均发布量均值是0.67条（SD=0.95）。我们将日均发布频率划分成以下5个区间：1条以下，1—2条，2—3条，3—4条，4条以上。统计结果显示，日均发布少于1条的账号有1089个，占全部账号的81.03%。Pearson相关分析发现，日均发布量与注册时间呈显著的负关系（$r=-0.118, p<0.001$）。换言之，注册时间越短的抖音号越活跃，而注册时间越长的抖音号的活跃程度却有所下降。与文本内容相比，视频内容的制作较为复杂，大部分媒体号在发布量上保持相对稳健的频率。不过，一方面，部分媒体号的发布频率过低，有成为僵尸账号的可能；另一方面，也有部分媒体号一味追求信息数量，忽视信息质量，对用户形成事实上的“信息骚扰”。

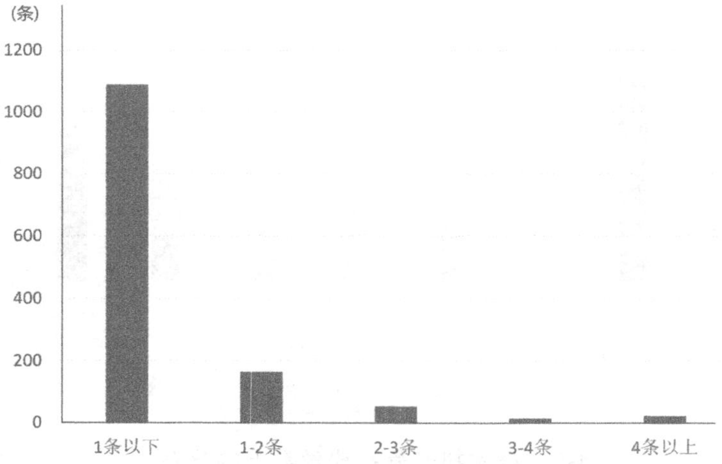

图6　样本抖音号的日均发布量

根据统计，样本抖音号共得到了775.59亿次播放，平均每个号被播放5770.76万次。截至2018年12月22日总播放量居前十位的抖音号分别是：《人民日报》（23.63亿次）、《浙江卫视》（23.57亿次）、《人民网》（22.35亿次）、《环球网》（20.83亿次）、《芒果都市》（15.05亿次）、《中国网直播》（13.26亿次）、《快乐大本营》（12.56亿次）、《湖南娱乐》（12.43亿次）、《江苏卫视》（10.69亿次）、《湖南卫视少年说》（9.96亿次）。Pearson相关分析发现，播放量与抖音号的注册时间呈正向关系（$r=0.11$，$p<0.001$），同时也与发布数呈正向关系（$r=0.673$, $p<0.001$）。不过，从相关系数的强度看，短视频的发布量更能促进播放量的增长。

就不同类型抖音号的播放量进行了分析，方差分析（One-way ANOVO）显示，网站/新媒体类抖音号的总播放量最高（M=7822.04万），其次分别是电视类抖音号（M=6227.38万）和平面媒体类抖音号（M=5544.66万），广播类抖音号的播放量最少（M=1505.56万）。ANOVA结果显示三组之间的差异达统计显著水平，$F_{(3, 1345)}=3.631$，$p<0.05$。进一步的事后检定发现，主要差异是来自广播类抖音号分别与网站/新媒体类、电视类、平面媒体类抖音号的差异。这结果显示，广播类媒体抖音号的播放量偏低。

四、访谈结果分析

在我国，主流媒体一向被视为党和人民的喉舌，媒体遵从政治家办报的原则。因此，对我国媒体行业的分析通常将党报党刊与都市报媒体区分开来，前者的媒体行为多受到政治因素的影响，以追求政治安全和舆论引导力为目标。在访谈中，多个来自中央媒体的负责人均提到了“领导重视”“引导舆论”“主流媒体的社会功能”等理由，主流媒体开设抖音号主要是为了响应党对于主流媒体舆论引导力的要求，抖音被视为政府话语权争夺掌控的新阵地。因此，中央级媒体较少考虑抖音号对媒体本身的经济获利可能，其内部对抖音号的评价多以舆论引导能力为主要指标。

为什么新华社最终办了抖音号，而且领导这么重视，基于的还是新华社承担的职责，不是纯粹为了赶时髦或者随大溜，更重要的是作为国家通讯社履行职责。总书记讲了：人在哪里，我们的阵地就在哪里。抖音现在的日活数据是2.5亿，这样庞大的群体，而且是一个以年轻人为主的平台，怎么能没有新华社的声音？所以我抓这项工作，最基本的考虑是新华社履行的职责。领导每次关注也都是从引导舆论，影响舆论，你在这个平台的影响力怎么样这个角度来考虑的。（汪老师，新华社总编室副主任）

起初开抖音号时，我们内部是有不同意见的。我为什么下决心开抖音号？因为经过连续的被洗脑。去年4月份我们的代表团去日本访问，年轻人在刷抖音，我觉得我们绝对不能小看这个品牌，回国之后要开设账号。体制对我们还是有一定的约束的，内部不同意见比较强大，我们用一个月的时间进行沟通，沟通也没结果，最后不管了，还是要开，6月8日我们就开了号。（石老师，环球网执行总编辑）

我们先不考虑产出。因为绝大多数人都没考虑清楚……我们只能提前布局，我们知道短视频是风口，我们只能拼命地往前挤，去抢占那个市场。（贾老师，河北青年报副总编辑）

强调舆论引导能力建设，这使得主流媒体的抖音号内容一般都紧跟时事热点，推崇社会正能量和爱国主义的情感和价值观。例如，2018年12月，《人民日报》推出“孟晚舟获得保释”抖音视频，该视频前半段是华为集团孟晚舟获得保释后的现场乘车画面，后半段则采用孟晚舟所发的“我以祖国为傲”朋友圈截图内容，配以“我爱你中国”伴奏音乐，迅速激发广大网民强烈的爱国主义情感。视频自发布后，累计获得212万点赞数，评论留言超过7万。对视频内容的分析也发现了类似的结论，我们对播放量前100的视频进行了分析，正能量的内容占据了约42%。例如，“为阿姨点赞！江西一加油站内三轮摩托起火，旁人慌忙跑走，女员工12秒生死处置”（环球网，播放量1.76亿次）、“暖心一幕！早高峰期间交警背大爷过街，路口车辆主动让行不鸣笛催促”（央视新闻，播放量1.39亿次）、“谁也不知道下坠瞬间他的感受……2018年要过去了，但不能忘记他，把空气呼吸器让给战友的21岁消防战士，谢勇”（人民日报，播放量1.35亿）。

我们央视的一些内容是有一定优势的。我大概归纳了一下我们最近的重点内容，包括改革开放 40 周年纪念大会、新年讲话、外交部和国防部发言人强烈的回怼和很巧妙的发言等。其次，央视优质节目资源的放大。比如 12月的时候我们第一次把《焦点访谈》暗访内容中最核心的片段放到抖音上。此外，我们有很丰富的素材库，这也是我们区别于其他媒体的优势。最后，除了经常把比较有趣的东西发到抖音上之外，我们对有用的内容也挺有感受。前一段时间有两个消防员为了救一个掉到冰窟窿里的老人家去世了，我们意外找到了一个国外救援者告诉你掉到冰窟窿里应该怎么样的视频，编了一个大概20秒的视频，也获得了200多万的点赞。（李老师，中央电视台新媒体部）

第一，煽情的、娱乐化的内容，如这两天讨论的吴秀波，我们一定是不能参与的。第二，不发布画面给人感官不舒服的内容，如暴力、色情画面等。总的原则是弘扬正能量，跟社会核心价值观不相符的题材不参与……第一，新华社是国家通讯社权威部，第一时间发布权威新闻。权威发布是第一方面。第二，重大的、关注度非常高的社会类的事件，我们利用国内外驻地记者，第一时间奔赴现场，最早接近真相。现在众说纷纭的年代，不敢说掌

握了真相，至少是释疑解惑。第三，挖掘普通人身上的闪光点，把细节、人性的光辉放大。（汪老师，新华社总编室副主任）

“正能量”传播已成为当代主流媒体的重要议题。在传统媒体时代，以主流价值观为代表的正能量传播渠道较为单一，话语形态上充斥着理论堆砌和口号式宣传，传播效果较为有限。而在今天，主流媒体越来越喜欢谈如何让宣传更加“接地气”，一定程度上摈弃简单刻板、高高在上的说教方式，转而用更具感染力的话语与网民交流。

抖音官方也在有意提倡并鼓励媒体多发正能量的视频内容，同时在推广资源上向主流媒体倾斜。例如，普通用户在抖音只能发布15秒的视频内容，但随着粉丝量的增加，机构媒体可以发布的视频内容更长。在我们抓取的视频样本中，有34679条视频的时长超过15秒，占全部视频的22.7%。抖音还主动与政府、媒体和有短视频生产能力的机构对接，通过培训教学、帮助推广、话题策划等方式，提升政府媒体在抖音上的内容生产能力。有访谈者称：

（主流媒体提供的内容）主要是正能量，暖新闻，基本上是积极向上类型的，社会新闻的负面题材比较少。后期可能会发一些时效性内容，但应该只是陈述过程，而不会增加负面内容，（我们）希望他们多发服务类、便民类的内容，把抖音从有趣变成有用。（张老师，字节跳动媒体合作区域总监）

我们会给媒体发布一些热点，站内的一些热点，比如国家公祭日，提前告诉媒体，如果文案中体现国家公祭日，可以做一些推广和创新……希望媒体会结合关键时间节点，儿童节、父亲节、母亲节等，针对热点事件进行一些内容策划和投放，更容易产生用户的情绪共鸣，产生爆款。可以适当举例，父亲节跟人民日报，毕业和开学跟人民网合作等。希望各地媒体体现各地特色，偏人文类型的本地特色。（张老师，字节跳动媒体合作区域总监）

主流媒体与互联网平台的合作日益深化，抖音除了开展线上课程、线下工作坊等运营知识培训外，还协助媒体抖音号生产优质原创内容。不过，主流媒体在具体运作中最经常遭遇的问题依然是人手和资源的严重不足，以及内部各部门是否能统一观念。从现有情况来看，各大媒体都较少设置专人打理自己的抖音账号，虽然运作上基本都以自己的团队为主，但人员较少，在3—5人。人力不足容易限制媒体抖音号的可持续发展，并使得抖音号的内容质量忽高忽低。例如，受访者谈道：

我们从12月开始做抖音，有4个小伙伴来专职做适合抖音平台的短视频。我们做其他平台，感觉都找到了套路，唯独在抖音上不行。（李老师，中央电视台新媒体部）

到现在为止我们也没有一个专职做抖音的人，我们只有5个编辑，不光要负责抖音，还要负责环球网所有跟视频相关的工作，包括我们自有的视频、西瓜视频、快手号、抖音号等。（石老师，环球网执行总编辑）

（媒体抖音号）主要靠自己新媒体和编辑部门进行运营，暂时没有外包。支持抖音这部分的运营团队比较少，可能3—4人，不少是兼职做微博、微信和抖音，暂时没有投入足够人力、专门人力进行运营。（张老师，字节跳动媒体合作区域总监）

在中国语境下，除了官方主流媒体外，商业性媒体因媒体属性不同而在新媒体平台上选择了不同的发展策略。相对于主流媒体，商业性媒体更多强调市场，其对于抖音号的考虑更多来自商业推广及品牌建设的心理。例如，湖南卫视有20多个抖音号同时在运营，除了湖南卫视的官方号以外，其他抖音号基本都由节目导演组进行策划、执行和发布。以湖南卫视综艺娱乐节目《快乐大本营》为例，该号采用了“明星出镜”的方式，为每周节目进行预告，视频内容多展现节目生产的后台状况，并且强调视频的传播性。运营人员会有意地制作一些网民可以模仿的创意，如“捧脸杀”等，以便借助明星的人气来推广自家的媒体产品。同时，商业性媒体多以实现经济利益最大化作为其根本目标，在激烈的行业竞争中，追求轰动效应、戏剧化的内容呈现方式在商业媒体发布的短视频内容中较为常见。

我们选择了商业性媒体抖音号中播放量居前100的视频内容进行了分析，结果显示电视媒体的抖音号呈现出了明显的娱乐化，常常以明星作为噱头，标题中涵盖明星名字的视频占比超四成。例如，《快乐大本营》账号中播放量最高的短视频是“黑凤梨，那双眼动人～?#黄宗泽#wink了解一下～系不系每一下都击中了你的小心心～5月12日周六晚约”（播放量1.11亿次），《浙江卫视》发布的“#中国好声音#传唱度极高的《说散就散》原唱JC陈泳彤来了！”（播放量9211万）等。其他热播的内容则以新奇、幽默、搞怪有趣的短视频为主，如《都市现场》发布的“治好了他多年的残疾哈哈哈哈哈哈哈哈哈！！！！！！”（播放量1.76亿次），《新青年》发布的“看来把这位小姐姐吓得够呛??”（播放量1.18亿次）等。在访谈中，商业媒体负责人与官方主流媒体表现出较大差异，商业媒体更关注短视频内容的版权问题。

湖南卫视的节目内容版权不在湖南卫视自己手里，而是在芒果TV，所以我们每一档节目在网上能分享出来的正片内容就只有5段3分钟以内的视频，这对我们的宣传推广是一个非常大的限制。所以，你看大本营的抖音号里很少有节目的正片内容，基本都是由团队策划制作的。（谢老师，湖南广播电视台湖南卫视新媒体负责人）

《声入人心》是一个美声的演唱节目，2018年豆瓣最高评分9.2，人民日报和光明日报多次点赞。这档节目最开始在抖音发了很多唱歌的视频，但是很快就得到了芒果TV的反馈。因为版权限制，我们不能发这么多。于是我们立马转了思路，专门成立了一个小组来进行策划……我们给每个成员开了抖音号，在微博上的关注度和传播量是非常可观的。（谢老师，湖南广播电视台湖南卫视新媒体负责人）

在抖音号的发展策略上，还有部分商业媒体选择了品牌的差异化发展，构建和运营子品牌，不仅有利于凝聚和维护媒体固有的品牌和价值拓展，而且有助于开拓新的细分领域并形成关联效应，与母品牌形成互利共生的关系。例如，环球网在抖音上运营了三个细分号，分别是“环球网”“环球萌圈”“哇喔”。环球网由人民网和环球时报社联合主办，虽然是中央级媒体，但自负盈亏，具有较强的商业属性。作为主品牌，“环球网”的内容以正能量信息和时政要闻为主，日均发布数5.27条，粉丝量208.7万。不过，环球网在另外两个细分号上投入了更多资源。“环球萌圈”主打宠物类视频分享，粉丝量79.48万，但日均视频发布量高达10.13条；“哇喔”则主打科学和趣味知识类视频分享，粉丝量38.89万，日均视频发布量1.89条。萌宠类账号在抖音上如雨后春笋般爆发，在网上观看萌宠视频逐渐成为一种时尚，这部分网民也被冠以“云养青年”的名字①。他们对宏大叙事和传统的意识形态说教十分反感，更注重现实的、微小的个体感受和自我表达。“环球网”以“萌宠”作为切入点，抓住了这部分青年人情感体验需求，也因此具有一定的商业变现潜能。

矩阵化发展要求战略重点，要求垂直发展，且必须考虑未来的商业运营模式，而不是下铺一大堆号……环球网在中央级网站里是唯一一家没有国家固定拨款的网站，所有生存条件来自市场营收。所以，我们做矩阵发展的时候选择垂直品类，我们会做我们认为未来有可能发展更好的号……我们为什么要分头化发展？因为未来的内容发展必须要考虑长远利益，我们可以把这些内容都放在大号里，但是对将来的商业运营并不是很有利……我们希望在运行过程中通过商业收入的导入，能建立起全生态。（石老师，环球网执行总编辑）

目前我们会每周观察抖音的日活数据，观察这个平台的变化，也包括微博平台、微信平台的数据，这个观察最终决定了我们在各个平台投入资源、投入力量分配的比例。因为我们资源毕竟有限，所以需要整体上做一个协调。就目前情况而言，在未来一段时间，我们还是要加大在抖音平台的力量。（石老师，环球网执行总编辑）

抖音也识别到了这些商业性媒体的需求。2018年9月抖音推出了广告交易平台“星图”，此前抖音播主接广告，只需要向平台进行报备，抖音官方不

① 王义明，阿九．“云养青年”——互联网新生代群体解析[J]. 中国青年研究，2018（10）:101-106.

抽取任何费用，而报备过的视频则可以免予被抖音官方删除下架。而在“星图”上线后，抖音可以为品牌商和播主提供广告撮合服务，广告商可以自主选择契合的播主进行内容营销。除此之外，部分媒体也在抖音中关联了自己的网店，通过抖音给网店导流，进而售卖商品。总的来看，抖音碎片化的视频形态打破了传统长视频难于广为流传的限制，更易聚焦受众的注意力，加上受众在娱乐放松心态时更易接收信息，这使得主流媒体的传播效果有所提升，有利于拉进主流媒体和受众的距离，增加宣传的覆盖面和到达率。

五、媒体抖音号的发展建议

通过对媒体抖音号的现状分析和深度访谈结果，本文认为媒体抖音号总体仍处于探索阶段，不同媒体定位较为多元。《人民日报》、新华社、央视新闻等主流媒体在内容发布和探索上渐趋成熟，获得了较大的影响力，并在众多媒体号中脱颖而出。就此，本文对媒体抖音号的未来发展提出如下建议：

（1）加强新闻报道，强化新闻属性。媒体抖音号可跟进重大突发新闻事件，编辑发布现场视频，及时澄清谣言，提升舆论引导力。

媒体抖音账号可以加强新闻报道，强化新闻属性。对于重大突发新闻事件，主流媒体要及时跟进，调查原因、廓清谣言。可尝试的做法是，前方记者和后台编辑要实现联动，鼓励前方记者独立调查采访、拿到独家材料，后台编辑密切关注政府网站和社交媒体账号，及时爬梳、整理和发布最新消息。主流媒体关于重大突发新闻事件的报道，对其社会公信力建设非常关键。比如2018年，在重庆万州公交车坠江事故报道中，《人民日报》率先拿到和发布车内黑匣子视频，揭开了公交车坠江的真实过程和原因：乘客与司机激烈争执互殴，导致车辆失控最终坠江。该视频一经发布，震惊广大网友，迅速引发全网转发，不仅及时澄清了“女司机逆行”的谣言，更促进了整个社会对这起事件的沉痛反思和教训总结，进而推动公交车乃至公共安全的制度建设和社会治理。

（2）抓住“热点时刻”进行抖音内容策划，利用节假日或重大事件的热点性，策划拍摄或上传具有时效性的短视频。

关键时间节点是主流媒体宣传报道的重要机遇，常见的热点时刻有：国庆节、春节、中秋节等法定节假日以及父亲节、母亲节、教师节等与用户相关的重要节日。还有开学季、高考季、毕业季等与校园生活关系密切的热点时刻。针对这些热点时刻，媒体可以加强内容策划和投放。围绕这些题材有趣、有创意、有温度的内容更容易激发用户的情感共鸣，也很容易产生爆款现象。在宣传策划过程中，媒体还可以通过与抖音平台合作，推动作品实现更大范围的广泛传播。比如开学季期间，人民网与抖音展开合作，发布了不少高校舞蹈视频，以此欢迎即将来临的新生。这些视频富含创意，也容易让其他高校学子进行模仿，营造出开学季的浓厚氛围。

（3）平衡“有趣+有用”的关系，既考虑短视频、视觉化内容的吸引力和通俗性，又强调媒体抖音内容针对本地和全国用户的贴近性、服务性和实用性。

媒体抖音账号发布有趣的视频可以吸引用户，在此基础上还可以发布些有用的视频，增加用户的黏性。比如主流媒体可以借助突发新闻科普相关知识，另外在出行安全、体育健身、饮食健康领域等都有很多服务性内容可做。比如“人民网”推过《成人噎食这样做能救命》视频，视频采用情景扮演的方式，仅用30秒时间就告知了大家如何处理，简单实用；央视新闻曾发布视频《掉进冰窟，如何自救？》，该视频提醒大家规避常见的错误做法，展示了一个人如何通过5个步骤完成自救。类似这样的视频增加了大家冬季出行、旅游的安全防护知识，其点赞数相当可观。用户通过点赞既表达好评态度，也通过点赞完成收藏，建立与发布账号的持久链接和联系。

（作者林功成为中山大学传播与设计学院副教授，张志安为中山大学传播与设计学院教授、院长，李莹为深圳大学传播学院副教授。本文得到广东省哲学社会科学“十二五”规划项目“公共事件中的微信舆论——传播规律及引导机制研究”（编号GD15YXW01）、广东省舆情大数据分析与仿真重点实验室、广州大数据与公共传播研究基地的资助）

2018年电视新闻节目收视回顾

杜宇轩

2018年，注定是被载入史册的一年：全国两会召开选举产生新一届国家领导人；庆祝中国改革开放40周年；成功举办首届中国国际进口博览会、中非合作论坛等。这些重大新闻事件引发全球关注，并且伴随着这些重大事件的发生，电视新闻节目也产生了很多的收视亮点。与此同时，如今网络新闻、移动资讯高度发达，信息传递空前快捷，电视新闻节目如何在媒介融合大背景下利用自身优势巩固并提升竞争力，是目前电视新闻人面临的重要课题。本文根据CSM媒介研究2018年在全国116个城市的收视调查数据，对全国新闻节目的收视状况进行分析，解读新闻节目的收视特征，探究观众对于新闻节目的收视习惯与偏好。

一、新闻节目整体收播状况

1.电视观众收视时长进一步萎缩，新闻节目每日人均收看时长减少3分钟

在网络资讯丰富、移动新闻快捷的今天，人们获取新闻的方式不再局限于电视媒体。然而，受众并没有颠覆性地改变其对电视新闻的依赖，而是“见缝插针”地将原来“零零碎碎”的时间拿出来，分配给了新兴媒体，传统电视新闻节目的收视受到了一定影响。CSM媒介研究电视观众收视数据显示，2018年平均每人每天收看电视的时长为110分钟，是近年来下降最大的一年，较上一年的139分钟下降了29分钟；2018年人均每日收看新闻类节目的时长为15分钟，较2017年下降了3分钟（见图1）。

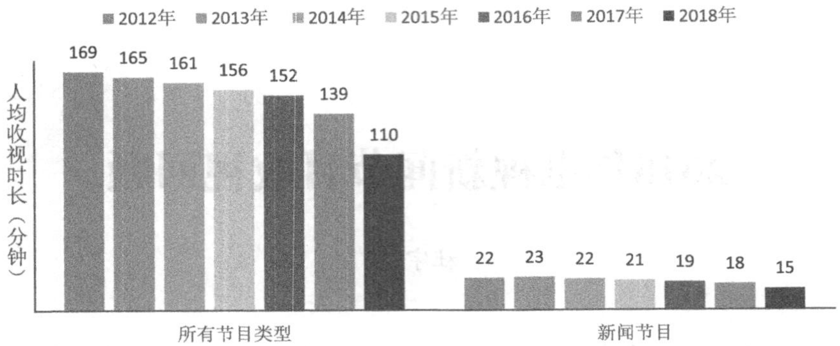

资料来源：CSM媒介研究

图1　2012—2018年所有节目及新闻节目人均收视时长（历年所有调查城市）

2018年，新闻类节目的播出比重和收视比重略有减少，获得了观众10.5%的播出比重和13.3%的收视比重；从变化趋势上看，2018年新闻节目的资源使用效率相对上年有所下降，由2017年的31.1%降至26.7%。

与其他节目类型比较，新闻类节目的播出比重少于电视剧和生活服务类节目，而获得的收视比重仅次于电视剧，但由于电视剧类节目的播出时长远远超过新闻类节目，因此新闻类节目的资源利用效率明显高于电视剧类节目（见表1表2）。

表1　2012—2018年新闻节目的收播比重及资源使用效率（历年所有调查城市）

年份	播出比重%	收视比重%	资源使用效率%
2012年	10.7	14	30.8
2013年	11.3	14.8	30.7
2014年	10.9	14.2	30.3
2015年	11	14.1	28.5
2016年	10.7	13.8	29
2017年	10.6	13.9	31.1
2018年	10.5	13.3	26.7

资料来源：CSM媒介研究

表2　2016—2018年主要节目类型收播比重（历年所有调查城市）

节目类型	2016年		2017年		2018年	
	播出比重%	收视比重%	播出比重%	收视比重%	播出比重%	收视比重%
电视剧	27.1	29.6	26.7	30.9	28.2	31.9
新闻/时事	10.7	13.8	10.6	13.9	10.5	13.3
综艺	6.1	13.7	5.9	12	5.6	11.2
生活服务	15.3	7.6	14.5	7.2	13.3	7.1

资料来源：CSM媒介研究

2.长沙、沈阳、贵阳观众新闻节目收视量大

全国各地观众的生活习惯不尽相同，不同城市观众喜欢收看的电视频道、节目也有所差异，这也导致各地电视收视市场表现出鲜明的地域特征。在晚间时段（17:00—24:00）新闻节目的播出总量基本稳定的前提下，新闻节目的人均收视总时长在不同城市间存在明显的差别。将2018年35个城市（包括直辖市、省会、计划单列市）17：00—24：00收看新闻节目的观众按人均收视总时长从大到小进行排序，可以看到长沙、沈阳、贵阳观众新闻节目消费量最大，在晚间收看新闻节目的总时长都超过了5000分钟（见图2）。

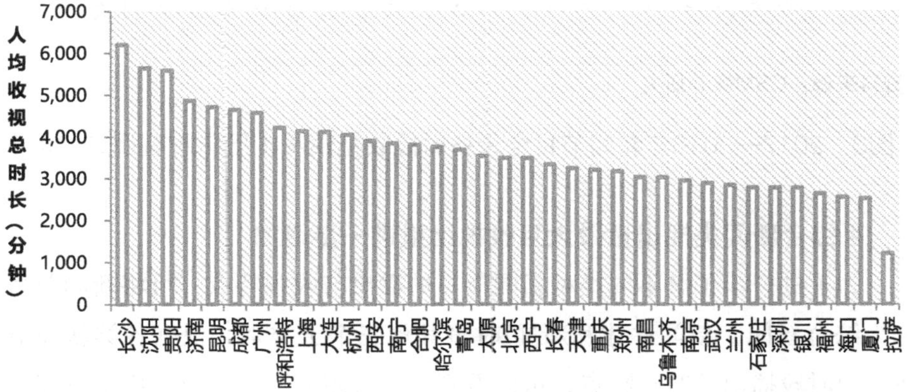

资料来源：CSM媒介研究

图2　2018年各城市晚间新闻节目的人均收视总时长（17:00—24:00）

3.新闻节目收视依然集中在晚间黄金时段

新闻节目在全天不同时段的收视量变化与其他节目类型整体保持一致，但在细节上不尽相同。新闻节目的收视主要集中在18:00—20:00，在这段时间开始的新闻节目观众累计人均收视时长达到6.1分钟，接近全天新闻节目收视时长的一半。2018年新闻类节目全天收视曲线呈现了两个明显的收视主高峰（12:00和19:00）和另外两个较为突出的收视次高峰（6:00—8:00和20:30—22:30）（见图3）。2018年的新闻类节目收视曲线表现出与上年数据特征的高度一致性。

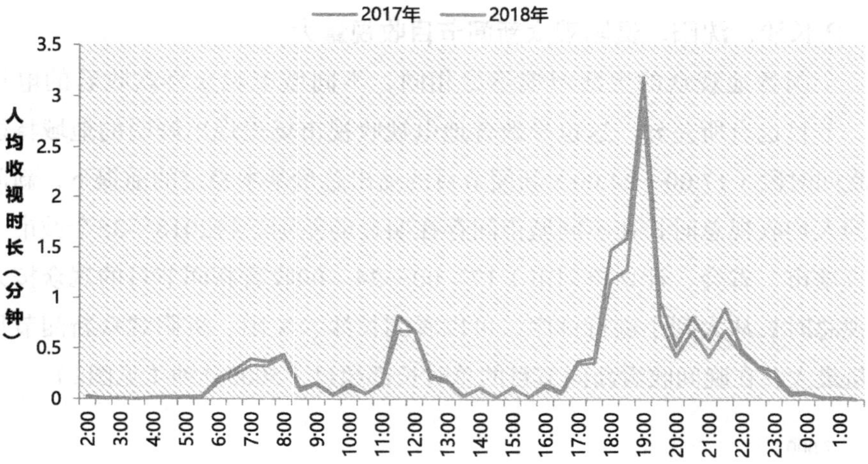

资料来源：CSM媒介研究

图3　2017—2018年新闻节目全天各时段收视情况（历年所有调查城市）

4.综合新闻类播出量最大且收视比重进一步增加

为了进一步了解不同类型新闻节目的播出与收视特点，可将新闻节目划分为综合新闻、新闻评述和新闻/时事其他三个子类别。根据各类新闻节目在不同时段播出的时长特点，可以看到“综合新闻”的播出集中于早间、午间、傍晚（本地新闻和新闻联播）以及晚间（22:00—23:00）四个主要新闻节目带；以当地民生新闻为代表的“新闻/时事其他”类新闻节目在综合新闻播出减少的各时段补充播出，在上午、下午、《新闻联播》前后各时段播出比例显著增加；而“新闻评述”类节目在各类新闻节目中播出量最小，播出主要集中于7:30、12:00和17:30以后，各时段播出量相对变化不大（见图4）。

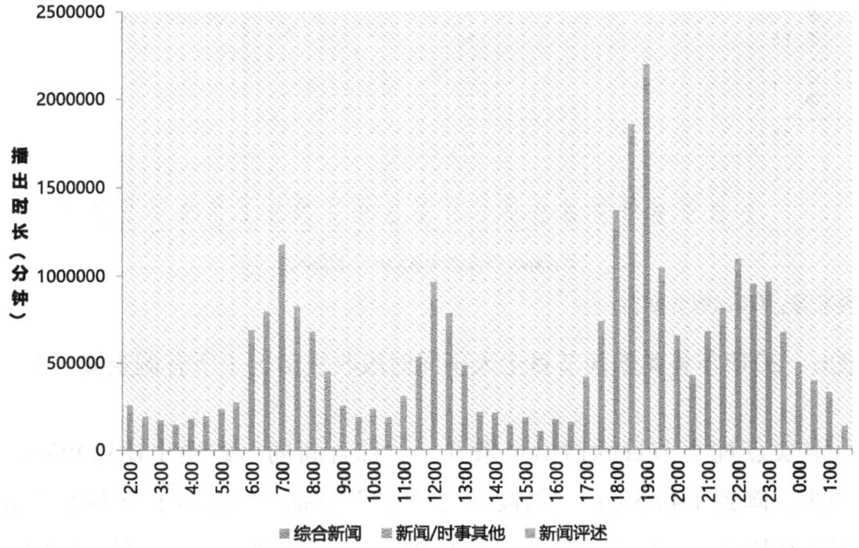

资料来源：CSM媒介研究

图4　2018年各类新闻节目全天不同时段播出情况（所有调查城市）

不同类型新闻节目在各时段的收视特点，也从侧面反映出人们收看各类新闻节目的习惯。在综合新闻为主的四个新闻节目带，人们花费在“综合新闻”上的收视时间最长，除此之外，在19:00《新闻联播》播出之前，随着各地以民生新闻为主的“新闻/时事其他”类节目播出的增加，观众对该类型节目的收视时长也随之增加；《新闻联播》播出之后的19:30—22:00时段内，观众收看评述类新闻节目的比例提升明显（见图5）。

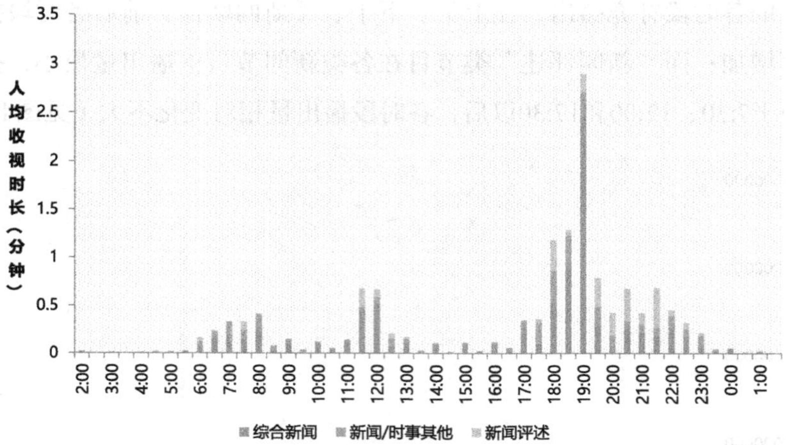

资料来源：CSM媒介研究

图5　2018年各类新闻节目全天不同时段收视情况（所有调查城市）

从各类新闻类节目的播出量来看，“综合新闻”的播出比重较2017年稍有减少，降到了47.5%；“新闻/时事其他”类播出量较2017年稳步提高，2018年全年播出量占所有新闻节目的45.0%；“新闻评述”类节目播出比例较上年有所上升，为7.5%（见图6）。

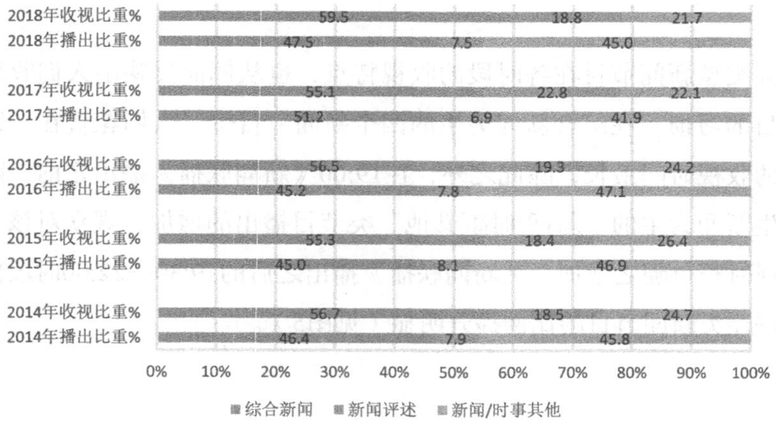

资料来源：CSM媒介研究

图6　2014—2018年各类型新闻节目播出收视比重（历年所有调查城市）

观众收视时间分配的变化在一定程度上是由于各类新闻节目播出时间的变化导致的，但同时它也反映出观众对各类新闻节目需求的变化。2018年整体看来，“综合新闻”类节目收视比重较上一年有所提升，而“新闻评述”“新闻/时事其他”类虽然播出比重提升，但是收看的比重减少了。

5.全国两会、中非合作论坛、庆祝改革开放40周年等重大事件对新闻收视影响明显

2018年全年新闻节目的收视时间整体比较稳定，多数周在13分钟至16分钟之间波动，全年起伏波动不大。在第10周（3月4日—10日）新闻节目收视出现了全年最高峰值，为16.9分钟，超过平均水平16%；在第25周（6月17—23日）收视时间相对较短，仅有12.8分钟。

收视曲线上的每个收视跃动背后都有一个非同寻常的事件发生。2018年的主要新闻事件对电视收视，特别是新闻节目收视产生了不小的影响。2018年3月初，全国两会在京召开，大会期间新闻节目的收视率达到全年最高峰值。除此之外，2018年9月3日至4日，2018年中非合作论坛北京峰会在京召开，该峰会推进了中非各领域交流合作，有利于深化中非全面战略合作伙伴关系，在更高水平上实现中非合作共赢、共同发展。该峰会吸引普罗大众的眼球，拉升新闻节目的整体收视。2018年12月18日，庆祝改革开放40周年大会在京举行，会议回顾改革开放40年的光辉历程，总结改革开放的伟大成就和宝贵经验，动员全国人民继续前进。该会议对新闻节目的收视率也略有提升。

在这些重大新闻事件的发生及其报道期间，新闻类节目周平均收视率曲线的波动性明显提升，很好地印证了重大新闻事件对新闻类节目收视的拉动效应。

春节假期新闻节目收视水平相对较低，主要是因为节假日期间新闻节目一般只保持常规播出量，而观众关注度较高的综艺和青少节目则会增加播出，新闻节目的竞争力在节假日期间受到一定影响（见图7）。

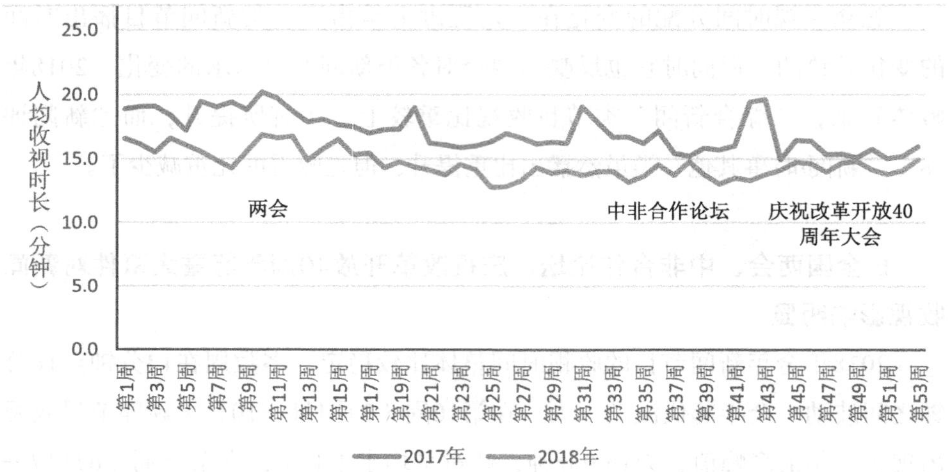

资料来源：CSM媒介研究

图7　2017与2018全年新闻节目人均收视时长分周走势（历年所有调查城市）

二、新闻节目收视市场竞争格局

1.中央级频道收视份额居首，地面频道播出量占优

2018年全国电视新闻节目收视市场中，中央级频道仍然占据着最重要的位置，以4.2%的播出量为新闻节目贡献了最高的收视份额（44.9%）；省级上星频道播出量为7.6%，略高于中央级频道，加之各地省一级重要新闻均在此平台播出，收视份额也相对较高（17.1%）；省级非上星频道和市级频道的传播范围类似，面对的观众群体在地域上相对比较集中，尽管单个频道覆盖面不广，但胜在频道众多，因此播出量也最大，超过所有新闻节目播出时间的80%，这两类频道累计共获得了新闻节目35.6%的收视份额。从年度变化来看，中央级频道、省级上星频道新闻节目的收视份额在2018年提升明显，省级非上星和市级频道收视份额均有所下滑（见图8）。

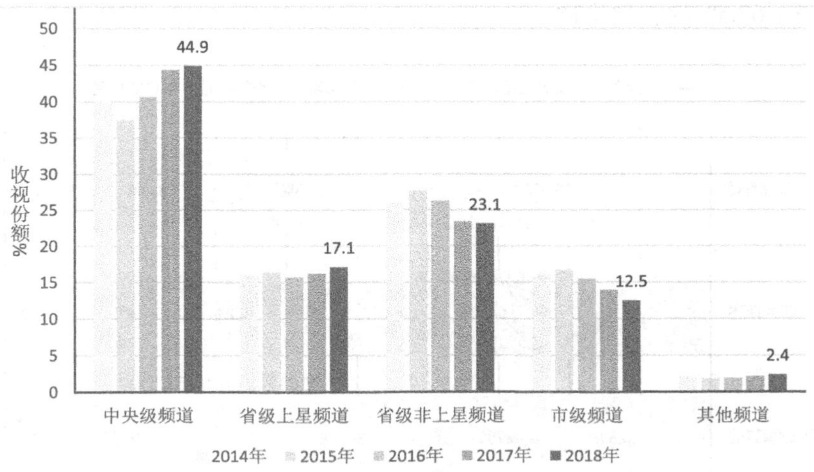

资料来源：CSM媒介研究

图8　2014—2018年新闻节目市场各级频道的收视份额（历年所有调查城市）

2.中央级频道的新闻评述类节目较受欢迎，地面频道以民生新闻为代表的其他新闻节目更受关注

观众对各级电视频道具有不同的收视预期定位。例如央视频道多被认为具有专业性、权威性，是负责任、可信度较高的播出平台；省级卫视则比较年轻化、具有现代感和吸引力，更倾向推陈出新；地面频道（省级非上星频道和市级频道）则给人的印象较为传统、亲民，更接近生活。观众在这样的心理暗示下，收看电视新闻节目的时候就会带有明确的选择性（见图9）。对于国内外新闻的客观报道，在不同平台获得的新闻事件信息并没有太大区别，全凭观众收视习惯；新闻评述类节目通常会加入一些主观判断，中央级频道的专业性和权威性在这种情况下无疑成为一大优势，观众对中央级频道播出的新闻评述类节目看重有加，64.3%的收视时间都给了中央级频道；被列在“其他”一栏下的新闻时事节目大多数关注的是重要性一般的新闻事件，各地方频道的民生新闻占了很大比例，此类节目取材贴近当地群众生活，自然是两级地面频道的主要收视市场，在新闻/时事其他类新闻节目上，地面频道获得了62.5%的收视份额。

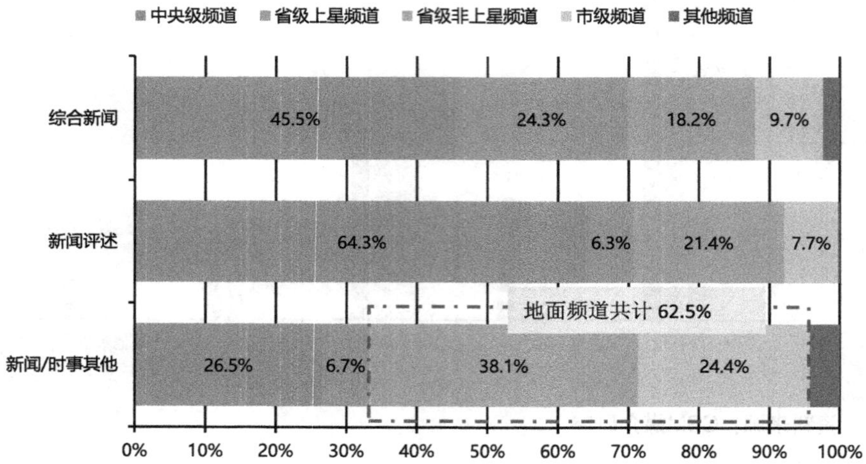

资料来源：CSM媒介研究

图9　2018年各级频道在不同类型新闻节目市场的收视份额（所有调查城市）

三、新闻节目观众特征

全国电视观众中女性观众略多于男性，而新闻节目的观众中则为男性多于女性。2018年收看新闻节目的男、女观众数量之间的差距和上年比相差不大；超过六成的新闻节目观众年龄在45岁以上，这一比例在近两年还在持续增加；从受教育程度的角度看，初高中学历观众占主体，大学及以上高教育程度的观众比例呈现出下降的趋势，2018年这一趋势有所加剧，可以看出高学历观众对电视新闻节目的关注程度正在降低（见图10）。

不同观众对不同类型的新闻节目关注程度不同。男性观众对新闻节目的偏爱更多地体现于对“综合新闻”和“新闻评述”的收视；55岁及以上观众在“综合新闻”类节目观众中所占比例高于其他两类节目，25—34岁青年观众更青睐于“新闻评述”类节目；不同受教育程度的观众对几类新闻的收视习惯差异不大（见图11）。

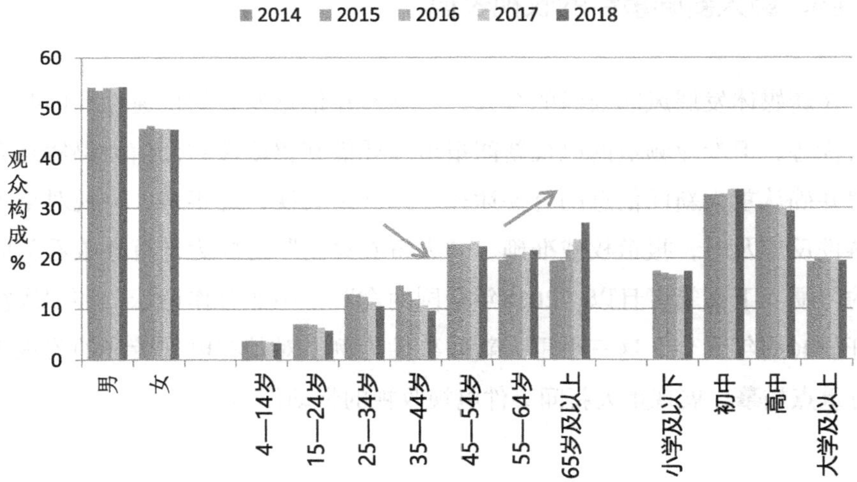

资料来源：CSM媒介研究

图10　2014—2018年新闻节目观众构成（历年所有调查城市）

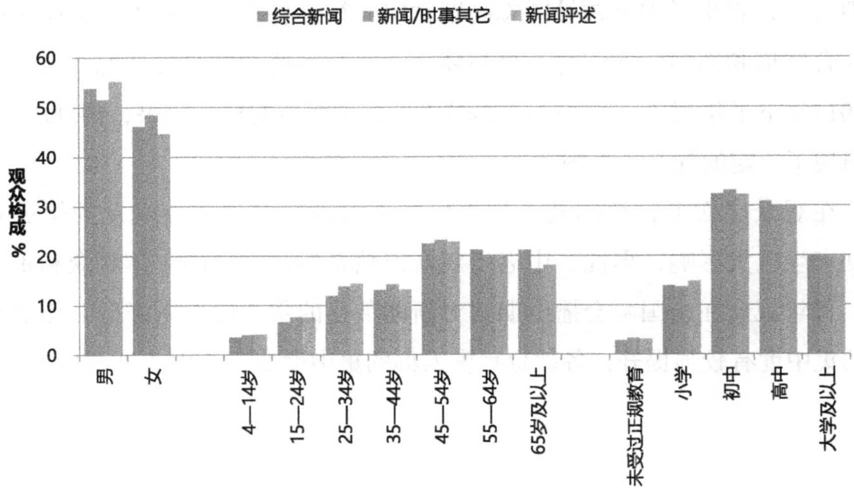

资料来源：CSM媒介研究

图11　2018年各类型新闻节目观众构成（所有调查城市）

四、重大新闻事件的收视表现

在新媒体发展风起云涌的今天，尽管其在信息发布的快速性、即时性上更占优势，但专业频道的电视新闻报道却凭借其权威性和公信力仍然是人们获得并确认重大新闻信息的首要途径。尤其是央视，近年来，央视对重大新闻事件反应及时，报道权威准确，“大事看央视”已成为老百姓收看新闻节目的习惯。下文笔者且以“2018年全国两会”“中非合作论坛”和“庆祝改革开放40周年大会”这三个重大新闻事件为例，对其在电视荧屏的收视表现进行重点描摹，展现重大新闻事件电视收视的带动作用。

（一）2018年全国两会

中央电视台2018年全国两会报道以习近平新时代中国特色社会主义思想为统领，在中宣部统筹领导下，紧扣团结、开放、民主、奋进的大会主题，坚持“全台一盘棋”，严谨生动、安全准确地完成各项议程报道，整体报道可圈可点，获得了中央领导同志高度肯定和社会各界广泛好评。将中央电视台综合频道和新闻频道作为一个整体来观察全国两会的收视情况，可以发现与2017年下半年相比，9:00—12:00时段出现了明显的拉动效果；14:00—16:00也出现了一定的提升（见图12）。

在观众层面上，全国两会的播出并未对新闻节目整体观众的构成和集中度产生巨大影响，男性、中老年观众依然是新闻节目的主体观众和重度观众，青年观众在全国两会播出期间对新闻节目的集中度有所降低，而老年观众的集中度有较强提升，各教育程度人群的集中度变化不大（见图13）。

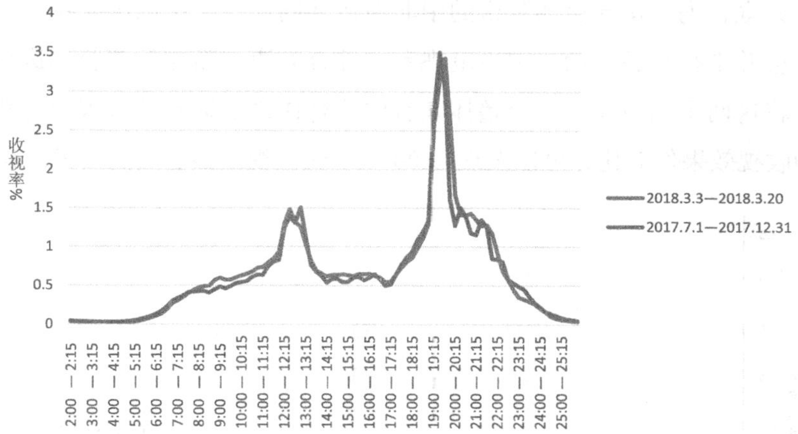

资料来源：CSM媒介研究

图12 全国两会期间分时段收视率走势（所有调查城市）

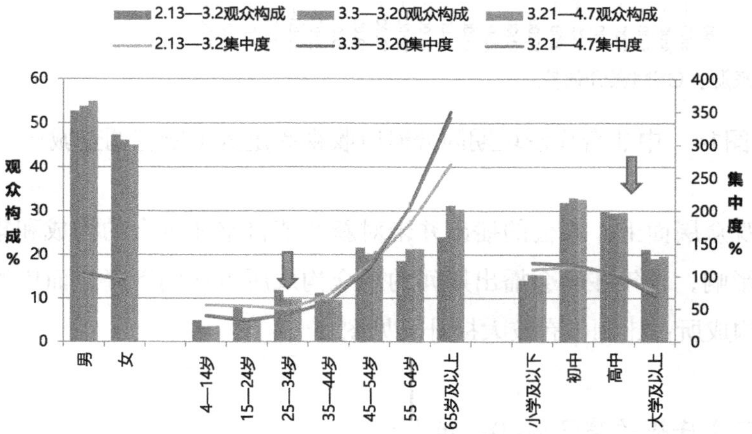

资料来源：CSM媒介研究

图13 全国两会前后全天时段新闻节目观众构成和集中度变化（所有调查城市）

（二）中非合作论坛

2018年9月3日至4日，中非合作论坛北京峰会在北京举行，峰会主题为

“合作共赢，携手构建更加紧密的中非命运共同体”。中国国家主席习近平主持峰会并举行相关活动。中央电视台的综合频道、新闻频道全程进行现场直播。将这两个频道作为一个整体来看中非合作论坛期间的收视率走势，与上月的收视效果作对比，可以发现19:00—20:00收视率显著增高（见图14）。

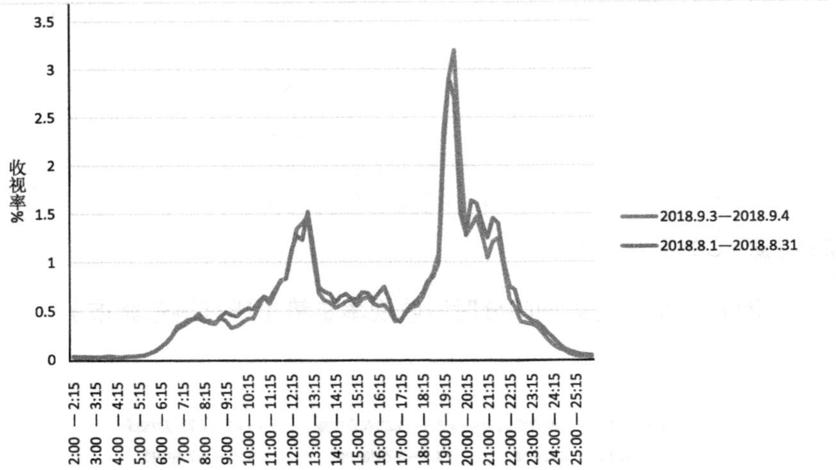

资料来源：CSM媒介研究

图14　中非合作论坛期间分时段收视率走势（所有调查城市）

在观众层面上，峰会的播出并未对新闻节目整体观众的构成和集中度产生巨大影响，青年在峰会播出期间的观众构成所占比例下降，而中等学历观的观众构成所占比例也有较大提升（见图15）。

（三）庆祝改革开放40周年大会

2018年是中国实行改革开放40周年。这是中华民族和新中国历史上令人难忘的很不平凡的40年。中国的发展在短短40年内走过了许多发达国家两三百年所走的路，并走出了中国特色社会主义道路。这是人类历史上前所未有的奇迹。2018年12月18日“2018庆祝改革开放40周年大会”在北京人民大会堂举行，中共中央总书记、国家主席、中央军委主席习近平出席大会并发表重要讲话。中央电视台综合频道、中央电视台新闻频道对庆祝改革开放40

周年大会进行现场直播。将这两个频道作为一个整体来看庆祝改革开放40周年大会的收视率走势，与上月的收视效果作对比，可以从中发现：11:45—12:45收视率出现了明显的提升（见图16）。

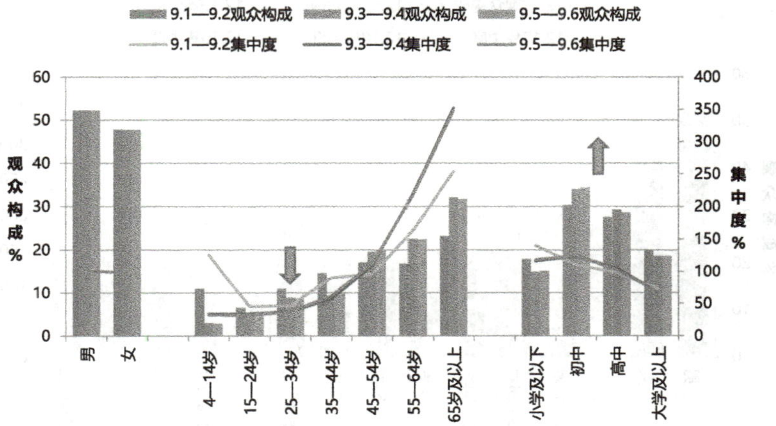

资料来源：CSM媒介研究

图15 中非合作论坛前后全天时段新闻节目观众构成和集中度变化（所有调查城市）

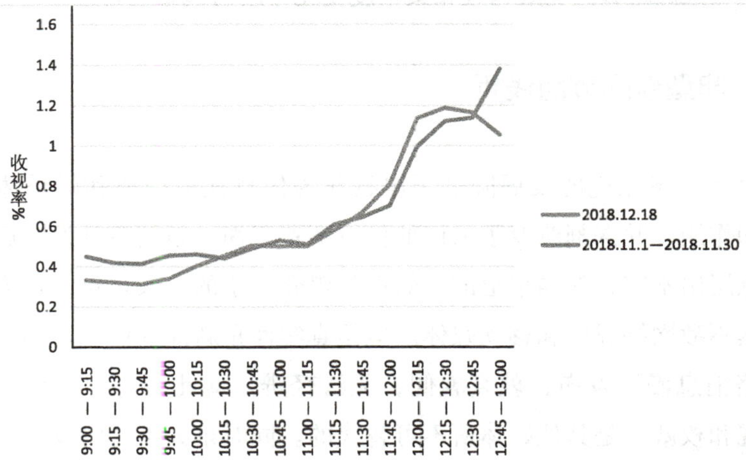

资料来源：CSM媒介研究

图16 庆祝改革开放40周年大会期间分时段收视率走势
（9:00—13:00，所有调查城市）

在观众层面上，大会的播出并未对新闻节目整体观众的构成和集中度产生巨大影响，青年观众在大会播出期间的观众构成所占比例有所提高，大学及以上的观众构成所占比例也有较大提升（见图17）。

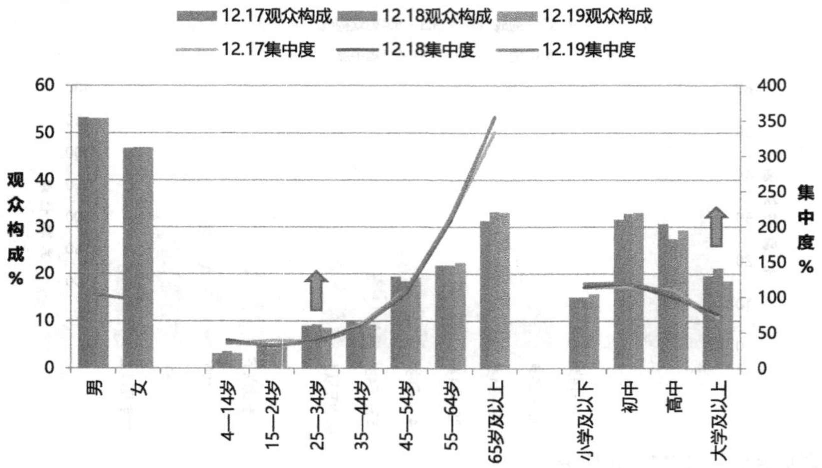

资料来源：CSM媒介研究

图17　庆祝改革开放40周年大会前后全天时段
新闻节目观众构成和集中度变化（所有调查城市）

五、典型新闻节目浅析

新媒体突飞猛进的发展降低了电视作为信息获取渠道和娱乐休闲工具的地位和作用，并深刻改变了人们的信息消费习惯。新闻事件发生后，各种媒体消息层出不穷，新闻报道的时效性是媒介竞争的一大焦点，这方面电视媒体显然不敌网络媒体和移动媒体。但是真实性是新闻媒体立足的根本和前提，网络消息漫天发布，孰真孰假，无法轻辨。就此而言，电视媒体的真实、客观和权威，是其他媒体所不可替代的。同时重大事件的发生，电视媒体可以通过现场直播的方式让电视机前的观众感同身受，观众可以真实地了解新闻事件发生、发展的全部过程。再者，专业的评论、专家的解读也是观众了解新闻事件的一个重要途径，这也是网络和移动媒体无法比拟的。

（一）综合新闻类节目：《北京新闻》

《北京新闻》以"权威发布政策资讯，悉心关注百姓冷暖"为节目宗旨，是北京电视台收视率最高的新闻节目，2018年全年收视率达到0.4%，占有2%的市场份额。该节目一直担当北京市改革开放、经济发展、社会进步的重要窗口。在追求时政新闻的严谨性、经济新闻的生动性、社会新闻的思想性的同时，不断地扩大报道范围、丰富报道内容，让观众在最短的时间内了解最丰富的新闻资讯。从观众构成和集中度来看，55岁以上的老年观众是这一节目的主体观众，且为重度观众，中高学历观众比较喜爱收看《北京新闻》（见图18）。

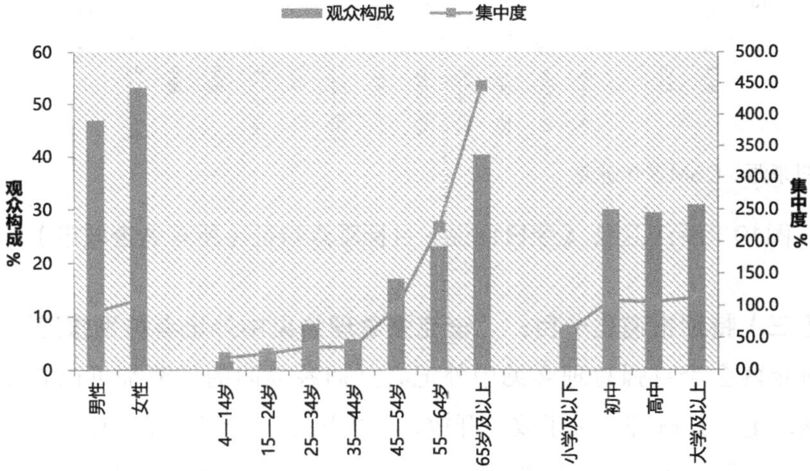

资料来源：CSM媒介研究

图18　北京卫视《北京新闻》目标观众特征（所有调查城市）

（二）新闻评述类节目：《今日评说》

新闻评述类节目《今日评说》每周一至周四21:30在浙江卫视播出。这档节目根据不同节目的主题及宣传资源，有针对性地创新媒体融合传播方式。每期节目播出前，在微信公号、中国蓝新闻客户端等网络平台投放相应海报及预告，有效提升节目的关注度。同时也展现了主流媒体强大的传播力、引导力、影响力、公信力。其2018年全年收视率达到0.3%，占有1.1%的市场份额。从观众构成和集中度来看，该节目对35—64岁的中年观众有较强吸引力，而且中高学历观众也明显喜爱收看该节目（见图19）。

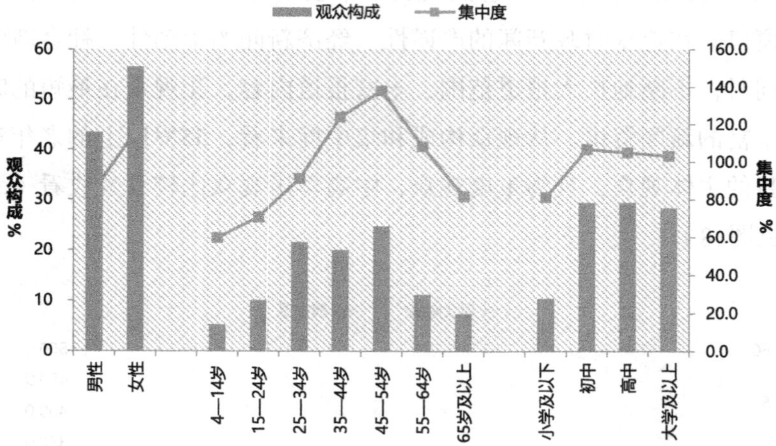

资料来源：CSM媒介研究

图19　浙江卫视《今日评说》目标观众特征（所有调查城市）

（三）特别报道类节目："李克强总理会见中外记者特别报道"

每年两会李克强总理会见中外记者并回答提问的环节都可以看作两会的点睛之笔。其解答了关于改革开放、国内民生、两岸关系、中美贸易等一系列重大问题，为日后发展改革提供蓝本，还为解决争端提供思路。中央电视台四套全对该特别报道进行了现场直播。从"李克强总理会见中外记者特别报道"节目的观众构成和集中度来看，男性观众比女性观众更关心国家大事，该报道吸引了更多的55岁以上的中老年观众收看，而且中低学历观众也更喜爱收看该报道（见图20）。

从分时段收视率走势来看，12：20李克强总理回答新华社记者有关未来政府对推动"互联网+"有什么新的举措时，收视率最高达到了1.1%（见图21）。既符合了电视观众习惯午间收视的特征，也侧面反映了大众更关注

"互联网+"以及共享经济未来的发展趋势。

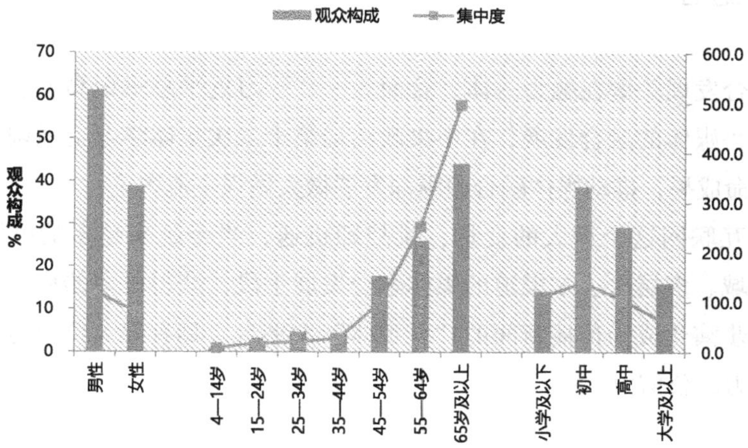

资料来源：CSM媒介研究

图20　中央电视台四套"李克强总理会见中外记者特别报道"目标观众特征（所有调查城市）

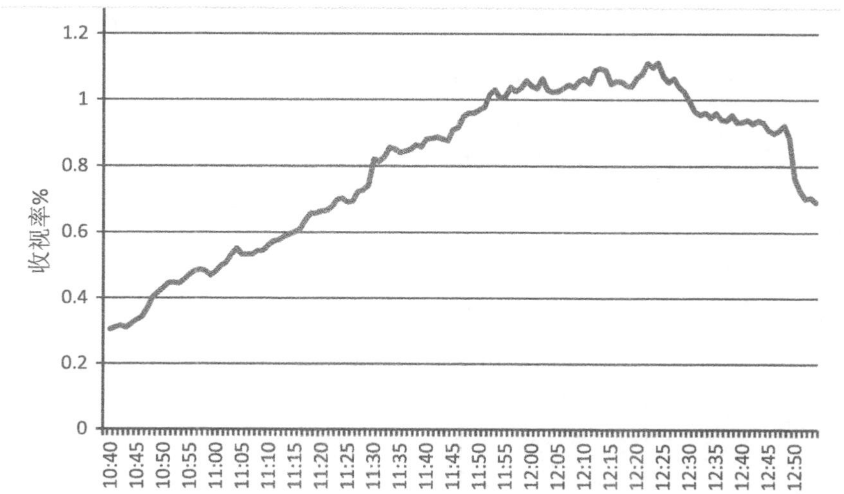

资料来源：CSM媒介研究

图21　中央电视台四套"李克强总理会见中外记者特别报道"分时段收视率走势（所有调查城市）

六、结语

“融合发展关键在融为一体、合而为一。”习近平总书记高度重视传统媒体和新兴媒体的融合发展，在中央政治局第十二次集体学习上强调，要运用信息革命成果，推动媒体融合向纵深发展做大做强主流舆论。

面对互联网这个最大的变量，挑战即机遇，当今越来越多的电视新闻借助多领域、多层次、多渠道的媒体融合发展手段，获得更多的稳定受众，并已经逐步演化成为传播新闻的“全媒体”大平台，具有强大传播力、引导力、影响力、公信力。

（作者杜宇轩供职于央视索福瑞公司）

2018年香港媒体数字化发展报告

李 文

【摘要】

香港浸会大学新闻与社会研究所2018年11月发表了《香港媒体数码发展报告2018》，从市场用户、内容生产、商业运营、技术平台和社交平台等五个方面，对87家香港媒体数字化发展状况进行了全面调查和分析。研究成果发现，电视仍是香港市民获取新闻资讯的首要来源，虽然香港媒体数码化起步较早，在早期也取得了一定的成效，但近年来在利用人工智能及大数据等新媒体技术上步伐缓慢，落后于中国内地及欧美传媒机构，并且在数字化发展战略上也较为保守谨慎。报告最后建议香港媒体机构应拥抱智能科技，利用人工智能科技进行多方面的尝试，例如追踪突发新闻，替代传统人工守候方式；发掘社交媒体话题热点，提升议程设置能力；协助新闻核查，侦测假新闻；数据可视化处理，方便读者理解相关信息；用户内容订制和推广，增加黏合度；人机对话页面功能，提升互动功能等。此外，香港媒体机构也应加强与大学新闻学院的合作，对在职记者和编辑进行再培训。

【关键词】

香港 媒体 新闻 内容 数字 转型 新媒体 技术 人工智能 大数据 虚拟现实

2018年11月底，香港浸会大学新闻与社会研究所发表了《香港媒体数码发展报告2018》。有关项目历时逾半年，参与者包括浸会大学传理学院近20名师生及顾问，以电话调查、网上问卷、个人专访、技术观察和大数据分析等方式对香港87家媒体 (其中包括40家传统媒体，47家原生网络媒体) 进行了深入调查和分析，并从市场用户、内容生产、商业运营、技术平台和社交平台等五个方面全面探讨了香港媒体业的数字化转型发展状况。本文乃有关报告主要内容的摘要总结。

一、电视仍是香港市民主要新闻消息平台

首先，市场用户部分主要关注香港市民使用媒体以及新闻信息接触情况，其中包括香港市民的新闻接触与消费习惯，市民对新技术的了解及熟悉程度，以及对新闻媒体的信任度等三大方面。报告结果来自于在2018年6月至7月期间以电话访问方式进行的一项问卷调查。样本以随机抽样方式抽取，共1000名18岁或以上的香港居民接受了访问。

报告指出，虽然香港人使用网络浏览新闻已非常普遍，但电视（84.7%）仍是香港市民获取新闻信息的主要来源，其次是传统媒体网站（55.6%）和社交媒体（46.2%），其中Facebook更是香港市民使用最多的社交媒体平台（见图1）。

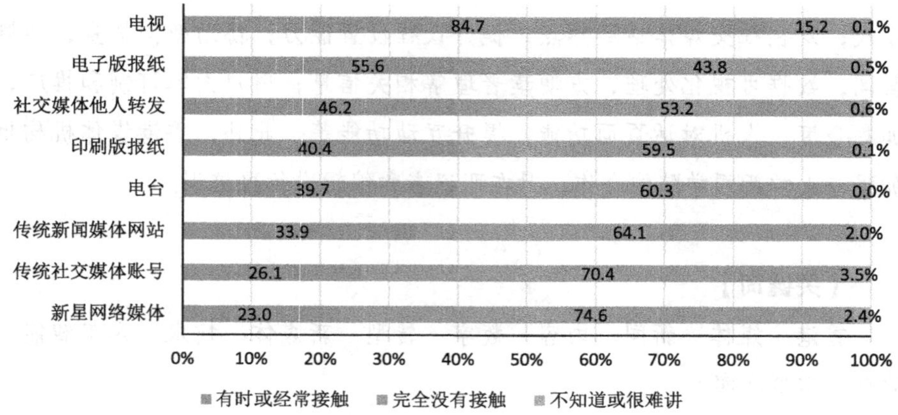

图1　新闻信息来源比较

另外，调查结果也发现，逾半香港市民（50.2%）表示最熟悉《苹果日

报》以动画展现新闻内容的动新闻栏目，而且有32.1%的市民认为《苹果日报》是使用最多新技术或科技的新闻媒体。但香港市民对于算法、区块链技术以及扩增实境（AR）等新媒体技术则最不了解或者没有听说过。

二、传统媒体信任度最高但仍不过半

在本次用户调查中，研究团队分别就香港市民对传统新闻媒体机构、独立/另类媒体、社交媒体人际传播三种主要新闻信息来源的信任度进行了调查，结果发现，信任度较高的新闻信息来源仍是传统新闻媒体机构，但比例亦只有三成多（30.8%）；而对于独立/另类网络媒体的信任度则偏低，仅有20.5% 的市民表示信任独立/另类网络媒体提供的新闻信息。至于在社交媒体上个人分享或者转发的新闻信息的信任度则最低，有43.9%的市民表示不信任这类新闻信息（见图2）。

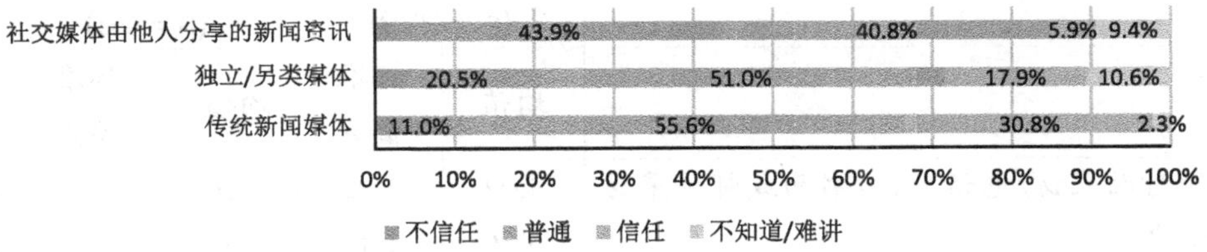

图2　市民对不同新闻信息来源信任度的比较

三、香港记者仍主要以传统方式寻找和核实新闻

在内容生产部分，研究团队则采用了网络问卷调查法，共有255人参与并且完成了调查，他们均是香港本地媒体机构中的新闻媒体从业者，其中包括一线记者、编辑、新闻内容设计师以及负责新闻数据采集与可视化的程序员等。

而研究的范围主要有两大方面，首先是了解数码信息与传播技术在多大程度上介入了香港媒体的新闻生产过程的不同环节，例如新闻选题策划、新闻消息来源、信息核实甄别、数据获取方式、新闻报导的呈现方式和内容推广及观众参与等；其次是在新闻生产团队中，不同专业背景的从业人员在何种程度上进行合作，以及如何参与新闻生产的转型。

研究结果发现，在寻找新闻信息来源上，整体而言，传统的采访方式依然占据主要地位；而数码原生媒体更倾向于通过社交媒体寻找来源。在核实信息和交叉比对方面， 传统媒体从业者和数码原生从业者彰显差异：传统媒体更倾向于使用线下的方法，如向受访者本人进行消息的核实，或寻求公关或者广告机构；而数码原生媒体更倾向于使用不同渠道的数据、数据以及社交媒体上的信息。与传统媒体从业者相比，数码原生媒体从业者信息核实途径相对多元（见表1、表2）。

表1 香港媒体寻找新闻信息的途径

（单位：%）

	传统媒体 (n = 229)		数码原生媒体 (n = 26)	
	均值	标准偏差	均值	标准偏差
面对面采访/电话采访/书面或邮件采访	4.02	1.02	4.16	0.94
记者会	3.56	1.13	3.56	1.08
公共关系或广告机构	3.15	0.94	3.16	1.11
其他媒体机构	3.28	0.88	3.40	1.04
他人的博客 (blog)	2.40	0.97	2.48	0.87
论坛，BBS（如香港高登）	2.56	0.99	2.52	1.08
内容小区和众包（crowdfunding）网址（如维基百科）	2.73	1.03	2.68	0.95
微博客（Twitter, 新浪微博）	2.52	1.11	2.72	1.17
社交网站	3.26	0.99	3.32	1.03
多媒体分享网站（如YouTube, Flickr）	2.96	1.08	3.08	1.08
信息订阅及推送的网站或应用程序（如news feed）	2.67	1.14	2.64	1.35

表2 香港媒体核实新闻信息的途径

（单位：%）

	传统媒体 (n = 229)		数码原生媒体 (n = 26)	
	均值	标准偏差	均值	标准偏差
受访者本人	4.29	0.93	4.24	0.83
其他同事	3.40	0.93	3.52	1.05
学术机构或非牟利组织公布的数据	3.69	0.96	3.88	0.93
公共关系或广告机构	3.09	1.11	3.08	1.15
其他媒体机构	3.40	0.90	3.40	1.08
政府官员	3.36	1.15	3.44	1.19
根据公开数据守则获取的数据	2.69	1.17	2.80	1.29
自行进行数据调查（如派发问卷、进行实验等）	2.18	1.04	2.60	1.08
他人的博客 (blog)	2.21	1.05	2.28	1.10
论坛，BBS（如香港高登）	2.27	1.05	2.40	1.12
内容小区和众包（crowdfunding）网址（ 如维基百科 ）	2.54	1.07	2.64	1.04
微博客（ 如Twitter, 新浪微博）	2.26	1.07	2.52	1.05
社交网站	2.75	1.16	2.80	1.12
多媒体分享网站 （如YouTube, Flickr）	2.58	1.13	2.60	1.19
信息订阅及推送的网站或应用程序（如news feed）	2.38	1.13	2.40	1.44

此外，大多数受访的香港新闻业从业员表示，会在新闻故事的呈现中，加入数据元素和视频元素。大多数新闻机构都涉及数据新闻，而大约一半的受访者表示他们使用过视频直播，以及较为先进的非传统视频技术，如无人机报道和特殊类型的摄像器材。这展示了香港视频新闻较为领先的发展程度。另外，传感器，遥感和卫星图像以及语音识别这类技术，则运用较少（见表3）。

表3　香港媒体呈现新闻报道的形式

	传统媒体 (n = 229)	数码原生媒体 (n = 26)
数据新闻	51.97%	69.23%
扩增实境/虚拟现实（AR/VR）	6.11%	7.69%
无人机报道	23.58%	26.92%
360度相机/Gopro等拍摄工具	26.64%	19.23%
远程感应/卫星图像	6.99%	11.54%
语音识别	11.79%	15.38%
现场直播	44.54%	57.69%

另外，在调查中也发现，Facebook在香港媒体中扮演社交媒体推广的主要角色。社交媒体也成为传媒从业人员扩宽人际网络的主要渠道。而且香港媒体常使用社交媒体平台宣传其制作的内容并与观众互动。其中，Facebook的使用最为普遍。

四、香港媒体普遍缺乏数码发展战略

为了深入了解香港媒体机构如何应对媒体技术的迅速发展以及因此而带来的媒体市场环境的剧变，研究团队也特别挑选了12位香港媒体机构主管进行了深度访谈。参与访谈的媒体机构主管分别来自香港媒体业的不同领域，其中既包括报纸、杂志、广播、电视等传统媒体平台，同时也包括了一些数码原生媒体。

接受访谈的香港媒体负责人都承认，新媒体技术的出现的确对本身所属的媒体机构带来了巨大的冲击。而且具体而言，新媒体技术对媒体机构造成的冲击主要表现在市场受众与经营模式两大方面。

首先，互联网的发展无疑改变了香港公众的媒体消费习惯，由于网络开放和实时发送等技术特性，越来越多的用户选择消费网络平台上免费、快速的媒体内容信息，而越来越少使用传统媒体渠道进行内容消费；其次，用户对网络信息的消费改变了其对信息的偏好，视频成为最受欢迎的新闻体裁，传统媒体长篇报道的方式不再为当下大多数受众所习惯；最后，用户群体老龄化趋势显现，年轻受众更倾向于从以社交媒体为主的网络平台获取信息。

相比之下，新媒体技术的发展对香港媒体机构的商业经营层面的冲击更加棘手，各家传统媒体原有的以出版发行和商业广告为核心收入来源的商业模式都受到了不同程度的冲击。虽然如此，商业广告仍旧是目前香港大多数媒体的主要收入来源，至于新的商业运营及盈利模式则仍在探索之中。不少受访的香港媒体机构负责人均用“摸着石头过河”“正在考虑”“努力开拓”等字眼来描述对于新的有效商业模式的探索状态。

受访的香港媒体负责人在访谈中普遍表现出对香港媒体业短期前景的忧虑。他们认为，香港只有七百多万人口，市场规模有限，然而媒体市场发达、媒体机构数量众多，而且彼此竞争激烈。在如此激烈的竞争状态下，传统媒体经营模式在新的媒体环境中也逐渐瓦解，而新的媒体经营模式尚未成形，使大部分香港媒体机构深陷“很难做”甚至“勉强维持”“挣扎”的状态。

所有受访的香港媒体主管都一致认为，发展新媒体、新技术是未来大势所趋，并纷纷把发展新媒体作为其目前和未来媒体管理工作中不可或缺的一部分。多位受访者更明确表示，未来两三年内的主要工作就是进一步推行新媒体改革，以新的理念打造新媒体平台，并尝试推出新的商业模式。不过，也有个别受访者表示，虽然发展新媒体势在必行，但推行新媒体改革需要循序渐进，要在做好原有媒体平台的基础上发展新的数码内容平台。

而且从与香港媒体机构负责人的访谈中还发现，大多数香港媒体机构并没有制定长远而且清晰的数码发展战略，而且普遍尚未将发展新技术放到战略层面，也甚少投入资源为员工提供新媒体技术的培训。

研究团队还使用内容分析法，对香港87家媒体机构（40家使用数码平台的传统媒体与47家原生数码媒体）进行了数码平台的技术观察和分析，其中包括它们的网站、流动应用程序（APP）、机顶盒（STB）、第三方平台包括电子邮件、社交网络、视频分享服务（例如 YouTube、Vimeo等）、音频分享服务（例如Apple Podcast）。

研究发现，自2010年起，随着通信技术发展，4G高速流动网络广泛普及，香港原生数码媒体呈爆炸式增长，从内容到形式都趋于多样化；而拥有数码平台的传统媒体则增长缓慢、趋于饱和。2016年，香港原生数码媒体数量超越传统媒体旗下的数码平台数量，并持续快速增长。

网站仍是香港媒体最常使用的平台，在传统媒体和原生数码媒体中，普及率均达到100%。位居第二的是流动应用程序，总体普及率达64.37%。总体而言，仍有四成媒体保留印刷版；使用电子报、电子简讯的媒体分别占35.63%、24.14%。以电视频道、机顶盒或广播为平台的媒体不足一成，分别为6.90%、5.75%、3.45%。

Facebook是香港媒体使用最多的第三方平台，链接率达到85%；排名第二的Twitter和YouTube则逊色很多，链接率仅在三成左右。RSS和Instagram也有一定链接，分别为21.84%和16.09%。另有部分媒体链接Google+、LinkedIn、Tumblr等西方平台。分别有11.49%和6.90%的媒体链接了Weibo和WeChat，排第7位及第9位。

事实上，64.4%的香港媒体拥有至少1个Facebook账号，35.6%的媒体拥有多个Facebook账号，而位居第2位的是YouTube。

五、Facebook是香港媒体使用最多的社交媒体平台

本研究项目还特别邀请了由张荣显博士率领的源大数据团队，利用其研发的文本大数据挖掘及分析平台(DiVoMiner)，并结合网上内容分析法，对香港媒体的社交媒体化现状进行了观察分析。

有关分析共覆盖了香港87家媒体，其中包括40家使用数码平台的传统媒体和47家原生网络媒体，并主要围绕香港媒体在社交媒体平台的发帖量、报道热点（热度值）、报道类型和传播效果等几方面的表现（见图3）。

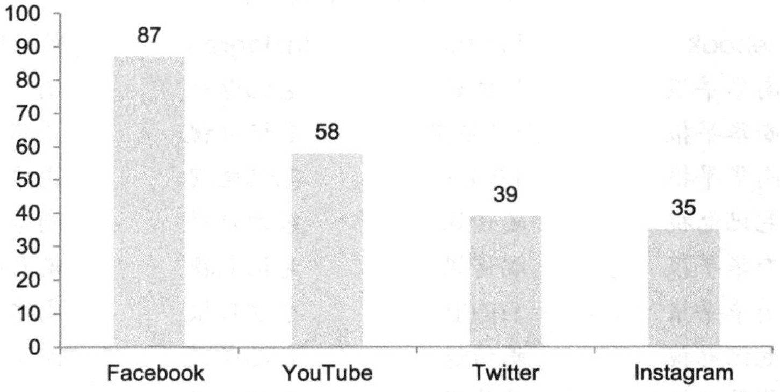

图3　拥有社交媒体账号的香港媒体机构

调查发现，在2018年4月到6月期间，香港媒体在四个社交媒体平台的总发帖量方面位居第1的是英文报章《南华早报》，其次是网络媒体《香港01》及传统中文报章《明报》（见图4）。

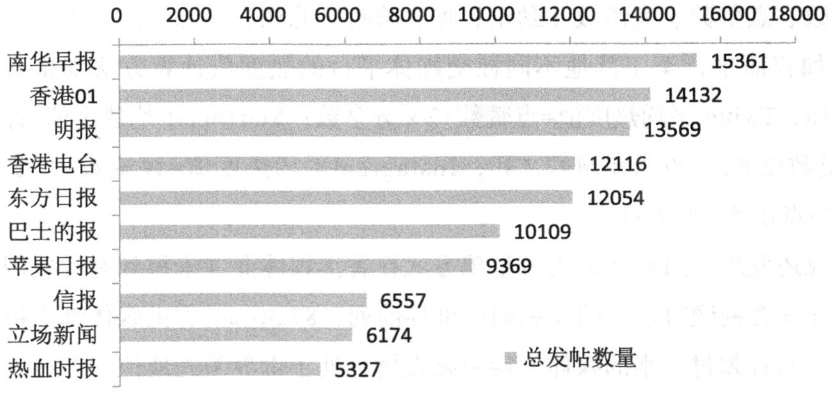

图4　媒体总发帖数量排名Top10

至于在四大社交媒体平台的热帖表现上，《南华早报》及毛记电视则平分秋色，分别各占15条热帖和12条热帖（见表4）。

表4　十大热帖所属媒体

	Facebook	Twitter	Instagram	YouTube
1	南华早报	端传媒	毛记电视	南华早报
2	南华早报	南华早报	毛记电视	南华早报
3	南华早报	HKFP	毛记电视	南华早报
4	毛记电视	端传媒	东方日报	南华早报
5	南华早报	端传媒	毛记电视	南华早报
6	南华早报	HKFP	东方日报	南华早报
7	毛记电视	端传媒	毛记电视	南华早报
8	苹果日报	端传媒	毛记电视	南华早报
9	毛记电视	Inkstone	毛记电视	南华早报
10	毛记电视	苹果日报	东方日报	毛记电视

此外，毛记电视、《苹果日报》、《南华早报》在四个社交平台上发帖的平均热度值排名较前。Instagram平均热度值排名前10的媒体中，70%为传统大众媒体；Twitter平均热度值排名前10的媒体中，70%为网络媒体。

所谓热度值是一个综合计算出来的数值，以Facebook为例子，其热度值是评论数、点赞数、表情数（劲正、哗、哈哈、悲伤、愤怒、感恩）、分享数综合加权而来，至于其他不同社交媒体平台的热度值计算方法则稍有不同，例如，Twitter平均热度值=点赞数+2×分享数；YouTube平均热度值=评论数+点赞数/2.865+点击率/492.189；Instagram平均热度值=评论数+点赞数/68.017+点击率/415.094。

研究还发现，虽然新的内容呈现方式在香港媒体业并未得到有效应用，但香港媒体在视频直播上的发展则居世界前列，87.36%的香港媒体都支持视频内容，而且超过一半的媒体支持视频直播，处于世界领先地位。不过，与国际前沿趋势相比，音频内容、交互内容、数据图表与信息图表等呈现方式在香港媒体中尚未得到有效应用。仅10%的媒体提供音频内容， 20%提供交互内容，40%提供数据图表与信息图表。

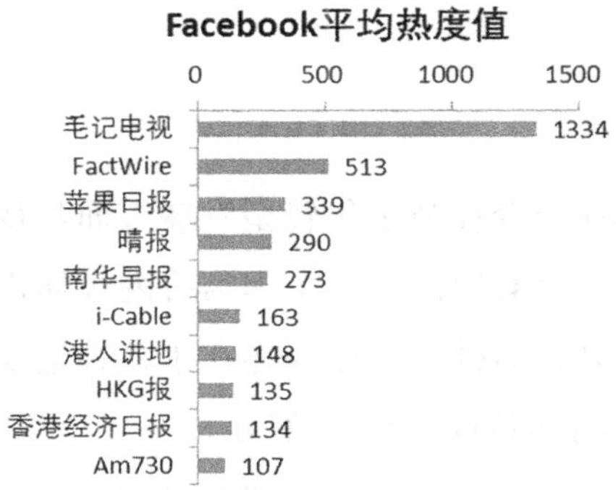

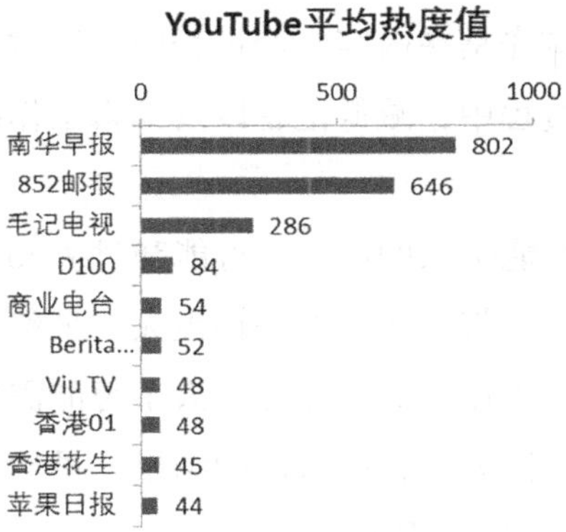

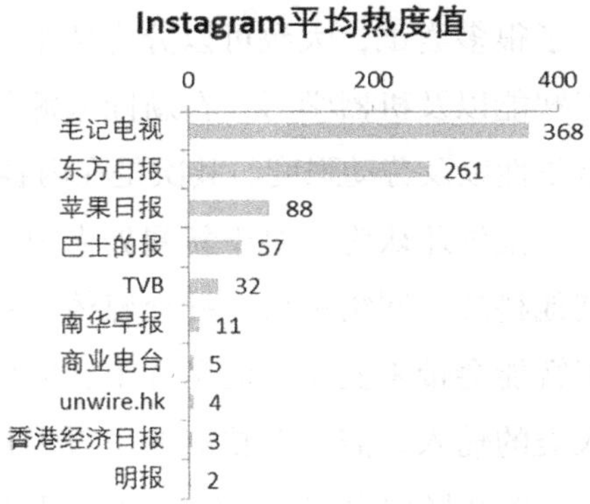

除社交媒体以外，香港媒体的用户互动渠道严重落后，停留在传统渠道上。63.22%的媒体网站拥有用户评论功能；与之相比，仅5.75%媒介拥有博客平台，不足一成；拥有论坛和在线聊天功能的媒体更是凤毛麟角，都只有3.45%。近年出现的新兴技术如chatbot（聊天机器人）在香港媒体中的普及率竟然为0。此结果显示，无论是传统媒体还是原生数码媒体，均严重缺乏用户互动意识，运营管理远远落后于世界潮流。

香港媒体的营收模式仍然以广告为主，占此次研究涵盖媒体总数的81.61%。其中，静态广告、横幅广告与段落间广告是主流广告形式，分别占91.55%、66.20%与56.34%。比较而言，嵌入式和交互式等新兴广告形式应用较少，分别占9.85%和5.63%。其他营收模式占比较小，仅有9家媒体（10%）提供网上购物；22家媒体提供付费内容（25.29%）。16家媒体（18%）接受赞助。

六、拥抱智能科技才是出路

总而言之，研究结果显示，香港媒体业至今在数字化转型发展方面步伐缓慢，并落后于中国内地及欧美传媒机构。究其原因，除了因为香港媒体市场相对小，担心科技投入无法产生效益之外，另外一个原因还在于，香港媒体管理层尚未认识到智能科技对于提升整体新闻质量带来的好处。

报告指出，目前在全球范围内，欧美的新闻媒体在使用智能科技方面进行了很多尝试，大致可以分为两个层面。首先是在内容生产过程中，透过人工智能以及机器学习，在新闻来源的检索过程中，减低记者以及编辑工作的重复性以及劳动强度。其次是在内容分发。

报告还认为，对于新闻界来说，人工智能带来的影响，可能和过去20年其他科技：网络平台，社交媒体，数字工具等带来的影响一样重大。虽然人工智能会带来变化，但是并不会取代记者的工作，而是加强。人工智能需要人类的输入，需要有技能的记者去核实和解读人工智能得出的结果。虽然人工智能会增加内容生产的数量，但是并不一定提升质量。

为此，报告建议香港媒体应向欧美媒体同行学习，尝试将智能科技应用在新闻内容的制作上，例如追踪突发新闻，替代传统人工守候方式；发掘社交媒体话题热点，提升议程设置能力；协助新闻核查，侦测假新闻；数据可视化处理，方面读者理解相关信息；用户内容制定和推广，增加黏合度；人机对话页面功能，提升互动功能。

报告最后还提出，由于香港大部分媒体机构都缺乏财政资源进行媒体技术研发或提供内部员工培训，因此香港本地传媒院校应扮演更积极的角色。香港传媒院校应加强与媒体业界的联系，协助香港媒体成功完成数字化转型，这也会为传媒院校的毕业生制造更好的就业环境，并为香港传媒教育开垦出肥沃的土壤。

（作者李文系香港浸会大学新闻与社会研究所总监）

2018年香港市民媒体使用情况调查报告

张志安 聂 鑫 沈 菲

【观点摘要】

本报告运用最近的网络问卷调查数据，统计分析了香港市民传统媒体和新媒体的使用情况。调查结果显示，传统媒体使用主要呈现以下特征：①《苹果日报》、《头条日报》、香港电台和TVB是受众最为广泛的主流传统媒体；②香港纸媒的新媒体形态转化程度高，一半以上读者会选择经常在网站上阅读报纸；③新闻类电视频道观众收看的频率更高；年龄较大的人群更偏好传统主流媒体；④中国内地媒体受众较少，主要受社会地位自我评价较高的群体青睐；⑤报纸媒体读者的立场更加多元化，而大部分电视频道受众偏向泛民主派。新媒体使用主要呈现以下特征：①Facebook和YouTube是香港主流的社交媒体，WhatsApp是香港最主要的聊天工具。Facebook是香港市民获取新闻资讯的主要渠道；②香港各类新媒体网站、论坛多元发展的态势，香港市民新媒体参与程度高；③年轻高学历群体更偏好接触泛民主派网站，而中青年、社会地位自我评价较高的群体更倾向于建制派网站；④微信使用的影响力有待提高。

近期，中山大学传播与设计学院大数据传播实验室联合香港城市大学媒体传播系对香港市民的新旧媒体使用偏好进行调查，包括报纸、广播、电视、网站、社交媒体和应用程序六种媒体的使用情况。调查问卷以电子邮件方式分两阶段派发：第一阶段于2017年9月至10月间完成，第二阶段于2018年1月至2月间完成，第一阶段回收有效问卷1500份，第二阶段回收有效问卷753份。本报告主要采用第二阶段数据进行分析。本报告主要分析不同社会背景的香港市民在新旧媒体的使用偏好、使用频率和媒体接触渠道等方面的特征和差异。

一、传统媒体使用：《苹果日报》、《头条日报》、香港电台以及TVB是香港主流传统媒体

本问卷调查的传统媒体包括报纸、广播和电视。统计数据显示，香港主流传统媒体的影响力仍然较强，是香港市民获取新闻资讯的重要途径。

1.报纸[①]：《苹果日报》和免费报纸最受欢迎，纸媒逐渐向网络平台化转型，报纸读者的政治立场存在明显分化

《苹果日报》和免费报纸等读者众多且报纸阅读频率也较高。有48.61%的受访者阅读《苹果日报》，《头条日报》等免费报纸的阅读人数都超过20%。《文汇报》《大公报》的阅读人数占比都在5%以下。

从阅读途径看，纸质报纸仍是主流，通过网站阅读报纸的用户逐渐增多。大约一半的读者经常在网站上阅读报纸，香港报纸逐步实现网络平台化转型。

报纸读者的政治立场具有明显的分化，虽然大部分报纸的读者政治立场趋于中立，但整体上倾向泛民主派报纸的读者数量多于建制派。说明建制派政治立场在报纸媒体上的影响力比较有限，从侧面反映了国家主流意识形态和中国内地传媒话语在香港的传播效能有待提升。

① 具体有：《苹果日报》《头条日报》《南华早报》《明报》《星岛日报》《东方日报》《am730》《英文虎报》《都市日报》《晴报》《信报》《经济日报》《文汇报》《大公报》《香港日报》《中国日报》《成报》《香港01》《亚洲华尔街日报（香港版）》。

香港市民报纸阅读的偏好

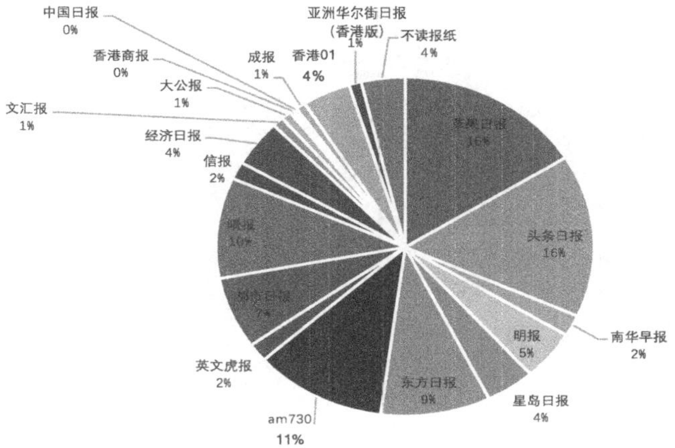

报纸媒体与读者政治立场

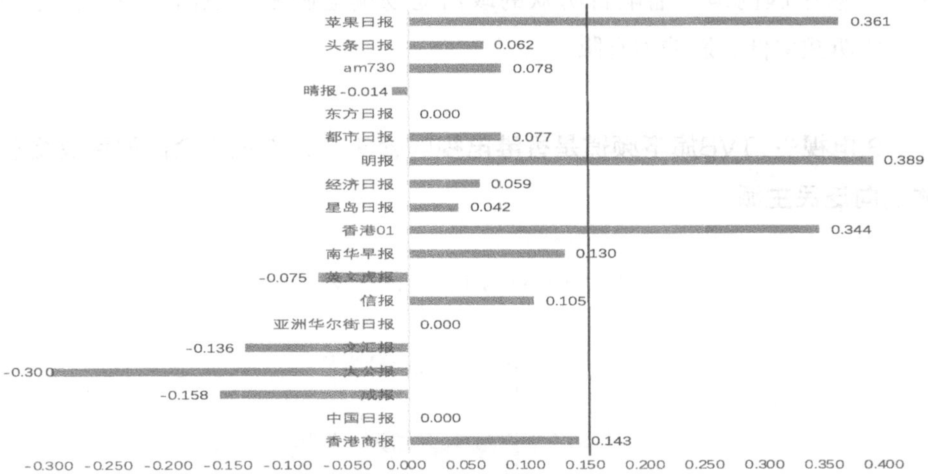

注：直线为均值，负坐标轴表示偏建制派，正坐标轴表示偏泛民主派。

2.广播[①]：香港电台和商业电台是香港主流的广播媒体

香港电台和商业电台是香港主流的广播媒体，听众分别占受访者人数的39.71%和34.26%。中国内地广播电台的听众仅占受访者人数的2.39%。

① 本报告调查了香港电台、商业电台、新城电台以及中国内地广播电台的收听情况。

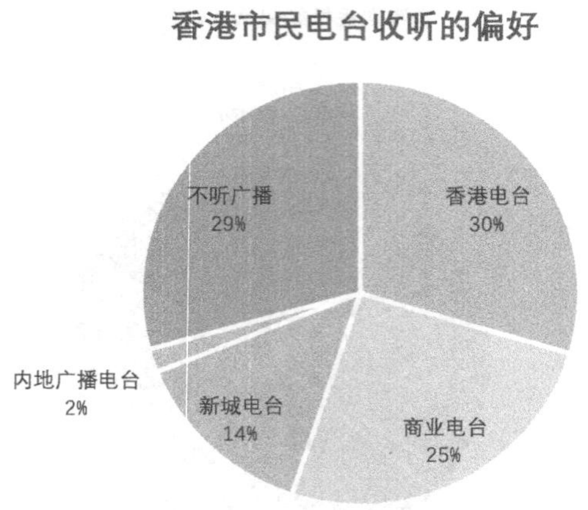

从听众的政治立场看，香港主流广播媒体听众的政治立场都偏泛民主派。虽然中国内地广播电台听众的政治立场偏建制派，但由于听众人数较少、收听频率低，影响力有限。

3.电视[①]：TVB旗下频道是香港电视的领头羊，电视观众的政治立场整体偏向泛民主派

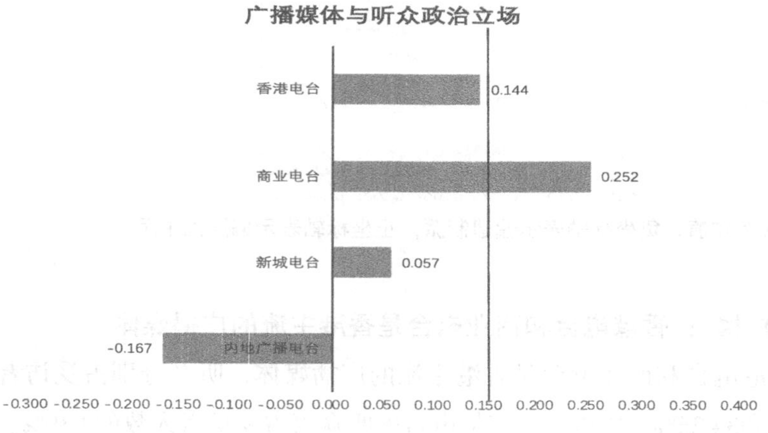

① 具体有：TVB、无线互动新闻台、Now宽频电视、有线电视CableTV、ViuTV、凤凰卫视、BBTV（上海东方宽频）、FantasitcTV、香港电台：电视、中国内地电视台。

80.21%的受访者收看TVB，50.46%的受访者收看无线互动新闻台（TVB news），可见TVB旗下频道的观众数量都十分庞大。并且，TVB旗下电视台是香港市民在传统媒体上获得信息资讯的主要方式（约占85%）。2016年新成立的免费电视ViuTV受众也占52.46%。有线cable TV和Now宽频电视等新闻频道收看人数分别占13.01%和16.6%，但收看频率较高（六成受访者经常收看）。可见，香港市民收看新闻类电视频道的频率都比较高。只有约5%的受访者表示收看中国内地电视台、凤凰卫视和BBTV（上海东方宽频）等中国内地的电视频道，且收看频率较低。

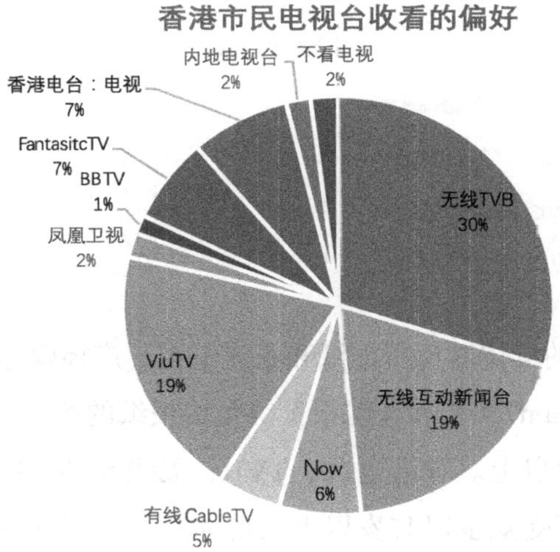

从电视观众的政治立场看，与电台收听人群类似，香港主流电视媒体观众的政治立场都偏向泛民主派。对比纸媒读者，电视媒体观众的泛民主派倾向更加明显。除TVB和无线互动新闻台外，香港本地电视频道观众的泛民主派倾向都超过了社会均值，说明电视观众的政治立场比较激进。

4.年龄较大的群体偏好传统主流媒体，高学历、高收入人群更偏好财经类和专业新闻资讯媒体

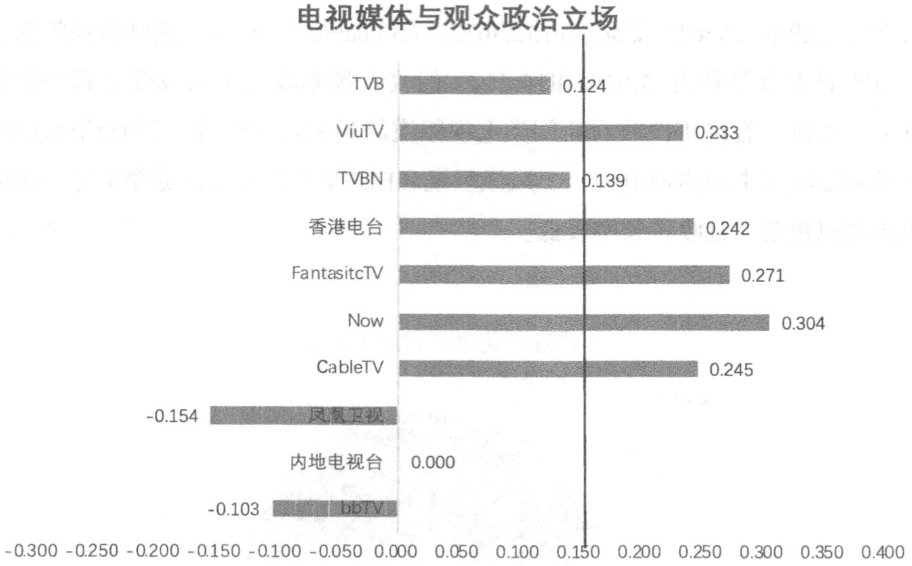

（1）年龄较大的群体对免费报纸和主流电视、广播媒体依赖性更强。

《头条日报》《am730》和《晴报》等免费报纸的读者年龄偏大，接近六成读者的年龄在45岁以上。香港电台、TVB、无线互动新闻台等香港主流电视、广播媒体的主要受众也以45岁以上的群体为主。说明香港传统主流媒体仍在年龄较大的受众中发挥着重要新闻资讯传播作用。

（2）社会经济地位较高的群体更倾向于阅读财经类和英文报纸。

《经济日报》《亚洲华尔街日报（香港版）》和《英文虎报》这三份报纸的读者中，处于高社会经济地位群体的人数是低社会经济地位人数的两倍以上。学历本科以上，月收入在2万以上且自我评价归于中上阶层的群体更偏好财经类和英文报纸。

（3）低学历群体更偏好大众电视频道，而社会地位自我评价较高的群体会接触中国内地电视媒体。

低学历群体偏好TVB和ViuTV这两个节目内容大众化、观众人数较多的电视频道。与此相反，高学历和中高收入群体则偏好有线Cable TV这类以新闻资讯为主的电视频道。而凤凰卫视、BBTV等中国内地电视频道更受社会地位自我评价较高的观众青睐。

二、新媒体使用：约九成受访者使用Facebook和WhatsApp，Facebook是香港市民获取新闻资讯的主要渠道

本次问卷调查了香港市民网站、社交媒体和应用程序APP（聊天工具为主）的使用偏好。香港新媒体比较发达，整体以呈现Facebook、YouTube和WhatsApp为主，各类新媒体网站、BBS论坛和应用程序多元发展的态势。香港市民的新媒体参与度较高，新媒体环境与中国内地差异明显，用户政治立场整体偏向泛民主派。

1.网站[①]：媒体受众多元化和政治立场分化明显，存在网站舆论场的区隔。

网站的普及率相对较低，55.11%的受访者不浏览网站，七成以上受访者只是偶尔浏览。网站受众整体呈现多元化。浏览巴士的报的受访者占比最高，占17.93%。建制派媒体港人讲地的受众占比为14.87%。本土派媒体立场新闻和热血时报受众占比也较高，分别为11.42%和12.08%。

网站受众的政治立场分化十分明显，而且比传统媒体更加激进。曾支持“反国教”和“雨伞运动”等“港独”运动的热血时报、立场新闻、香港独立媒体和辅仁媒体等媒体受众政治立场明显偏向泛民主派。报道中国内地社会问题的端传媒的受众政治立场也非常偏向泛民主派。“港人讲地”“帮港出声”“向香港警察致敬”等网站偏向建制派。

① 邮报852、主场博客、香港独立媒体、辅仁媒体、热血时报、巴士的报、立场新闻、港人讲地、帮港出声、向香港警察致敬、HKG Pao、端传媒、众新闻、HKFP。

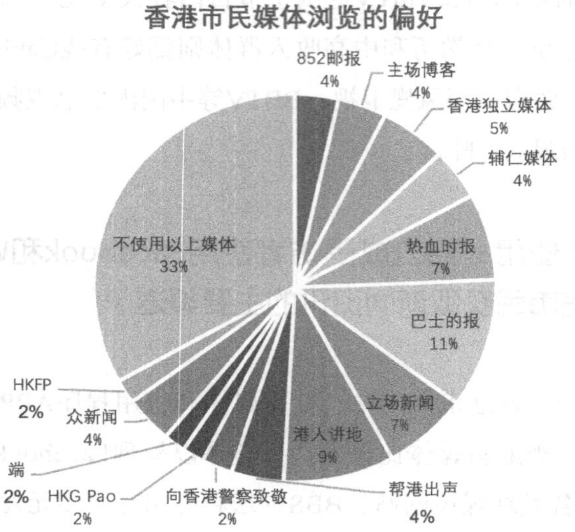

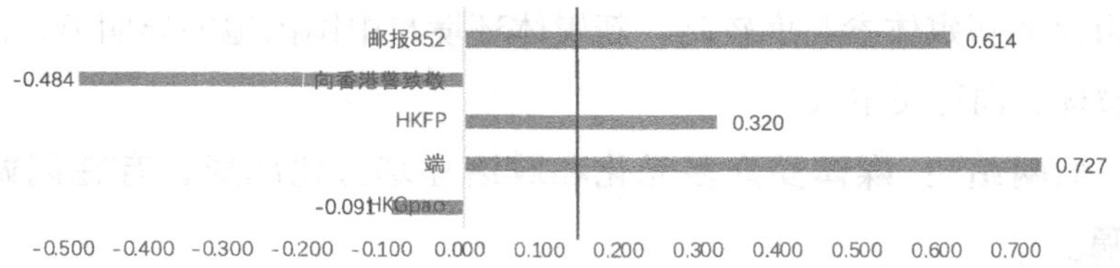

2.社交媒体[①]：Facebook是香港最主要的社交媒体和新闻信息来源，超过七成用户经常在Facebook浏览时事新闻

Facebook是香港最主流的社交媒体，有87.65%的受访者使用Facebook，71.5%的Facebook用户经常使用该媒体浏览时事新闻。YouTube受众数量次之，占比74.24%。此外，只有10%左右受访者表示使用中国内地的新浪微博，但受众年龄构成比较年轻，42.9%的受众在35岁以下，经常在新浪微博浏览新闻的用户比例为44.2%。

① 包括Facebook、Instagram、新浪微博等社交网站，高登论坛、香港讨论区、Uwants、BabyKingdom等BBS论坛，以视频为主的YouTube也被纳入该类统计范畴。

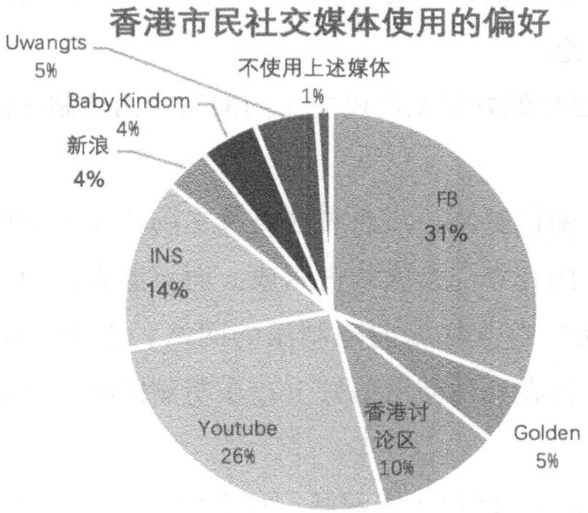

3.应用程序[①]：WhatsApp占据榜首，微信影响力居其次，香港市民通常不会在聊天工具上获取时事信息

WhatsApp是香港最受欢迎的聊天工具，93.63%的受访者使用该程序。微信作为中国内地主流聊天程序，香港使用者仅占受访人数的44.36%。同时，86.9%的受访者表示每天使用WhatsApp，而使用微信的只有48.2%。由于WhatsApp普及程度很高，微信在香港的影响力相对有限。虽然香港与中国内地经济社会交往逐步加深，但并没有导致社交媒体和聊天工具与中国内地融合，这与澳门有明显区别。

此外，经常使用WhatsApp和微信浏览新闻的用户比例都低于三成。

4.年轻高学历群体更偏好接触泛民主派新媒体，而中青年、社会地位自我评价较高的群体更倾向于建制派新媒体

（1）女性群体的社交媒体参与程度更高，男性更偏好BBS论坛。

在经常浏览Facebook和新浪微博的群体中，女性数量都是男性的两倍以上，可见女性更偏好社交性较强、参与互动频繁的社会媒体。而高登论坛、

① 具体有：WhatsApp、line、微信、FacebookMessenger、Snapchat、KakaoTalk、QQ，以及淘宝。

Uwants等BBS论坛的男性受众相对比重更大，说明男性更倾向于在固定的网络社区里进行公共讨论。

（2）青年群体更加偏好浏览泛民主派的网站，而建制派网站受众以40岁以上人群为主。

香港独立媒体、辅仁媒体、热血时报以及立场新闻等泛民主派（或本土派）网站，35岁以下的青年受众大约占六成。而“港人讲地”“帮港出声”和“向香港警察致敬”等立场偏向建制派的网站，受众平均年龄在42岁左右。不同年龄层的群体在网站使用偏好上存在明显区隔，导致网站上政治立场和舆论场的分化。

（3）高学历群体偏好泛民主派网站，社会地位自我评价较高的群体更经常浏览建制派网站。

香港独立媒体、辅仁媒体和立场新闻等泛民主派网站受众当中，学历在本科以上的高学历人群约占六成。近年“港独”思潮、西方意识形态逐渐向香港高校蔓延，导致香港高校学生、青年教师更倾向浏览这类网站，或者通过泛民主派网站进行“港独”政治传播。与此相对应，“港人讲地”“帮港出声”等建制派网站中，接近60%的受众自我社会地位评价为中上阶层。

（4）香港与中国内地、澳门在微信、Facebook使用习惯上存在明显差异，三地之间存在社交媒体舆论场的区隔。

对比中山大学传播与设计学院大数据传播实验室对澳门公众新媒体使用情况研究①发现，微信成为澳门的主流新媒体，八成以上受访的澳门公众使用微信，且使用频率较高，而香港仅四成。相反，只有47.1%受访的澳门公众表示经常使用Facebook，明显低于香港市民的使用频率。同时，微信是澳门公众获取新闻信息的主要途径之一（占比50%），而香港市民更倾向于在Facebook上获取新闻资讯。香港各年龄段群体新媒体参与率都较高，而50岁以上的澳门公众新媒体参与度较低。

---

① 中山大学粤港澳发展研究院.2016澳门公众新媒体使用调查报告[J].港澳社情舆情动态,2016（27）.

香港：不同年龄段人群使用Facebook和微信的比例

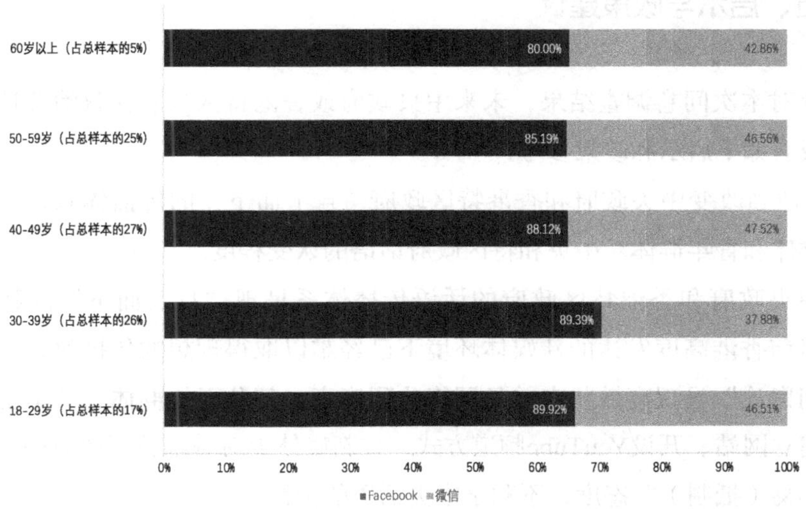

澳门：不同年龄段人群使用Facebook和微信的比例

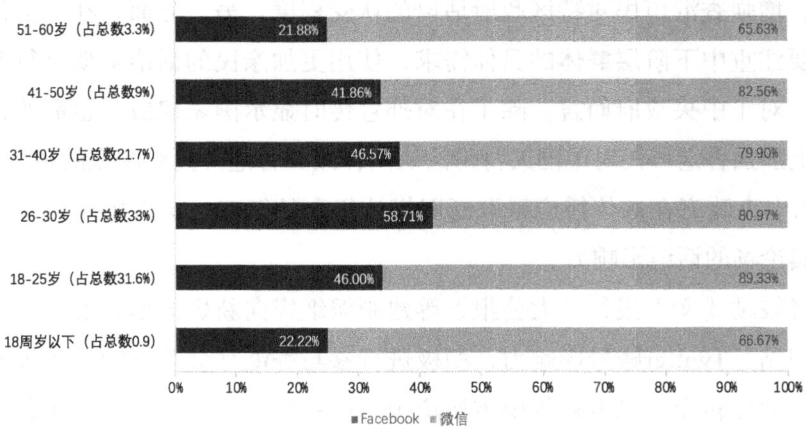

香港和澳门两地之间的Facebook和微信使用习惯差异明显。说明澳门与中国内地的社交媒体和聊天工具融合程度更高，而香港与中国内地、澳门之间存在明显的新媒体舆论场区隔。

五、启示与政策建议

针对本次问卷调查结果，未来中央政府或香港特区政府在政治传播过程中，或有如下启示和政策参考：

1.适当改变中央政府和香港特区政府“自上而下”的传播体系，提高中低层群体和青年群体对中央和特区政府话语的认受程度。

中央政府和香港特区政府的话语传播体系呈现“自上而下”的特征，但在目前香港高度发达的新媒体环境下已经难以取得理想的传播效果。香港“民间舆论”呈现离散状态并且网络化程度高，部分青年群体、“本土派”通过建立网站、开设YouTube频道方式，在新媒体上对香港特区政府的施政采取“杯葛（抵制）”态度，不利于中央话语的传播。

基于上述情况，中央政府和香港特区政府可适当改变传播策略。对于特区政府而言，一方面，引导和建立为香港社会大众所接受的“香港核心价值”，增强香港市民对特区政府话语的认受程度。另一方面，在政治传播过程中要注重中下阶层群体的具体需求，使用更加亲民的话语框架进行差异化引导。对于中央政府而言，除了在对外宣传时显示国家权威，也需要在政治传播上加强香港市民对中国人身份的认同，减少香港市民对国家的疏离感。

2.中央政府在港传播应采取新旧媒体组合的策略，扩大中国内地媒体在香港舆论场的话语影响力。

可鼓励《文汇报》《大公报》等建制派纸媒向新媒体形态发展，扩大报纸在网站、Twitter账号影响力，积极进行参与香港社会热点问题的报道。同时，可适度转变凤凰卫视等媒体所承担“中央政府境外媒体”的角色，积极参与香港舆论场的讨论和互动。为提高中国内地媒体在社交媒体上的舆论影响力，可鼓励上述中国内地媒体的主编、记者以专栏作家、独立媒体人身份开设Facebook主页、YouTube频道以及Twitter账号，积极设置议程，打造社交媒体意见领袖。

3.针对香港舆论场与中国内地舆论场明显割裂的问题，可尝试鼓励中国内地机构、媒体在海外社交媒体开设账号，建立海外社交媒体平台开放试点。

由于防火墙等原因，Facebook上难以出现中国内地网民的声音，导致跨境网民政治传播舆论场的割裂，尤其是造成“亲中”人士、中国内地在港学生等群体反对“港独”的声音很难获得中国内地网民的支持。可尝试鼓励中国内地机构、主流媒体等在Facebook、Twitter等社交媒体上开设账号，关注和报道香港与中国内地合作、粤港澳大湾区建设以及中国内地在港人士问题，积极声援反对“港独”舆论声音。同时，建立海外社交媒体平台开放试点，鼓励一部分中国内地群团组织积极在海外社交媒体上发声，促进民间话语的“柔性传播”。

4.香港特区政府应重视新媒体网站、主页以及BBS论坛的建设，促进网民对香港政治、社会问题的理性讨论。

目前，香港新媒体网站、论坛受众以年轻群体为主，政治立场整体偏向“泛民主派”和“本土派”，反对特区政府声音较多。香港特区政府应重视此类“微”舆论场建设，积极开设网站、主页，宣传特区政府施政工作和发展战略，促进网民对特区政府的支持，引导网民，尤其是年轻群体向理性沟通的方向进行公共讨论。

（作者张志安，中山大学粤港澳发展研究院副院长、传播与设计学院院长，广州大数据与公共传播研究基地主任；聂鑫，中山大学传播与设计学院博士生；沈菲，香港城市大学媒体传播系副教授、中山大学互联网与治理研究中心特约研究员。本文是教育部哲学社会科学研究重大课题攻关项目“大数据时代国家意识形态安全风险与防范体系构建研究”(16JZD006)、中央网信办互联网舆情信息中心委托课题“港澳地区网络意识形态和社会心态研究”系列成果）

2018年澳门公众新媒体使用调查报告

张志安　林仲轩　徐静茹　么恩倩　赖凯声　何凌南

【摘要】

2018年澳门公众新媒体使用调查由中山大学广东省舆情大数据分析与仿真重点实验室、澳门科技大学人文艺术学院联合开展。调查显示，澳门公众的新媒体使用呈现以下主要特征：（1）新媒体使用呈现全民化、社交化趋势；（2）微信重度使用现象明显但主要用于社交功能；（3）澳门公众通过网络参与社会事务的积极性较高但主动发帖比例低；（4）澳门公众关注社会新闻和内地新闻；（5）澳门媒体整体公信力有提升空间。依据本次调查，本报告针对如何更好地利用新媒体面向澳门受众进行有效政治传播提出系列对策：重视提高微信等新媒体的大众传播功能属性；借助社团的新媒体使用经验，引导澳门公众正向参与公共事务；建构社会议题话语权、培育各界别的网络意见领袖，引导和培养澳门公众正向参与公共事务；更重要的是，在整体提升澳门媒体公信力的同时建设多个具有明显较高公信力的本地媒体，推动形成统一的、能够凝聚社会共识的传播资讯论述模式。

为持续了解澳门公众的新媒体使用情况，中山大学广东省舆情大数据分析与仿真重点实验室联合澳门科技大学人文艺术学院，继2016年、2017年之后，第三次对澳门公众的新媒体使用情况进行调查。调查于2018年9月至10月进行，共回收有效问卷1155份。本次调查延续以往的新媒体使用、新媒体功能、新媒体参与、新闻关注度四部分，并且新增媒体公信力部分。

一、新媒体使用：微信成为澳门最重要的新媒体平台，用户数量且使用频率为各类人群中最高

1. 澳门公众新媒体使用呈现多元状态，微信用户数量占据明显优势，新闻网站和Facebook紧随其后

在新媒体使用方面，澳门呈现出多元状态，不同类型的新媒体平台均有一定的用户群体。其中，微信、新闻网站和Facebook是澳门公众最常使用的三种新媒体。首先，95%的澳门公众表示经常浏览微信明显高于其他新媒体渠道，或与澳门及内地商业贸易往来逐渐增多且澳门整体媒介环境受内地影响日益加强有关。其次，64.7%的澳门公众表示经常浏览新闻网站。最后，59.0%的澳门公众表示经常浏览Facebook。此外，澳门公众会使用热门的社交软件包括微博（49.7%）、短视频分享APP（47.9%）和视频直播APP（42.0%）。

2. 微信是澳门不同收入人群、不同职业人群使用率最高的新媒体

与其他新媒体相比，澳门公众平均每天浏览微信的时间最长。有57.7%的澳门公众表示，每天浏览微信的时间在1小时以上；其中，近两成澳门公众为微信的重度使用者，平均每天的微信浏览时长在3小时以上。

从具体人群看，不同收入、不同职业的澳门公众中，新媒体使用率最高的渠道均为微信。收入方面，各类收入的澳门公众使用微信的比例均超过94%。职业方面，不同职业的澳门公众使用微信的频率均超过九成。其中，全日制学生使用微信的比例最高，达到98.2%；相比而言，从事建筑、制造及运输业的澳门公众使用微信的比例略低（90.1%）。

3. 新闻网站和Facebook用户中，高收入人群的比例相对较高

从新闻网站和Facebook的用户群体看，高收入人群的比例相对较高。新闻网站方面，高收入人群的比例为71.1%，而中等收入人群比例仅为60.8%，低收入人群比例为64.6%。从职业看，中小企业主和专业人员占比较高，比例

超过七成；而从事建筑、制造及运输业的澳门公众使用新闻网站的比例不足五成。

Facebook使用方面，高收入人群的比例为86.6%，而这一比例在中收入和低收入人群中分别仅为58.3%及45.8%。从职业分布看，博彩、旅游及餐饮服务业的职业群体比例最高，约占七成；但全日制学生使用Facebook的比例仅占45.1%，而这一群体的微信使用率为最高（98.2%），因此，在针对学生的信息传达方面，微信渠道是更好的触达途径。

二、新媒体功能：新媒体主要用于社交功能，但博彩业等服务业群体经常使用微信获取大众资讯

1. 微信主要用于社交功能，而Facebook的各类功能使用比例相对均衡

澳门公众在使用微信时，社交应用和获取朋友动态两个功能的使用率明显较高。有68.4%通过微信进行社交，66.9%通过微信获取朋友动态，39.0%通过微信获取大众资讯，35.0%通过微信获取进行休闲娱乐，而17.1%通过微信发布大众资讯。换言之，微信在澳门的使用率虽然比较高，但大多情况下微信只是一种社交渠道，而非大众资讯传播渠道。

而在Facebook使用方面，澳门公众使用Facebook的各类功能都相对均衡，其中，有38.9%是为获取朋友动态，有37.4%是为进行社交，有33.2%是为获取大众资讯。可以发现，Facebook仍然是在澳门传播大众资讯的主要渠道。

其他新媒体渠道方面，澳门公众在使用微博时较多使用的是获取大众资讯（28.8%）功能；使用Instagram时，最多使用的是获取朋友动态（28.2%）功能；而使用WhatsApp时，最多使用的是社交（26.6%）功能。

2. 各类职业群体用户都更多将新媒体作为社交应用，其中，博彩业等服务业群体经常使用微信获取大众资讯

总体而言，社交应用是澳门各类职业群体使用新媒体的主要功能，而大众资讯发布等传播功能的应用相对较弱。具体而言，澳门公众在参与线上社交活动时，最常使用微信（68.4%）、Facebook（37.4%）、WhatsApp（26.6%）和Instagram（22.3%）。其中，全日制学生的微信使用比例最高，为83.5%，其次为公职、教育医疗及社团领导人（70.5%）。

但值得注意的是，博彩、旅游及餐饮服务业群体更多通过微信获取大众资讯，或与近几年澳门博彩业团体组织较多线下游行示威活动有关，这种借助微信发布、动员、组织线下运动的情况建议警惕。有超过四成的博彩、旅游及餐饮服务业群体（45.0%）、专业人士（44.0%）和中小企业主（42.4%）使用微信获取大众资讯。

3. 澳门公众在使用社交媒体时，更关注大众媒体和朋友动态，但对政府官方账号关注度较低

整体看来，澳门公众通过社交媒体（如WeChat，Facebook等）关注较多的是大众传媒和朋友的个人账号，而对政府官方机构账号和企业或团体机构的官方账号的关注度较低。本次调查发现，有近五成的澳门公众会关注WeChat大众传媒公众号（如《澳门日报》），但关注WeChat政府官方公众号的澳门公众则占比37.8%；有52.3%的澳门公众会通过Facebook关注朋友个人专页，但使用Facebook关注政府官方机构专页的澳门公众的比例仅有17.7%；有超过三成的澳门公众会使用微博关注大众传媒账号和朋友个人账号，但使用微博关注政府官方机构账号的澳门公众只有12.9%。

三、新媒体参与：女性中青年的新媒体参与度高，近九成澳门公众通过留言或点赞参与社会事务，但主动发帖率不高

1. 新媒体参与以中青年人为主力；女性的话题参与度相对活跃，而男性的爆料度相对较高

从年龄来看，中青年人新媒体参与度显著高于老年人。青年人在发帖和

文章后点赞的比例为88.5%，中年人在发帖和文章后点赞的比例为83.2%，而这一比例在老年人中仅为60%。在帖文或文章后留言的青年人比例为79.3%，中年人比例为70.5%，老年人比例则仅有52%。但是，利用新媒体爆料比例最高的群体为中年人（29.5%），其次为青年人（28.3%），最后为老年人（20.0%）。

从性别来看，澳门女性公众比男性更倾向于在新媒体上发帖、转发他人文章或在他人发帖和文章后点赞。例如，89.1%的澳门女性公众会在他人发帖或文章后点赞，澳门男性公众这一比例为85.9%；79.8%的澳门女性公众会在帖文或文章后留言，澳门男性公众这一比例为75.3%。但在利用新媒体渠道向传媒爆料方面，澳门男性公众（30%）的比例明显高于女性（25%）。

2. 澳门公众中高收入群体多通过留言或点赞参与社会事务，中等收入公众更倾向于通过发帖或主动爆料

在网络社会事务参与形态方面，有近九成的澳门公众表示经常在网络帖文或文章后留言或点赞。其中，点赞的澳门公众占比87.4%，留言的澳门公众占比77.3%，转发他人发帖或文章的澳门公众占比75.4%；仅有56.6%的澳门公众会使用新媒体发帖或发表文章，而进行主动爆料的澳门公众不足三成（27.7%）。更进一步研究发现，澳门高收入公众（79.7%）更倾向于在帖文或文章后留言，而中等收入的公众倾向于转发或爆料（32.0%）。

3. 全日制学生的新媒体参与意识较强，中小企业主经常参与新媒体爆料

不同职业的澳门公众均会主动参与新媒体互动，其中，全日制学生的新媒体参与意识最强，有95%的全日制学生会使用新媒体为发帖和文章点赞，有近70%的全日制学生会主动使用新媒体发帖或发表文章。

但是，主动使用新媒体爆料的澳门公众比例不足40%，其中，中小企业主使用新媒体渠道向传媒爆料的比例最高，为35.1%；其次为从事博彩、旅游及餐饮服务业的澳门公众，占比30.9%；其余职业的比例均不足30%。

四、新闻关注度：从新闻属性看，超九成澳门公众关注社会新闻；从新闻辐射地区看，澳门公众最关注内地新闻

1. 社会新闻最受澳门公众关注，财经和体育新闻的关注率相对较低

在各类新闻中，社会新闻受到最广泛澳门公众的关注，关注率高达91.3%；其次是时政新闻和娱乐时尚新闻，关注率分别为86.3%和84.8%；最后为文化教育新闻，关注率为82.8%。相比之下，科技数码新闻、财经新闻和体育新闻的关注率略低。

2. 不同新闻类型的关注率存在代际差异，澳门青年人的关注领域最广

不同代际的人群在新闻的关注类型上存在一定差异，澳门青年人对各类新闻的关注率均较高，关注率均超过了80%，但他们最关注的是娱乐时尚和科技数码新闻。澳门中年人和澳门老年人使用新媒体关注新闻的比例较少，具体关注类型方面，澳门中年人倾向于关注财经新闻和时政新闻，而澳门老年人倾向于关注社会新闻和时政新闻。

3. 内地新闻最受澳门公众关注，澳门新闻的关注度位列第三

在不同地区的新闻中，最受澳门公众关注的新闻是内地新闻，有超过90%的澳门公众会关注内地新闻；其次是国际新闻，有90.9%的澳门公众会关注国际新闻；澳门新闻的关注度位列第三，关注澳门新闻的澳门公众占比88.7%；有近80%的澳门公众会关注香港新闻；关注台湾新闻的澳门公众有67.6%。

五、媒体公信力：澳门媒体整体公信力有提升空间，其中《澳门日报》的公信力排名最高

在澳门媒体中，《澳门日报》公信力排名第一，得分3.54分（满分为5分），其后的分别是澳广视·电视、澳广视·电台、澳亚卫视和《力报》，这四个媒体的得分均超过了3.2分，得到了较多澳门公众的信赖。《华侨报》、《濠江日报》、莲花卫视、《市民日报》、《正报》的公信力得分也较高，占据澳门媒体公信力排行榜前十。此外，CTM论坛和《SD MEDIA（梳打杂志）》的公信力得分分别为2.84分和2.72分，其公信力有待提升。

因此，总体看来，澳门各媒体的公信力差异不大，得分最高的《澳门日报》和最低的《SD MEDIA（梳打杂志）》差异仅为0.82分。但是，澳门媒体的公信力整体不高，以百分制计算，澳门公信力排名最高的《澳门日报》得分仅为70.8分，有一定的提升空间。

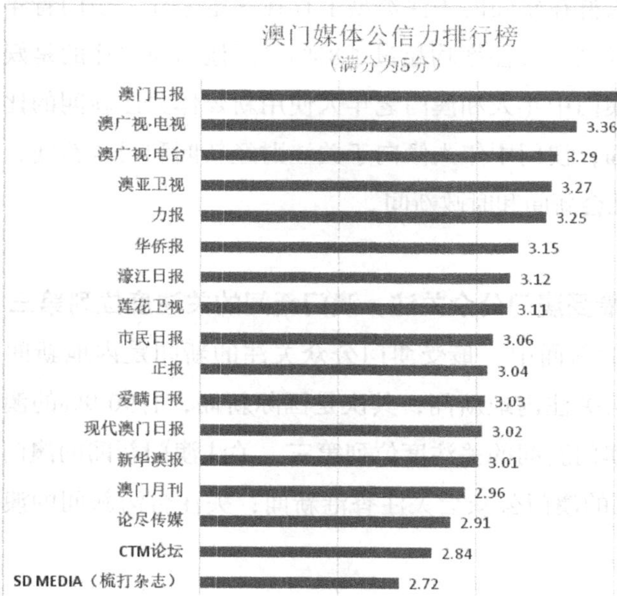

六、启示与建议

本次澳门公众的新媒体使用调查结果，对相关政府部门进一步有效运用新媒体提升政治传播工作，有如下启示：

1.重视提高微信等新媒体的大众传播功能属性，借助微信提高澳门政府官方账号在大众资讯方面的传播潜力

本次调查显示，新媒体使用的社交化、全民化已经成为澳门传媒生态的主要特征之一，但是各类新媒体的主要功能却有所区隔，例如，微信主要用于社交，而Facebook的朋友动态、社交及大众资讯等功能的使用比例相对均衡。并且，澳门政府官方账号在新媒体场域中受到的关注度相对较低。因此，建议特区政府部门充分了解各类新媒体渠道的主要功能属性，通过更具针对性的传播内容部署，增强政府政策的精准触达，优化特区政治生态。

2.借助社团的新媒体使用经验，进一步依托新媒体网络阵地，引导澳门公众正向参与公共事务

本次调查显示，博彩业团体多通过微信获取大众资讯，一定程度地解释了他们近年来通过新媒体动员和引导公众参与线下公共事务的成效。这为澳门政府组织动员公众正向地参与公共事务提供了很好的参考经验，同时，也为相关部门提出警示，建议政府部门加强大数据监测应用，及时掌握新媒体的舆论态势，警惕和避免少数别有用心分子借助新媒体组织过激行为。

3.建构社会议题话语权、培育各界别的网络意见领袖，引导澳门公众主动关注社会议题

本次调查还发现，澳门公众通过新媒体参与社会事务的比例较高，但多为跟帖或点赞而较少主动发表个人观点。这在一定程度上反映出，在澳门的网络新媒体舆论格局中，缺少一批主体性主动性的网络意见领袖。因此，建

议澳门特区政府适当介入，在澳门的新媒体舆论场中，特别是在澳门公众最关注的社会议题方面建构话语权，并且相应地培育各个界别的网络意见领袖（如女性领袖、学生领袖、博彩从业人员领袖、社团领袖等），逐步引导澳门公众主动通过新媒体关注社会议题、正向参与公共事务。

4.在整体提升澳门媒体的公信力的同时，建设多个具有明显较高公信力的本地媒体，并且进一步推动澳门与内地的媒体融合共建

提升澳门本地媒体的公信力，是提高特区政府官方资讯传播的重要途径。但是，本次调查显示，澳门媒体的公信力整体不高并且各类媒体的公信力差异不大，这可能会导致在某些重大议题发生时，无法形成统一的、能够凝聚社会共识的传播资讯论述模式。因此，建议特区政府积极培育专业媒体从业人才建设，建设多个具有明显较高公信力的本地媒体，特别是网络新媒体和移动新媒体，以便在重大议题发生时，能够及时有效地进行具有高度影响力的传播。

另外，本次调研还发现，澳门公众最关注的地域性资讯是内地新闻。因此，应当加强推动澳门媒体与内地媒体的合作互动，特别是借助粤港澳大湾区建设的契机，整合媒体优质资源，提高新媒体内容的质量，进一步提升澳门政府在主流舆论阵地中的话语权。

（作者张志安，中山大学粤港澳发展研究院副院长、传播与设计学院院长；
林仲轩，中山大学广东省舆情大数据分析与仿真重点实验室、传播与设计学院副研究员；
徐静茹、么恩倩，中山大学传播与设计学院大数据传播实验室项目助理；
赖凯声，暨南大学新闻与传播学院副教授；
何凌南，中山大学广东省舆情大数据分析与仿真重点实验室副主任）

第五辑

研究述评

重审语境与重新出发：新闻生产社会学的“本土化”脉络和反思

张志安 章 震

【摘要】

本文以24篇博士论文、172篇C刊论文为分析样本，对过去十余年来新闻生产社会学的本土研究进行梳理和评述。研究发现，相关研究关注转型期中国媒体新闻生产中存在的与权力、市场和技术等因素的复杂关系，也关注不同类型媒体个案新闻生产的特定行动逻辑，但与“地方性知识”的建构还有所差距。具体来说，研究者主要聚焦新闻生产的中国“语境”和主要影响因素、转型社会与新闻生产的互动关系、新闻生产和社会控制关系的张力呈现、数字化转型与媒体组织生产惯习调适、新技术采纳与传统媒体职业文化冲突等五类议题，并试图回应专业媒体实践的可能性、职业生产的自主性、中国新闻业的公共性等重大问题。本文认为，延续经典传统的新闻生产社会学“本土化”研究并不活跃，高质量的研究成果也比较缺乏。面对正在浮现的新新闻生态系统，后续研究可从重新划分新生态中的“媒体”行动者、重审转型社会中的“国家”语境、重思中国新闻业的“网络空间”等三方面推进这个领域的知识生产。

【关键词】

新闻生产社会学　新媒体　本土化　新新闻生态系统

一、引言

兴起于20世纪70年代至80年代的欧美新闻生产社会学研究，总体是“以个人或组织的实践活动作为理解新闻体制及结构的构成要素，由小及大，以微观构成宏观的分析过程”①。以塔奇曼《做新闻》、甘斯《什么在决定新闻》、吉特林《全世界在观看》等著作为代表，新闻生产社会学从中观层面切入，以有别于传统效果研究注重功能主义的建构论为视角，勾连新闻作为社会建构过程的微观和宏观实践，呈现出媒体与权力、制度、社会及意识形态之间的内在关系。

21世纪初，一部分中国学者开始运用这种路径针对本土案例开展了系列研究。这些研究不仅尝试“对新闻改革主体之创造能力的承认”“对主体实践活动所构成的体制变化过程准确描述”，而且还构成了“我国新闻实践活动的历史的、场景独特的解码和注释”②，其研究路径、方法以及结论等都对本土新闻学研究具有一定的突破意义和积极启示。

本文从知识生产的角度梳理和回顾本土新闻生产社会研究的相关文献，从社会语境和学术语境等层面来评价其学术实践。一则，本文希望较为清晰地看到相关研究的问题缘起、预设前提等，能够更为完整地把握相关文献的知识生产逻辑；二则，本文也尝试从互动维度呈现研究与研究之间自觉或不自觉的理论对话关系。由此，可以更清晰地把握本土新闻生产社会学的演进轨迹，进而探索新闻生产社会学研究的深化路径。

1.研究问题

本研究主要采取“追问逻辑”③的视角提出具体的研究问题，即整体研究要在追问中发现前人的逻辑，其旨趣是结合当时的语境来理解知识生产的内在脉络和进路。那么，这种逻辑究竟包含了哪几个层面呢？陈卫星谈道：

---

① 潘忠党.“补偿网络”：作为传播社会学研究的概念 [J]. 国际新闻界 ,1997（3）.

② 潘忠党.新闻改革与新闻体制的改造——我国新闻改革实践的传播社会学之探讨 [J]. 新闻与传播研究 ,1997（3）.

③ 黄旦，王辰瑶.如何重新理解新闻学——学术对话录 [J]. 新闻记者 ,2016（7）.

“对理论的认知和了解是一种知识的逻辑，而对理论的把握和应用更多是一种关系的逻辑。”[①]由此，本文既试图从知识生产实践及其内在的演进逻辑评述已有成果，也尝试理解其理论分析现实的张力关系及其研究的创新意义。

具体来说，本文的研究问题包括三个层次：（1）过去十余年来，新闻生产社会学的研究主要从哪些维度、考察哪些变量、探讨了哪些问题；（2）研究者在现象描述、理论阐释、概念提炼等方面做出何种努力；（3）立足社交媒体重构的中国新新闻业态系统，后续新闻生产社会学研究可以怎样有所提升和深化。

2.分析对象和材料来源

本文分析对象是新闻生产社会学的研究论文，主要取自中国知网（CNKI）的中国社会科学引文索引（CSSCI）数据库以及博士学位论文全文数据库收录的相关论文。我们于2018年1月5日以“新闻生产”作为篇名进行检索，共获得172篇CSSCI来源期刊论文，检索并辅之以其他途径共获得24篇博士学位论文（见表1）。[②]本文分析相关研究的关注议题时，将博士论文和知网论文做总体考察，在进行总体评价时则主要聚焦方法、数据和结论有完整交代的博士论文。

整体上，博士论文占本土新闻生产社会学研究的主导，其中半数以上采用经典的新闻生产社会学路径，而多数涉及新闻生产的期刊论文并没有真正运用——有些主要用新闻生产作为概念来指代新闻实务，有些在阐述影响新闻实践或报道框架的因素时，用新闻生产背后的方法论，去增补一些媒体或编辑部的实证数据来进行解释。

---

① 陈卫星．新闻传播理论创新的媒介学思考——回应《青年记者》编辑部的一个问题 [J]. 青年记者，2014（16）.

② 除了中国知网论文外，本文分析的材料还包括大陆学者在《传播与社会学刊》《二十一世纪》《新闻学研究》等港台期刊上发表的论文。

表1 新闻生产社会学领域的博士论文

年份	标题	作者	学校	研究对象	主要研究方法
2004	转型社会中的新闻生产——《南方周末》个案研究（1983—2001）	洪兵	复旦大学	南方周末	深度访谈、文本分析
2006	编辑部场域中的新闻生产——《南方都市报》个案研究（1995—2005）	张志安	复旦大学	南方都市报	民族志、深度访谈
2008	市场化生存的党报新闻生产——《广州日报》个案研究	田秋生	复旦大学	广州日报	实地调查、深度访谈
2008	现代风险报道生产偏向研究	马锋	复旦大学	风险议题报道	文献分析
2009	政府、市场、媒体及其他——试论新闻生产中的社会权力	芮必峰	复旦大学	社会权力	二手资料分析
2009	企业公关影响新闻生产的机制：一项理论分析	邓理峰	清华大学	企业权力	理论分析
2010	媒介社会学视野下的央视新闻生产机制变革研究	王冲	中国人民大学	中央电视台	历史分析
2010	自我审查与报纸新闻生产研究	刘旻	武汉大学	自我审查	案例分析、深度访谈
2010	中国贪腐丑闻的媒介呈现与新闻生产研究——媒介社会学的视角	李东晓	浙江大学	贪腐丑闻	内容分析等

续表

2011	两岸报纸科学新闻报导框架与新闻生产研究——以“节能减排”新闻为例	郭咏萱	上海交通大学	科学新闻	内容分析、深度访谈
2011	制造角色：凤凰卫视的生产机制研究（1996—2011）	徐帆	复旦大学	凤凰卫视	深度访谈
2012	作为流动的职业共同体：驻华外国记者研究	钱进	复旦大学	驻华外国记者	参与观察、深度访谈
2012	新媒体生态环境下新闻周刊内容生产研究	黄琳	上海大学	11家新闻周刊	问卷调查、深度访谈
2012	新媒体语境下我国电视新闻生产研究	李勇	武汉大学	综合电视媒体	比较研究、调查访谈
2013	报纸开放式新闻生产研究——以《广州日报》为例	窦锋昌	武汉大学	广州日报	深度访谈、参与观察
2013	“融合架构”下的新闻业转型研究——基于新闻生产社会学的视角	刘兆明	复旦大学	新民网等	深度访谈、参与观察
2013	全媒体时代电视财经新闻生产研究——以第一财经频道为例	杨保达	复旦大学	第一财经	深度访谈、参与观察
2014	严肃新闻何以可能：转型社会“价值共同体”的作用——“财经/财新团队”个案研究	刘颂杰	中山大学	财经/财新团队	民族志、深度访谈

续表

2015	“编辑部的故事”：《楚天金报》的权力再生产及其管理机制的形成	马庆	武汉大学	楚天金报	民族志、深度访谈
2015	报道框架、国家形象与新闻生产：《华尔街日报》的涉华报道研究（1979—2013）	雷晓艳	华中科技大学	涉华报道	内容分析、问卷调查
2016	美联社涉华新闻生产（2006—2015）研究	朱佩	武汉大学	涉华新闻	民族志、文本分析
2016	媒体公关化：组织变迁中的舆情业务及影响研究	吴涛	中山大学	南方舆情研究院	民族志、深度访谈
2017	“转型”：新闻创新与新闻专业主义再思考——对《澎湃新闻》的案例研究	周睿鸣	复旦大学	澎湃新闻	民族志、深度访谈
2017	编辑部视域下的报网融合模式——基于中国三家报社融合编辑部的案例研究	张美玲	中山大学	三家媒体组织	民族志、深度访谈

二、本土新闻生产研究：关注议题与总体评价

1.主要研究议题

（1）新闻生产的中国“语境”和主要影响因素

探讨新闻生产，必须关注其背后重要的控制力量，而政治权力在中国大陆新闻生产实践活动中具有支配性地位。李良荣回顾25年新闻改革，发现其基本特点是“中央掌控改革主导权”①。周翼虎认为“新闻业市场化的背后，

① 李良荣．当前中国新闻改革的基本特点——纪念新闻改革25周年[J]．现代传播，2004（5）．

始终存在国家一元独大的政治权力运作"[①]。陆晔也指出："在中国现有的新闻体制下，行政命令往往代替了新闻专业主义为基础的社会控制机制。"[②]

中国媒体的行政控制主要表现为宣传管理，它主导着新闻生产的基本制度安排。芮必峰根据"个人最深刻的经验"指出，这些基本制度安排其大体是由"准入制度"和"政治家办报"两个方面内容构成，它们从"外"（制度）到"内"（观念），安排着新闻生产的基本要素，设置了新闻活动的基本前提。比如报纸杂志实施"准入制"，"实质在于国家集中控制生产上游的基本要素资源，以便实现对中游的生产过程，特别是下游产品内容和形式的全面控制"。[③]此外，马庆探讨了"事后"新闻阅评制等管理方法的历史形成过程及其现实影响[④]。这些研究对于把握本土语境中政治权力和新闻生产的关系具有启示。

除了政治权力对新闻生产发挥着决定性的作用外，市场化对新闻生产的影响则主要从20世纪90年代开始凸显。市场逻辑"以媒介自身利润最大化为出发点。在市场逻辑下，媒介机构成为企业"[⑤]，由此改变了媒体作为纯事业单位的属性。伴随企业资本主义的兴起，企业权力从媒体企业化、广告、公关等三方面影响新闻业[⑥]，形塑媒体能动性和生产逻辑。相关研究总体认为，市场逻辑深刻影响了新闻媒介系统，使其变得更为分化、多元和复杂。不过，市场逻辑也加剧了新闻娱乐化、过度商业化等现象，但"'异化'和'异化的扬弃'实际上走着同一条道路"。芮必峰建议，要"积极利用传媒市场化来发展当代新闻生产力，改造过去不合理的新闻生产关系，努力限制其'异化'的程度和范围，以达到最终超越它的目的"。[⑦]

21世纪以来，互联网从结构、生产以及公共性等维度重塑了中国新闻

① 周翼虎．抗争与入笼：中国新闻业的市场化悖论[J]．新闻学研究，2009总（100）．

② 陆晔．权力与新闻生产过程[J]．二十一世纪，2003（6）．

③ 芮必峰．政府、市场、媒体及其他——试论新闻生产中的社会权力[D]．上海，复旦大学，2009年．

④ 马庆．"编辑部的故事"：《楚天金报》的权力再生产及其管理机制的形成[D]．武汉，武汉大学，2015年．

⑤ 田秋生．市场背景下制约党报新闻生产的三重逻辑[J]．国际新闻界，2009（2）．

⑥ 邓理峰．声音的竞争：解构企业公共关系影响新闻生产的机制[M]．北京：中国传媒大学出版社，2014.

⑦ 芮必峰．政府、市场、媒体及其他——试论新闻生产中的社会权力[D]．上海，复旦大学，2009年．

业的深层结构，“也深刻影响着中国新闻生产实践的变革，呈现出生产主体从专业化到社会化、生产机构从封闭性到透明性、生产周期从周期性到循环性等变化趋势以及软性新闻主导的特点”①。而“具体到社交媒体和新闻业研究，则主要分为两种路径：一种路径是将社交媒体作为新的平台与技术变量，来探讨其与新闻业的相互渗透和影响关系；另一种路径是将社交媒体背后的网络化关系社会作为一种语境，观察在这个过程之中，被社交关系所重塑的新闻实践”。②从影响新闻生产的因素看，相关研究对权力因素保持着观照，对市场因素的观照却缺乏持续性，当下则将互联网作为整体社会语境，越来越关注虚拟现实、人工智能或算法机制对新闻生产的影响。

（2）转型社会与新闻生产的互动关系

陆晔认为，转型社会中新闻生产的基本特点是缺少价值中心、缺少共识、利益冲突凸显。与欧美新闻生产社会学研究中所揭示的“生产常规”有所不同，中国新闻生产往往还具有“非常规”的特征，其权力互动经常是以非制度化的方式体现出来。“造成这种局面一个重要前提条件是，新闻改革质疑甚至打破了一些原有的成规，但新的游戏规则却欲仍在建构之中。”③比如杨击关注在“社会救助机制不完善的情况下，传媒的越界评判和敦请成为‘合法’的补偿机制”，他发现，新闻生产过程中所使用的平民主义话语策略，调动并契合了转型时期中国民众的社会心理，以此构成传媒的越界行为的主要原因。④也有学者注意到，在非常规的实践探索中针对特定议题报道也会逐渐形成新常规，如夏倩芳和王艳考察国内媒体对社会冲突议题的采编过程，发现媒体已经形成了一套以“风险规避”为中心的新闻报道常规⑤。

转型社会中，新闻改革的过程也是破除旧矛盾、产生新矛盾的过程，而这样的矛盾也会反映或影响新闻生产环节。芮必峰将媒体面临的主要矛盾概

---

① 张志安，吴涛．互联网与中国新闻业的重构——以结构、生产、公共性为维度的研究 [J]. 现代传播，2016（1）．

② 张志安．社交媒体与新闻业的重构 [J]. 来源微信公众号：武汉大学媒体发展研究中心，2017 年 8 月 27 日．

③ 陆晔．权力与新闻生产过程 [J]. 二十一世纪，2003（6）．

④ 杨击．穷人、富人和传媒正义——解读新闻生产中的平民主义策略 [J]. 国际新闻界，2006（2）．

⑤ 夏倩芳，王艳．“风险规避”逻辑下的新闻报道常规——对国内媒体社会冲突性议题采编流程的分析 [J]. 新闻与传播研究，2012（4）．

括为："政治利益主体"的一元化与"经济利益主体"的多元化①。陆晔认为，中国媒介正处在巨大的变动过程中，媒介的双重性质和功能导致新闻生产中宣传导向与市场效益之间的矛盾突出，其造成的影响是"新闻价值标准模糊不清，编辑部的运作缺少制度化保障，新闻从业者的身份认同涣散"②。不过，这些矛盾在极少数党报的市场化改革中得以解决，如《广州日报》以党报性质、都市报机制进行运作，说明党报和大众化报纸并非是二元对立的关系。③

近年来，这样的矛盾又被表述成党媒基本角色（宣传和舆论引导）与满足受众需求之间的内在矛盾："一旦履行党所赋予的宣传和舆论引导的功能，它就会让民众觉得官气十足而敬而远之。而如果一味满足民众兴趣，立足于表达民怨，它则会偏离党所赋予其的角色轨道。"④不过，这样的二元冲突曾在《焦点访谈》等案例中有所缓解。学者们探讨新闻生产的矛盾、特征、影响变量，其落脚点都是媒体专业性和公共性是否可能或如何可能。比如最早采用新闻生产社会学路径博士论文的洪兵，将《南方周末》放入中国社会变迁的历史场景中，探讨其职业理念的嬗变和发展，尝试将《南方周末》具有公共利益、"参与式新闻"特征的新闻生产与社会宏观语境之间建立勾连⑤，整体论述偏向宏观。

（3）新闻生产和社会控制关系的张力呈现

传统媒体时代，职业精英是新闻生产的主导者，媒体组织也是新闻建构社会现实的行动者。研究者既关注新闻媒体如何应对不同的社会控制力量以及建构社会现实的常规逻辑，也关注新闻媒体如何形成生产常规、协调资源和处理关系。新闻生产和社会控制的关系一直是新闻生产社会学的显性议题，其中，权力实践又是新闻生产和社会控制关系的核心议题，权力不仅具

---

① 芮必峰．政府、市场、媒体及其他——试论新闻生产中的社会权力[D]．上海，复旦大学，2009年．

② 陆晔．权力与新闻生产过程[J]．二十一世纪，2003（6）．

③ 田秋生．市场化生存的党报新闻生产[D]．上海，复旦大学，2008年．

④ 李艳红，龙强．新媒体语境下党媒的传播调适与文化领导权重建：对《人民日报》微博的研究（2012—2014）[J]．传播与社会学刊，2017（39）．

⑤ 洪兵．转型社会中的新闻生产——总《南方周末》个案研究（1983—2001年）[D]．上海，复旦大学，2004年．

有压制性作用，也具有生产性作用。芮必峰曾提出，在具体新闻生产过程中，大量存在的其实是两者之间冲突的合作、合作中的冲突，而不是那种要么是“对抗”要么是“合谋”的二元对立关系。①张志安通过研究毒奶粉事件的报道过程，指出新闻生产中的自我审查具有双重内涵：一方面，总体加强了控制的“内化”，进而影响新闻生产的自主性；另一方面，借助规避风险和临场发挥，它又具有自我保护和边缘突破的积极作用②。这些研究总体突破了“结构—行动”二元对立关系的视角，能够更为深入理解复杂中国场域中的权力实践和新闻生产关系——“宣传管理中的权力是通过新闻生产的主体的实践而得以表达、实现的”③，“从某种意义上说，新闻生产也是新闻生产关系的再生产”。④

对于本土语境下的新闻生产和社会控制关系，张志安从编辑部场域视角出发考察《南方都市报》⑤，所采用的民族志方法是对塔奇曼《做新闻》等经典的借鉴和延续，提出的“策略突围”“默契协同”以及“创造性遵从主义”等概念具有一定的解释力。民族志方法的出发点是以近距离的姿态观察编辑部中的新闻生产过程，以内部人视角对行动主体的行为获得意义的“解释性理解”，通过获得一手材料把握新闻生产中的复杂逻辑。不过，由于需要耗费大量时间、建立信任关系、处理学术伦理等，真正进入编辑部进行田野观察的研究并不多。

中国的新闻改革由“自上而下”和“自下而上”两个过程共同组成并相互交织，同时还有境内和境外的场域区别，跨境政治中的新闻生产和社会控制也会呈现出不同特征。比如，徐帆曾以《凤凰卫视》为个案进行研究发现，作为“渐进社会工程”的一部分，《凤凰卫视》的生产机制实践和角色

---

① 芮必峰 . 新闻生产与新闻生产关系的再生产——以“宣传通知”及其执行情况为例 [J]. 新闻大学 ,2010（1）.

② 张志安 . 新闻生产过程中的自我审查研究——以“毒奶粉”事件的报道为个案 [J]. 新闻与传播研究 ,2013（5）.

③ 陆晔 . 权力与新闻生产过程 [J]. 二十一世纪 ,2003 年（6）.

④ 芮必峰 . 新闻生产与新闻生产关系的再生产——以“宣传通知”及其执行情况为例 [J]. 新闻大学 ,2010（1）.

⑤ 张志安 . 编辑部场域中的新闻生产——《南方都市报》个案研究（1995—2005）[D]. 上海 , 复旦大学 ,2006 年 .

制造活动以“一个立场，多种声音”的方式，“由外而内”地影响了转型中国媒介体制的变迁。[①]

（4）数字化转型与媒体组织的生产惯习

随着互联网的发展，技术和公众成为影响新闻业的重要变量，如同欧美学术界考察新媒体和新闻生产关系时所处的“变革语境”一样[②]，置身于中国大陆新闻生产语境的学者们也较多将新媒体作为影响传统媒体的外在变量，并对其内在重构新闻生产流程的影响模式进行描摹。有论者或曰数字化的冲击带来新闻生产惯习的改造、嵌入与重构[③]，或运用“脱域”[④]“内爆”[⑤]“节点”[⑥]等概念对互联网时代媒体的生产逻辑进行描述和理论阐释。陆晔和周睿鸣认为，新媒体环境下“新闻生产流通的速度大大加快，颠覆了工业化时代以报纸新闻为主的新闻生产流程和常规”，由此导致“新闻业正呈现出‘液化’状态”[⑦]。这些研究都显示出新媒体对新闻生产常规的改造、对新闻职业权威的挑战和对新闻组织文化的冲击。

新媒体如何影响新闻生产？有研究从报道消息来源、报道机制以及行业互动等新闻生产过程的变化，指出以微博为代表的“社会性媒体对传统新闻生产的影响主要体现在：从组织化生产方式向社会化的新闻生产转型”[⑧]。也有学者指出，“组织化新闻生产正在变成协作性新闻‘策展’”[⑨]。在此背景下，报社逐渐构建了全新的生产模式和专业理念，如新媒体环境下《广州日报》逐步以“开放式新闻生产模式”替代了与原来传统纸媒“内部循

① 徐帆．制造角色：凤凰卫视的生产机制研究（1996—2011）[D]. 上海，复旦大学，2011 年．

② 张志安，束开荣．新媒体与新闻生产研究：语境、范式与问题 [J]. 新闻记者，2015（12）．

③ 王敏．数字化驱动下新闻生产惯习的改造、嵌入与重构——基于澳大利亚互联网报纸“Brisbane Times”的考察 [J]. 新闻记者，2016（12）．

④ 操慧．脱域：互联网时代的新闻生产 [J]. 四川大学学报（哲学社会科学版），2012（3）．

⑤ 王辰瑶，汪子钰，苑明．内爆：不确定时代新闻生产的逻辑——从马航客机失联报道谈起 [J]. 新闻记者，2014（5）．

⑥ 黄旦．重造新闻学——网络化关系的视角 [J]. 国际新闻界，2015 年（1）．

⑦ 陆晔，周睿鸣．“液态”的新闻业：新传播形态与新闻专业主义再思考——以澎湃新闻“东方之星”长江沉船事故报道为个案 [J]. 新闻与传播研究，2016（7）．

⑧ 张志安．新闻生产的变革：从组织化向社会化——以微博如何影响调查性报道为视角的研究 [J]. 新闻记者，2011（3）．

⑨ 陆晔．新闻生产转向“策展”模式 [N]. 中国社会科学报，2016 年 7 月 7 日，第 03 版．

环”“以我为主”的生产面向[①]。同时，一些新的伦理规范或组织机制也正在形成，如《南方都市报》的调查性报道面对网络争议时，报社采纳“透明性”原则予以应对，以此建构出新媒体环境下更加注重在与公众对话中强化自身合法性的策略[②]。如周葆华所言，“新媒体重构新闻业的过程实际上是从‘后台’到‘前台’的‘可视化’过程，这个过程同时也是打破常规与订定新范式的过程”[③]。

除了对新闻生产常规的影响外，互联网还不同程度地改造着新闻媒体的组织结构和运作机制。李艳红通过对《南风窗》《南方都市报》和财新网关于数据新闻的创新采纳研究发现，三家组织均采用了建立“缓冲地带”而非“重构核心区域”的方式来应对新媒体技术给组织带来的冲击。媒体采用“缓冲地带”这种方式具有一定灵活性，可以减少风险，防止对核心结构造成冲击，还可以保证持续的生产[④]。此外，数字化转型也给新闻生产带来负面影响。比如，何瑛和胡翼青认为，中央厨房“强化了新闻的工业化属性，但弱化了新闻的文化属性……并不利于作为社会公共产品的新闻业”[⑤]。

（5）新技术、新业务与传统媒体职业文化的冲突

媒介融合语境下，传统媒体生产数据新闻、推进新闻创新、拓展舆情业务等，引发了与其原有职业文化、价值意识的冲突。比如在报网融合进程中，传统的职业文化对于媒体推进报网融合具有阻滞作用，它与政治权力、资本一起，推动《南方都市报》形成“断裂模式”的转型实践[⑥]。尹连根和刘晓燕通过研究认为，报业管理层所进行的融合举措更多是一种姿态性融合（a gesture of compliance），而非数字化转型的系统工程。普通记者对于技术融

① 窦锋昌．报纸开放式新闻生产研究 [D]. 武汉，武汉大学 ,2013 年．

② 章震．新媒体语境下新闻“越轨”与范式修补——基于两个个案的质性研究 [D]. 广州，中山大学 ,2017 年．

③ 周葆华．从“后台”到“前台”：新媒体技术环境下新闻业的“可视化”[J]. 传播与社会学刊 ,2013 总（25）.

④ 李艳红．“建立缓冲”与重新类型化：新闻组织如何采纳数据新闻？——对三家媒体的个案考察 [J]. 传播与中国·复旦论坛（2015）论文集 ,2015 年．

⑤ 何瑛，胡翼青．从“编辑部生产”到“中央厨房”：当代新闻生产的再思考 [J]. 新闻记者 ,2017（8）.

⑥ 张美玲．编辑部视域下的报网融合模式——基于中国三家报社融合编辑部的案例研究 [D]. 广州，中山大学 ,2017 年．

合，则主要持不合作或不认同的态度。[①]具体来看，新技术采纳和传统职业文化的变化和特点表现如下：

一是在开展数据新闻生产过程中，传统媒体的职业报人文化与工程师、产品经营文化存在冲突。钱进和周俊研究发现，新闻生产过程中生产主体的内部沟通障碍不仅发生在工程师和美术编辑之间，还体现在文案编辑和设计团队之间。而担当内部转译人角色的栏目编辑可以通过阐释工作破解上述沟通隔阂，从而使得团队的工作可以顺利展开。[②]李艳红将数据新闻视为一种新闻创新，“发现处于这一时期的中国新闻组织对创新采取了一种既开放又保守的貌似矛盾的策略”，而不同媒体组织因为不确定性的感知和管理存在差异，使其无法通过单一的理论观点进行解释。它在创新早期部分支持了理性主义理论和“制度同型”（institutional isomorphism）理论，未来或可能更加支持结果（效益）驱动理论。[③]

二是伴随社交媒体的迅速发展，网络舆论对新闻生产的影响在增强。一方面，专业记者极力维护原有的职业准则，塑造职业权威。如在邓玉娇事件报道中，李艳红和龚彦方发现，记者将不迎合“民意”作为其“事实原则”的新阐释，强调专业判断不应该被网络民意所裹挟，以此塑造和完善自身的专业规范，重申和巩固既有专业主义的新闻范式。[④]另一方面，由职业记者和公众共同参与的动态实践，使中国新闻业呈现出“液化”的特征[⑤]，这种“多重新闻实践主体共同观照公共生活，新闻及其规范理念、操作准则亦被不断划定出‘共同的底线’”[⑥]。可见，“职业语境”和“变革语境”相互交织和

---

① 尹连根，刘晓燕.“姿态性融合”：中国报业转型的实证研究[J].新闻与传播研究,2013(2); Yin, L., & Liu, X. A gesture of compliance: media convergence in China. Media[J]. *Culture & Society*, 2014,36(5): 561-577.

② 钱进，周俊.论数据新闻对新闻职业文化的改造——以M媒体的数据新闻生产作为考察对象[J].新闻记者,2016(5).

③ 李艳红.在开放与保守策略间游移：“不确定性”逻辑下的新闻创新——对三家新闻组织采纳数据新闻的研究[J].新闻与传播研究,2017(9).

④ 李艳红，龚彦方.作为反思性实践的新闻专业主义——以邓玉娇事件报道为例[J].新闻记者,2014(7).

⑤ 陆晔，周睿鸣.“液态”的新闻业—新传播形态与新闻专业主义再思考——以澎湃新闻“东方之星”长江沉船事故报道为个案[J].新闻与传播研究,2016(7).

⑥ 周睿鸣.“转型”：新闻创新与新闻专业主义再思考——对《澎湃新闻》的案例研究[D].上海，复旦大学,2017年.

互构[①]，使新闻实践处于持续变动的过程，它构成和预示“中国新闻从业者尚未完成的‘数字长征’（digital longmarch）”[②]。

三是媒体舆情业务实践对新闻媒体公共性取向的影响。如吴涛提出“媒体公关化”概念描述媒体在拓展舆情业务的同时，也使自身从过去的宣传者、传播者、监督者转向为政府等特定客户提供信息传播、形象管理、关系协调服务的公关服务者。[③]也有学者观察到，越来越多的媒体在面临数字化冲击以及转型压力下会突破“防火墙”原则，打通采编部门和经营部门，建立“大事业部制”[④]，由此，更加强化商业化力量对新闻生产的影响力度，并进一步威胁新闻业的公共性。但并非所有媒体都是如此，刘颂杰对《财经》和《财新周刊》的案例研究发现，其形成的“制度化专业主义”和“价值共同体”对于商业主义具有防御效果，使其严肃新闻开展得以可能[⑤]。

2.总体评价

（1）本土研究关注中国媒体新闻生产中的社会控制和不同类型媒体的行动逻辑，但距离建构“地方性知识”的理论阐释还有所差距，知识生产的原创性贡献相对有限

欧美新闻生产社会学的研究总体“抽离”了新闻生产的社会语境，将国家体制对新闻生产的控制逻辑置放一旁，主要寻求的是对新闻生产逻辑或文化的普遍性解释，比如塔奇曼提出的“新闻是社会现实建构”的论断以及“生产常规”“新闻网”概念[⑥]。但也要看到，一些研究“表面上只是分析新闻机构的内部运作，但其结论往往指向新闻机构及新闻内容如何向建制倾

---

① 张志安，束开荣．中国媒体研究的脉络回顾与学术反思——一项基于局内人和局外人视角的考察 [J]. 新闻记者，2017(10).

② 周睿鸣．“转型”：新闻创新与新闻专业主义再思考——对《澎湃新闻》的案例研究 [D]. 上海，复旦大学，2017 年．

③ 吴涛．媒体公关化：组织变迁中的舆情业务及影响研究 [D]. 广州，中山大学，2016 年．

④ 马庆．“编辑部的故事”：《楚天金报》的权力再生产及其管理机制的形成 [D]. 武汉，武汉大学，2015 年．

⑤ 刘颂杰．严肃新闻何以可能：转型社会“价值共同体”的作用——“财经/财新团队”个案研究 [D]. 广州，中山大学，2014 年．

⑥ [美] 盖伊·塔奇曼．做新闻 [M]. 麻争旗等译，北京：华夏出版社，2008.

斜，新闻机构未能做到真正独立于政治权力之外”①。相较而言，中国大陆新闻学者一开始介入新闻生产社会学领域的研究，其研究对象和问题意识具有明显的本土化特色，格外注重聚焦中国媒体新闻生产的特殊场域，强调揭示权力控制对新闻生产的主导影响，论述新闻生产逻辑与社会变迁之间的语境勾连。

相关研究中，也体现出一定的“地方性知识”建构的努力，但总体仍以厚重描述为主，理论阐释的深度不够，知识生产的原创性贡献相对有限。比如，研究者特别关注本土语境中新闻生产的控制力量和新闻生产主体之间的复杂关系。从控制力量角度而言，欧美媒体的新闻生产更多受到资本力量和商业利益的影响，而中国媒体的新闻生产则更多受到政治权力的直接影响。鉴于语境的不同、影响变量的不同，美国学者的研究更加强调新闻生产的社会性建构，中国学者的研究则始终存在或明或暗的自主性探索。

此外，中国大陆新闻学者也尝试借鉴经典概念和人类学方法来研究上述问题，实证方法的运用也趋于规范，但运用的核心概念并未超越新闻生产社会学的经典理论。比如“生产常规”是1978年塔奇曼在其著作《做新闻》当中提出的一个核心概念，旨在说明媒体组织如何回应新闻生产时效性要求的一种日常工作机制，即通过分派记者到不同条线中打捞新闻网中的事实，并对这些事实信息进行类型化生产，以此提高新闻生产中的效率。②多数本土新闻生产社会学的论文都会对新闻生产常规进行描述，并尝试与经典文献进行对话。不过，现有研究主要停留在对复杂现实的描述层面，在新闻生产社会学的“地方性知识”建构方面总体上还乏善可陈。

（2）博士论文是本土新闻生产社会学研究的重要组成，但严谨运用经典民族志方法和新闻生产社会学路径的成果并不多，体现出这种研究路径在本土学术圈的有限采纳

新闻传播学科的博士论文是本土新闻生产社会学研究的重要组成，综观

① 李立峯，王海燕．数字化时代的新闻与公共传播——李立峯教授访谈录[J].新闻与传播评论.2017（秋冬卷）.

② [美]盖伊·塔奇曼．做新闻[M].麻争旗等译，北京：华夏出版社，2008.

这些博士论文，主要聚焦于三类研究：一是聚焦特定媒体，从其特殊行动逻辑出发，探讨社会控制要素与其新闻生产理念、文化之间的互动关系。比如关于《南方周末》的博士论文，最早采取新闻生产社会学研究路径论述其职业理念变迁和社会变迁的勾连[①]；关于《南方都市报》的博士论文，从编辑部这一中观层面考察职业新闻人的报道“从事实到真相的抵达过程”以及其间充满的“突围与妥协、激情与迷惘”的状态和心理[②]。此外，还有关于央视新闻、凤凰卫视、澎湃新闻、新民网、《财经》与《财新周刊》等媒体的个案研究。不过，这些媒体案例的新闻生产研究，在特殊性和普遍性层面的理论阐释还有待深入。

二是聚焦特定变量，立足不同时空和语境探讨其对新闻生产的复杂影响。比如芮必峰的博士论文，聚焦“社会权力”这个根本问题，论述这个关键变量与新闻生产的关系。他认为，政府、市场以及专业主义是影响当代中国新闻生产三种主要社会权力，并尝试从权力相互监督的视角构建专业生产的合理化制度空间。[③]还有博士论文虽然不专门聚焦新闻生产，但从不同侧面论述了其他要素与新闻生产之间的互动。比如邓理峰分析了企业权力对新闻生产的影响，认为现代企业公共关系将改变新闻的定义和新闻报道的结构，对新闻生产造成结构性影响。[④]

三是聚焦特定类型的报道，探讨新闻生产背后的诸要素影响。例如李东晓和郭咏萱分别研究贪腐新闻或科学报道生产过程中受到的行政权力、市场力量、媒体属性等多重力量影响等问题[⑤]。雷晓艳和朱佩则分别聚焦《华尔街

---

① 洪兵.转型社会中的新闻生产——《南方周末》个案研究(1983—2001)[D].上海,复旦大学,2004年.

② 张志安.编辑部场域中的新闻生产——《南方都市报》个案研究(1995—2005)[D].上海,复旦大学,2006年.

③ 芮必峰.政府、市场、媒体及其他——试论新闻生产中的社会权力[D].上海,复旦大学,2009年.

④ 邓理峰.声音的竞争:解构企业公共关系影响新闻生产的机制[M].北京:中国传媒大学出版社,2014.

⑤ 李东晓.中国贪腐丑闻的媒介呈现与新闻生产研究——媒介社会学的视角[D].杭州,浙江大学,2010年;郭咏萱.两岸报纸科学新闻报导框架与新闻生产研究——以“节能减排”新闻为例[D].上海,上海交通大学,2010年.

日报》、美联社等国外媒体和通讯社如何报道涉华新闻[①]，从新闻生产角度剖析国外媒体对中国国家形象建构的内在机制。

总体上，多数主题或关键词中冠之以“新闻生产”的博士论文，并未真正运用经典民族志方法进行数据收集和田野观察，获取的一手资料相对有限。不少研究中的“新闻生产”更多是新闻实践的代名词，而非“新闻生产社会学”路径背后所需要揭示的复杂逻辑及其与社会诸要素之间的互动过程。

表2 新闻生产社会学领域的博士论文研究问题与研究方法

年份	研究对象	研究问题	主要研究方法
2004	南方周末	媒体职业理念的变迁与社会变迁之间的勾连	深度访谈、文本分析
2006	南方都市报	新闻生产与社会控制的复杂互动	民族志、深度访谈
2008	广州日报	市场变量与党报新闻生产的关系	实地调查、深度访谈
2008	风险议题报道	风险报道生产偏向及其影响因素	文献分析
2009	社会权力	新闻生产和（主要）社会权力的关系	二手资料分析
2010	企业权力	新闻生产和企业权力的关系	理论分析
2010	中央电视台	央视新闻生产机制的变革逻辑	历史分析
2010	自我审查	自我审查及其现实影响	案例分析、深度访谈
2010	贪腐新闻	贪腐新闻生产及其影响因素	内容分析等
2011	科学新闻	科学新闻生产及其影响因素	内容分析、深度访谈
2011	凤凰卫视	媒介生产、组织角色与媒介体制变迁的关系	深度访谈

① 雷晓艳．报道框架、国家形象与新闻生产：《华尔街日报》的涉华报道研究（1979—2013）[D]. 华中科技大学 ,2015 年；朱佩．美联社涉华新闻生产（2006—2015）研究 [D]. 武汉，武汉大学 ,2016 年．

续表

2012	驻华外国记者	驻华外国记者的职业交往和生产常规	参与观察、深度访谈
2012	11家新闻周刊	新媒体对杂志新闻生产的影响	问卷调查、深度访谈
2012	综合电视媒体	新媒体对电视新闻生产的影响	比较研究、调查访谈
2013	广州日报	新媒体与党报新闻生产的影响	深度访谈、参与观察
2013	新民网等	新媒体对新民网新闻生产的影响	深度访谈、参与观察
2013	第一财经	新媒体对财经类电视新闻生产的影响	深度访谈、参与观察
2014	财经/财新团队	价值共同体对严肃新闻生产的影响	民族志、深度访谈
2015	政治权力	新闻生产和政治权力的关系	民族志、深度访谈
2015	涉华报道	涉华新闻生产及其影响因素	内容分析、问卷调查
2016	涉华新闻	涉华新闻生产及其影响因素	民族志、文本分析
2016	南方舆情研究院	媒体舆情业务拓展对传媒公共性的影响	民族志、深度访谈
2017	澎湃新闻	新闻创新与职业理念变迁关系	民族志、深度访谈
2017	三家媒体组织	报网融合模式及其影响因素	民族志、深度访谈

值得注意的是，复旦大学新闻学院博士生对新闻生产社会学这一研究路径高度认同和积极采纳，他们的成果几乎占据了本土相关研究的一半规模。主要原因或包括：其一，学术组织内部对经验研究的日益重视。21世纪初以来，复旦大学新闻学院的学术取向更加注重经验研究，鼓励博士生选择具有问题意识、切口相对较小的论文选题，加上长期开设“中外新闻传播理论研究与方法”暑期学校，潘忠党、陈韬文等一批海外华人学者对经验研究的倡导、对媒介社会学经典理论的引介，都对该院博士生的研究产生重要影响；

其二，研究上的师承关系、学缘结构和学术传承。比如李良荣、陆晔教授先后各指导了三名和两名博士生撰写相关论文。此外，武汉大学新闻与传播学院和中山大学传播与设计学院的博士生也较多运用新闻生产社会学路径开展研究。由上海报业集团主办的学术刊物《新闻记者》，对该领域的知识生产也有助力作用，过去十余年已刊登29篇相关论文，成为本土研究成果发表的主要学术平台。

（3）研究对象上，从关注媒体市场化的前沿地带拓展到全国范围的融合转型案例，并逐渐体现出从关注权力和市场变量到关注技术变量的转向

就研究案例看，研究焦点逐渐从关注广东的“市场化报社”转移到全国范围的“全媒体”转型案例。早期的博士论文主要探讨《南方周末》《南方都市报》《广州日报》等媒体的新闻生产，这些个案凸显了广东作为媒体市场化改革、专业化探索前沿区域的共同特征，相关研究能够清晰看到市场化力量、从业者的主观能动性对新闻生产的积极影响。而近五年的研究，逐渐关注新媒体语境下的新闻周刊、电视等不同介质的媒体，如对新媒体生态环境下新闻周刊的考察①、对新媒体语境下电视的考察②以及针对全媒体时代电视财经的新闻生产研究等③。这些研究表明，媒介形态的改变其实并没有带来特殊的差异化经验，反而更显示出新媒体引发的行业变化应当成为整个行业开放共享的语境。

如果说，早期的新闻生产研究主要凸显的是“转型社会”或权威政治体制的语境，那么当下新闻生产语境则是尚未被充分认识的“网络化社会”。比如有研究关注新闻从业者们在社交媒体上公开的话语实践，研究者们尝试运用职业权威、边界工作、正当性等理论概念对这些话语实践进行现象描述和意义理解④。这种对语境的视角转换容易让研究者看到新媒体技术这个特定

① 黄琳．新媒体生态环境下新闻周刊内容生产研究 [D]. 上海，上海大学，2012 年．

② 李勇．新媒体语境下我国电视新闻生产研究 [D]. 武汉，武汉大学，2012 年．

③ 杨保达．全媒体时代电视财经新闻生产研究 [D]. 上海，复旦大学，2013 年．

④ 参见白红义．新闻权威、职业偶像与集体记忆的建构：报人江艺平退休的纪念话语研究 [J]. 国际新闻界，2014(6)；陈楚洁，袁梦倩．社交媒体，职业“他者”与“记者”的文化权威之争——以纪许光微博反腐引发的争议为例 [J]. 新闻大学，2015(5)；丁方舟．“理想”与“新媒体”：中国新闻社群的话语建构与权力关系 [J]. 新闻与传播研究，2015(3)；李红涛．“点燃理想的日子”——新闻界怀旧中的“黄金时代”神话 [J]. 国际新闻界，2016(5).

变量对新闻生产的影响，较为关注新媒体对新闻生产的组织流程、生产惯习和话语实践的影响，对其背后与政治权力、市场等不同力量的交织关系有所忽略。从分析深度看，相关研究仅简单罗列了新闻生产的影响因素，没有对不同控制力量的实践过程展开分析和理论阐释，理论贡献相对有限。

（4）新闻生产社会学的相关研究，强化了中国新闻学研究的实证路径，提升了应用新闻研究的理论化水平，同时提供了新闻业研究的丰富案例和经验数据

总的来看，上述新闻生产社会学研究，大体有三方面学术贡献：一是促进应用新闻研究的理论化探索。传统的应用新闻研究主要以业务探讨、对策研究以及宏观论述为主，最主要的研究瓶颈在于缺乏理论视野和概念工具。如有学者提到："尽管这一视角中许多理论只能适用于西方，但这种看问题的方式对于理解中国新闻业具有积极的学理意义。"①

二是强化了新闻学研究的实证路径。传统的新闻学研究主要以新闻文本为素材，一般采取文本分析和内容分析等方法。作为经典新闻生产社会学研究的主要方法，民族志方法基本出发点是以近距离的姿态观察新闻生产过程，帮助研究者以内部人视角对行动主体的行为获得意义的"解释性理解"②。如何瑛和胡翼青所言："21世纪以来，研究编辑部新闻生产的视角开始进入我国……这种视角凸显新闻业内在的结构性变化，并终结了传统的新闻学研究范式。"③

三是在以往关于新闻改革的宏观论述之外真实呈现出"行动者"中观和微观层面的实践逻辑，为新闻业研究提供了典型案例和经验支撑。潘忠党曾总结了关于我国新闻改革的三种研究取向：第一种是从某种既定的"体制"原则出发，以价值判断及其论证的形式评说新闻改革；第二种只讨论具体的改革举措，避开"体制"变革这一"敏感"问题，将论述局限于"业务"或"实务"的范围；第三种以社会科学的理论为论述的工具，描述我国新闻改

① 何瑛，胡翼青．从"编辑部生产"到"中央厨房"：当代新闻生产的再思考 [J]. 新闻记者，2017(8).

② 张志安．编辑部场域中的新闻生产——《南方都市报》个案研究（1995—2005）[D]. 上海，复旦大学，2006.

③ 何瑛，胡翼青．从"编辑部生产"到"中央厨房"：当代新闻生产的再思考 [J]. 新闻记者，2017(8).

革的动态过程，并从中抽象出新闻体制改革的理论概括[①]。新闻生产社会学研究介于第二种和第三种路径之间，既能呈现权力实践的动态过程，也能勾勒从业者的行动惯习，对于把握中国媒体新闻生产的内在逻辑具有重要意义。

三、重审语境与重新出发：后续研究的思考

受互联网的结构性影响，新新闻生态系统（New News-ecosystem）正在浮现和形成。中国媒体置身于多层语境和复杂场域的现实将越发清晰，不仅有国内改革和社会转型的动力机制，还有全球化和跨国政治带来的资本流动和意识形态碰撞，甚至还有颠覆人和技术关系的新传播科技革命等。针对新闻生产的后续研究，我们以为，可从对象、语境和视角三个方面加以提升。其中，拓展研究对象需要重申"媒体"边界，注重"国家"语境旨在把握本土脉络，强化空间视角既是对网络化社会的回应，也有利于深化相关研究的理论深度。

1.重新划分新生态中的"媒体"

媒体是新闻生产的主体，但伴随新新闻生态系统的浮现和形成，过去中国媒体的类型划分显然不能完全涵盖和科学划分当下中国新闻业的新行动者。大体来看，已有对中国媒体的划分主要依据三个标准：一是从媒体的控制力量角度而言，以报纸为例，中国报纸曾划分为政党主导的官方报纸（the party-oriented official press）和市场主导的商业化报纸（the market-oriented commercial press），或是一般意义上所说的党报、都市报和晚报。二是从报道文本的倾向来说，将满足大众需求和政党宣传作为两个基本划分维度，对中国媒体进行类型界定。比如有研究者将《中国青年报》视为"大众化的官方媒体"（"popular official" media）[②]。三是从媒体的组织特性和受众人群

① 潘忠党．新闻改革与新闻体制的改造——我国新闻改革实践的传播社会学之探讨 [J]. 新闻与传播研究 ,1997（3）.

② Wang, Haiyan, Sparks, Colin and Yu Huang.Popular Journalism in China: A study of China Youth Daily[J]. *Journalism*, 2017.

来看，将中国媒体划分为机构媒体和自媒体。这三种类型划分还不够完善，而且自媒体（We media）在概念使用上还出现了混淆和乱用现象①。

为此，我们需要重新厘清中国新闻业的行动者类型。在互联网尤其是社交媒体影响下，原先以专业媒体为主导的媒体类型快速分化为专业媒体（professional media）、机构媒体（Institutional media）、自媒体（We media）②等三种类型，同时这三种媒体又几乎全部依托于微博、微信、今日头条等互联网平台媒体（platform media/platisher）而开设账号、增加用户和建立影响。具体而言：

——专业媒体的服务对象是社会公众，它们为公共问题发声，如人民日报、新华网、澎湃新闻、南方都市报等。它们往往发挥信息披露、创新宣传、社会启蒙以及批评监督等功能。当下，考察这些媒体的关键问题是：国家、市场和技术如何影响它们媒体融合和新闻创新的过程和结果？它们如何以及为何采纳新传播技术、拓展新业务、建立新规范？它们为什么走向大众化（popular）？又是如何处理政党宣传和大众需求之间的关系？这对专业媒体的公共性将带来何种深远影响？

——机构媒体的服务对象是特定机构、特定行业或特定领域的相关人群，它们为特定行业、领域、群体的问题发声，往往在垂直领域具有信息发布和舆论引导的优势，主要指政府、企事业单位、社会组织等创办的社交媒体账号。张志安曾尝试以国家分化和属地管理政策分析为视角，对“北京昌平区女法官被枪杀”报道个案中涉及的机构媒体、自媒体和专业媒体之间的互动机制和传播过程展开分析。研究发现，以最高人民法院官方微博为代表的政务机构媒体针对此案中凌晨发布公告、直接报道案件，在前期信息受控的情况下报道空间拓展、实现“边缘突破”。③从中可见，政务机构从传统信息来源变为信息的直接发布者，其所属的机构媒体已成为数字新闻业的重要组成。可供探讨的问题有：寄生于微博、微信以及微头条等社交媒体平台上

① 於红梅．从“We Media”到“自媒体”——对一个概念的知识考古 [J]. 新闻记者，2017(12).
② 张志安，汤敏．新新闻生态系统：中国新闻业的新行动者与结构重塑 [J]. 新闻与写作，2018(3).
③ 张志安．从机关报到机关媒：新新闻生态系统和话语权重构．第十届传播学访问学者计划工作坊主题报告，香港中文大学新闻传播学院，2017 年 1 月 19 日．

的“机关媒”，将如何改变国家—社会—媒体（企业）之间的关系？它们与传统的机关报有何区别？又在新新闻生态系统中扮演了何种角色？

——自媒体的传播主体多是草根个体，它们主要以公益类、科技类、维权类等三类自媒体为代表。自媒体的草根文化如何发挥自我赋权和社会动员的效能？它们的话语动员和抗争，和不同群体/阶层的社会心理结构存在何种关系？自媒体的私利诉求和公共利益之间存在怎样的边界关系和转换机制？不同类型自媒体的生产机制、专业边界和媒介文化是什么样的？它们如何采纳透明性规范和建构真实性？这些问题需要深入探讨。

针对新行动者的研究，一方面，我们不能沿用“旧标准”丈量“新对象”。正如黄旦所说，传统新闻学研究主要依靠职业媒体机构的实践活动搭建知识体系，应该对这样的理论前提进行彻底反思①。另一方面，我们需要从“矛盾”的视角激发新闻生产研究的问题意识，并寻找到新尺度。矛盾是事物发展的动力源泉。矛盾本身又是“相对而连接之关系也”②。比如之前提到的满足大众需求和政党宣传之间的关系就是典型表现，其他还有舆论监督和正面宣传的关系。

2.重审转型社会中的“国家”语境

从理论阐释的角度看，要将新闻生产社会学的研究更多与批判的“国家话语”相结合。一项针对本土学者和海外学者中国媒体研究的脉络梳理发现③，华人学者对中国新闻体制变革性质及发展趋势的界定和评价，具有较为一致的学术实践特征，多是将“国家”纳入批评话语进行研究，对“国家与新闻业”的关系多有比喻式描述和概念化阐释。关注社会转型和技术变革语境下新闻生产的变化和矛盾，并将这些变化的规律性揭示与“国家”语境充分勾连，相关研究的学术想象力可以得到更大的提升。

近年来，市场化报纸相继停刊、中央级党媒影响力大增、省级党媒发展

---

① 黄旦．重造新闻学——网络化关系的视角 [J]. 国际新闻界 ,2015（1）.

② 周雪光．权威体制与有效治理：当代中国国家治理的制度逻辑 [J]. 开放时代 ,2011 年第 10 期．

③ 张志安，束开荣．中国媒体研究的脉络回顾与学术反思——一项基于局内人和局外人视角的考察 [J]. 新闻记者 ,2017(10).

结构性不平衡问题突出，其背后的“国家力量”不容忽视。因此，有必要深入研究人民日报、新华社、央视新闻等新党媒的融合转型，以及澎湃新闻、《南方都市报》、《新京报》等市场化媒体的数字化再造。此外，以BAT为首的互联网资本企业通过投资、收购、合作等方式，迅速进入了国内和国际传媒的主战场，其带来的全球资本流动和政治影响力越发凸显①。“置身于中国场域的新闻生产社会学研究，如果能够贡献出可以与国际对话的全球性、原创性理论成果，很可能就出自于对这些新型互联网巨头的案例研究中。”②

一方面，我们要不断审视和还原多元生产主体自身嵌入的多层语境和复杂场域，挖掘和分析其结构性生存背景中可能存在的主要矛盾。另一方面，要从这些矛盾中提出具体的研究问题，进行经验描述和理论阐释。比如在转型中国社会语境中，周雪光从国家治理视角提供了两个寻找矛盾的线索：一个是中央权威与地方权力间的关系，另一个是国家与民众间的关系③。前者触及权威政体和有效治理之间的矛盾，后者触及国家施政方向和民众需求之间的张力关系。具体回到变迁中的数字新闻业，媒介变革与专业传承、政党宣传和大众需求、正面引导和舆论监督、技术创新与商业控制等问题之间的关系处理即可提供类似的分析线索。

如何有效对上述问题和矛盾做出学术解释和知识生产？从现有的研究框架来看，大体包括两个方面的线索：其一是，学者们尝试从社会学理论和视角搭建和更新理论框架，主要采取“国家—社会—媒体”框架，试图探讨新闻业和市民社会、公共领域之间的互动关系；其二是进入市场化改革阶段以来，该理论框架得到更新并整合成为“国家—市场—社会”框架来理解中国新闻业的动态的体制变革和改革实践过程。前者在探讨自媒体以及公民新闻议题当中得到广泛运用，后者对于理解中国新闻业的复杂性具有启发。此外，赵鼎新提出的“变迁、结构、话语”等都是可供借鉴的理论视角和分

① 张志安，章震，曾子瑾．跨境媒体收购的正当性话语建构——以阿里巴巴收购香港《南华早报》为例 [J]. 华南师范大学学报（社会科学版）,2017(3).

② 张志安．新闻生产社会学视角下的田野观察和案例研究——从博士论文《编辑部场域中的新闻生产》谈起 [J]. 新闻记者 ,2017(5).

③ 周雪光．权威体制与有效治理：当代中国国家治理的制度逻辑 [J]. 开放时代 ,2011(10).

析框架[①]。总体上，伴随互联网传播技术尤其是移动网络、算法推荐、人工智能、AR/VR等对新闻业的影响和公民新闻、消费主义、参与式文化的兴起，技术和受众这两个变量将越来越重要，并被纳入到新闻业的研究框架中来。其中，技术既作为外在变量，也作为内在文化将深层影响媒体行动者的实践逻辑。

另一方面是从政治学视角出发来理解当代中国新闻业，从早期传媒“双轨制”制度视角分析，到新近表述成“政党—国家”视角。政治学当中的“政党调适”“文化领导权”等概念已逐渐成为分析现实的理论资源。应该说，政党和国家重新进入新闻业研究视野，与近年来政党和国家对新闻业的管理实践紧密关联。面对政党舆论引导或宣传需求以及民众需求之间的张力关系，政党如何传播主流意识形态以及重建文化领导权引起学者们的关注兴趣。较之于经典的新闻生产社会学，这些研究具有更宏大的结构性观照，也具有把微观的新闻生产实践与宏观的国家传播体系相结合的学术想象力。

目前针对机关型机构媒体的研究路径大体分为三种：以政府形象和政府治理能力提升为现实问题导向的功能主义路径、以政党文化领导权重塑的建构主义路径、倡导回归政治经济学的批判传播研究路径等。虽然这些研究的对象和方法有所不同，但总体上已逐渐跳脱“媒体中心论”，从相对宏观层面把握媒体在政党、国家、资本、公众等不同主体互动关系中的作用和影响。

3.重思中国新闻业的“网络空间”

立足新媒体社会的语境来研究新闻生产，不仅要考察作为变量的新媒体对于新闻生产的影响，还要将中国新闻生产纳入整个网络化社会语境中加以考察。关于网络化社会语境和逻辑，研究者较多运用网络社会理论（the Network society）、社会网络理论（Social Network Theory，SNT）以及行动

① 赵鼎新．社会与政治运动讲义（第二版）[M]. 北京：社会科学文献出版社，2012.

者网络理论（Actor-Network-theory，ANT）。①

网络社会是历史现象或新社会形态，无论是卡斯特所言的网络社会的崛起，还是梵·迪克所称的“我们可以把21世纪称作网络时代”②，都表明网络已经成为社会系统的神经，它与人类的信息传播共同构成社会的基础架构。该理论对新闻生产研究的启发是，我们不仅要考察信息的生产、传播和消费，还要对其依托的网络结构进行深入考察，比如中国媒体当下主要依托两类平台：一类是基于资讯定制类的平台媒体，如今日头条、一点资讯；另一类是基于社交通信类的平台媒体，如微博、微信。有学者指出，微信“建构了全球化时代的‘实践的地方’感，人们通过多个‘节点主体’实现在世存有”③，而微信新闻则“打破了大众媒体新闻生产中生产与消费的二元对立和线性序列”，表征了一种交往生成观的全新新闻范式④。不同于网络社会理论，社会网络理论以及行动者网络理论并非以互联网的出现作为历史分界线，它们认为社会本质上就是以网络化的方式存在。张玮玉认为：“在社会网络理论中，网络逻辑是非简化论的、关系性的，重点描述节点与它们的关系，以及网络的结构和行为。”⑤黄旦也指出，“作为一个节点，衡量专业新闻传播机构的是接入点和到达点的数量”，“职业新闻传播有位置但不必然有效力”。⑥当下，数十万个政务微博和微信如何替代以往数千份报纸、对整个社交媒体上的信息传播构成结构性影响？以BAT为首的互联网资本企业是如何压缩传统媒体的广告市场？人工智能和算法推荐机制又是如何改变传统的信息传播秩序和逻辑？要回答这些问题，社会网络理论都有积极启发。

行动者网络理论是由法国社会学家拉图尔最先提出，认为“社会是由许

① 张玮玉．粉丝公众．政见CNPolitics众包翻译组翻译，微信公众号“政见CNPolitics”，2018年1月5日．

② ［荷］简•梵•迪克．网络社会——新媒体的社会层面（第二版）[M]．蔡静译．北京：清华大学出版社，2014.

③ 孙玮．微信：中国人的“在世存有”[J]．学术月刊，2015(12).

④ 谢静．微信新闻：一个交往生成观的分析[J]．新闻与传播研究，2016(4).

⑤ 张玮玉．粉丝公众．政见CNPolitics众包翻译组翻译，微信公众号“政见CNPolitics”，2018年1月5日．

⑥ 黄旦．重造新闻学——网络化关系的视角[J]．国际新闻界，2015(1).

多异质性事物之间的联系构成的复杂网络”[①]，“任何通过制造差别而改变了事物状态的东西都可以被称为行动者”[②]，理解行动者网络理论一般有行动者（agency）、转义者（mediator）和网络（network）三个关键词。姜红和鲁曼通过引入行动者网络理论，认为算法作为“非人类行动者”，和人类的传播活动编织在一起成了新型的“行动者网络”[③]。这样就能理解算法机制如何影响新闻分发和再分发过程，因为“在初次分发后，平台型媒体可以通过收集和分析用户的阅读行为等信息，让算法在自我学习过程中完成对算法机制本身的校准，由此反馈和影响新闻资讯的再次分发过程”[④]，这样的网络将受到行动者的行为变化而不断重塑。因此，行动者网络理论的意义体现在：从更为宽泛意义上界定行动者，拓展了以往单纯考察职业记者的视角，还可运用该理论从更为动态的过程理解新闻生产的变化逻辑和网络状态。

如果说社会本身就是网络，空间则是社会或网络的基本维度和存在方式，传统的新闻生产研究对空间视角的关注还有待深入。今天，计算机学科正在尝试通过ICPS（I and Cyber-Physical-Social Systems）和普适计算将信息空间、物理空间和社会空间彻底打通。他们认为，在ICPS系统中，“人是核心，智能是目标，‘人—机—物’三元融合是途径”[⑤]，进而完成对不同空间的整体重构。在列裴伏尔看来，空间本身是具有生产性的[⑥]。卡斯特也指出，空间不是社会的反映（reflection），而是社会的表现（expression）[⑦]。参照这些论述，我们可以探讨作为影响变量的权力、资本和技术和作为语境的网络化社会如何重构新闻生产的空间，或者不同空间对于行动者的职业意识和社会问题感知的影响。未来，新闻生产研究可以更多从空间视域下理解新闻生产的场景特征、生产关系和意义之网。

---

① 姜红，鲁曼．重塑“媒介”：行动者网络中的新闻“算法”[J]. 新闻记者，2017(4).

② 吴莹，卢雨霞，陈家建，王一鸽．跟随行动者重组社会——读拉图尔的《重组社会：行动者网络理论》[J]. 社会学研究，2008(2).

③ 姜红，鲁曼．重塑“媒介”：行动者网络中的新闻“算法”[J]. 新闻记者，2017(4).

④ 章震，周嘉琳．新闻算法研究：议题综述与本土化展望 [J]. 新闻与写作，2017(11).

⑤ 吴朝晖，李石坚，·潘纲．普适计算 2018：发展趋势 [J]. 中国计算机学会通讯，2013(9).

⑥ 刘涛．社会化媒体与空间的社会化生产——列斐伏尔和福柯“空间思想”的批判与对话机制研究 [J]. 新闻与传播研究，2015(5).

⑦ 曼纽尔·卡斯特，网络社会的崛起 [M]. 夏铸九，王志弘等译，北京：社会科学文献出版社，2001.

近年来，已有部分学者开展这方面的研究。英国学者Rodgers, S·曾探讨新闻编辑室和城市空间的内在关联，尝试对媒体权力的“建筑学”问题做出回答，认为新闻编辑室是编辑工作的固有环境，它主要通过循环的媒体形式（circulated media form）联结城市公共空间。[①]城市也作为共享的社会结构形塑公民身份，美国学者Boyles, J. L.通过深度访谈和人类学观察数字化时代的新闻生产，研究认为数字化环境不仅塑造新的受众群体，还促进市民和城市的联系[②]。这些研究表明，尽管今天新闻生产处于数字化时代，但是传统的物理空间依然对受众的新闻参与、记者的职业感知产生影响[③]。未来新闻生产社会学的创新，需要把握网络化语境对空间的深层变革、探讨不同空间的相互关联、理解空间对新闻生产和行动者的深层意义，运用更加跨学科视角研究开放化的、扩大的、边界泛化的新闻生产消费空间及其实践问题。

当前，在大数据、人工智能、区块链等网络传播新技术的驱动下，数字新闻业的变革正在加速，传统以精英媒体人为主体、以专业化的意识形态为基础、以机构化的运作为空间、以建制化的组织文化为依托的新闻生产已经发生了结构性变迁。立足技术发展的前沿、把握社会变迁的语境，“本土化”的新闻生产社会学应大有可为。

（作者张志安为中山大学传播与设计学院教授、院长；章震为中山大学传播与设计学院2017级博士研究生。本文原载《新闻记者》2018年第9期）

---

① Rodgers, S.. The architectures of media power[J]. *Space & Culture*, 2014, 17(1): 69-84.

② Boyles, J. L.. Building an audience, bonding a city digital news production as a field of care[J]. *Media Culture & Society*, 2017,39(7):945-959.

③ Usher, N.. Newsroom moves and the newspaper crisis evaluated: space, place, and cultural meaning[J]. *Media, Culture & Society*,2015,37(7): 1005-1021.

2018年全球新闻业研究趋势：新语境、新方法和老问题

方可成 贾宸琰

【摘要】

在2018年的全球新闻业研究中，越来越多的学者开始结合算法、机器学习等新语境，采取了元分析、社交网络分析、计算机科学等方法，探讨假新闻、媒体偏向性、新闻可信度等经典问题。与前几年相比，学者们不局限于研究新技术在媒体领域的接受度和应用情况，而是更多从批判的角度出发，探讨了新技术对新闻行业、社会生活和政治权力的影响。

【关键词】

算法 媒体偏向性 新闻可信度 假新闻 行政研究 批判研究

2018年全球新闻业研究的一个明显趋势是：越来越多的学者开始结合算法（Algorithms）、机器学习（Machine Learning）等新语境，探讨假新闻（Fake News）、媒体偏向性（Media Bias）、新闻可信度（News Credibility）等经典问题。以下，我们综述了2018年出版的重要论文和著作，包括在新闻传播学顶尖国际期刊*New Media & Society*、*Journal of Communication*、*Communication Research*、*Journalism*、*Digital Journalism*、*Journalism & Mass Communication Quarterly*、*Journalism Studies*上发表的论文，重要的工作论文（working papers），以及重要的学术著作，从中总结出一些共同的主题和思考进路。

一、算法在新闻行业的应用及局限

2018年，算法和机器学习依旧是科技领域的热词，是新闻业界创新的热词，同时也是新闻业研究的热词。除了研究开源的算法，研究者大多采用黑箱测试（Black Box Testing）的方法研究并未公开的算法。

社交媒体的推荐算法对新闻业的影响一直是研究者关注的重点。近年来，人们通过Facebook等社交媒体接触新闻的比重日益增大。[①]然而，由于社交媒体平台的算法往往依据人们不同的兴趣进行排序和推送，人们接收的新闻也日益两极分化（polarization）。许多学者将这一现象称为“过滤气泡”（filter bubbles），并呼吁各界警惕由此带来的影响。Bechmann和Nielbo的研究以Facebook信息流（News Feed）的算法EdgeRank为例，调查了人们在多大程度上能接触到相同的新闻。[②]这项研究采用了黑箱测试的方法，通过文章链接来源（link sources）和文章语义内容（content semantics）两种分析方法，检验“过滤气泡”现象是否真实存在。链接来源指的是，在Facebook平台上转发的外部链接，抑或是由好友直接在Facebook平台发布的内部链接。研究结果显示，在链接来源的分析中，少于10%的参与者可以被认为处在“过滤气泡”中；在内容语义分析中，少于27.8%的参与者在“过滤气泡”中。尽管这项研究结果似乎并没有印证“过滤气泡”的大范围存在，但研究者发现，是否有过滤气泡的最佳预测指标是用户个人的“社会性”。具体来说，如果一个用户的好友数越少，关注的专页（page，一个专页类似于一个微信公众号）越少，加入的群组越少，那么他（她）就越有可能身处过滤气泡之中。这表明，即便是在算法推荐的平台上，用户自身的行为对其接触到的信息是否多元，也有着非常重要的影响。

---

① Boczkowski, P. J., Mitchelstein, E. & Matassi, M. . “News comes across when I'm in a moment of leisure”: Understanding the practices of incidental news consumption on social media[J]. *New Media & Society*, 2018,20(10): 3523-3539.

② Bechmann, A. & Nielbo, K. L.. Are We Exposed to the Same “News” in the News Feed? [J] .*Digital Journalism*, 2018,6(8): 990-1002.

还有的研究探讨了算法在新闻发布过程中的作用。比如，Weber和Kosterich研究了算法可以在多大程度上做到像人类编辑一样筛选并对新闻进行排序。[①]这项研究对59个开源手机新闻应用的代码进行分析。这项研究的主要发现包括：一是这些算法主要可被归为分类（classification）和回归（regression）两种机器学习的主流方法。二是这些算法依赖第三方应用程序接口（API），比如纽约时报和谷歌新闻的API。因此，自动发现新闻的算法主要基于哪些新闻最受欢迎或由最顶尖的机构生成。三是自动发布新闻的算法往往与实际的新闻业相脱离。开发移动新闻应用的算法与从API抓取新闻的算法，往往不是由同一个程序员写的。

从研究者的角度，Broersma和Harbers 的文章提到，在人类的监督下，机器学习不失为一种研究新闻史的有效手段。算法可以借助大数据，长期性地对报刊材料进行话语分析。而报纸的电子化归档，也为这种思路提供了可能性。[②]

除了研究算法的应用，不少研究指出了算法的局限性及其潜在危害。例如，一项研究以YouTube上的极端主义和反极端主义视频为例，采用信息网络分析的研究方法，研究了算法在极端主义防范方面发挥的作用。[③]研究结果显示，由于极端信息（extremist messages）和反极端信息（counter-messages）往往有相似的关键词，并且出现在相同的网络环境中，算法常常假定二者拥有正相关的关系。这也导致了算法在预防极端主义方面没有发挥正向作用。

由于算法的局限性和可能存在的问题，有越来越多的人呼吁：科技公司应该打开算法这个黑箱，让算法透明化，接受公众的监督。比如，Facebook到底是怎么决定让哪些内容出现在人们的时间线上的？为什么有时候会推荐假新闻？要不，公开代码给大家看看？Ananny和Crawford 的文章就聚焦了算法透明性（transparency）和算法问责（algorithmic accountability）等根本性问

---

① Weber, M. S. & Kosterich, A. .Coding the News[J]. *Digital Journalism*, 2018, 6(3): 310-329.

② Broersma, M. & Harbers, F.. Exploring Machine Learning to Study the Long-Term Transformation of News[J]. *Digital Journalism*, 2018, 6(9): 1150-1164.

③ Ernst, J., Rutkowski, O., Schmitt, J. B. & Rieger, D.. Counter-messages as Prevention or Promotion of Extremism?! The Potential Role of YouTube: Recommendation Algorithms[J]. *Journal of Communication,* 2018, 68(4):780-808.

题。[①]不过，他们认为：仅仅讲“算法透明化”是不够的，甚至可能让人误入歧途。他们说，呼吁透明化，是因为人们理所当然地认为：当人们看见了一个东西，自然就有机会和义务去监督它、改变它。简言之，透明化带来一种掌控感。

然而，这样的想法是存在漏洞的。两位研究者总结了“算法透明化”的十大局限性。比如，看见了，并不一定意味着能够采取行动；当信息过多的时候，当无用信息淹没了有用信息的时候，透明化可能适得其反，让人找不到头绪；信息的封闭和透明并不是非黑即白的选择，不是只有“完全黑箱”和“完全透明”两种选择；看见了黑箱里面，不代表理解了它的原理；算法越来越庞大和复杂，以至于在科技公司开发算法的过程中，出现了很多连程序员自己都无法理解的结果；算法是在不断变动中的，看见了当下的算法，不代表能够预见未来的算法怎样运转；等等。他们认为，我们要做的不是“朝系统里面看”，而是“将不同的系统结合起来看”，其中包括代码、机器等非人类元素，也包括在这个系统中的人。这些论述对于推进这一主题的研究非常重要，值得留意。

除了上述研究，算法中立性、算法与权力的关系、算法对社会的影响等都是学者们关注的重点议题。2018年，多本关于算法的学术著作相继出版。这些著作大多从批判性的角度出发，讨论算法对社会的影响。美国南加州大学Annenberg传播学院的助理教授Safiya Noble的新书《算法的压迫：搜索引擎如何强化种族主义》（*Algorithms of oppression: How search engines reinforce racism*）从批判研究的视角，探讨了搜索引擎是如何在算法中立的口号和商业资本的运作下，复制和固化了社会对于边缘群体的偏见，从而加剧了社会的不平等。[②]作者在书中以谷歌搜索引擎的PageRank 算法为例，指出：算法本身可能并不具有偏见，但是它却能够复制社会加诸于边缘群体的偏见，遵循和延续了社会上的主流看法，如果主流看法本身是具有偏见的，那么算法将

① Ananny, M. & Crawford, K.. Seeing without knowing: Limitations of the transparency ideal and its application to algorithmic accountability[J]. *New Media & Society*, 2018, 20(3): 973–989.

② Noble, S. U.. *Algorithms of oppression: How search engines reinforce racism*[M]. New York, NY, US: New York University Press,2018.

延续这种偏见。此外，算法也可能受到商业资本的影响，将信息和知识商品化，从而加剧社会的不平等。

另一本重要的研究算法的著作是哥本哈根大学副教授Taina Bucher的《如果……那么：算法权力和政治（*If...then: Algorithmic power and politics*）。[①] 这本书从批判的角度探讨了算法给我们的社会关系带来了巨大的改变，算法如何影响我们的日常生活以及我们的沟通方式，以及算法和权力的关系。比如，Bucher提到了编程给我们的社会性赋予了新的形式（programmed forms of sociality）。社交平台给"朋友"赋予了新的定义，社交平台上的好友关系是一种被程序定义和影响的关系，它与线下的朋友关系并不对应，它反映出的是平台本身的技术特性和商业需求，同时它也会影响我们和他人的社交方式。

除此之外，作者还在挪威、丹麦、瑞典三个国家的媒体中进行了20个深度访谈，研究新闻媒体如何使用算法。总体而言，媒体的管理者认为，算法平台可以促使记者更考虑读者的需求，并且加快生产流程。但算法的缺点在于，如果个性化过多，可能会导致媒体无法将最重要的信息传达给所有人；算法虽然被一些媒体用来对新闻排序，但是人工编辑还是要不断检查防止它出错。因此，媒体管理者并不允许算法拥有完全取代编辑的权力。

二、假新闻、媒体偏向性和可信度

面对假新闻（Fake News）、媒体偏向性（Media Bias）和可信度（Credibility）这些经典话题，社交媒体、算法技术的冲击为研究者提供了许多新的研究角度。

美国西北大学和伊利诺伊大学香槟分校的一项研究，分析了2016年美国总统大选前后移动端和网页端的访问数据。这项研究发现，在线虚假新闻的受众由一小群重度互联网使用者组成，这一群体只占所有新闻受众的一小部

---

① Bucher, T.. *If...then: Algorithmic power and politics*[EB/OL]. Oxford Scholarship Online. 2018. https://doi.org/10.1093/oso/9780190493028.001.0001.

分。此外，这项研究还发现社交网站在为假新闻导流方面“功不可没”，通过社交媒体访问假新闻网站的受众比通过真实新闻网站访问假新闻的受众多得多。①

明尼苏达大学副教授Matt Carlson同样分析了2016年美国总统大选期间的假新闻，不过他没有研究假新闻的实际传播，而是关注了假新闻的符号学维度——人们，特别是新闻界是如何谈论“假新闻”的。Carlson将媒体对“假新闻”的批判称为“信息道德恐慌”（informational moral panic）。这一概念基于Cohen在1972年提出的“道德恐慌”一词②，在这个语境下主要指的是：在假新闻的案例中，新闻界对“假新闻”的焦虑并不针对特定的某一群体，而是因为社交媒体所带来整体信息环境的转变而产生的，这些转变包括：传统新闻渠道边界的消融、点击量驱动的新闻、社交媒体在新闻分发中越来越重要的作用，等等。③

在Carlson另一篇关于后真相时代的文章中，他提到，曾经新闻业在冲突中塑造自身的权威性时，一方面，要占据传播的中心位置，将生产的信息进行最大限度的传播；另一方面，又要保持一种边缘位置，做一个冷静的旁观者，尤其是不能和政治权力走得太近。然而，这种策略在目前的传播环境和政治环境下越来越行不通了。④同样地，乔治华盛顿大学教授、传播学旗舰期刊*Journal of Communication*的主编Silvio Waisbord则从新技术的角度，探讨了“假新闻”和“后真相”的深层根源。他认为，对“假新闻”的流行理解是浮于表面的，甚至是错误的。比如，“假新闻”并不是当今新闻业的趋势。恰恰相反，近年来，随着数据新闻、全球性的优质调查报道、事实核查运动等新潮流的兴起，主流新闻业对待事实其实是更加认真了，并没有变得比以前更容易出错、造假。同样，我们也不应该认为，“后真相”就是当今传播

---

① Nelson, J. L. & Taneja, H.. The small, disloyal fake news audience: The role of audience availability in fake news consumption[J]. *New Media & Society*, 2018,20(10):3720-3737.

② Cohen, S.. *Folk devils and moral panics: The creation of the mods and rockers*[M]. London: Paladin, 1972.

③ Carlson, M.. Fake news as an informational moral panic: the symbolic deviancy of social media during the 2016 US presidential election[J]. *Information Communication and Society*, 2018b,8(1): 1-15.

④ Carlson, M.. The Information Politics of Journalism in a Post-Truth Age[J]. *Journalism Studies,* 2018a,19(13): 1879-1888.

环境的决定性特质。Silvio Waisbord认为，问题既不出在新闻媒体身上，也不出在受众身上。真正的原因是：新技术的发展，使得过去几十年间建立起来的一套生产和定义真相的系统崩溃了。一方面，冷战结束了，美国人不再面临共产主义的威胁。美国政治越来越两极分化，精英之间的共识越来越少。专家学者在社会上的地位逐渐下降。大众对科学、事实、统计的信任度，也出现了分裂，变得和党派立场高度相关。另一方面，互联网和社交媒体的崛起，使得知识生产从自上而下的垂直体系，变成了一种网状的平面体系，人人都可以生产和传递信息，出现了一个个互相隔离的小圈子。如此一来，真相不再被精英们以科学理性的方法垄断。作为这套系统的一部分，新闻业以“真相的提供者”而自我定位，自然也受到越来越大的怀疑和挑战。[①]

除了假新闻、后真相时代，媒体偏向性、可信度和透明度也是学者长期关注的话题。*Journalism & Mass Communication Quarterly*在2018年第一期季刊的主题即为事实核查应用及新闻可信度。研究话题包括，算法时代的署名透明度问题[②]，事实核查网站在纠正认知上的有效程度，[③]以及外包编辑是否会损害新闻准确性，[④]等等。

这些研究大多分析了社交媒体、新闻网站或者算法技术对媒体的影响。比如，Twitter已成为新闻记者报道突发新闻，建立与公众互动的主要社交媒体平台。一项关于Twitter的研究发现，受众与记者在Twitter上的互动可以减少其对新闻的认知偏见。[⑤]另一则研究则探究了新闻消费者如何评估在线数字资源在新闻生产过程中的应用。简单而言，当人们知道某条新闻来源是Twitter和Facebook的时候，是否会影响其对该条新闻可信度的判断。研究结果显

---

① Waisbord, S. Truth is What Happens to News[J]. *Journalism Studies*, 2018,19(13):1866-1878.

② Kerr, R. L., de Vreese, C., Logan, R. A., Steiner, L., Pearson, G. S. & Pierson, C. A.. Authorship Transparency in an Era of Accountability[J]. *Journalism & Mass Communication Quarterly,* 2018,95(4): 871-885.

③ Young, D. G., Jamieson, K. H., Poulsen, S. & Goldring, A. Fact-Checking Effectiveness as a Function of Format and Tone: Evaluating FactCheck.org and FlackCheck.org[J]. *Journalism & Mass Communication Quarterly*, 2018,95(1): 49-75.

④ Martin, D., J. & Martins, J. R.. Outsourced Credibility[J]. *Journalism Studies*, 2018,19(2):247-267.

⑤ Gil de Zúñiga, H., Diehl, T. & Ardèvol-Abreu, A.. When Citizens and Journalists Interact on Twitter[J]. *Journalism Studies*, 2018,19(2):227-246.

示，无论是网络信源还是传统信源，当读者能看见记者验证了新闻来源时，读者对其可信度的评价都会提升。①还有一则2018年10月发表于*New Media & Society*的文章，探究了记者在社交媒体上关注的人，和他们撰写的报道之间是否存在相同的倾向性。这项研究以美国为背景，使用计算科学方法（computational method），测量记者关注的用户的倾向性（自由派还是保守派），以及记者所写报道的倾向性（自由派还是保守派）。研究结果显示，二者之间存在明显的相关性：关注保守派多的记者，写的东西也倾向于保守派；反之，关注自由派多的记者，写的东西也倾向于自由派。②

除了研究用户与记者之间的互动对新闻可信度和倾向性的影响，还有的研究试图探索网络交互性（Web interactivity）是否会对用户的认知度、知识获取和信息回忆等方面产生影响。一项2018年的研究运用元分析（Meta-Analysis）的方法，对63项已有研究的结果进行分析。该项研究显示，网络互动性与用户享受度、态度积极程度和行为的理想程度显著相关。然而，这种交互性并不一定会增加认知度、知识获取能力和信息回忆能力。③

三、"酵母特刊"给新闻学研究的启发

2018年，传播学界的旗舰期刊*Journal of Communication*出版了一期名为"领域的酵母"（Ferments of the field）的特别专辑。这个名字来源于这份期刊1983年出版的专辑"Ferment of the field"。当时，在主编一职上工作时间最长的George Gerbner主持了这期专辑，一次推出30篇文章，对传播学学科进行了一次深入的检视和反思。1993年和2008年，《Journal of Communication》又先后两次推出过这样的反思专题。因此，2018年的这一期，是第四次这样的专刊了。以这份期刊的地位和这些文章的分量，每次专刊出版都是传播学

---

① Kruikemeier, S. & Lecheler, S.. News Consumer Perceptions of New Journalistic Sourcing Techniques[J]. *Journalism Studies*, 2018,19(5): 632-649.

② Wihbey, J., Joseph, K. & Lazer, D.. The social silos of journalism? Twitter, news media and partisan segregation[J]. *New Media & Society*, 2019,21(4):815-835.

③ Yang, F. & Shen, F.. Effects of Web Interactivity: A Meta-Analysis[J]. *Communication Research*,2018, 45(5):635-658.

领域内的一次不小的事件，也是一个让领域内的学者反思学科发展的机会。

本次专刊收录了20篇文章，作者都是领域内的重要学者。专刊编辑有两位，一位是威斯敏斯特大学教授Christian Fuchs，另一位是华人学者、香港中文大学教授邱林川。两位编辑探讨了如下几个主题：第一，目前的传播学研究在地域上依然是高度不平衡的。虽然随着过去三四十年的全球化进程，传播学研究也变得越来越全球化，但两位编辑仍然认为，美国和西欧在这个学科领域占绝对主导地位。导致这一情况的主要原因是研究经费的限制。这里的经费限制不仅指欧美发达国家的研究投入更多，也指大多数的研究经费依然是聚焦在某一个具体的国家或地区，很少有研究经费支持的是真正的全球合作和比较研究。因此，很多打着“国际传播”名号的研究，其实只是对某一个具体国别的某一个具体现象的研究，并不具备真正的国际、比较的性质。专刊中一篇名为*Communication So White*的文章编码和分析了1990年至2016年期间的期刊论文主要作者的种族构成。研究不出意料地发现，非白人学者在出版率、引用率和传播研究中的编辑职位上被低估。[①]

第二，目前的数字媒体研究是非常碎片化的，出现了很多小的领域：互联网研究、信息社会研究、监控（surveillance）研究、数字人文、社交媒体研究、计算社会科学、大数据研究、移动媒体研究、信息传播技术促进发展（ICT4D）研究等。这种分封割据的局面，使得主流的数字媒体研究变得视野很窄，往往局限在技术乐观和技术悲观两种论调的争论中。数字媒体的发展给传播学带来的另一个重要影响是：在研究方法上，大数据分析成为跟风的对象，但是两位编辑认为，目前的大数据分析局限性是非常明显的，它是一种positivist（实证主义）的范式，缺乏对大问题的批判反思。此外，他们甚至认为，“计算社会科学”的普及可能会给人文社会科学带来威胁，让它们都变成计算机科学。当然，他们并不是反对传播学使用新方法，但是研究必须以问题为导向，必须有理论价值，而不是以方法为导向、无理论基础。总而言之，研究的方法不能盖过研究的意义。

---

① McIlwain, C., Kuo, R., Grubbs, V. & Chakravartty, P.. Communication So White[J]. *Journal of Communication,* 2018,68(2): 254-266.

第三，是在经历了很长一段时间的低迷之后，批判研究有重新兴起的趋势，这跟2008年依赖的金融风暴、区域冲突、世界政治格局变化等都有着直接的关系。这一波重新兴起的趋势，最主要的特点便是新唯物主义取向（new materialist turn）。也就是说，批判研究现在关注的不仅是抽象的观念和意象，也关注基础设施、自然环境、身体等实实在在的实体。用邱林川的话说："所谓新唯物主义，指的是在继承马克思主义基本理论框架的基础上，结合科技与社会变迁的经验现实，发掘新问题、发展新观点。"在他看来，新一期酵母专刊中有四篇风格各异的文章属于新唯物主义取向，Murdock提出的"机器的道义经济"（a moral economy of machines）概念以理解作为基础设施的互联网①；对"后真相"时代环境新闻及发展中国家电子垃圾的分析②；Cooren在"社会关系物质化"基础上提出的"相对本体论"将传播研究之外部边界由人类社会推至自然界③；以及Gill与Kanai从性别视角剖析新自由主义主体性对女性身体及自我意识的改造。④

行政研究量化研究，关注的多是媒介效果；而批判学派更多是质化研究，主要流派有文化研究、传播政治经济学等。即便二者侧重不同，但专刊中的一篇文章通过网络分析法揭示："批判学派与行政研究并非水火不容，而是有相当交集。"很多时候，一些精细的效果研究背后也有宏大而真切的社会关怀，一些批判研究也需要借助量化的、"科学的"手段。⑤正如Robert Craig提出的，传播研究的本质目的就是让传播作为社会实践有更丰富、更有效的规范与技巧，并为此发展出一套知识生产的根本性论述。⑥这些针对传播学整个大领域的探讨和反思，对推进新闻学的研究也能带来启发。

---

① Murdock, G.. Media Materialties: For A Moral Economy of Machines[J]. *Journal of Communication*, 2018,68(2): 359-368.

② Christensen, M. & Nilsson, A. E.. Media, Communication, and the Environment in Precarious Times[J]. *Journal of Communication*, 2018, 68(2):267-277.

③ Cooren, F.. Materializing Communication: Making the Case for a Relational Ontology[J]. *Journal of Communication*, 2018,68(2): 278-288.

④ Gill, R. & Kanai, A.. Mediating Neoliberal Capitalism: Affect, Subjectivity and Inequality[J]. *Journal of Communication*, 2018,68(2):318-326.

⑤ Splichal, S. & Mance, B.. Paradigm(s) Lost? Islands of Critical Media Research in Communication Journals[J]. *Journal of Communication*, 2018, 68(2): 399-414.

⑥ Craig, R. T.. For a Practical Discipline[J]. *Journal of Communication*, 2018,68(2): 289-297.

四、结语

总的来看，与前几年相比，2018年的研究不仅局限于研究新技术在媒体领域的接受度和应用情况，更多探讨了算法等新技术对新闻行业、社会生活和政治权力的影响。在新技术的语境下，假新闻、媒体偏向性、新闻可信度等老问题有了新的解释空间。与此同时，行政研究和批判研究都结合科技与社会的变化，着眼新闻传播领域的新问题。一方面，越来越多的行政研究学者采取元分析、社交网络分析、计算机科学等新的研究方法；另一方面，批判研究也“重整旗鼓”，对后真相、性别问题、新技术的局限及其社会影响等问题进行解读。

（作者方可成为香港中文大学新闻与传播学院助理教授、宾夕法尼亚大学传播学院博士；贾宸琰为德州大学奥斯汀分校新闻学院博士生）

2018年中国新闻研究的回顾与反思

白红义

【摘要】

本文对2018年发表在CSSCI来源期刊上的新闻研究论文进行了回顾，从研究的议题、概念和理论三个维度展示了研究的基本状况。不仅呈现研究者着力关注的研究问题，而且讨论了他们在分析这些问题所使用的概念和理论。回顾的目的在于概括出当前新闻研究的基本特点，更希望能对研究存在的问题和不足有所反思。

【关键词】

新闻研究　新闻业　议题　概念　理论

一、导言

伴随着新闻行业的衰退，以新闻业为研究对象的新闻研究(journalism studies)正呈现出十分繁荣的状态。①但与此同时，对于新闻研究作为一门学科的合法性以及未来的发展趋势也成为西方研究者近年来十分关注的话题，他们特别强调重新反思过去基于长期稳定的新闻业环境而形成的新闻研究，为未来的研究设置议程。②虽然新闻行业的变革为新闻研究提供了新的机遇，但如果研究本身没有相应的进步也很难抓住这种研究机遇，这正是近年来西方

① 白红义．新闻行业的变革与新闻研究的勃兴 [J]. 青年记者 ,2018(19).

② Boczkowski, P. J. & Anderson, C. W. (Eds.). *Remaking the News: Essays on the Future of Journalism Scholarship in the Digital Age*[M]. Cambridge, MA: The MIT Press, 2017.

新闻学界兴起反思热潮的关键所在。

对中国新闻研究来说，同样面临着新闻行业的衰落、变革、转型、创新等新情况对研究本身提出的挑战以及随之而来的机遇，同样需要反思既有研究的问题和不足，推进研究水平的持续提升。不过，在反思之前对当前中国新闻研究的发展状况进行回顾，了解和掌握研究的基本情况是一项前置性的基础工作。出于这个目的，本文将对2018年的中国新闻研究状况进行梳理，以新闻学研究进入中国100周年和改革开放40周年这样一个关键时刻为切面，试图对当前中国新闻研究的诸多特点有所提炼和总结。在回顾之前，有两点需要说明：

第一，新闻研究虽然源出于西方，但在长达100年的历史中已经形成了自己相当鲜明的中国特征。①可以说，已经成为一门既有普遍性又有特殊性的学科。此前已有研究者对2018年在特殊性这方面的研究进展进行了回顾。②本文关心的则是新闻研究作为社会科学更具普遍性的一个面向，它接近于卡尔森(Carlson)等人对新闻研究的界定，关注的是一个信息性的公共文本的领域，涉及与之有关的新闻、公众、组织、专业和制度，生产这些文本的物质材料和技术，以及塑造其流通和消费的个体和多元力量。③因此，纳入本文梳理的文献主要是两种类型：一种是实证研究，另一种是理论研究。④

第二，本文梳理的文献主要来自新闻传播学科的CSSCI来源期刊，还有少数来自一些综合性刊物。受限于个人的精力和能力，这不是一个严格意义上的对现有研究进行整体爬梳的文献回顾，而是具有明显的个人偏向的阅读体会。因此，本文无法做到全景式地展现中国新闻研究的现状，而是选择从议题、概念、理论三个具体的维度进行回顾。议题表明研究者关心的主要话题是什么，概念和理论则是研究者处理研究问题时具体使用的工具。

---

① 杨保军，李泓江．新闻理论研究的当代中国特征[J]. 新闻界,2018（2）.

② 邓绍根，王靖雨．回眸2018年中国新闻学研究[EB/OL]. 中国社会科学网,2019-1-3,http://sky.cssn.cn/xwcbx/xwcbx_pdsf/201901/t20190103_4805667.shtml.

③ Carlson, M., Robinson, S., Lewis, S. C. & Berkowitz, D. A.. Journalism studies and its core commitments: The making of a communication field[J]. *Journal of Communication*, 2018,68(1): 6-25.

④ 根据新闻研究的这一定义，本文没有把马克思主义新闻观和中国新闻史的相关研究涵括在内。

二、议题

在2018年的新闻研究中，新闻从业者、媒体融合和计算新闻三个议题是研究者们较为关注的领域。不仅是因为它们在发表数量上占优，也是因为对这三个议题的研究出现了一些值得重视的新特点。

第一，对新闻从业者的研究。新闻记者作为一个职业群体发生的变化一直是新闻研究特别关注的议题，2018年的研究体现出了非常多元化的研究角度。高贵武和江灏锋的研究以1953年至2017年的《人民日报》报道为分析数据，讨论中国记者在一个长时段内媒介形象的变化。研究发现，记者的媒介形象从早期的单一正面的政治精英形象，逐渐呈现出多样化的普通从业者形象，负面形象出现的比例逐渐增多，其中市场逐利和职业操守失范是影响和破坏记者媒介形象的重要因素。①张伟伟讨论的是传统媒体新闻工作者的互联网工作性使用与职业角色认知的关系。数据分析显示，“辅助专业化新闻生产”的互联网使用行为对新闻工作者作为“宣传者”和“监督者”的职业角色认知具有正向预测力，而“推进社会化新闻生产”的互联网使用行为对新闻工作者作为“娱乐者”的职业角色认知具有正向预测力。这说明互联网工作性使用行为对新闻工作者的某一种职业角色认知有着特定的培育效果。②张伟伟和郭小安合作的另一篇论文分析的是新闻从业者的工作自主性感知水平与政治效能感之间的相关性。数据表明，他们研究的西北地区新闻从业者的工作自主性感知总体水平较低，其中政治对自主性干扰的程度高于经济。政治自主性感知对新闻从业者的内在政治效能感具有显著正向预测力；经济自主性感知则对新闻从业者的内在和外在政治效能感均具有正向预测力。③刘昶和孟伟通过对目前在岗的中国驻外记者的问卷调查，对这一群体的职业现状进行了细致的展现，包括驻外记者的职业特色、影响驻外记者工作的要素、

① 高贵武，江灏锋．从政治精英到普通业者：中国记者媒介形象流变——基于建国以来《人民日报》相关报道的分析 [J]. 新闻界 ,2018（10）.

② 张伟伟．传统媒体新闻工作者互联网工作性使用与职业角色认知研究——一项基于报纸和电视媒体的实证考察 [J]. 现代传播 ,2018（3）.

③ 郭小安，张伟伟．新闻从业者的工作自主性感知与政治效能感——一项针对西北地区的调查研究 [J]. 新闻记者 ,2018（3）.

驻外记者的职业价值观、应具备的职业能力、驻外记者的培养机制等。①

在少量的量化研究之外，更多的研究者对新闻从业者进行了质化研究。周睿鸣等人的研究在传播技术变革、中国传媒改革和新闻业变迁的历史语境中考察新闻从业者如何理解职业共同体。他们用“液态的连接”来概括新闻从业者职业理念中割裂的部分：一方面，新闻从业者继续以模糊、多样的职业身份面对行业不确定性，开展新闻实践；另一方面，他们通过对群体整合的想象与渴望，回顾或呼唤清晰、固定的职业身份，以此克服行业急速变动中自身主体地位的焦虑。②彭华新等人的研究关注的是“跑线记者”。他们发现，跑线记者在新闻报道中从协商性策略、中立性策略、对抗性策略三个层面维系自身与对口单位的关系，还在社交媒体上着力维护“媒体—对口单位”关系。③在另一篇论文中，两位作者分析了依附于传统媒体的职业报料人。他们发现，在自媒体时代，这些“边缘媒体人”对正统的新闻生产已然有很高的辅助价值和补充意义，但在政治地位、社会资源、经济基础等方面，与已经没落的职业记者仍然有较大的落差，在自我意识上仍然存在自卑心理，并在实践中试图通过伦理来建立自我调适功能和职业生存策略。④陈楚洁把那些离开新闻行业的媒体创业者纳入研究视野，通过对有关媒体创业的叙事文本的分析，试图从中透析媒体创业者的职业认同、角色认知与媒体价值观。“媒体创业叙事既勾连了传统媒体机构、媒体人职业经历的昨天与今天，也构筑了媒体创业者对传媒业未来的想象。在推崇创业思维的情境下，媒体创业者正在经历职业认同、价值观与职业伦理的重构，并未形成共识。”⑤曹珊关心的是新闻从业者的书写权力问题。作者认为，新闻实践中的书写主体、书写规则、书写话语等都在发生着变化，新闻业边界的模糊带来

① 刘昶，孟伟．中国驻外记者的现状、问题与培养研究 [J]. 现代传播，2018（8）.

② 周睿鸣，徐煜，李先知．液态的连接：理解职业共同体——对百余位中国新闻从业者的深度访谈 [J]. 新闻与传播研究，2018（7）.

③ 彭华新，郝金华．协商、中立、对抗：当代媒体环境中“跑线记者”的话语策略 [J]. 新闻大学，2018（5）.

④ 彭华新，郝金华．“边缘媒体人”的职业变迁与社会阶层——基于新闻民族志的观察 [J]. 现代传播，2018（11）.

⑤ 陈楚洁．“从前有一个记者，后来他去创业了”——媒体创业叙事与创业者认同建构 [J]. 新闻记者，2018（3）.

新闻书写主体的多元化，新闻从业者与公众共同参与新闻实践；媒介组织的社会化对传统新闻选择与编辑标准产生了极大的冲击，新闻生产中的书写规则被不断改写；新闻视觉化表达的兴起颠覆了组织化新闻生产中新闻话语的独白式、单一同质性，新闻书写话语逐渐呈现出互动交往的趋势。[①]胡沈明和冯淑闲考察媒体人如何建构他们的职业存在感及其价值困境的根源和出路。在感知到价值失序对身份认同的冲击时，媒体人企图通过倡导“理想”“信念”和“公正”三种理念，采用“专业”“理想”和“神话”三种话语区隔策略建构其职业存在感，但由于认识的错位导致了价值困境的必然性。[②]

第二，关于媒体融合的研究。从英文文献来看，在2010年前后西方新闻学界对媒体融合的研究就开始日趋减少，而在数字新闻研究的大框架下对新闻业各个方面的变化进行探究。但在中国语境下，媒体融合不仅是一个深具政治意涵的行业问题，更是一个持续升温的研究领域。王辰瑶对过去15年中英文文献中分析过的77个新闻业的融合案例进行了再考察。她首先对新闻融合进行了界定，认为它是新闻领域的行动者面对变动的媒介环境采取的一种主动的创新行动，具体区分了媒介拓展、组织联合、成员合作、参与式新闻四种融合类型。作为策略的“新闻融合”更容易发生在新闻业内部而非外部，但容易遭致编辑部的内部抵抗，主因是围绕新闻融合实践的关系结构不合理。[③]龚彦方和王琼慧的研究具体考察了一家自媒体的参与式新闻生产，把它视为一种创新实践。创新体现在，它创建了一个“线上和线下”双重循环的、充满流动性和交互性的新闻社区，其核心枢纽是去制度化的“虚拟编辑部”。在这个社区内，业余者成为积极的、具有主体性的媒介生产者。[④]同样是讨论新闻创新，白红义关心的是一家新闻网站的创新失败问题。他细致呈现了网站的日常新闻生产过程，认为它处在一种“新技术、旧实践”的状态，从实践、表现、环境、秩序与变革四个因素对创新失败的原因进行了分

① 曹珊．后真相语境下新闻从业者的书写权力研究 [J]. 新闻界 ,2018(2).

② 胡沈明，冯淑闲．转型期媒体人职业存在感的建构策略与困境——基于 2016 年记者节媒体人言论表达的分析 [J]. 北京理工大学学报（社会科学版）,2018(3).

③ 王辰瑶．新闻融合的创新困境——对中外 77 个新闻业融合案例研究的再考察 [J]. 南京社会科学 ,2018(11).

④ 龚彦方，王琼慧．从参与到互惠：互联网媒介域新闻创新的路径探索 [J]. 现代传播 ,2018(10).

析。[1]杨奇光以新闻可视化生产为例呈现了媒体融合时代新闻编辑部内部的矛盾。作者研究了三家近年来相继进行了较大规模的媒体融合改革并制作出了较有社会影响力的视觉化新闻产品的新闻机构，揭示并解释潜藏在新闻可视化生产实践中的“视觉编辑—传统编辑”“可视化团队—媒体领导层”等关系间的矛盾冲突及其原因。[2]张诚等人的研究则聚焦于西部A市县级融媒体中心的发展状况。在媒体融合的“便利”原则指导下，县级媒体达到了组织聚合、业务耦合与文化调和三个层面的融合，促进这一进程的三股力量分别是政策、市场与专业。作者认为，县级融媒体中心建设的可能指向之一就是构筑起一个县域治理的枢纽。[3]张婧妍和李宁通过对江苏省广播电视总台集团开发的融媒体客户端“荔枝新闻”的个案研究发现，由于始终无法克服旧有传统中商业取向与宣传取向之间最根本的矛盾，地方传统媒体的价值取向与报道旨趣与新媒体时代的大众文化并不契合，融合转型只能停留在建成“新闻端口”，而无法形成挑战商业新闻端口的竞争力。新媒体技术的介入可能使传统媒体内在的市场/制度二元区隔及其各自内在逻辑的差异被进一步强化，加深了它作为“文化孤岛”的命运。[4]

第三，关于计算新闻的研究。在西方新闻学界，讨论数据、算法、人工智能在新闻业应用的研究可统称为计算新闻学。[5]国内研究者也广泛涉及了这些领域，虽然2018年的多数相关研究还停留在引介的层次，如讨论人工智能技术的运用带来了新闻生产的黑箱化[6]、提出分析人工智能与新闻业的认识框架[7]、新闻从业者与人工智能的共生共长机制[8]、警惕新闻生产中算法的

---

① 白红义．实践视阈下的新闻创新——基于上海A网站新闻生产的个案研究[J].现代传播,2018(8).

② 杨奇光．媒体融合时代的新闻室矛盾：基于新闻可视化生产实践的考察[J].新闻大学,2018(1).

③ 张诚，朱天，齐向楠．作为县域治理枢纽的县级融媒体中心建设刍议——基于对A市的实地研究[J].新闻界,2018(12).

④ 张婧妍，李宁．“端口”争夺时代地方主流媒体的新闻生产——以“荔枝新闻”为个案[J].新闻界,2018(4).

⑤ 白红义．大数据时代的新闻学：计算新闻的概念、内涵、意义和实践[J].南京社会科学,2017(6).

⑥ 仇筠茜，陈昌凤．黑箱：人工智能技术与新闻生产格局嬗变[J].新闻界,2018(1).

⑦ 白红义．当新闻业遇上人工智能：一个“劳动—知识—权威”的分析框架[J].中国出版,2018(19).

⑧ 吴世文．新闻从业者与人工智能“共生共长”机制探究——基于关系主义视角[J].中国出版,2018(19).

风险[①]、梳理算法在西方国家的发展现状及其行业影响[②]等。但一些研究者也围绕这些话题展开了实证研究。胡翼青和朱晓颖通过对新闻工作者的问卷调查，探讨他们如何理解人工智能的潜能与应用，又如何看待人工智能对新闻生产及自身地位的冲击。调查结果表明，多数新闻工作者并没有形成对人工智能的稳定而明确的态度，只能算是人工智能的"幻影公众"。不同年龄工龄和不同性别的调查对象之间有较大的个体差异：对人工智能了解越多的个体越容易接受人工智能对新闻流程的改造，年轻记者比资深记者更容易接受人工智能对新闻流程的改造，而女性记者比男性记者更了解人工智能的各种知识。[③]张淑玲基于对数据新闻从业者的深度访谈发现，数据新闻在中国的发端与早期采纳者的创新动机有着较大关联，作为一项新闻创新自身的属性以及媒体从业者对它的认知是其在中国本土化情境下被采纳和接受的重要影响因素，也是进一步扩散的基本动力。[④]蒋忠波提供了一个关于受众对数据新闻的感知效果的研究。他从受众对数据新闻的感知、受试者对数据新闻的识记效果、数据新闻对受试者态度改变的影响三个层面检验了数据新闻相对于传统新闻的效果。结果表明，受试者对数据新闻的喜欢程度显著高于传统新闻，但在新闻的易理解程度感知、客观性感知、识记效果、态度改变等指标上，数据新闻并没有表现出显著的优越性。[⑤]

就上述三个议题而言，对新闻从业者的研究一直是中国新闻研究中的经典议题，自20世纪80年代以来几乎伴随着新闻改革和新闻业转型的整个过程。媒体融合之所以成为中国新闻研究近些年的热点，一方面固然是由于新闻行业所处的阶段和状态所决定，但另一方面与国家对它的重视与推动也有密切关系。计算新闻是新闻研究中的新兴话题，但受限于数据和方法的问题，国内研究依然把数据新闻作为分析重点，对算法和人工智能的实证研究

---

① 张超．新闻生产中的算法风险：成因、类型与对策 [J]. 中国出版，2018(13).

② 吴锋．发达国家"算法新闻"的理论缘起、最新进展及行业影响 [J]. 编辑之友，2018(5).

③ 胡翼青，朱晓颖．人工智能的"幻影公众"——基于新闻从业者实证研究的考察．中国出版，2018(19).

④ 张淑玲．数据新闻的创新采纳与扩散影响因素分析 [J]. 现代传播，2018(8).

⑤ 蒋忠波．受众的感知、识记和态度改变：数据新闻的传播效果研究——基于一项针对大学生的控制实验分析 [J]. 新闻与传播研究，2018(9).

仍相当欠缺。三种分类只是出于讨论的方便而把一些相关的研究进行的归类，但事实上研究者关注的问题远不止这三个。总体而言，尽管关心的领域和话题有所不同，但这些新闻研究试图回答的问题却有一定的共性，即讨论新闻业在数字化背景下的转型，透视新闻业的实践、角色、主体、产品等各个领域发生的变化。

三、概念

概念可以帮助研究者提升对研究对象和研究问题的抽象化程度，如何选择、改造、提炼合适的概念是研究者开展具体研究时最为重要的工作之一。在过去的一年，中国的新闻研究者通过下列三种方式进行了概念的讨论。

一是引介新的概念。有些概念已出现在西方新闻研究中，但在中国语境下尚未得到充分的讨论。比如陆晔和周睿鸣把“协作式新闻布展”作为理解新闻创新的一个关键概念。协作式新闻布展意味着新闻创新的多主体并不拘泥于传统职业化新闻生产的逻辑，而是以互联网多中心“节点主体”展开动态新闻传播实践，与组织化新闻生产形成巨大张力，凸显出“液态”的新闻业这一媒介融合时代新景观。①这篇文章的目的是提出一个可以用来分析中国新闻业现实的概念，作者也用它来分析了若干具体的案例。有一些概念则由于其深植于西方社会的脉络，作者只能做个单纯的介绍。比如刘自雄和陈黎明对西方兴起的“慢新闻运动”进行了梳理，介绍了其核心价值观、地方实践及价值属性。作者指出，这股新闻思潮有理论上的合理性与正当性，但它只能是一种新兴的另类媒体，无法替代主流媒体及“快新闻”。②还有些概念是研究者从别的学科挪用过来的。如谢静把“上观新闻”这样的地方性移动新媒体称为一种“时空机器”，以体现其非再现性方面的知觉建构特征，并提出“移动新媒体的研究，不仅要关注时间和空间的维度，而且要考察其相

① 陆晔，周睿鸣．新闻创新中的“协作式新闻布展”——媒介融合的视角[J]. 新闻记者，2018（9）.
② 刘自雄，陈黎明．“慢新闻”的传播理念、地方实践及其发展前景[J]. 现代传播，2018（6）.

互关联、相互转化的方式”。[①]赵红勋关心的是新媒体语境下新闻生产的空间实践问题，作者把新闻生产视为一种展现各种社会关系的新型空间形态，从物理空间和技术空间两个维度考察社会关系的变化。[②]曾庆香和陆佳怡引入了哲学中的主体间性的概念来阐释新闻生产所形成的社会化、职业化和智能化生产并存的状态。在新媒体语境中，新闻生产出现了一张巨大的主体网络，实现了每个主体的主体性，使得新闻生产不仅是告知，也是互动与交流，甚至是理解与认同，从而使整个新闻生产主体网络实现了主体间性。[③]杨保军等人把“漂移”从自然现象引申至新闻领域，以“新闻漂移”来描述、概括职业新闻活动对事实本位的偏移乃至脱离现象。新闻漂移突出表现为新闻活动特别是职业新闻生产传播活动对事实世界的偏移或背离，以及对新闻事实的扭曲性建构。[④]

二是对既有概念进行重新发掘，厘清其学术脉络。这类概念或者是出现已久，需要在新的社会情境下有所发展；或是在既往研究中有所忽略，需要引起重视。比如丁方舟对数字时代出现的三种“新”新闻价值观即时性、互动性与参与性进行了重新考察，回溯了三种新闻价值观不同的神话化路径，揭示了它们的理想状态与现实运作中的矛盾。[⑤]秦汉深入讨论了新闻媒介体制，认为它既是规定新闻业发展的应然目标以及如何达到这一目标的具体路径，也是评判新闻媒体现实表现的重要依据，还是它作为一种规范性的社会存在的意义，这些都构成了作者剖析其要素、内涵与特征的理由。[⑥]张伟伟聚焦于知识这一概念在新闻研究中的演进历史，指出新闻知识在新闻业操作性和合法性问题上出现了解释危机，新闻研究不仅需要重新探究新闻知识对新闻业操作性和合法性问题的解答方式，更需要去思考新闻知识在新闻业规范

---

① 谢静．时空之流：移动新媒体的城市尺度 [J]. 探索与争鸣 ,2018(10).
② 赵红勋．新媒体语境下新闻生产的空间实践 [J]. 新闻界 ,2018(7).
③ 曾庆香，陆佳怡．新媒体语境下的新闻生产：主体网络与主体间性 [J]. 新闻记者 ,2018(4).
④ 杨保军，李泓江．新闻的“漂移”及应对之道 [J]. 新闻记者 ,2018(10).
⑤ 丁方舟．“新”新闻价值观的神话——一项对即时性、互动性、参与性的考察 [J]. 新闻记者 ,2018(1).
⑥ 秦汉．新闻媒介体制：要素、内涵与特征 [J]. 国际新闻界 ,2018(7).

性问题上的解释潜力。[①]白红义对新闻时间性的变迁进行了考察。经典的新闻室民族志研究对效率、节奏、日程、即时性、截稿期等时间因素的论述已经深刻描述了新闻业“因时而作”的特性，但在当前数字环境下的新闻生产中，这些基于传统新闻形态生成的时间模式和实践已经发生了巨大变化，需要重新探究时间在新闻生产中的角色和意涵。[②]王敏对常规、场域、惯习三个关键概念进行了讨论，试图厘清新闻生产研究从常规到惯习的范式转换过程。[③]

三是在已有概念的基础上结合自身研究有所推进，试图提出新的概念。比如周睿鸣等人在研究中国新闻从业者的职业共同体提出的“液态的连接”概念，这是将鲍曼对液态流动性和共同体的论述应用于新闻研究的结果。在当前的新闻业中，液态是一种形态，连接是一种目的，二者结合起来描摹的则是一种十分割裂的状态：“新闻从业者一面借助变动的职业身份观照公共生活，一面表达了对行业不确定性的焦虑，以及重回稳定行业和坚固社会、创造安全感的想象。”[④]白红义在梳理既有的中英文文献的基础上提出新闻职业话语的概念，意指新闻从业者围绕与新闻业生存与发展有关的各类公共议题生产的论述。它不是一般意义上通过新闻报道对其他事物进行建构的新闻话语，而是将新闻业本身作为话语建构的对象。[⑤]比较而言，这种类型的概念使用方式还属于少数。如何对已有概念和在地实践进行有效的勾连，借此提出新的学术概念，对相关研究有所推进依然是新闻学界较为薄弱的一面。

四、理论

概念与理论之间往往有着极为亲密的关系，概念的提出背后有其特定

① 张伟伟．“实践知识”与“表象知识”——作为“知识”的新闻与媒介社会学的研究演进 [J]. 新闻记者 2018(9).

② 白红义．因时而作：新闻时间性的再考察．[J]．国际新闻界 2018(6).

③ 王敏．从“常规”到“惯习”：一个研究框架的学术史考察 [J]. 新闻与传播研究 .2018(9).

④ 周睿鸣，徐煜，李先知．液态的连接：理解职业共同体——对百余位中国新闻从业者的深度访谈．新闻与传播研究 2018(7).

⑤ 白红义．边界、权威与合法性：中国语境下的新闻职业话语研究 [J]. 新闻与传播研究 ,2018(8).

的理论脉络，而理论的形成也少不了有力的概念工具。相对来说，理论要更为系统一些，它可以为研究者提供现成的分析路径。从2018年的研究情况来看，研究者们通过两种方式引入了不同的理论来服务于自己的研究。

第一种方式是研究中运用的理论已在现有研究中有所体现，研究者将其引入新的场景和脉络下进行讨论，并试图有所推进。比如王斌和李岸东以《中国青年》杂志对卓伟的报道及相关的微博评论为例，讨论在互联网环境下传播场景嬗变所重构的传受关系的新特征。这篇文章使用的理论资源来自梅罗维茨对电子媒介出现后产生的新场景的区分，梅罗维茨把戈夫曼的场景理论与麦克卢汉的媒介理论进行结合，讨论中台、深后台和前前台的不同场景对人的行为的影响。作者通过这一案例研究发现，在开放式新闻生产环境下，原本“前台—后台”的传受场景变成了“前前台—中台—深后台”。新闻的“前前台”主要是指受众直接接触到的新闻文本，由于新闻文本形态越来越多地表现出新的价值判断取向，推动了受众的“极化”与“碎化”。“中台”包括了网络评论和新闻机构和从业者的社交媒体账号两部分，中台有部分由后台开放转化而来，也有部分是前台退回到中台。媒体通过主动开放赋予了受众一定的解读自主性，但中台不是完全开放，它还暗含着很多隐而不发的部分，由此维护传播者的权威，削弱受众的主动性。“深后台”是必然存在的场景，它既是新闻界维护职业权威的需要，也彰显了传播者更为隐蔽的控制力。[①]另一个典型案例是尹连根和王海燕对新闻从业者作为阐释共同体的分析，作者运用了西方新闻研究中的边界工作理论来展开分析。作者首先将记者的诠释社群细化为三个维度，即记者对新闻平台、新闻职业和新闻产品的诠释。在此基础上，论文针对不同年代新闻人在平台、职业、产品三个方面的典型性诠释话语进行分析，展现中国新闻业在新媒体冲击下所发生的边界工作的变化，即从早先的垄断到全面失守的状态。[②]张淑玲借用经典的创新扩散理论对数据新闻在中国的采纳扩散进程进行了研究，她从数据新

① 王斌，李岸东．隐蔽的“深后台”：开放式新闻生产中的传受关系——以《中国青年》对卓伟的报道为个案 [J]. 国际新闻界 ,2018(4).

② 尹连根，王海燕．失守的边界——对我国记者诠释社群话语变迁的分析 [J]. 国际新闻界 ,2018(8).

闻的创新行为主体、作为创新的数据新闻在媒体从业者中间的认知属性、采纳决策的沟通传播渠道以及外部影响因素四个维度进行了分析。研究指出，数据新闻在中国的发端与早期采纳者的创新动机有着较大关联，数据新闻自身的属性以及新闻从业者对它的认知是其被采纳和接受的重要影响因素，也是进一步扩散的基本动力。①

第二种方式是一些研究者从其他学科借用新的理论资源服务于自己的研究。朱亚希将新闻从业者的日常交谈纳入研究视野，以成都市媒体从业人员为研究对象，考察发生在媒体组织内部以及媒体同行之间的日常交谈活动，并借助社会心理学中的社会比较理论进行分析。他从比较的类型、动机、话题选择、谈话策略、结果等方面对从业者日常交谈中的社会比较行为进行解读。研究发现，媒体从业人员渴望通过与上司、同事以及同行展开交流来获取利于他们发展的资讯、维持互动和建立良好的人际关系，甚至在某些特殊情况下规避风险和释放压力。通过日常交谈中的多种社会比较方式，媒体从业人员在强化职业身份认同、增强职业互动、与同行竞争的同时，也会在一定程度上影响其所从事的新闻生产活动，如影响工作效率、怀疑角色价值和加深职业倦怠等。②王梦瑶引入权力结构的“中心—边缘”理论来分析当代中国自媒体，这一理论视角此前较多地应用在政治经济学和文化批判理论中。从目前的权力结构来看，处于中心地位的是拥有制度资源、组织资源和社会资源的大型国有媒体集团，半边缘地位的是拥有相对强大的社会资源但是欠缺制度资源和组织资源的商业网络媒体公司，边缘地位的是脱胎于社会资源、毫无制度资源和组织资源但能为新人提供空间的自媒体。③潘忠党借助文学理论中的“副文本”概念及研究路径，反视新闻职业理念讨论所牵涉的一些周边话语，如新闻业的管辖区垄断与开放、新闻真实性背后的事实观和真相观、“后真相”以及“后学”语境的批判逻辑等。作者指出，这些基础性

---

① 张淑玲．数据新闻的创新采纳与扩散影响因素分析 [J]. 现代传播 ,2018（8）.

② 朱亚希．社会比较理论视角下媒体从业人员日常交谈研究——基于成都市的调查 [J]. 西南交通大学学报（社会科学版）,2018（5）。

③ 王梦瑶．“中心—边缘”：自媒体与媒体权力结构的再生产 [J]. 华南农业大学学报（社会科学版）,2018（4）.

概念在新闻职业理念的讨论中常被用作不需论证的预设，但又常常因为缺乏阐述而寓意含混。通过这个“凸显副文本”的思想之旅，作者强调，“社会交往伦理规范在网络时代面临重构的挑战，重新阐发新闻的专业主义理念是直面这个挑战的组成部分，也是新的历史条件下现代性重建的重要内容”。[①]

如果说传播学是站在十字路口的学科，那么新闻研究同样体现出这一鲜明的特点。大量的外学科的理论资源被引介过来，分析新闻业中的事件、现象和实践，尤其是社会学在新闻研究的演进过程中一直扮演着非常重要的角色。从上文引述的理论来看，国内研究者已经广泛借鉴了社会学、社会心理学、科学社会学、文学、政治经济学等不同学科的理论。这既说明了新闻研究的开放性，但从另一个方面也反映出新闻研究距离学术意义上的学科还有一定距离。

五、结语

本文从议题、概念和理论三个方面展示了2018年的中国新闻研究的概况。议题体现了研究者的问题意识和学术关怀，概念和理论则是研究者用来分析和解释问题的理论工具。除了上文提及的新闻研究在议题、概念和理论上表现出的特点外，还有一些值得注意的趋势有所提及。虽然相关研究的数量还不算很多，但它可能预示着新闻研究的拓展和提升，这主要表现为下列两种研究思路。

第一是比较的倾向。中国新闻业的发展离不开历史因素和国际因素对它的影响，这就要求我们在特定的时空脉络下理解中国新闻业的现状和未来。在2018年的研究中，我们能看到少许对中国新闻业的历史语境的探讨，如尹连根和王海燕对新闻边界的演化的讨论[②]、高贵武和江灏锋对记者媒介形象的

① 潘忠党.在“后真相”喧嚣下新闻业的坚持——一个以“副文本”为修辞的视角[J].新闻记者,2018（5）.

② 尹连根，王海燕.失守的边界——对我国记者诠释社群话语变迁的分析[J].国际新闻界,2018（8）.

流变的分析[①]。值得注意的是一些研究者从国际语境出发对新闻业的研究，不再是一些泛泛的介绍性的文章，而是能够对西方新闻业进行一些更为深度的研究，比如王辰瑶对美国“新闻业危机话语”的三种类型的研究——盈利危机话语、结构危机话语和观念危机话语[②]、陈红梅用社会与技术互动共构的视角对美国新闻业十年危机与转型过程的分析[③]、方师师以谷歌搜索引擎中的新闻呈现为例对影响用户搜索引擎使用的技术要素与社会机制的讨论[④]以及常江基于对欧美新闻机构的观察和访谈所做的一系列实证研究[⑤]。

第二是重访的意识。重访即回到过去的新闻学研究，重新梳理前人学者对新闻的认识、理解和理论思考，挖掘新闻研究的知识传统，为当前的研究提供新的理论资源和分析视角。这种研究路径或是试图回到一些经典概念，在新的社会语境下重新阐发，比如白红义对新闻时间性的梳理[⑥]、张伟伟对知识在新闻研究中的变化的探讨[⑦]、虞鑫和陈昌凤从专业权力的角度对新闻专业主义的阐释[⑧]等；或是对特定的学术脉络的梳理，如陈阳对经典的新闻生产社会学传统衰落的解释[⑨]、张志安和章震对新闻生产社会学的本土化脉络的反思[⑩]、梁君健对新闻社会学中的民族志方法论的发掘[⑪]、陈楚洁对新闻研究中

① 高贵武，江灏锋．从政治精英到普通业者：中国记者媒介形象流变——基于建国以来《人民日报》相关报道的分析 [J]. 新闻界 ,2018(10).

② 王辰瑶．反观诸己：美国“新闻业危机”的三种话语 [J]. 国际新闻界 ,2018(8).

③ 陈红梅．社会与技术共构：美国新闻业的十年危机与转型 [J]. 新闻记者 ,2018(4).

④ 方师师．搜索引擎中的新闻呈现：从新闻等级到千人千搜 [J]. 新闻记者 ,2018(12).

⑤ 参见常江的 8 篇论文。聚合新闻：新闻聚合服务对新闻编辑行业的影响 [J]. 编辑之友 ,2018 年 (2)；导演新闻：浸入式新闻与全球主流编辑理念转型 [J]. 编辑之友 ,2018 年 (3)；生成新闻：自动化新闻时代编辑群体心态考察 [J]. 编辑之友 ,2018 年 (4)；图绘新闻：信息可视化与编辑室内的理念冲突 [J]. 编辑之友 ,2018 年 (5)；多屏化视界：数字时代的电视新闻编辑室生态转型 [J]. 编辑之友 ,2018 年 (9)；原子化未来：技术变迁对报纸编辑室文化的重塑 [J]. 编辑之友 ,2018 年 (10)；仪式化认同：媒介融合时代的广播新闻理念革新 [J]. 编辑之友 ,2018 年 (11)；策略化逃避：门户新闻网站在人工智能时代的实践理念转型 [J]. 编辑之友 ,2018(12).

⑥ 白红义．因时而作：新闻时间性的再考察 [J]. 国际新闻界 ,2018(6).

⑦ 张伟伟．“实践知识”与“表象知识”——作为“知识”的新闻与媒介社会学的研究演进 [J]. 新闻记者 ,2018(9).

⑧ 虞鑫，陈昌凤．政治性与自主性：作为专业权力的新闻专业主义 [J]. 新闻大学 ,2018(3)。

⑨ 陈阳．为什么经典不再继续？——兼论新闻生产社会学研究的转型 [J]. 国际新闻界 ,2018(6).

⑩ 张志安，章震．重审语境与重新出发：新闻生产社会学的“本土化”脉络和反思 [J]. 新闻记者 ,2018(9).

⑪ 梁君健．秒表可以测出重量吗？——基于民族志方法论的新闻社会学再思考 [J]. 新闻记者 ,2018(8).

文化—社会路径演进的梳理①、徐笛对新闻业与社会科学的两次“联姻”过程的分析②等。

无论是比较的倾向，还是重访的意识，两种研究思路其实都是在帮助研究者从整体的、历史的、关系的角度深化对中国新闻业的研究。这也在一定程度上契合了西方新闻学界在研究方法上的若干特点。卡尔森等人概括的新闻研究在方法上具有的6个特点，就包括历史脉络的敏感性、整体的关系性、比较倾向、规范意识、嵌入式的传播权力、方法论的多元主义等。③当然，这种契合并不意味着我们只能以西方新闻研究的方法为标准，但我们可以从西方学界将新闻研究作为一门学术意义上的学科进行发展的过程中有所获益。

（作者白红义为上海社会科学院新闻研究所研究员。本文为2018年上海市浦江人才计划资助项目“数字时代的中国新闻创新研究”（18PJC090）的阶段性成果）

① 陈楚洁.意义、新闻权威与文化结构——新闻业研究的文化—社会路径[J].新闻记者,2018(8).
② 徐笛.新闻业与社会科学的第二次联姻：从量的转向到质的发现[J].新闻界,2018（11）.
③ Carlson, M., Robinson, S., Lewis, S. C. & Berkowitz, D. A.. Journalism studies and its core commitments: The making of a communication field[J]. *Journal of Communication*, 2018,68(1): 6-25.

2018年中国新闻业研究十佳论文观点述评

徐桂权 谭 芳

自2014年以来，《中国新闻业年度观察报告》每辑都从当年的新闻传播学权威学术期刊中遴选出具有代表性的新闻业研究论文，分主题进行梳理和评述。今年，我们也延续了这个做法：本刊编辑部先从2018年刊载于《新闻与传播研究》《新闻记者》《国际新闻界》《新闻大学》《现代传播》和《传播与社会学刊》等国内权威学术期刊及部分有影响力的学报上初选出20篇新闻业研究论文，然后邀请多位新闻学者和期刊编辑作为评委，在初选入围的论文中进行“十佳论文”的投票，最后由编辑部汇总得票，评出排名前十的优秀论文（见附录）。

本文将以这十篇论文为重点，按照“新闻职业的理念与话语边界”“新闻实践的话语策略与创新”“新闻从业者的自我认同与变迁”“新闻研究著作翻译引发的争鸣”五个主题进行归类、叙述与评析，力图窥探当下我国新闻业研究的发展图景，并为未来的相关研究提供可资借鉴的学术思路。

一、新闻职业的理念与话语边界

随着新传播技术与新兴媒体对传统新闻业的日益渗透，关于“新闻业的危机”之说不绝于耳。针对新闻业何去何从这一业界和学界普遍关心的问题，在2017年，美国威斯康星大学—麦迪逊校区传播艺术系潘忠党教授曾在《走向公共：新闻专业主义再出发》中提出，新闻专业主义在今天仍具有规范新闻实践的重大意义，并且仍能在中国社会变革和新技术重塑公共生活的关键节点发挥力量。

沿着这一思路，在2018年，在《“后真相”喧嚣下新闻业的坚持：一个以“副文本”为修辞的视角》一文中，潘忠党对处于危机之中的新闻业的职业理念话语继续进行探讨。①作者引入了文学理论中“副文本”的概念，来反思通常被作为预设而不会被推到前台来讨论的新闻职业理念。文章聚焦于三个周边议题：新闻业是否在走向消亡？新闻真实性是否有可论证的基础？事实作为社会公共生活的基础是否已被“后真相”的时代病兆所颠覆？

经过文献探讨与思辨分析，文章认为，职业新闻业并非如多数学者所说正在走向消亡，而是获得了更为广阔的实践空间。现实主义认识论是新闻真实性的论证基础：真相会受到事实的制约，知识可以经由经验观察总结，而基于经验观察的“客体性”仍代表了新闻专业主义原则。“后真相”试图解构作为现代性之一部分的真相体制，而新闻专业主义的重构，针对的仍是现代性的问题，其核心是如何在新的历史条件下重构交往的伦理规范。

如果说潘忠党对新闻业危机的讨论围绕“真实性”“客体性”“后真相”等概念来展开，那么上海社会科学院白红义的《边界、权威与合法性：中国语境下的新闻职业话语研究》则尝试梳理出一种分析路径，探究新闻业权威性和合法性的来源，作为研究中国新闻业转型的理论工具。②文章提出以“新闻职业话语”来命名对新闻业中的实践、报道、现象、事件、人物等进行意义阐释的话语类型。新闻职业话语具有四个特征：（1）从职业话语的议题来看，新闻职业话语是关于新闻业的话语，既包括围绕特定新闻报道、新闻事件、新闻人物、新闻现象等所展开的报道和讨论，也将广泛意义上的对新闻业的讨论涵盖其中；（2）从职业话语的主体来看，主体限制为新闻记者和新闻组织；（3）从职业话语的平台来看，既对传统媒体平台进行考察，也会对新媒体平台进行考察；（4）从职业话语的生产来看，前台和后台都在考察范围内。

文章认为，以往学者较多在国家、市场与新闻业之间的互动框架内考

---

① 潘忠党．在“后真相”喧嚣下新闻业的坚持：一个以“副文本”为修辞的视角 [J]. 新闻记者 ,2018(8).

② 白红义．边界、权威与合法性：中国语境下的新闻职业话语研究 [J]. 新闻与传播研究 ,2018(8).

察中国新闻业的权威性和合法性问题，从话语着手的研究则明显不足，还是有少数研究较早地意识到了阐释性话语的意义。目前，出现频率较高的五类职业话语是反思、协商、批评、纪念、转型，这些话语从侧面反映了新闻从业者进行范式修补、集体记忆、边界维护等塑造自身权威的努力，其核心在于重新阐释何为好新闻、何为正确的新闻实践、何为恰当的新闻规范等攸关新闻业价值的要素。文章建议在研究新闻职业话语时，除了对特定的动态的“关键事件”的具体案例进行讨论之外，也可以围绕一些静态的现象、话题展开经验研究。总之，将新闻从业者视作具有主动建构能力的行动主体，考察其话语实践的逻辑与影响，将有助我们理解中国新闻业作为一个职业在新媒体环境下的发展，以及它和其他权力主体之间的互动关系。

同样沿着职业话语的路径，深圳大学尹连根和中山大学王海燕的《失守的边界：对我国记者诠释社群话语变迁的分析》以“边界工作”为理论框架，依托新中国成立以来记者们的记录性文字与2015—2017年间对北京、武汉、成都等地记者的访谈分析，试图论述新闻边界的失守，以及由此带来的记者“诠释社群”的话语变迁。[①]他们将记者的诠释社群进一步细化为三个维度,即记者对新闻平台的诠释；对新闻职业的诠释；对新闻产品的诠释，并针对不同年代新闻人在平台、职业、产品三个方面的典型性诠释话语进行分析，以审视和解释我国新闻业在新媒体冲击之下所发生的边界工作的变化。

文章发现：就平台边界而言，互联网尤其是微博、微信的问世使得新闻平台大众化，新闻平台的垄断性诠释话语则相应地先后经历政治话语、市场话语、大众话语的变迁。就职业边界而言，数字时代使得新闻人日趋成为数字劳工背景下专业新闻的留守者、公众舆论的边缘人，新闻职业的垄断性诠释话语则先后由政治取向、精英取向而转变为普通职业取向，新闻工作者原有的权威性被消解、被祛魅。就产品边界而言，如今在流量导向的支配下，作为新闻产品的报道开启了流量决定新闻的时代，并相应开启了一个坏新闻才是新闻、娱乐性才是新闻的诠释话语转向。

---

① 尹连根，王海燕．失守的边界：对我国记者诠释社群话语变迁的分析[J]．国际新闻界，2018（8）．

我们该如何看待这种边界的失守呢？作者给出了一个看似比较矛盾的观点。新闻边界的失守未必不是好事，但是，新闻边界的失守又未必是好事。一方面，新媒体带来的新闻边界的失守可以是多元化新闻话语时代的前奏；但是另一方面，专业边界的失守也会受到民粹主义的威胁，使言论成为一个混沌的集合，没有正确的重点与方向。最后，作者对这种矛盾进一步说明：审视这种失守，决不能简单、轻率地以为专业新闻工作者不作为使然，或者以为乃新媒体技术单一因素使然。现实具有复杂性，不能忽视具体情境的差异。

二、新闻实践的话语策略与创新

新闻实践中的具体策略考察，是新闻业研究不可或缺的一环:一方面，明晰当代媒体环境中的新闻实践形态如何，有助于发现其中问题以求改进。另一方面，洞察新媒体技术带来的创新机遇，也有助于媒体把握机遇得以更好发展。

深圳大学彭华新和郝金华《协商、中立、对抗：当代媒体环境中“跑线记者”的话语策略》一文以传统媒体生态中的“跑线记者”为切口，试图探究当代媒体环境中“跑线记者”是否存在新的话语策略。①首先，他们对当代媒体环境进行一个界定，即传统媒体和以社交媒体为核心的新媒体共生。通过文献梳理，作者发现，作为一种沿袭已久并长期以来发挥作用的程式化运作的传统，对跑线记者的研究少有理论化的文章，多为媒体工作者撰写的应用指导型文章。于是，作者以梵·迪克的新闻图式理论为工具，运用话语分析法、访谈法、网络民族志的研究方法来对“跑线记者”的话语策略进行分析。

作者的观察文本分为两部分，一是传统媒体文本，即深圳电视台《第一现场》新闻栏目；二是社交媒体文本，即记者微信使用情况的跟踪。传统样

① 彭华新，郝金华．协商、中立、对抗：当代媒体环境中“跑线记者”的话语策略[J]. 新闻大学,2018(5).

本中通过对新闻概述和新闻故事的分析发现：跑线记者的报道逻辑仍然倾向于宣传官方（对口单位）。而社交媒体样本分析发现："跑线记者"虽然对跑线领域保持较低的关注度，但所转发或自发的内容集中于对口单位宣传，对抗性话语完全缺位。

总的来说，协商性话语以及"假中立"话语在跑线记者话语中占有绝对优势，即使在以个人身份出现的社交媒体中也是如此，甚至有加强的趋势。基于此，"跑线记者"对协商性话语的坚持，使其与"真中立"或对抗的"非跑线记者"的身份差异化明显。文章结论是：新媒体的出现并没有打破记者群体内部的分化逻辑，个体记者的社交媒体参与未能撼动作为制度象征的"跑线记者"地位。

"媒介融合"是近几年来新闻业的重要议题，其关注度从未被削减。在《新闻创新中的"协作式新闻布展"——媒介融合的视角》中①，复旦大学陆晔和浙江大学周睿鸣以媒介融合为视角，以具体的融媒体产品作为案例进行分析，开发了"协作式新闻布展"这一新的概念资源，以深入理解媒介技术融合和跨界实践的新动态。它意味着新闻创新的多主体并不拘泥于传统职业化新闻生产的逻辑，而是以互联网多中心"节点主体"展开动态新闻传播实践，与组织化新闻生产形成巨大张力，凸显出"液态"的新闻业这一媒介融合时代新景观。

通过对上海几家主流媒体的融媒体例分析，研究发现：（1）新闻产品的互联网呈现，也即平台渠道的融合,是最基础、最表层的融合方式，并主要体现为新闻编辑部将自己的产品根据不同需要在多个平台渠道上发布，以期抵达更多用户；此外，平台渠道的融合也意味着新闻产品可能"自发"通过互联网节点形成爆发式、多点对多点的网状传播，以及媒介机构通过集纳其他平台渠道的内容来增加自己新闻产品的丰富性。（2）在技术手段的融合上，主要以多媒体可视化新闻产品的形态呈现，尤其综合绘画、摄影、视频、音频、文字开发多媒体连环画的可视化 H5 新闻产品，已日趋成熟。（3）互动

① 陆晔，周睿鸣．新闻创新中的"协作式新闻布展"——媒介融合的视角 [J]. 新闻记者 ,2018(9).

产品彰显了媒介实践的融合，这类产品从内容和形态上都溢出了传统新闻的边界。它们往往跟新闻热点或新闻事件相关，但呈现为互动游戏，具有强烈的社交化娱乐属性。

“协作式新闻布展”提示我们：随着技术的变革，公众渐次作为显在的社会力量参与新闻实践；职业控制与开放参与之间虽蕴含张力，但新闻从业者与公众的理性协作无疑会活跃、拓展、丰富我们的公共生活。围绕“协作式新闻布展”而展开的媒介融合不仅是新闻创新的迭代性实践，更是一种全新的力量，它正在重新界定有关“什么是新闻”的社会共识，重塑新闻与社会公众之间的关系，并推动作为全社会文明健康的公共生活重要基础的新闻文化的进一步拓展。

新闻推荐算法是近年来另一个热门且有争议的讨论领域。虽然新闻推荐算法常因其可能导致的信息茧房和脱离不了的商业逻辑备受诟病，但清楚知晓以推荐算法为核心的平台媒体的运作机制，将有助于我们进一步够勾画算法图景，并为新闻业应对推荐算法的侵蚀提供可行的解决途径。上海社科院新闻研究所方师师为此发表了多篇论文，其中《双强寡头平台新闻推荐算法机制研究》一文采用批判算法研究（CAS）的视角对全球两大平台媒体——Facebook和谷歌的算法机制进行研究，重点分析了两大平台算法背后的关键技术、社会规范和算法价值观，最后探寻了算法机制的可信任标准。①

文章认为，“算法机制”包含核心排序算法、新闻要素权重和算法价值观三个维度，关注的是决定算法背后的关键技术、社会规范和价值观念。研究发现：（1）在核心排序算法中，Facebook非常清晰地将自己的算法机制聚焦于社交关系，更加强调信息与用户之间的相关性与适用性；而谷歌更加注重信息的覆盖面与秩序，更加体现社会规范和社会整体的价值尺度。（2）在新闻要素权重的比较中，Facebook的权重强度与用户的主观行动密切相关，而谷歌更加关注的是客观指标。（3）在算法价值观的比较中，Facebook的价值出发点并不在信息传播的效率，而主要着力于满足人在社交关系、娱乐分

① 方师师．双强寡头平台新闻推荐算法机制研究 [J]. 传播与社会学刊 ,2018(43).

享等方面的“欲望”；而谷歌则是秉持其一贯的技术优势，希望作为一种认识世界的强有力的“工具”，强调在使用过程中技术的功能性、便捷性以及对于新经济模式的推动倡导。

总之，作为双强寡头平台，Facebook和谷歌在“算法机制”上呈现出两分，谷歌注重客观要素并试图建立技术性的网络秩序，而脸书则更多强调以社会交往为基础的人与人的关系构成。理解算法机制，就是在理解作为网络空间的法则。对于算法机制来说，透明度至关重要，“透明度”已经成为一种新的“客观性”。“算法机制”的研究其实是希望建立一个视角和框架，用来管窥和揭示平台媒体的运作逻辑，以及探寻一个未来更加透明、可信的社会需要努力的方向。

三、新闻从业者的自我认同与变迁

新闻记者作为一个职业群体发生的变化一直是新闻研究特别关注的议题，2018年这方面研究体现出了多元化的研究角度。新闻从业者的自我认同在一定程度上也反映了新闻业生态的变迁。

周睿鸣等人的《液态的连接:理解职业共同体——对百余位中国新闻从业者的深度访谈》对新闻从业者如何理解职业共同体进行了质性研究，是这个个领域比较具有代表性研究。[①]通过对中国新闻从业者进行半结构化的深度访谈，探求他们对职业共同体的“在地理解”。他们发现，当受访者认为中国新闻业不存在一个坚实的职业共同体时，主要有三个理由支撑，分别是(1)专业差异；(2)劳动异化；(3)“转型”差异。这三个因素既可以拿来独立论述，又可以相互叠加。认为“职业共同体”存在的理由则主要是“实践协作”和“移情想象”两大主题。这是两个相互独立的主题，是受访者佐证职业共同体存在、拥有职业共同体归属感、判定新闻从业者团结的依据。

作者借用“液态的新闻业”和鲍曼的“共同体”这两组概念，来解读受

① 周睿鸣，徐煜，李先知．液态的连接：理解职业共同体——对百余位中国新闻从业者的深度访谈 [J]. 新闻与传播研究，2018(7).

访者对职业共同体的在地理解，并用“液态的连接”来解读新闻从业者职业理念中的割裂：一方面，他们没有在传媒改革过程中被整合在同一套话语体系中，这一职业缺乏可立足的社会制度原则，技术、体制和市场的多重话语模糊了从业者的身份，所以是“液态”的；另一方面，“连接”则意味着，他们的焦虑与无奈在非正式的对群体整合的想象与渴望中得到凸显。

文章总结道：“专业”和“阐释”两种现有的新闻从业者群体研究取向无法完成理论统合，它们的乏力之处在于，任何一种路径都只能解读其中一部分现象。“液态的连接”这一概念则试图解读中国新闻从业者群体的内在张力，从一般意义上理解新闻从业者这个异质群体。“液态的连接”展示了这样的状态：新闻从业者一面借助变动的职业身份观照公共生活，一面表达了对行业不确定性的焦虑，以及重回稳定行业和坚固社会、创造安全感的想象。

在新闻从业者的研究中，“媒体创业”是一个新兴的领域，引发了国内外研究者的兴趣。中山大学陈楚洁在《从前有一个记者，后来他去创业了：媒体创业叙事与创业者认同建构》中，就试图对有关媒体创业的叙事文本进行分析，从中探知媒体创业者的职业认同、角色认知与媒体价值观。①作者重点关注的是：中国媒体创业叙事是如何讲述媒体创业故事的？它们叙述了什么样的媒体历史、现状并描绘了什么样的前景？媒体创业叙事建构了什么样的职业想象与职业认同？塑造了什么样的媒体创业偶像或者反面的典型？这种创业者认同的建构，与媒体行业的变革、转型具有何种关联？

基于行业刊物、网络报道和微信公号中有关媒体创业文本的细读，文章发现，媒体创业具有精英化和浪漫化倾向，在多数情况下被等同为媒体人创业，且呈现出去新闻化、再媒体化的状态。媒体创业叙事再现了传统媒体机制的弊端，塑造了内部创业的他者形象；而新媒体创业则被刻画为在传统媒体动荡、技术变革、内容商业化、资本推动、社群互助、政策鼓励等背景下迎来历史性的“黄金时代”。通过使用旅行、战争等隐喻，创业叙事凸显

---

① 陈楚洁．从前有一个记者，后来他去创业了：媒体创业叙事与创业者认同建构 [J]. 新闻记者 ,2018(3).

了自由、自主、商业成就等创业神话。媒体创业叙事勾连了创业者的职业历史、创业现状与媒体前景的想象，既召唤了创业精神和职业理想，也重新定义了“媒体”和“理想”。总的来说，既有的媒体创业叙事偏向于“创业”的成败与否而淡化“媒体”的专业。

除了在职的或创业中的新闻从业者，新闻从业者的后备军——新闻专业学生的择业观、就业意向、培养方案等话题同样事关新闻业的发展。中山大学陶建杰、张志安的《过渡性职业：新媒体环境下本科新闻学子的择业意愿及影响因素》一文通过对上海地区八所高校1430名本科新闻学子的问卷调查，呈现了本科新闻学子的择业意愿，并探究了其背后的影响因素。[①]多种原因造成传媒类毕业生的就业对口率不高和不对口原因复杂是其主要研究背景。

在此背景下，文章希望通过实证研究，以社会学家科尔曼的理性选择理论为理论框架，以职业价值观、人力资本和社会资本三个维度来探知新媒体环境下本科新闻学子的择业意愿现状，新闻学子愿意从事传媒业工作的比例及长期规划和影响新闻学子择业意愿的显著因素。分析发现：第一，本科新闻学子毕业时的首次求职，“专业对口”的主观愿望较为强烈。第二，对大多数本科新闻学子来说，媒体工作呈现出“过渡性职业”特点，存在从媒体向非媒体的职业意愿迁移。第三，媒体行业对本科新闻学子的吸引力，主要体现在“发展因素”方面。第四，职业价值观和人力资本，是影响择业意愿的主要因素。

四、新闻研究著作翻译引发的争鸣

经典译著通常是我们进入学术研究的桥梁之一，而概念乃判断、推理、论证的基础，如果一门学科的经典著作译本中的基本概念术语含混不清,进一步的理论研究便无从谈起。美国社会学家盖伊·塔克曼（Gaye Tuchman）

① 陶建杰，张志安．过渡性职业：新媒体环境下本科新闻学子的择业意愿及影响因素 [J]. 现代传播，2018(9).

1878年出版的《做新闻：对现实建构的一项研究》(Making News: A Study in the Construction of Reality)是新闻社会学领域的一个代表作，被美国《新闻和大众传播季刊》（Journalism & Mass Communication Quarterly）评为20世纪新闻和大众传播研究最重要的著作之一。从该书的能见度和引用情况来看，中译本在中国学界接触塔克曼的学术思想方面扮演着重要角色，但是对于如此重要的一本著作，却少有研究者对该译本进行详细考察与讨论。并且，现实的情况是，在新闻传播学界对学术翻译的关注相对较少的同时，我们对学术翻译的依赖却不曾减少。以上这种矛盾是李红涛《塔克曼到底在说什么？经典迻译的语境与〈做新闻〉中译本的误译》的研究起源。[①]

作者聚焦《做新闻》中译本，与Making News原本详细对照，从“跨语际实践”的理论视角观之，对译本存在的误译展开系统的清理和批评。但重点并不是从翻译看翻译，而是希望探究在学术批评层面，如何聚焦更好把握“语境”的前提下译介经典文本；在理论层面，希望以反思式的方式将“译介”这一话语实践纳入知识社会学的范畴。

通过详细的对照式文本阅读，作者发现，《做新闻》中译本存在不少漏译和误译问题。（1）“news net”本应是“新闻网”，但是被误植入为“news network”（新闻网络），忽视了其上下文论证逻辑。（2）《做新闻》的副标题是“A Study in the Construction of Reality ”（对现实建构的一项研究)，中译本并没有译出副标题，而只使用了“做新闻”这一主标题，忽视了社会建构论作为《做新闻》的重要理论语境的重要性。“The web of facticity”中译本将其译为“新闻事实网”，“事实性网络”更符合理论语境。中译本将“fact(s)”和“facticity”混用，将“facticity”误译为“事实”，让人无法确切把握原文的含义。（3）塔克曼在《做新闻》中借助伯格和卢克曼的社会建构论、戈夫曼的框架概念、加芬克尔等的常人方法论中的理论资源展开论述，这些理论或概念都与舒茨的现象学社会学有着较深的渊源。由于中译本对《做新闻》的现象学社会学语境把握不够准确，同时对中

① 李红涛．塔克曼到底在说什么？经典迻译的语境与《做新闻》中译本的误译 [J]. 国际新闻界 ,2018(6).

文哲学界的相关译介和讨论不够熟悉，导致一些关键术语翻译上的偏误。中译本最大的误译或许是将“taken for granted”翻译为“想当然”，结合现象学社会学的理论传统，准确的翻译应该是“视为理所当然”。

总的来说，《做新闻》中译本对新闻网、事实性网络、物化、意识形态、“想当然”等关键概念或表述的误译，导致译本呈现出的理论论述存在缺陷。即便是直接阅读英文文献，也需要相关学科知识作为支撑，并重视文本的“互文性”关联。在此前提下，“误译”更应该被视为身处特定学术场中的译者参与其间的话语建构过程，也是这一过程的产物。作者指出了译介活动的“社会建构”特质，以及与之相关的新旧话语网络和话语形构。基于此，作者主张将学术译介的话语形构和实践纳入知识社会学的视野之中。

（作者徐桂权为中山大学传播与设计学院副教授，谭芳为中山大学传播与设计学院硕士研究生；硕士生雷丽竹对本文亦有贡献）

附录：

2018年“中国新闻业研究十佳论文”评选结果

为推动中国新闻业研究的发展，本书编辑部从2016年起发起了“中国新闻业研究十佳论文”的评选活动。本书编辑部先从2018年刊载于《新闻与传播研究》《新闻记者》《国际新闻界》《新闻大学》《现代传播》和《传播与社会学刊》等国内权威学术期刊及部分有影响力的学报上初选出20篇新闻业研究论文，然后邀请多位新闻学者和期刊编辑作为评委，在初选入围的论文中进行“2018年度中国新闻业研究十佳论文”的投票，最后由编辑部汇总得票，评出排名前十的优秀论文。获选的优秀论文是：

潘忠党：《在“后真相”喧嚣下新闻业的坚持：一个以“副文本”为修辞的视角》，《新闻记者》2018年第5期。

陆晔、周睿鸣：《新闻创新中的“协作式新闻布展”——媒介融合的视角》，《新闻记者》2018年第9期。

白红义：《边界、权威与合法性：中国语境下的新闻职业话语研究》，《新闻与传播研究》2018年第8期。

方师师：《双强寡头平台新闻推荐算法机制研究》，《传播与社会学刊》2018年总第43期。

陈楚洁：《从前有一个记者，后来他去创业了：媒体创业叙事与创业者认同建构》，《新闻记者》2018年第3期。

周睿鸣、徐煜、李先知：《液态的连接：理解职业共同体——对百余位中国新闻从业者的深度访谈》，《新闻与传播研究》2018年第7期。

陶建杰、张志安：《过渡性职业：新媒体环境下本科新闻学子的择业意愿及影响因素》，《现代传播》2018年第9期。

彭华新、郝金华：《协商、中立、对抗：当代媒体环境中“跑线记者”

的话语策略》，《新闻大学》2018年第5期。

尹连根、王海燕：《失守的边界：对我国记者诠释社群话语变迁的分析》，《国际新闻界》2018年第8期。

李红涛：《塔克曼到底在说什么？经典迻译的语境与〈做新闻〉中译本的误译》，《国际新闻界》2018年第6期。

上述优秀论文作者将获得由本书编辑部颁发的获奖证书，并受邀参加2019中国新闻业研究圆桌论坛。